KB253844

민중주의 정치사상

허균, 정약용, 전봉준, 신채호, 함석헌, 전태일

민중주의 정치사상

허균, 정약용, 전봉준, 신채호, 함석헌, 전태일

문 성 호 著

책머리에

우리는 스스로 우리나라 정치를 잘 안다고 생각한다. 정치사상도 어려서부터 가정과 학교와 사회 및 매스컴에서 쉽게 접하여 체득하고 있다고 생각한다. 민중주의 정치사상 역시 조선시대 민란이나 농민전쟁, 일제시대 민족운동 혹은 해방공간이나 4.19혁명 시기, 1970, 80년대의 민주화운동과 광주민중항쟁 및 치열한 민중운동 등의 역사 속에만 국한되어 있는 것이 아니라, 지금도 신자유주의 시장사회와 WTO 쌀시장 개방으로 인해 고통을 당하고 있는 비정규직 노동자와 농민 운동, 그리고 삶의 터전을 지키려는 외국군기지 철폐운동, '한류'와 한미 FTA 반대운동 속에 녹아들어 있을 만큼, 어쩌면 우리나라 사람들 내면에 너무도 생생하게 살아 꿈틀거리는 당연한 것으로 받아들여지고 있다.

'시민'이나 '민주주의'나 '민본주의', '포퓰리즘' 등의 말보다 그냥 '민중'이라는 게 오히려 더 친근하게 다가온다. 우리나라에서 커다란 영향력을 행사하고 있는 '시민사회'나 NGO도 사실 그 원천은 민중 편에 선다는 도덕성에 있다고 해도 과언이 아니다. 우리나라에 불교, 유교, 기독교 등과 함께 들어온 왕권주의, 봉건주의, 사회주의, 자유민주주의 등과 같은 지배적 정치사상 못지않게 우리나라 사람들은 생래적으로 민중주의를 호흡하며 살아왔다. 이제라도 국가주의 내지는 전체주의를 풍기는 국민이라는 말보다 살아 움직이는 원초적인 민중이라는 말을 현실정치의 일상적인 용어로까지 회복해야 할 때가 왔다. 이 책은 이런 민중주의를 정치학 입장에서 접근하고 있다.

우리나라 정치 및 정치사상사를 설명하는데 있어서 민중주의 개념의 효용성은 매우 크다. 이 책은 민중의 요소가 우리나라 정치사상에 어떻게 연관되어 작용하고 있는지, 민중사상이 유·불·선과 기독교 및 동서양의 외래사상의 영향 속에서 어떻게 우리의 것이 되기에 이르렀는지 나름대로 분석하고자 했다. 효과적인 선교 차원에서라고는 하지만 우리나라에서 민중사상이 가장 풍성한 분야 역시 민중정치 분야가 아닌 민중신학 분야이다. 작금의 우리나라 민중주의 정치사상 역시 전통적으로 바로 이 민중종교 내지는 민중신학과 풍부한 상호작용을 통해 세계적으로도 뛰어난 독특함과 독창성을 일궈왔다고 볼 수 있다.

이 책에서 유교적 민중주의(허균과 정약용), 반봉건반외세·농민적 민중주의(전봉준), 민족적·무정부주의적 민중주의(신채호), 역사적·종교적 민중주의(함석헌), 휴머니즘적 민중주의(전태일), 사회과학적·계급적 민중주의(1970, 80년대 혁명가들) 등으로 유형화한 것은 차라리 우리나라 민중정치사상을 손쉽고도 체계적으로 이해해보려는 저자의 편의주의적인 욕심에서 나온 것임을 지적해두고 싶다. 조선시대 실학파 등 농촌지식인과 민란에서의 민중지도자, 한말 갑오농민전쟁에서의 농민군과 농민군 지도자들, 식민지 시대의 민중과 혁명운동, 해방 공간에서의 지식인과 민중, 1970, 80년대의 지식인·농민·노동자 도시빈민의 연합세력으로서의 민중, 작금의 다수 시민들, 비정규직 노동자와 농민 등의 변천상은 이런 유형화를 통해 조금이나마 제대로 포착한 것이 되었기를 바랄 뿐이다.

주변에서 저자가 다닌 대학의 학과는 원래 그렇게 보수적인 곳이냐는 질문을 자주 받는다. 사실이 그러했으니 그렇다고 답변하는 수밖에 없다. 하지만 우리나라의 거의 모든 대학이 보수적인 칼라를 유지해왔다고 봐야 한다. 이런 보수적인 가르침은 우리나라 현실과는 극명한 괴리를 이루기도 했으며, 필자가 거의 20년 전 이 책의 모태인 학위논문을 구상하던 때에는 더욱 더 말할 나위가 없었다. 스트라우스나 뵈겔린 등과 같은 보수적인 정치철학자의 관점을 빌어 우리나라 현실과 대결을 벌여온 민중주의 정치사상을 분석하고자 한 이 책 역시 그와 같은 괴리에서 자유롭지 않음을 인정한다.

저자는 우리나라 여느 사람들과 마찬가지로 자라면서 언론보도를 통하여 초등학교 시절 6.3사태, 한일회담반대운동, 중고시절 유신독재, 대학과 재야의 민주화와 통일운동, 생존권투쟁의 형태를 띤 민중운동을 접해왔으며 부모님과 주변 분들도 대부분 그러했다. 대학시절에는 학문을 익히는 와중에서도 인수봉과 지리산 산행에 몰입한 대학산악부활동을 하는 것과 함께, 박정희 대통령 암살직후 총학생회 부활준비 활동, 1980년 광주민중항쟁 당시 여러 달에 걸친 휴교, 인문과학연구회 써클활동 및 이후 문학교육연구회 활동(그리운 써클 친구와 선후배 얼굴들! 그리고 써클 후배이자 회장을 맡았던 이윤성열사의 형형한 눈빛을 아직도 가슴속에 품고 있다), 전국대학강사협의회와 전국대학강사노조 및 혜화동 성당 청년회 활동 등을 거쳐 왔다.

박정희와 전두환 정권이 군대를 동원하여 민중을 통제했다면, 이후에는 경찰에게 민중통제 역할을 맡겼으며, 세계적으로 유례를 찾아보기 힘든 위헌적인 경찰대학과 전의경 제도 등을 통해 경찰의 (준)군사화를 가속화시켜왔다. 그리고 이는 거의 대부분 민중계층 출신들로 이루어진 경찰로 하여금 민중을 통제토록 하는 전통적인 이이제이(以夷制夷) 및 분할통치 방식을 원용하고 있음을 뜻한다. 다른 나라들도 대부분 마찬가지이다. 우리나라도 이제는 경찰의 민주화와 문민화가 민중운동에서 빼놓을 수 없는 과제로 대두하고 있다. 이처럼 저자는 같은 시대를 살아온 대부분의 청년들의 모습에서 크게 벗어나지 않았다. 이렇게 격동의 시대 속에서 학문하는 모습의 편린들이 이 책에 담겨져 있다. 하지만 이 책이 안고 있는 논리의 비약이나 무리한 점 그리고 정확한 출처라든가 미처 시정하지 못한 잘못들이 있다면 그것은 전적으로 저자에게 그 책임이 있으며, 독자 여러분의 아낌없는 질정을 바라마지 않는다.

그동안 배움의 과정에서 이 책을 쓸 수 있도록 가르쳐주신 성균관대 정치학과 임효선, 장을병, 윤근식, 이경구, 차기벽, 김정균, 김경수, 철학과 김종호, 이영호, 박종현, 이한구, 동양철학과 양재혁, 이운구, 사회학과 심윤종, 정창수, 석현호, 사학과 노명식, 김진경, 국문과 이우성, 김시업, 고려대 최장집, 서울대 김홍우, 김세균, 박찬욱, 이대 박충석 교수님에게 감사드린다. 문헌을 통해서나마 이 책을 쓰는데 가르침과 도움을 주신 열거하기 힘든 다른 많은 학자 분들에게도 감사드린다.

그리고 늘 말없이 힘이 되어준 손혁재 선배님과 학위논문을 쓸 당시 이를 마무리하도록 기회를 준 당시 국회의원 정균환 선배님에게도 감사드린다. 항상 격려와 채찍을 아끼지 않은 처자식과 여러 선후배, 친구들에게도 고마움을 전하고 싶다.

무엇보다 고인이 되신 부모님에게 이 책을 바치고 싶다. 끝으로 이 책의 출판을 독려하여 세상에 모습을 보이도록 도와준 한국학술정보 출판사 관계자 분들에게 깊은 감사의 뜻을 전한다.

2006년 아름다운 봄

저자 씀

목 차

제1장 서 론

제1절 문제제기

민중이라는 말은 일제시대와 해방공간, 그리고 1970-80년대를 통하여 정치적으로 "국민"을 대신하는 용어로 이해되었으며 또한 일상적으로 쓰일 만큼 널리 사용되었다. 그리고 당시 민중사상은 이데올로기, 정치문화, 정치사상 등의 차원과 같은 개념으로 이해되었다. 이 책은 한국정치 및 한국정치사상사를 설명하고 구성하는 데 있어서 바로 이 민중주의 정치사상이라는 개념이 아직도 그 설명력이 매우 크다고 보고, 정치사상 수준에서 한국민중주의를 정리·분석·평가하고자 하였다.

우리나라 민중주의 정치사상은 동학혁명 이래 한국정치사상사의 한 페이지를 장식하게 된 이후,[1] 일제시대 민족주의와 사회주의에 입각한 독립운동, 해방 8년사 시대의 민족통일국가 수립운동, 1960, 70년대 산업화 과정에서의 민중운동 등의 한 근거로 작용하였다. 그리고 1980년대 이후 민중은 민주화 과정에서 주역을 담당하였다. 민중주의 정치사상은

---

[1] 한국의 민중주의 정치사상의 출발점을 어디서부터 잡을 것인가에 대해서는 여러 논의가 있다. 원효의 화정사상과 통불교, 서경덕의 기철학 등으로부터 잡는가 하면(이이화), 정약용을 중세적 유가주의 정치사상의 최후의 원형으로 보고, 그 후 민란과 동학사상 등으로부터 그 유래를 찾는 경우(김태영), 해방 후에 국한시킨 탓이기는 하나 함석헌의 민중론에서 그 출발점을 찾는 경우(이정복), 한국근대사에 있어서 신채호의 《조선혁명선언》을 민중론이 체계적으로 표출된 최초의 사례로 보는 경우(정창렬) 등 다양하나, 이 책에서는 조선 후기 한말 봉건제의 모순이 극대화되고 외세의 영향이 시작되면서 거기에 대한 대응을 보이기 시작한 동학사상을 그 출발점으로 보고자 한다.

사상가 중심으로 보면, 최제우·최시형·전봉준, 김구와 신채호, 박헌영과 조봉암, 함석헌과 한완상, 전태일, 서남동과 김지하, 박노해, 1970, 80년대의 여러 변혁론자 등으로 이어져 내려왔다. 민중주의 정치세력의 관점에서 보면 한말의 동학농민세력과 농촌지식인, 식민지 시대의 민중, 해방 공간에서의 지식인과 민중, 1970, 80년대 지식인·농민·노동자·도시빈민 세력 등으로 변천되어 왔다. 한국의 민중주의 정치사상은 이론적으로 뿐만 아니라 현실적으로도 여러 단계의 검증과정을 거쳐야 하는 한계를 가지고 있으며, 지금까지도 민주노동당 외에는 제도적 정치세력으로까지 제대로 표현되고 있지는 못하며 주로 운동 수준에 머물러있다. 예컨대 자유민주주의를 표방하는 정당은 국회의 거의 모든 의석을 차지하고 있으나 민중주의를 표방하는 정당은 의석은 극소수일 따름이다.

 이 책은 한국정치에 있어서 '정치사상'이 차지하는 중요성과 한국정치사상 중에서도 민중주의 정치사상이 한국정치를 이해하는 효과적인 방법 중의 하나라는 점을 보여주고자 한다. 물론 이때 정치사상이 정치이론이나 정치철학과 어떤 관계에 있으며 어떻게 다른가에 대해서도 간략한 검토가 필요하다.[2] 군부권위주의나 사회운동 혹은 대외관계나 경제적 요인 등을 중심으로 한국정치를 파악하는 것은 한계가 있다. 이 책에서는 어느 측면이 한국정치를 결정하는 독립변수인가라고 하는 문제에 앞서서, 그동안 한국정치연구에 있어서 소홀히 다루어져 왔던 정치사상 측면을 함께 봄으로써 한국정치를 보다 정확하게 이해할 수 있다고 본다. 따라서 이 책은 우리나라의 역사적 현실과 사회적 조건 및 그러한 모순을 해결하고자 했던 각 시대의 몇몇 대표적인 민중주의 정치사상을 추출하여, 민중주의 정치사상가 각자의 생애·당시 사회적 모순·영향을 주고받은 사상사적 맥락·민중정치사상의 전개와 의의·당시 운동과 이후 사상전개 등에 미친 영향 등을 검토하고자 한다.

 전통적 한국정치사상의 주류가 유학을 중심으로 체계화되었기 때문

---

2) 조찬래, 김홍우, 노재봉, 이홍구 등과 같은 정치학자들의 논의가 있다.

에, 근대 이전의 민중주의 정치사상 역시 유학사상을 기반으로 하여 모색되었다. 예컨대 허균의 호민론과 정약용의 민권사상 등은 유학사상의 테두리 안에서 맹아적인 형태에 불과하지만 민중의 등장과 민중이 정치권력의 주체임을 논증하는 민중주체의 정치사상을 전개하였다.3)

그리고 동학농민혁명은 집강소 운영에서 드러나듯이 최제우와 최시형 등에 의해서 종교 형태로 체계화된 동학의 민중주의 정치사상으로의 뚜렷한 현실 적용이었다. 한말 이후 일제시대를 거치는 동안 한국의 정치사상은 개화사상과 민족주의, 루소나 밀의 자유민주주의 사상,4) 러시아혁명 시기를 전후로 해서는 사회주의 사상 등을 부국강병과 민족해방의 정치사상으로 받아들였다. 한말의 의병전쟁이니 일제침략의 노골화로 인한 농민·노동자의 소작·노동쟁의 등에는 민중주의 정치사상이 바탕에 깔려 있는 것으로 이해할 수 있다.

'민중적 민족주의' 내지 한국공산주의 운동사의 맥락에서만 일제시대의 이들 독립운동을 다루려는 것은 일정한 한계를 가지고 있다. 왜냐하면 그렇게 하면 농민·노동자 등 일제시대 식민지 민중의 생존권 요구라는 민중주의 차원이 간과되기 쉽기 때문이다. 근대국가주의나 프롤레타리아독재론에 입각한 공산주의운동 관점만으로는 한국민중의 정서나 사상, 수탈당함과 그에 대한 저항 등을 포괄적으로 설명해 내기 힘들다. 일제시대 민중주의 정치사상은 3·1운동에서의 공화주의, 신채호 대 이광수의 친일사상5)과 일본제국주의 논리라는 정치사상의 대립

---

3) 전봉준의 동학혁명이나 한말 계몽운동과 일제시대 독립운동에 대하여 정약용의 민중주체의 실학정치사상이 어떠한 영향을 미쳤는가에 관해서는 김영호, "다산학연구서설"《세계의 문학》참조.

4) 1920년대 한국의 지식인들이 루소의 정치사상을 어떻게 받아들이고 이해해석했는가에 관해서는 문성호, "루소 정치철학의 제해석,"《수선논집》제13집(성대대학원, 1988), 265-282쪽 참조.

5) 이광수의 민족개조론을 둘러싼 당시의 논쟁에 관해서는 당시의《개벽》잡

구조를 분석함으로써, 그리고 1920년대 후반 이후의 민족주의운동과 공산주의운동에 있어서의 주요 문건들을 민중주의 정치사상 시각에서 새롭게 조명함으로써 좀 더 구체적으로 드러낼 수 있다.

그러나 해방 이후 더 정확히는 한국전쟁 이후 한국의 정치사상은 냉전체제 아래에서는 외형상 자유민주주의 정치사상이 지배하게 되었다. 해방공간에서 좌익이나 진보적 민주주의 등의 논리는 억압·제거되었고 그렇게 된 데에는 미국의 의도와 이승만 정권의 수립 그리고 한국전쟁의 여파가 결정적이었다. 특히 한국전쟁이 반공산주의, 안보제일주의, 경제발전주의 등과 같은 지배이데올로기의 형성에 미친 영향은 지대하다. 그것은 동시에 민중의 정치세력화나 조직화를 거의 불가능하게 만들었다. 그 와중에서 1950년대 말의 평화통일론마저 조봉암 진보당 당수의 처형 형태로 귀결될 정도였다. 4·19 학생혁명을 통해 잠시 혁신이념과 통일운동이 고개를 들었으나 5·16 군사쿠데타로 인해 좌절되고 말았다. 이 당시 평화통일론 개진이나 5·16 군사쿠데타에 대한 민중주의적 대응논리는 함석헌의 역사적·종교적 민중주의 사상에 찾아볼 수 있다.

이후 산업화 과정에서 자본주의가 본격화되는 과정에서 정치경제적으로 소외된 민중계층이 부각되었으며, 이들은 산업화 초기에는 동원의 대상으로 여겨졌고, 후기에는 지식인·학생 계층과 더불어 체제에 대한 저항의 주체로 성장하였다. 민중을 동원의 대상으로 삼을 때나 스스로 체제에 대한 저항의 주체로 나설 때나 언제나, 민중주의가 그 근거였다. 가난을 극복하고 잘 살아보자는 경제발전계획이나 정치권력의 정치경제적 억압에 대해 저항하는 반체제운동 모두 그 바탕에는 민중주의에 기반하고 있었다고 할 수 있다.[6]

지와 임헌영 편, 《근대문예비평사의 쟁점》 등을 참조하면 된다.

[6] 1970년대 반체제 세력을 自願性과 構造性 개념을 바탕으로 분석하고, 1970년대에는 체제 세력과 반체제 세력이 동시적으로 강화되었다고 논증한 논

1980년대에는 이상과 같은 민중주의 정치사상이 현실정치 구도에서는 민중민주주의 운동론으로 변용되었음은 잘 알려져 있는 사실이다.

제2절 민중주의에 대한 기존 논의

(1) 사회과학적 논의

한국정치사상에 대한 기존 논의는 민족주의라는 시각에서 논의한 것이 대부분이고, 민중주의 관점에서 분석한 논의는 그리 많지 않다. 여기서는 민중주의에 대한 기존 논의들을 크게 일반적인 접근법, 외국의 민중주의에 관한 비교정치학적 연구, 한국민중주의를 사회과학적으로 어떻게 설명해야 할 것인가에 관한 논의 등으로 나누어 검토하기로 한다.

일반적으로 민중주의는 지배와 피지배의 계급적 대립 관계에서 피지배 계급이 주도권을 갖기 위하여 지배계급 및 지배질서에 대항하는 계급적·계층적 투쟁운동 또는 그 이데올로기로서 이해되고 있다.7)

문으로는 백운선, "체제 세력·반체제 세력과 한국정치,"《한국정치학회보》22집 2호, 1988이 있다. 한편, 근자에 공동체와 민중주의의 관계에 관한 인식의 심화를 보여주는 연구도 나오고 있다.
이진경, "마르크스주의와 코뮌주의: 코뮌주의자는 어떻게 사유하는가?",《문학수첩. 제3권 제2호 통권 10호》(문학수첩, 2005 여름), 460-77쪽.
강희남,《민중주의》, 서울 : 푸른돌, 2001.
주수경, "민중신학에 대한 정치사상상의 조명", 국방대학원, 1989.
주정립, "포퓰리즘의 개념적 규정을 위한 시도", 대한정치학회보. 제13집 제1호 (2005. 6), 245-68쪽.
7) "민중주의의 사상적 특징에 관한 고찰," 현대사회연구소,《'민중론'의 분석과 대책에 관한 연구》, 1985, 9-59쪽.

앱터(David Apter)는 제3세계의 정치체계를 파악하는 데 있어 민중주의의 중요성을 강조한 바 있다.[8] 모택동주의, 나찌즘, 페론주의, 낫세르주의, 러시아민중주의(Narodnichestwo) 등 서로 다른 체제 내에서 일어나는 현상의 공통적인 하나의 특징을 도출해 내는 틀로서 사용하였다. 라클라우(Ernesto Laclau)의 경우 민중주의를 이해하기 위한 4가지 기본 접근법을 제시하고 있다.[9]

첫째 민중주의가 사회적 계급을 결정하고, 그들의 "운동"과 "이데올로기"의 특징을 나타내는 대표적인 표현이라고 보는 접근법이다. 이 경우 각국 사이에 차이가 있더라도 민중주의는 하나의 독특한 사회계급을 대표한다고 본다. 예컨대 러시아 민중주의는 농민이데올로기와 농민의 가치를 앞세우는 인텔리겐챠가 제시한 것이며, 미국민중주의는 도시 생활과 대기업에 반대하는 소농민들의 대표적 이데올로기이자 동원이었다. 남미의 경우 제국주의에 대항하여 대중을 동원하려는 쁘띠부르주아의 주변계층 또는 민족부르주아지의 정치이데올로기적 표현이었다.

둘째 민중주의 개념을 거론하지 않고 직접 "운동"을 분석함으로써 민중주의의 의미를 대신하려는, 즉 민중주의를 경험의 총체라고 보려는 접근법[10]이다.

셋째 민중주의를 하나의 운동이 아니라 "이데올로기의 성격"으로 보려는 접근법이다. 이때 이데올로기란 민중이 현상태에 대한 적개심을 갖도록 호소하고, 전통적인 정치인을 불신하며, 反주지주의를 내세운다.

---

8) David Apter, *The Politics of Modernization*, London: 1969, p.2.

9) Ernesto Laclau, *Politics and Ideology in Marxist Theory*, NLB, (London, 1977), pp.144-147.

10) 그와 반대로 워슬리는 "민중주의가 시간적·공간적·문화적으로는 서로 다른 운동이라고 할지라도 어떤 주요한 속성을 가지고 있으므로 그것을 정의해야한다"며 민중주의에 대한 정의의 필요성을 강조한다. Worsley, "The Concept of Populism," in G. Ionescu and E. Gellner, *Populism*, London, 1970, p.219.

넷째 기능주의적 개념으로서 민중주의를 전통사회에서 산업사회로 이행해 가는 변이과정에서 비동시적(asynchronism)으로 형성된 "이탈현상"이라고 보는 접근법이다.

라클라우에 따르면 민중주의의 요소를 제대로 파악하려면 구체적 민중주의자들의 계급본질을 파악해야 하는데, 그것은 민중과 계급 간의 변증법적 관계가 지배자와 피지배자의 이데올로기의 형태를 결정하기 때문이며, 피지배 계급은 지배계급의 이데올로기에서 위기를 발견해 내야만 그들의 주도권에 대항할 수 있다고 본다. 이처럼 반항의 형태로 민중적 요구를 나타내는 것이 민중주의의 주요 특징이며, 주도권을 갖기 위해서 전세력권(全勢力圈)에 대항하는 계급의 특정 형태가 곧 민중주의라고 주장한다.[11]

민중운동과 민중주의 이데올로기에 대한 위와 같은 앱터와 라클라우의 비교정치학적 접근법은 한국민중주의 중에서도 1970, 80년대의 흐름을 해명하는 데는 어느 정도 설명력이 있다고 볼 수 있으나, 한국민중주의 정치사상의 역사적 맥락 및 전통사상과의 관계에 대해서는 적절한 접근방법이 되기 어렵다. 그것은 앱터와 라클라우의 논의가 특정 국가들에서 특정 시기에 발생한 민중주의들을 연구대상으로 삼았기 때문이다. 적어도 수백 년에 걸친 한국민중주의 사상의 전개를 대상으로 하여, 전통적인 사상과의 관련 속에서 파악하는 접근법이 필요하다.

다음으로, 한국민중주의에 대해서는 기존의 사회과학적 논의들을 다음과 같이 세 가지 측면에서 분류하여 정리할 수 있다.

첫째, 민중개념을 사회과학적으로 정의하는 것이 가능한가 하는 문제이다. 한완상, 한상진의 경우 민중은 사회과학적 관점에서 정의될 수 있으며, 민중과 사회과학의 관계는 매우 중요한 주제이며 이론적으로

---

11) Ernesto Laclau, op. cit., pp.147-158.과 T. Di Tella, "Populism and Reform in Latin America," in C. Velliz, *Obstacles to change in Latin America*, London, 1971.

22

섬세하게 다듬어지고 정당화될 수 있는 주제라고 본다.[12] 반면에 안병직은 민중에 대한 사회과학적 정의 가능성에 대해 회의하면서 용어 자체를 문제 삼기보다 그 "실체"에 바르게 대응하는 것이 중요하다고 보면서, 민중이라는 단어를 생성시킨 사회적 상황, 즉 정치·경제·사회·문화적 여건을 개선하는 일이 민중의 실체에 바르게 대응하는 것이라는 입장에 섰다.[13] 백낙청은 민중의 개념을 구태여 정밀하게 정의할 필요를 느끼지 않는다고 하면서 "소수의 지배자 또는 지배자가 아닌 다수의 국민" 정도로만 풀이해 놓으면 그 이상의 정의가 필요 없다는 입장에 선다.[14] 노재봉은 민중은 학문적인 개념으로서 성립되기는 어렵고 결국 운동과 관련해서 파악되어질 수밖에 없다고 본다.[15]

둘째, 민중이 실제로 존재하는 실체인가 아니면 하나의 상징 표현에 불과한가 하는 측면이다. 한완상·서남동·박현채 등은 민중은 역사적 존재이고 사회적 실체라는 입장에 서며,[16] 전서암의 경우 불교의 관점에서 보살정신은 중생이 비현실적이 아니라, 적극적이고 행동주의적인 개념으로 만들며, 역사적인 현실에서 중생을 구체화할 때는 민중을 지적하는 것이라고 주장하였다.[17] 안병영은 민중이라는 용어는 민중 스스로에 의해서보다 사회의식이 강한 비판적 지식인에 의해 더 많이 씌어진 상징적 표상이라고 보는 입장이다.[18] 그는 민중 개념을 학문적 필요에 의해 창출된 분석된 개념이라기보다 현실적 함의가 담긴 실천

---

12) 한상진, "사회과학방법론에 도전한다," 《정경문화》, 1984년 11월호, 한완상, 《민중사회학》, 종로서적, 1984, 11-12쪽.

13) 안병직·송건호·한완상, "민중의 개념과 그 실체 – 좌담," 유재천, 《민중》, 문학과 지성사, 1984, 12쪽.

14) 백낙청, "민중은 누구인가," 《뿌리 깊은 나무》, 1979년 4월호.

15) "대담: 민중이데올로기와 민중운동," 《신동아》 85년 7월호.

16) 유재천 편, 《민중》, 문학과 지성사, 1984, 48-64, 87-104, 131-152쪽.

17) 전서암, "민중의 개념," 유재천 편, 《민중》, 44-47쪽.

18) 안병영, "역사의 주체로서의 민중," 《민중》, 113쪽.

적 개념이라고 보았으며, 서남동의 경우 민중을 "어떤 깨어 있는 정신"
이라고 파악하였다.[19]

　셋째, 민중의 범주와 유사 용어와의 차이에 관해서이다. 한완상은 민
중을 ① 통치수단으로부터 소외된 집단인 정치적 민중, ② 생산, 분배,
소비 전반에 걸친 행위와 작용을 관장하는 수단으로부터 소외된 집단
인 경제적 민중, ③ 다른 사람들로부터 존경받을 만한 문화수단을 갖
지 않은 사람들인 문화적 민중 등 세 가지로 유형화하였다.[20] 또 민중
을 민중이라는 자의식으로 깨어 있는 대자적 민중과 자의식을 갖지 못
한 즉자적 민중으로 나누었는데 이는 지식인에 의한 즉자적 민중의 의
식화 작업으로 연결하고 있다. 박현채는 민중을 인식하는 데 필요한
전제로서, 민중은 ① 역사적으로 변화 속에서 파악되어져야 할 개념이
고, ② 변화하는 주요모순에 대응하는 확정되지 않은 개념이며, ③ 계
급·민족·시민 등 여러 개념을 포용하는 상위개념이고, ④ 그것을 보
는 위치에서 그 표현이 달라지도록 되어 있는 개념이라고 보았다. 한
상범은 민중이란 'mass'보다는 'people'에 해당한다고 하면서 이렇게 대
다수를 차지하는 사람들이 스스로의 의지를 지닌 자각된 주체로서 자
기를 주장하고 그것이 사회발전에 건전한 힘이 될 때 민중론의 본래
뜻이 있다고 밝혔다.[21] 유재천은 인민, 시민, 대중, 공중 같은 유사 개
념과 민중을 비교하면서 민중은 누구인가에 대한 명쾌한 개념정의를
내릴 수 없음을 고백하였다. 그는 현재 사용되고 있는 개념은 목적 지
향적인 개념인 것 같고 사회과학적 정의는 어렵다고 판단했다.[22]

　기존의 사회과학적 논의를 토대로 하여 한국민중주의를 이데올로기
구조와 기능으로 보는 관점에 서는 경우,[23] 민중개념이 학문적 용어로

---

19) 서남동, "민중(씨알)은 누구인가," 《민중》, 86쪽.
20) 한완상, 《민중사회학》, 16-18쪽.
21) 한상범, "민중론의 전개방향," 《민중》, 119-120쪽.
22) 유재천, 《민중》, 12-13쪽.

24

출발하지 않고 실천과 연결된 저항적인 정치운동에서 전략적 대립개념
으로서만 출발하기 때문에 하나의 체계적인 이데올로기로 성립하기 힘
들고, 강령적 차원이라는 이데올로기적 포괄성이 없으며,24) 이는 제도
화된 정당으로까지 제대로 대표되고 있지는 못한 정치현실에서 입증되
고 있다고 볼 수도 있다.

한편 민중주의에 대해서 부정적인 견해에 따르면25) 민중주의의 특
성을 정치를 불안케 만드는 것일 뿐만 아니라 결국 다른 이데올로기에
흡수되어 소멸해 버릴 것이라고 본다. 이에 따르면 민중주의는 첫째,
민중으로 하여금 현 상황에 대해 적개심을 갖도록 선동하고, 기성 정
치인을 불신하도록 하며, 反주지주의 경향을 갖게 만든다고 본다. 둘째,
산업사회로 가는 과도기에 등장하는 지식인 및 대중의 무규범적인 "이
탈현상"에 불과하다는 것이다. 셋째, 반제국주의·반자본주의를 주장하
며 나타난 저항적 민족주의이며, 공동체적 성격을 강조하고, 때로는 전
통적 가치와 집단을 중시하며 사회에 변화에 대한 반동적 저항운동으
로 나타난다고 본다. 넷째, 이론적 체계화가 분명한 사상이 아니기 때
문에 종국에는 다른 이데올로기나 운동 속으로 흡수되어 소멸해 버릴

---

23) Goeran Therborn, *The Ideology of Power and the Power of Ideology*,
London: Verso, 1980, pp.18-19. 및 Robert A. Harber, "The End of
Ideology as Ideology," in Frank Linderfeld(ed.), *Reader in Political
Sociology*, (N. Y.: Funk and Wagnalls, 1968), pp.558-559. 더어본
(Therborn)은 이데올로기의 구성요소로서 상황규정, 지향가치, 실천방안으
로 나눈다. 하아버(Harber)는 일련의 도덕적 가치체계, 가치체계가 실현된
이상사회에 대한 설계, 기존 사회구조에 대한 비판과 사회변동의 분석, 미래
사회 건설에 대한 정책방안으로 설명한다. 이런 관점에서 보면 결국 이데올
로기란 인간의 상황에 대한 표상과 앞날에 대한 전망과 이상, 이에 따르는
실천 방안들의 변증법적 관계를 이상적으로 성찰하고 논리적으로 체계화한
것으로 규정할 수 있게 된다.
24) 현대사회연구소, 《민중론의 분석과 대책에 관한 연구》, 1985. 35쪽.
25) 1970, 80년대 권위주의 체제를 유지하던 당시 정부측을 대변하는 관변적
입장이라고 볼 수 있다.

것이라고 보았다.[26]

한국의 민중주의가 이데올로기의 구성 요건을 완벽하게 갖추고 있다고 보기는 힘들지만, 운동의 차원에서 이데올로기서의 부정적 기능을 하고 있는 측면이 일부 있을 수도 있다. 즉 민중이라는 용어와 각 분야의 민중주의는 하나의 상징표상으로서 개인 및 집단에게 행동과 판단을 위한 기준이 되고, 공감대와 일체감을 형성케 하며, 조직화·행동화를 촉진시키고, 민중이라는 용어는 자기정체성을 확립해 주고 적을 상정하는 "구획선정기능"을 한다는 측면에서, 한국민중주의를 하나의 이데올로기로 파악할 수 있다.[27]

이상과 같이 한국민중주의가 이데올로기로서의 긍정적이거나 부정적인 측면이 있는 것은 사실이다. 그러나 한국민중주의는 단순히 그때그때의 일시적인 기능만을 담당하고 나서 금방 소멸해 버리고만 이데올로기로만 파악하려 한다면, 적어도 15, 6세기 이래 오랜 기간 동안 형성·발전되어온 한국정치사상이 가지고 있는 민중주의 전통을 무시하거나 외면한 것이 되고 말며, 면면히 이어져 내려온 한국민중정치사상을 설명할 방법이 없게 될 것이다.

(2) 외국의 민중주의

러시아, 미국, 라틴아메리카 국가들의 민중주의[28]는 모두 자본주의

---

26) "민중주의의 사상적 특징에 관한 고찰," 현대사회연구소, 《'민중론'의 분석과 대책에 관한 연구》, 1985, 9-59쪽.

27) 현대사회연구소, 《민중론의 분석과 대책에 관한 연구》, 1985. 35쪽.

28) 러시아 민중주의에 대해서는 다음과 같은 문헌이 있다.
이계희 편, 《러시아 근대사회사상》, 풀무, 1980.
이인호, "Vekhi 논쟁," 이인호·최선 편역, 《인텔리겐찌야와 혁명》, 홍성사, 1981.
왈리키, "러시아 근대사회사상의 계보," 이인호·최선 편역, 《인텔리겐찌야

발전과정에 있어서 일어난 사회경제적 충격에 대한 반응으로 대두하였
다.[29] 19세기 말 러시아의 경우 농민들의 비참한 생활상, 미국에 있어
서의 농산물 가격하락에 따른 농민들의 불만, 20세기 전반 라틴아메리
카 국가에서의 노동자들의 열악한 노동조건 등이 그것이다.

러시아 민중주의가 대학생 중심의 청년 인텔리겐챠가 추진한 운동이
었다면, 미국의 민중주의는 자본주의 경제 침체기에 손해 본 농민과
노동자들 주도로 일어난 밑으로부터의 자발적 운동으로부터 시작되었
다. 라틴아메리카 국가 중 아르헨티나와 브라질의 경우는 정부 내의
지도자가 이 운동을 주도하였으며 베네수엘라와 페루의 경우 학생 지

와 혁명》, 홍성사, 1981.
미국의 민중주의에 대해서는 다음의 문헌이 있다.
이정복, "미국 민주주의의 혁신과 보수," 옥천차기벽박사화갑기념논총, 한
길사, 1984.
James L. Sundquist, *Dynamics of the Party System*, Washington, D.C.:
The Brookings Institution, 1983, pp.106-169.
아르헨티나의 민중주의에 대해서는 수백 년에 걸친 아르헨티나의 정치사
상사의 관점에서 이를 해명하고 있는 Jose Luis Romero, *A History of
Argentine Politcal Thought*, Stanford University Press, 1963, 정치사적
접근법으로서 문성호, "아르헨티나의 정치와 정당," 윤근식 편, 《현대정당
정치론》, 대왕사, 1990, 237-239쪽 등을 참조할 수 있다.

29) 이정복, "민중론의 정치학적 분석," 이정복·송복·길승흠·김재홍, 《한국
민중론연구》, 한국정신문화연구원, 1990, 21쪽. 어떤 논자는 러시아의 민중
주의는 19세기 후반 제정러시아의 법과 의회를 부르주아적 지배도구로 보
고, 반자본주의를 주장하는 민족주의적이면서 사회주의적인 지식인들에 의
해 주도되었으며, 결국은 공산주의로 흡수되었고, 미국의 민중주의는 1890
년대 산업사회에 대한 비판에서 출발하여 진보성, 반동성, 국수성 등의 서
로 모순된 요소를 함께 내포하였으며, 인민당을 거쳐 현재의 민주당으로
흡수되었으며, 라틴아메리카의 민중주의는 1930년대 이후 변동을 추구하는
정치운동으로 전개되다가, 권위주의적 조합주의를 생성시켰으며, 한국을
포함한 아시아·아프리카 민중주의는 식민지 경험의 동질성과 제국주의에
대한 반동으로 전개되어 공동체주의 경향을 나타내는 등의 특성을 가지고
있다고 본다. "민중주의의 사상적 특징에 관한 고찰," 현대사회연구소,
《'민중론'의 분석과 대책에 관한 연구》, 1985, 9-59쪽.

도자들이 노동자들을 계몽시켜 가면서 추진한 운동이었다. 라틴아메리카 민중주의 지도자들은 카리스마적인 성격을 가지고 있고 민중에 대해 온정주의적인 자세를 취하고 있는 경우가 많았으며, 특히 페론, 바르가스, 베탄쿠르트, 하야 등이 이러한 유형에 속한다.

러시아, 미국, 라틴아메리카의 민중주의운동은 다계급적인 운동이었다. 러시아의 민중주의운동과 사회혁명당의 운동은 농민과 노동자들을 위한 혁명운동이었으며, 미국의 민중주의운동은 농민들과 노동자들을 위한 사회개혁 운동이었고, 라틴아메리카의 민중주의운동의 경우 처음에는 노동자들을 위한 운동이 노동계급, 중산계급에 기반을 둔 운동이었다. 페론, 바르가스, 베탄쿠르트, 하야 등은 노동자들의 권익보호를 부르짖었지만 그것은 어디까지나 노동자에 대한 온정주의적 자세에서 나온 것이었으며 중산계급과 산업자본가들의 이해관계를 크게 위협하는 것은 아니었다. 라틴아메리카 국가의 경제가 수입대체산업화 단계였을 때는 각 계급의 이해관계가 서로 심각한 갈등을 일으키지 않고 타협이 가능했기 때문에 민중주의운동은 다계급적 기반을 가지고 추진되었다. 이것과 1930년대 코민테른의 인민전선운동은 유사하지만, 코민테른의 인민전선운동이 프롤레타리아혁명을 달성하기 위한 과도기적 운동이었던 데 반해 반하여 라틴아메리카의 민중주의운동은 노동운동이 급진적 혁명으로 발전하는 것을 오히려 막았다는 차이점을 가지고 있다.

일반적으로 외국의 민중주의운동이나 정권은 다계급적 기반을 가지기 때문에 정책노선도 절충적인 성격을 띤다. 민중주의자들은 자유방임적 자본주의도 아니고 생산수단을 국가가 완전히 통제하는 공산주의도 아닌 제3의 정책 노선을 추구한다. 노동자 권익 보호를 위한 정책들을 주장하고 집행하지만 그것이 자본주의 체제의 기반을 침식하는 정책은 아니었다. 소득재분배와 민주화의 요소도 있지만 기술주의적이고 권위주의적이며 조합주의적인 요소도 있었다. 페론, 바르가스, 베탄쿠르트 정권은 한편으로는 노동자의 권익과 민주주의를 부르짖으면서도 다른 한편 권위주의적·국가조합주의적인 통치스타일을 가지고 있었다. 이들은 영국과 프랑스의 사회주의자들의 정책 노선을 주장하면서도 그와 동시에 무솔리니와 같은 파시스트의 정치운동기술을 모방하는 양면성을 나타냈다.

민중주의자들은 대부분 선거를 통하여 정권을 획득하여 그들의 목표를 실현시키고자 한다. 예외적으로 러시아는 테러와 민중봉기가 주요 운동방법이었다. 민중주의자들은 목표를 실현하기 위해 민중을 정치적으로 계몽시키고자 하였다. 이와 같은 노력은 자본주의 발전단계가 낮은 나라일수록 두드러졌다. 베네수엘라와 페루에서는 청년학생들이 노동자들을 의식화하는 데 앞장섰고 노동자들도 그들의 계몽을 기꺼이 받아들였다.

러시아 민중주의는 혁명의 주도세력이 되지 못했으며 미국의 민중주의는 정권을 장악하지 못했다. 그것은 러시아의 경우 볼셰비키의 전술과 전략이 짜르 체제를 타도하고 정권을 장악하는 데 적합했으며, 미국의 경우 공화·민주 양당의 세력이 민중주의 세력보다 더 컸기 때문이었다. 라틴아메리카의 경우 민중주의자들이 선거를 통해 정권을 장악하는 데 성공하였다. 그러나 아르헨티나의 페론정권과 브라질의 바르가스 정권은 수입대체산업화 단계의 경제적 성장이 끝남에 따라 정책적으로 파탄에 직면하였다. 더 이상의 경제성장이 없는 상황에서 중산계급과 자본가들의 이해관계를 위협하지 않고 노동자들의 권익을 보호하기 어렵게 되었다. 이런 딜레마는 결국 민중주의 정권을 퇴진시키고 상류계급과 자본가들의 이익을 대변하는 군사정권이 수립되는 계기가 되었다.

러시아 민중주의자들이 주장했던 목표는 부분적으로는 볼셰비키들이 실현하였다. 미국의 민중주의자들이 주장했던 정책노선은 현재에는 상당 부분 실현된 상태에 있다. 미국 민중주의 세력의 정책노선은 민주당의 정책노선에 큰 영향을 미쳤으며 그들의 지지 세력은 민주당의 지

지 세력으로 흡수되었다.[30] 라틴아메리카의 민중주의운동은 지난 20여
년간 군부통치로 거의 종식되는 듯 했으나 최근 민주화운동에 크게 공
헌하고 있음을 보여주고 있다.

　외국의 민중주의라는 맥락에서 보았을 때 민중운동이란 "민중들이
생활 조건의 향상과 사회경제 구조 및 정치체제의 변혁을 목적으로 전
개하는 집단행동의 한 유형"이라고 규정할 수 있다.[31]

　이상의 비교 결과를 요약하면, 민중운동에 영향을 미치는 외부적 변
수들은 정치체제의 성격, 사회경제 구조의 조건, 지배세력의 성격이 어
떠한가 하는 것 등으로 정리된다. 즉 민중운동에 영향을 미치는 정치
체제의 성격은 예컨대 한국의 경우 일제식민통치구조, 미군정의 정치
구조, 제1공화국의 권위주의 체제, 제3공화국의 군부권위주의체제, 유신
이후 1970년대 말까지의 관료적 권위주의 체제 등으로 파악할 수 있으
며, 사회경제 구조의 조건은 식민지반봉건체제, 원조경제체제, 국가주
도의 산업화단계, 경제의 대외의존도 심화단계 등으로, 지배세력의 성
격은 일제하 식민지배세력, 제1공화국의 보수우익지배세력, 제3공화국

---

30) 이정복, "민중론의 정치학적 분석," 이정복·송복·길승흠·김재홍, 《한국
　　민중론연구》, 한국정신문화연구원, 1990, p.53. 이정복에 따르면 한국의 경
　　우에도 한국민중주의는 과거 민주화 운동의 일익을 담당하였으나 산업화
　　의 모순과 권위주의 정치의 모순이 심화됨에 따라 점점 급진화되어 왔으
　　며, 이러한 급진적 민중론이 더욱더 급진화된다면 앞으로 프롤레타리아 혁
　　명론과 같은 것이 되어 민중론은 그것으로 대치되어 소멸할 가능성이 있
　　다고 보았다. 이와 관련하여 그는 "일부 청년학생들이 급진적 민중론을 신
　　봉하고 거기서 민중을 우리 국민의 일부인 노동자·빈농·빈민으로 국한
　　시킨다고 해서 정부가 민중론 전체를 그렇게 보아서는 아니 되겠다. 오히
　　려 정부는 급진적이고 경제적인 민중론이 자유민주주의 체제의 확립에 공
　　헌하는 민주적이고 정치적인 민중론으로 전환되도록 선도함으로써 민중론
　　을 올바로 이끌어 갈 수 있을 것이다. 정부에 의한 이러한 선도가 어렵다
　　면 정부는 자유주의적인 지식인들에 의한 이러한 선도를 권장해야 할 것
　　이다."라고 주장하였다.
31) "민중운동의 사적 고찰," 현대사회연구소, 《'민중론'의 분석과 대책에 관한
　　연구》, 1985, 591-649쪽.

이후 준민간화된 군부 – 기술관료 – 재벌 지배세력으로 파악할 수 있다. 그리고 민중운동 유형을 결정하는 내부 변수로서는 자연발생적 성격과 조직화의 정도, 주요 담당세력의 변화, 연합의 상, 주요목표, 이익표출 형태(합법적, 비합법적) 등을 지적할 수 있다.[32]

(3) 해방 후 한국민중주의의 특성

일반적으로 한국민중주의의 특성은 다른 나라 민중주의와 마찬가지로 근대화의 결과와 밀접한 관련을 맺고 전체사회 구조에 대한 강한 비판, 과격한 행동성, 민족주의적이며 반제국주의적인 성격, 계급연합의 강조, 공동체적 성격, 민중문화 지향성 등을 열거할 수 있다.

한국민중주의는 형성 배경의 다양성, 이론 구조의 잡다성, 전개형태의 파행성, 학생운동의 연장·변환으로서의 성격, 분단 상황 반영 등을 특성으로 한다.[33] 한국민중주의의 형성 배경에 있어서 1970년대 초반 '전태일 분신자살 사건'과 '광주대단지사건' 이후 지식인들의 하층 민중에 대한 관심이 높아지면서 학생운동의 일환으로 나타나기 시작하였으며,[34] 급진사회학과 네오마르크시즘, 뉴레프트, 종속이론, 해방신학 등도 여기에 접목되었다. 서구의 마르크스주의 이론과 남미의 종속이론도 일부 수용되었다.[35]

---

32) 같은 곳.

33) "민중주의의 사상적 특징에 관한 고찰," 현대사회연구소, 《'민중론'의 분석과 대책에 관한 연구》, 1985, 9-59쪽.

34) 한국민중주의의 형성 배경은 학생운동의 전환이라는 점에서 그 출발점을 찾을 수 있으며, 학생운동에 민중이라는 용어가 등장한 것은 1970년대 초반부터이다. 3선 개헌 반대운동의 좌절로 무력감에 빠져 있던 학생운동이 새로운 운동 방향의 모색을 민중에서 찾았다. 이러한 학생운동의 민중 지향성의 테제는 한국의 사회변동 과정과 밀접한 관계를 갖고 있다. 이재오, 《해방 후 한국학생운동사》, 형성사, 1984, 309-10쪽.

　　논자에 따라서는 민중주의를 "1950년대 후반부터 오늘에 이르기까지 계속되고 있는 지적 논의인 동시에 실천운동"이라고 규정하면서[36] 민중주의에 대한 역대 권위주의적인 정부측의 분석과 시각을 달리하고자 한다. 이정복은 정부의 분석시각이 삼민주의적 민중론 텍스트를 내용분석하여 그것의 정치적 성격을 판단하는 데 중점을 두고, 민중론이란 자유민주주의를 부정하고 궁극적으로는 폭력적 수단에 의한 프롤레타리아혁명을 실현하려는 것이라고 보며, 이러한 민중론은 용공분자들이 만들어낸 것이기 때문에 그들을 철저하게 색출하여 취조하면 근절될 수 있다고 보는 정부 입장을 비판하였다.[37]

---

35) 정부 입장에서는 그 밖에 다음과 같은 한국민중주의의 특성을 지적하기도 한다. "하원 가을하아 교육정책에 대한 비판, 현 체제이 성격과 안부통일관에 대한 비판, 종속경제에 대한 비판, 언론문화정책에 대한 비판 / 학생운동의 연장·변화로서의 성격: 정치투쟁으로서의 학생운동이 한계 상황에 부딪치자 그 탈출구로서 "민중"개념을 도입해서 이루어졌기 때문에 도시적인 성격이 강하고 그 속도가 급하여 과격적인 행동성을 표출한다. / 분단 상황 반영: 사회구조의 모순은 본질적으로 분단 상황에서 기인한다고 인식하고 민족통일을 최대의 과제로 삼고, 분단 원인은 외세에 있다고 보기 때문에 반미·반일 감정을 나타낸다. / 남한의 사정만을 바탕으로 논리가 구성된 까닭에 북한 및 공산화 위협을 전혀 무시하고 있다. / 마르크스 계급이론에 기반을 두고 있으며, 공산주의 전략이론과 동일함에도 불구하고 법적 제재를 피하기 위한 모호한 개념들로 자신을 위해 위장하고 있어 그 정확한 실체를 파악하기 어렵다. / 전체사회 구조에 대한 비판을 하면서도 구체적 대안을 제시하지 않고 오로지 현 정치체제의 붕괴에만 주력하고 있는 경향이 농후하다."현대사회연구소, 《민중론의 분석과 대책에 관한 연구》, 1985.

36) 이정복, "민중론의 정치학적 분석," 이정복·송복·길승흠·김재홍, 《한국민중론연구》, 한국정신문화연구원, 1990, 2쪽.

37) 이정복, "민중론의 정치학적 분석," 이정복·송복·길승흠·김재홍, 《한국민중론연구》, 한국정신문화연구원, 1990, 1-2쪽. 대학교재로서는 최초로 경상대의 《한국사회의 이해》(장상환·정진상 외, 지리출판사, 1994)라는 대학교재에 대한 국가보안법상의 이적표현물 혐의에 대한 공안문제연구소의 감정서 내용은 다음과 같다. "첫째 맑스주의(공산주의) 노선을 미화찬양하고 이를 정당화하며, 궁극적으로 이를 지향하고 있다. …… 둘째 한국사회를 신식민지독점자본주의 또는 종속적국가독점자본주의 등으로 왜곡 규정

1) 해방 후 민중주의에 대한 비교정치학적 분석

비교정치학의 관점에서 이정복이 민중주의를 해명하기 위해 던지는 다음과 같은 질문은 1950, 60년대 이후 현재까지의 한국민중주의를 대상으로 한 것이다. 그러나 이 질문은 15, 6세기 이래의 한국정치사상의 전체 대상기간을 확대한다면 그 자체로서 한국민중주의 정치사상의 역사적 사회적 조건을 밝히기 위한 물음으로서 의의도 있다고 평가할 수 있다.

    민중론이 대두하는 상황적 요인은 무엇인가? 다시 말해 한 나라의 사회경제적 발전단계와 기존 정치체제의 성격은 민중론의 대두와 어떠한 관계가 있는가? 민중론을 주창하고 민중운동을 이끌어 가는 지도자

하며 비방하고 있다. …… 셋째 김영삼 정권 및 김영삼 정권의 개혁시책을 왜고 비방하며, 현정권 타도를 선동하고 있다. …… 넷째 남한사회 법체계(사법부, 검찰, 경찰, 안기부, 군 등)가 권력유지를 위한 지배계급의 이데올로기를 강화하고 민중의 사상의 자유와 정치적 활동을 탄압해 왔다고 비방하며, 이들 억압적 국가기구와 국가보안법 등 악법을 철폐해야 한다고 주장하고 있다. …… 다섯째 북한의 대남혁명노선을 수용하여 당면 한국사회변혁운동의 과제를 제시하고, 이의 실천을 고무하고 있다. …… 여섯째 북한과 일치하는 맥락으로 한국사회의 근현대사를 서술하고 있다. …… 기타 진보진영의 정당 건설에 의한 좌파진영의 결집을 주장하고, 60년대 이후 좌익조직사건 즉 '통혁당사건', '남민전사건' 자민투, 민민투 사건 등을 정당시하는 시각을 보이며, 한국사회의 이데올로기로 '친미주의', '반공주의' 등을 들고 이를 부정시하고 있다. …… 이상의 내용으로 미루어 …… 이 책자는 좌익이적성 문건이라고 판단된다. …… 총평: 이 문건은 결국 현남한체제를 부정하고 맑스주의에 기초한 북한공산당국의 대남노선을 정당화하며 고무선동하는 것이라는 점에서, 친북좌익 이적성 문건이라고 분류된다."
공안문제연구소, "《한국사회의 이해》 감정서", 1994. 7. 11.
이적표현물 관련 감정기관인 공안문제연구소는 당시까지 경찰청 보안문제연구소 산하기관이었다가 최근 공정성 시비 문제로 인해 서울경찰청 보안문제연구소와 통폐합하여 경찰대학 부설연구소로 전환할 예정으로 있다. 이적표현물 감정은 수천 건이 이미 이루어져 각 수사관의 캐비넷에 보관 중이며 어느 때라고 사건화할 수 있도록 준비되어 있는 것으로 알려져 있다.

들은 어떠한 특성을 가지고 있는가? 민중론에서 말하는 민중을 누구를 가리키는 것인가? 민중론은 어떠한 실현 목표를 가지고 있는가? 민중론이 제기하는 그 목표 실현 방법은 무엇인가? 민중론에는 어떠한 내적 모순이 있고 어떻게 소멸되는가? 민중론은 한 나라의 정치발전에 어떠한 영향을 미치는가?[38]

이에 따르면 한국민중주의는 자본주의 발전과정에서 일어난 사회경제적 모순과 정치적 모순에 대한 반응으로 대두하였다. 1950년대 후반과 1960년대 함석헌의 역사철학적·종교적 민중주의는 도시 중산층의 불만을 기반으로 하고 있으며, 1970년대 말과 1980년대 초의 한완상 등의 사회과학적·계급적 민중주의는 산업화와 빈부격차 및 강력한 권위주의 체제인 유신체제에 대한 각계각층의 광범위한 불만에 기반을 두었고, 1980년대의 민중민주주의 민족혁명과 같은 급진적 민중주의는 광주민중항쟁과 제5공화국 수립 후의 사회경제적·정치적 상황에 대한 청년학생·지식인·노동자·농민·영세상인·도시빈민들의 불만에 기반을 둔 것이다.[39]

한국민중주의 주창자층과 운동의 추진이 지식인에 의해 이루어졌다는 점에서, 농민·노동자가 밑으로부터 추진한 미국이나 정부 내 지도자가 주도한 아르헨티나와 브라질의 경우와는 상이하며, 오히려 러시아·베네수엘라·페루와 더 유사하다. 하지만 미국·러시아·라틴아메리카 민중주의 지도자가 카리스마적이었던 데 반하여 우리나라는 그러하지 못하였다.

해방 후 한국민중주의에서 민중 개념은 1980년대에 들어와서 비로소 계급적으로 파악되기 시작한다고 평가된다. 이는 한국의 자본주의 발

---

38) 이정복, "민중론의 정치학적 분석," 이정복·송복·길승흠·김재홍, 《한국민중론연구》, 한국정신문화연구원, 1990, 2-3쪽.

39) 이정복, "민중론의 정치학적 분석," 이정복·송복·길승흠·김재홍, 《한국민중론연구》, 한국정신문화연구원, 1990, 1-53쪽.

34

전이 그만큼 늦은 데에 기인한다. 1950년대 후반과 1960년대 함석헌의 민중주의가 중산층이나 계급성립 이전의 원초적인 의미에서의 '민'(民)을 기초로 하였으며, 1980년대 초 한완상의 민중주의는 정치·경제·사회적으로 소외된 모든 사람들을 기초로 하였으나 그중에서도 핵심은 정치적 민중이었고, 급진적 민중론에서 민중은 노동자, 빈농, 영세상인, 도시빈민 등으로 국한되어 있었다. 1980년대 한국의 급진적 민중주의는 라틴아메리카 국가들의 민중주의처럼 산업자본가, 중산층, 노동자, 농민 등을 모두 포함하는 광범위한 다계급 연합이 아니라 노동자·농민·영세상인·도시빈민 등을 가리켰기 때문에 프롤레타리아 개념과 유사하다는 평가도 받았다. 한국민중주의 운동이 청년학생의 운동 수준에 머무르고 민중의 범위 역시 그들에 의하여 좁혀진 측면이 없지 않았다.

한국민중주의에서 민중범위가 축소되는 것과 상응해서 민중주의 실현 목표도 급진화되어 민족국가·민주주의체제 수립으로부터 1980년대에는 "제국주의", "매판자본주의", "팟쇼군부정권"을 타도하고 노동자·빈농·빈민을 위한 민중민주주의 민족혁명을 달성하는 것으로 변화하였다. 미국의 민중주의운동의 요구가 상당 부분 민주당에 의해 정치적으로 흡수됨으로써 그 운동의 세가 꺾이고 라틴아메리카 국가들의 경우는 민중정치가들이 정권을 장악함에 따라 그들이 원래 실현코자 했던 목표의 보수화가 일어났었다.[40] 한국의 경우 민중운동이 라틴아메리카처럼 성공하지 못하고 그 목표가 이론적으로 급진화된 측면이 강했다. 물론 최근 김대중 노무현 정부의 등장으로 인해 부분적으로 유사한 측면이 드러나고 있기도 하다.

한국민중주의는 목표의 급진화와 더불어 그 실현방법에 있어서도 과격화되었다. 1950, 60년대 함석헌의 민중주의가 비폭력주의와 평화주의

---

40) 이정복, "민중론의 정치학적 분석," 이정복·송복·길승흠·김재홍, 《한국민중론연구》, 한국정신문화연구원, 1990, 7-11쪽.

에 기반을 둔 목표실현을 주장했으나 1980년대 급진적 민중주의는 폭력주의의 채택이 불가피하다고 보았다. 이런 점에서 본다면 한국민중주의는 먼 의미에서나마 러시아의 패턴에 가깝게 전개되었다고 평가할 수 있다.

2) 해방 후 한국민중주의에 대한 사회학적 분석

이 분석시각은 민중주의의 대두에 있어서 1950년 한국전쟁 경험을 치른 세대냐 아니냐 하는 변수를 가장 중요시한다. 이전에는 보수여야 세력의 갈등만 있다가 1980년대 접어들어서야 비로소 좌우갈등이 생겨나게 되었다고 본다. 예컨대 송복은 1980년대 한국의 급진적 민중주의의 대두요인으로서 산업사회 일반의 보편적 요인인 상대적 빈곤감 또는 상대적 박탈감(relative deprivation)과 그러면서도 축적되어 가는 사회적 잉여의 증대요인을 들고 있다.[41] 그리고 한국적 특수요인으로서는 세대간의 차이(포스트 분단 시대의 도래)를 결정적인 것으로 들고 있다. '非 6·25경험 세대' 인구는 1980년 현재 전 인구의 70%를 훨씬 상회하고 있으며,[42] 20세 때 6·25를 경험한 사람들이 70세가 되는 시기인 2000년에는 전 인구의 95%가 '非 6·25경험세대'가 될 것으로 추산하면서, 한국사회는 점차 '포스트 분단시대'로 이행해 가고 있다는 것이다. 즉 절대 빈곤을 경험했고 자유민주주의 체제를 유일한 체제이자 이데올로기로 신념과 행동과 체험으로 지켜오던 세대는 점차 사회의 중심부에서 후퇴하고, 대신 자유민주주의를 '하나의 체제 하나의 이데올로기'로 받아들이는 세대가 사회의 중심부를 차지해갔다.

송복에 따르면 우리나라에 있어 민중주의가 등장하기 이전에는 '보

---

41) 송복, "민중론에 대한 사회학적 분석," 《한국민중론연구》, 한국정신문화연구원, 1990, 55-81쪽.

42) 경제기획원, 《한국의 사회지표》, 1986, 59쪽. 1980년 현재 해방 직후인 46년 1월 이후 출생자가 전 인구의 71%이다.

수세력 내의 여야갈등,' 기껏해야 '아마 좌익(amateur left)' 만이 있었는데, 절대적 빈곤이 사라지는 대신 상대적 빈곤감이 급증하기 시작하면서, 사회적 잉여가 커지는 1인당 GNP 2천 달러 시대에 접어들면서 프로좌익이 도래하게 되었다고 논증한다.[43] 우리나라 사회지표는 급진적 민중주의가 '프로 좌익' 시대의 서막을 전망케 한다는 것이다. 미국과 일본 등 외국의 경우 1인당 GNP가 2천 달러에서 5천 달러에 이르는 시기가 "반체제 활동의 격렬기"였던 데 반하여, 우리나라의 경우 세대간 격차가 극심하고 불연속성이 있다는 점을 고려할 때 2천 달러에 접어든 1980년부터 8천 달러가 되는 1995년까지의 기간이 여기에 해당된다고 보았다.[44]

우리나라의 요소소득에 대한 피고용자 소득 분배율을 보면 상대적 박탈감을 극대화하게 되는 조건에 놓여 있다. 하위 10%가 차지하는 국민소득 점유율이 1970년 7.34%에서 1984년 6.77%로 낮아졌으며, 체제지향적인 자영업 경영자의 경우에도 하위 20%가 차지하는 소득 점유율이 5.27%인 데 비해 상위 10%가 차지하는 소득 점유율은 32.67%, 상위 20%가 차지하는 소득 점유율은 48.16%이다.[45] 프로좌익이 활동하기 알맞은 분권화와 다원화수준도 급증하고 있다고 본다. 직업의 수가 1974년 1,500개에서 1986년 12,000개로, 사업체 수는 1986년 7월 현재 167만 개에서 해마다 8만 개씩 늘어나고 있다는 것이다.

프로 운동가에 대한 지원의 물질적 심리적 지원의 기반인 사회적 잉여도 계속 증가하였다. 즉 엥겔계수는 계속 하락했으며 전체범죄 중에서 절도건수의 비율도 1984년 37.6%에서 1986년 27.4%로 감소하였으며,[46] 대학생 수는 1987년 한국 사회지표에서 36.7%로서 세계1위 수준

---

43) 송복, "민중론에 대한 사회학적 분석,"《한국민중론연구》, 73-81쪽.
44) 송복, "민중론에 대한 사회학적 분석,"《한국민중론연구》, 75쪽.
45) 경제기획원,《경제백서》, 1986, 439쪽.
46) 같은 곳. 437쪽.

이라는 것이다. 이 기간이야말로 프로좌익이 등장하기 알맞은 토양을 갖춘 시기라고 보았다. 그러나 1인당 GNP가 외국의 경우 5천 달러 한국의 경우 8천 달러 선이 되면 불평등 심화도는 감소하고 계층 안정 상태는 증가하며, 불만 세력을 수용하고 포섭할 수 있는 중간조직이 크게 발달하며, 계층 이동이 감소하게 되므로, 개량주의적 타협의 시도가 가능해지게 된다고 전망한다.

3) 탈냉전의 산물 관점

1980년대 한국민중주의의 대두를 탈냉전이라는 세계사적 조건과 연관지어 파악하고자 하는 시각도 있다. 1960년대 미국의 학생운동 이후 마르크시즘에서 대안을 찾는 전세계 인텔리층의 경향이 나타났으며, 독일의 도취케(Rudi Deutschke)와 아벤드로트(Wolfgang Abendroth) 등이 반권위주의적 사회주의와 긴장완화를 위해 투쟁하고 신동방정책이 진행되면서부터, 서유럽 전반의 긴장완화가 촉진되었으며, 이것이 스페인·포르투갈·그리스의 민주화를 이끌어내는 데 영향을 미치고, 유로 공산주의의 대두와 이탈리아 공산당이 보수주의자와 역사적 대타협을 하게 만드는 데 영향을 미쳤다. 미소 간 신냉전 단계에 접어들면서 아시아에서는 미국 일본 등 서방과 중국 간의 관계 정상화로 인해 긴장완화가 촉진되었다. 바로 이때 한반도에서는 "정치적 민주주의를 폐지한 긴급조치국가인 유신체제"가 대두하는 등 역의 현상이 대두하면서 긴장이 강화되었다.

그러나 탈냉전의 산물이라는 시각에 따르면 세계사적 조류 속에서 한국 "좌파의 부흥"은 시간문제였으며, 1980년대 한국 좌파급진주의는 "뒤늦은 냉전의 긴장완화"라는 의의를 갖는다고 평가하였다.[47)]

---

47) 윤근식, "한국에 있어서의 급진주의," 《한국정치연구》(1987년 창간호), 서울대한국정치연구소, 1987, 163-177쪽.

38

1970년대 이전까지의 학생운동과 민주화 운동은 "본질적으로 미국식 모델에 관한 꿈을 기초로 한, 기껏해야 반권위주의적이고 '낭만적'인 운동."[48] "시민 민주주의적 전망에 갇힌 민중론"으로서, "1970년대에는 개괄적인 현실 비판적 논의만으로도 자신을 저항적 존재로 위치 지우는 것이 가능"했었다.[49] 그러나 1980년대 들어 국가독점자본주의론과 주변자본주의론 등 한국사회구성체논쟁을 거치면서 마침내 민중민주주의민족혁명론이라는 좌파급진주의에 도달하게 된다. 윤근식은 이러한 1980년대 한국좌파급진주의가 레닌주의, 김일성주체사상, 모택동의 모순론에 기초하여 '이데올로기 비판'의 한 형태로 등장하였으나, 북한지배체제와 공산주의 사회들에 대한 비판적인 현실인식이 결여된 것이라고 보았다. 따라서 한국의 급진주의는 자유주의와 사회주의의 "새로운" 종합으로서 "계급대립이 제도화"(T. Geiger)된 서독의 반권위주의적 사회주의로서 대두한 것은 아니었으며, 현존 사회체제를 지배하고 있는 미일제국주의, 군사파시즘, 매판독점자본 등 구조적 권력과 대결하는 구조적 권력으로서의 "민중"개념을 이론화한 것이라고 파악하였다.[50]

(4) 기존논의의 방법론적 의의

1970, 80년대 민중주의에 대한 각 분야의 연구 특히 비교정치학적 연구는 전통적인 한국정치사상을 연구하는 데 시사하는 바가 크다. 해방 후 한국민중주의에 대한 분석틀은 한국정치사상에서 나타나는 유교적 민본주의나 반봉건 반외세 민족운동과 민중운동의 이론구조를 어떠한 틀 속에서 분석하고 사회세력과의 관계나 담당자층과 관련된 한국

---

48) 윤근식, 같은 곳.

49) 조희연, "민중사회학의 역사적 심화론,"《신동아》(1987년 4월호). "특별기획: 민중사회학논쟁," 524-525쪽.

50) 윤근식, 같은 곳.

정치사상을 어떻게 규명할 것인가 하는 데 대하여 일정한 힌트를 주고 있다.

그러나 비교론적 방법은 전통사상이나 외부의 충격 및 내부적 사회질서의 변동과 관련된 사상의 추이를 검토하는 데 요구되는 개념으로서는 한계가 있다. 이는 다음 장에서 보다 더 명확하게 검토하기로 한다.

제3절 관점·구성·연구방법

(1) 관점

이 책의 연구 관점은 다음과 같다.

첫째, 민중주의 정치사상 관점은 현재의 한국정치를 올바르게 이해하는 데 있어서 다른 어떠한 관점 못지않게 적실성이 크다.[51] 한국정치 연구에 있어서 국가론적 관점, 정치경제학적 관점, 비교정치학적 관점, 국제정치학적 관점, 통일론의 관점 등과 같은 다양한 접근법이나 시각들이 존재하고 나름대로 상당한 연구 성과들을 낳고 있긴 하지만, 그것만으로는 한국정치의 전반적인 이해에 도달하는 데는 충분치 못하다. 우리 역사 속에서 정치사상이 계승·변화되어온 모습들을 더불어 정확히 파악함으로써만 한국정치를 보다 총체적으로 파악할 수 있다. 이 경우 그동안 지배이데올로기라고 불려왔던 자유민주주의, 반공주의, 발전주의, 군부(관료)권위주의, 세계화와 신자유주의 등과 같은 지배적인 정치사상 역시 민중주의라고 하는 대항적 정치사상을 불러일으켰거나 그 반대였던 경우가 많았다는 점에 주목해야 한다. 그런데 전자 즉

---

51) 한국 고유사상 부재론에 대한 비판에 대해서는 윤사순, 노재봉, 심재룡의 글 참조.

지배적 정치사상에 대한 연구는 어느 정도 이루어져온 반면에, 후자 즉 민중주의 정치사상에 대한 연구는 아직 체계적으로 이루어지고 있지 못하다. 이 책은 한국정치학이 그간 소홀하게 다루어온 민중주의 정치사상이 한국정치 연구에 있어서 기존의 민족주의 정치사상 연구 관점 못지않게 주목되어야 한다고 본다.

이와 관련하여 정치사상 관점 자체에 대한 주의의 환기가 필요하다. 즉 한국정치학 초창기 특히 해방 이후 1960년대 초에 이르는 시기에 활발하던 서구정치사상에 대한 소개나 논의가 최근에는 여러 이유들로 인해 매우 부진하다(물론 우리나라 정치가 서구정치사상의 소개 수준에서 벗어나 독자적인 정치사상과 별도의 정치논리를 창조적으로 발전시켰기 때문에 그 필요성이 감소되었다는 설명도 가능은 하다). 이에 따라 정치사상 관점 자체가 한국정치 연구에 있어서 큰 주목을 받고 있지 못하다. 어쨌든지 간에 한국정치를 정치사상 관점에서 연구하는 데 있어서 정치사상의 개념을 둘러싼 다양한 논의들을 검토할 필요가 있으며 이 과정에서 한국의 민중주의 정치사상은 어떠한 속성을 가진 정치사상인지 좀 더 명확해질 수 있다.[52]

둘째, 현대한국의 민중주의 정치사상은 한국정치사상사의 전통과 관련시켰을 때에만 보다 더 정확한 이해가 가능하다. 한국의 민중주의가 그 형성배경이나 논리구조 그리고 담당층이라는 측면과 관련하여, 제1, 2차 세계대전 전후의 남미나 19세기의 러시아와 미국에서의 민중주의, 파리꼬뮨 등과의 비교 관점[53]도 중요하지만, 보다 더 중요한 것은 한국정치사상사의 맥락 속에서 민중주의 정치사상이 어떠한 위치를 차지

---

52) 한국민중주의 정치사상이 민주주의, 자유주의, 근대의 소유적 개인주의, 사회주의, 보수주의, 공산주의, 사회민주주의, 우주론 / 자연론 / 인간론 / 정치사회적 실천론 등과과 어떠한 내포·외연 관계를 맺고 있는지, 어떠한 영향을 주고받았는지 등에 대한 연구도 중요한 테마가 될 수 있다.

53) 이정복, 노재봉의 논의 《한국민중론》(한국정신문화연구원), 《사상과 실천》 광주민중항쟁을 파리꼬뮌과 연결지어 해명을 시도한 연구도 있다.

하고 있으며, 유교주의 같은 전통적 한국정치사상과는 어떠한 관계에 있는가를 살펴볼 필요가 있다는 점이다.

그리고 개화사상이나 민족주의와 민중주의의 관계, 동학농민혁명과 일제시대 등과 같은 한국근현대사에서 나타나는 민중주의의 형성과 발전, 그리고 자본주의발전과 민중주의와의 관계 등이 한국의 민중주의 정치사상 해명에 있어서 매우 중요하다. 그리고 시대적으로 훨씬 앞섰지만 허균의 호민론이나 정약용의 여전제 등의 정치사상 역시 기존의 유교적 민본주의 관점 못지않게, 그들의 정치사상이 민중주의 정치사상의 맹아였다는 관점에서 그들의 민중주체의 정치사상이 어떻게 형성되었으며 사상내용을 어떻게 평가할 수 있는가에 대해서도 새롭게 살펴볼 필요가 있다.

이 과정에서 현대한국의 민중주의가 서구화·도시화·산업화 등과 맺고 있는 밀접한 관계 못지않게, 한국정치사상사의 전통 속에서 싹터 자라나온 점을 강조하고자 한다.

셋째, 한국의 민중주의 정치사상은 정치학 분야 외의 여러 분야들의 연구 성과물과 시각들을 종합하여 살펴볼 때에만 보다 용이하고 올바르게 규명될 수 있다.54) 기존의 한국정치사상 연구에 대한 재검토와 더불어, 민중신학, 민중종교, 민중사회학, 산업화 과정에서 소외된 계층으로서 민중에 대한 사회학적 연구, 혁신정당·혁신주의와의 관계, 민

---

54) 외국의 민중주의 사례에 비추어볼 때 민중주의란 결국에는 다른 사상체 흡수되고 소멸하는 경향이라고 보면서 우리나라 민중주의에 대해서도 같은 진단을 내리고 있는 글로는 노재봉, 현대사회연구소 참조. 그러나 필자는 한국의 민중주의는 역사적으로 외래 사상을 흡수하여 민중주의 사상을 더욱 풍부히 해왔다는 테제를 견지한다. 서학과 접촉한 허균과 정약용의 민 주체 정치사상, 진화론과 무정부주의를 받아들여 한국현실과 맞게 자신의 사상으로 승화시킨 신채호의 민중주의, 기독교 사관을 민중사관과 씨알론으로 승화시킨 함석헌의 사상 등이 모두 그러하다. 전태일의 경우 그가 흡수한 사상이 어떤 것인지 명확하지는 않으나, 철저하게 휴머니즘을 자기 내화한 사상을 소유했다고 해석한다.

중사관, 민중문학, 민중경제론, 한국근현대정치사와의 관계 등을 연구 검토함으로써 민중주의 정치사상에 대한 개념화를 유형화하고 발전시켜나갈 수 있다. 이는 한국 '사상'의 측면에서 볼 때 정치사상의 논리구조 자체가 여타 분야의 사상과 연관되어 있기 때문이기도 하거니와, 그것이 민중주의 정치사상을 심화시켜 주기도 하였기 때문이다.

이때 다양한 분야의 민중론들은 한국정치경제 상황에 기반을 둔 것인 동시에, 한국의 민중주의 정치사상의 생성과 논리구조에 대해서도 큰 영향을 끼쳤다. 정약용의 민중주체 정치사상이나 신채호의 민족적·무정부주의적 민중주의 사상, 함석헌의 역사적·종교적 민중주의 사상, 전태일의 휴머니즘적 민중주의 사상 등 역사상의 민중주의 정치사상은 당시 민중의 비참한 상황이나 사회의 부패상에 대한 현실고발을 사상적 수준으로까지 승화시킨 것들이다. 1980년대의 민중민주주의 운동론이나 노동자·농민·도시빈민이라는 이익집단 접근법에 따른 파악, 계급적 접근법, 자주·민주·통일 이념에 따른 변혁사상, 신식민지 파시즘론 역시 그와 같은 민중주의 정치사상이 현실적 논리로 변질되어 나온 것이라는 점을 잘 드러내 보여주는 사례들이다.

넷째, 해방 이후 한국정치의 전개는 자유민주주의, 반공산주의, 발전주의, 군부(관료)권위주의, 신자유주의 등과 같은 지배적 정치사상과, 그에 대한 대항적(저항적) 정치사상인 민중주의 정치사상의 발전과 대립으로 정리할 수 있다.

해방 직후의 여러 정치세력 중에서도 좌익이나 통일국가 수립운동, 김구나 1950년대 말 조봉암의 정치사상, 4·19혁명과 노동·통일운동, 1960, 70년대 산업화와 민중의 세력화, 유신시대 반체제운동의 저항과 그 논리, 1980년 광주민중항쟁, 1987년 6월 시민항쟁, 최근의 다양한 민중운동 등과 같은 정치사 혹은 정치상황의 전개나 전망 등은 모두 민족주의나 민주주의 또는 민족운동이나 민주화 운동 관점 못지않게 민중주의 정치사상의 관점에서 새롭게 조명되어야 한다.

(2) 구성과 연구방법

다음 장인 제2장은 한국민중주의 정치사상 유형화 방법론을 검토한다. 사상적 기반과 맥락 및 역사적 조건 등을 고려하여 한국민중주의 정치사상을 유교적 민중주의 또는 민본적·실학적 민중주의, 반봉건반외세·농민적 민중주의, 민족적·무정부주의적 민중주의, 역사철학적·종교적 민중주의, 휴머니즘적 또는 인간적 민중주의, 사회과학적·계급적 민중주의 등 6개로 유형화하는 것이 한국민중주의 사상의 전체 흐름을 파악하는 데 효율적이라고 보고, 각각의 민중주의 사상에 있어서 역사적 발생조건, 사상의 내용과 의의 및 한계, 운동에 투영된 양상과 영향 등을 검도하는 방법에 따른 의의와 문제점을 검토할 것이다. 그리고 이 책은 전체적으로 편의상 1980년대 사회과학적·계급적 민중주의를 제외한 나머지 5가지 민중주의를 연구대상으로 하고 있다.

제3장은 유교적 민중주의를 다룬다. 민본주의 한계 내에서 민중주체 정치사상으로 나아간 허균의 호민론과 정약용의 원목·탕론·전론을 중심으로 한 민중주체 정치사상을 살펴보았다.

제4장은 반봉건반외세·농민적 민중주의 정치사상을 다룬다. 이 장에서는 전봉준으로 대표되는 반봉건반외세·농민적 민중주의가 동학과 민간수준에 퍼져있던 민중사상들을 흡수하고, 정약용의 민중주체 정치사상의 요소로부터 커다란 영향을 받았음을 보여주는 내용들을 정리하고, 실제 갑오농민전쟁의 전개과정에서 당시 열강들의 침략에 대응하기 위한 반침략이념과 반봉건의 이념을 종합하여 제시한 반봉건반외세·농민적 민중사상의 내용을 검토하며, 전봉준의 새로운 정치체제 구상을 분석하고, 이것과 실학파의 정치개혁 구상을 비교해보고자 하였다.

제5장은 민족적·무정부주의적 민중주의를 다룬다. 1920년대 이후 독립운동의 큰 방향은 공화주의 또는 민중주의 노선이었다. 그중에서도 한국사에 대한 해박한 연구와 투철한 역사의식을 기반으로 하여 민

44

중사상과 민중혁명의 노선을 가장 극적으로 표출한 신채호의 민족주의에 바탕을 둔 무정부주의적 민중주의 사상을 집중적으로 검토한다.

제6장은 역사철학적·종교적 민중주의 사상, 그중에서도 함석헌의 민중사상을 연구주제로 삼고 있다. 함석헌의 민중사상은 기본적으로 종교적인 사관에서 정신사관 또는 고난사관 및 그것을 연장시키고 발전시킨 민중사관에 입각하여 전개하였다. 동학사상과 같은 거시적이고 우주적인 시각과 구별은 되지만, 크게 보아 동학사상 역시 이 범주의 민중주의로 파악할 수도 있을 것이다. 함석헌의 민중사상은 서남동과 안병무 신학에 일정한 영향을 끼친 데서 알 수 있는 것처럼 민중신학과도 일정한 관계를 맺고 있다.

제7장은 전태일의 휴머니즘적 민중주의 사상을 연구주제로 한다. 1971년 광주대단지 사건과 이후 산업화의 진전 및 1980년 광주민중항쟁과 더불어 1970년 전태일 분신사건은 우리나라 민중운동의 폭발적 진행에 결정적인 역할을 하였다. 전태일사상이라는 민중주의 사상체계의 성립가능성을 타진하고, 이를 인간적 또는 휴머니즘적 민중주의로 개념화하고 있다. 전태일사상은 밑바닥 인생경험에 대한 깊은 성찰에 기초하고 있으며, 그가 자기희생을 통해 전체사회 및 세계의 모순을 시정하기 위한 몸부림의 과정에서 남겨 놓은 수기와 소설초안 등의 기록들을 검토함으로써, 전태일사상을 휴머니즘적 민중주의 사상으로 규정하기로 한다.

제8장 결론 부분에서는 한국민중주의 정치사상을 일반적이 정치사상과 비교하여 그 특성을 부각시켜 보았으며, 이 책의 한국민중주의 정치사상에 대한 유형화가 갖는 의의를 요약하고, 이 방법이 갖는 한계를 정리하며, 이 책이 갖는 문제점과 앞으로 남겨지거나 보완되어야 연구과제가 무엇인지 살펴보고자 하였다.

한편, 이 책의 연구방법은 기본적으로 텍스트 분석을 위주로 하였다. 민중사상의 역사적 전개 및 민중주의 사상의 기본 성격에 따라서 유형화의 방법을 사용하였으며, 민중주의 사상에 도달하게 된 사회적 현실 및 사회적 현실에 접하는 계기들 및 사상에 영향을 미친 인간관계와 가족관계에 대해서도 부분적으로 추적해보았다. 민중주의 정치사상에 대해서는 각각의 인간관, 정치사회관, 역사관 등으로 나누어서 검토하였으나 부분적으로 누락된 것도 있다.

민중주의 사상 각 유형에 따른 각 사상가의 텍스트들은 거기에 맞게 취사선택하였다. 예를 들어 허균의 경우 호민론, 신분차별 철폐를 소설화한 홍길동전 등을[55], 정약용의 경우 원목·탕론·전론 및 당시 사회적 조건을 밝혀주는 사실(史實)들을, 신채호의 경우 각종 선언문, 기고문 등을, 함석헌의 경우 민중사상을 파악할 수 있는 전제조건으로서 《성서적 입장에서 본 조선역사》 및 씨알론·비폭력론을 파악하기 위한 관련 저작들을 검토하였으며, 전태일의 경우 개인을 전체에 직결시키는 그의 특유한 휴머니즘과 생존권 확보를 위해 몸부림치는 인간상·사회상 및 그에 대한 성찰 등을 정리·평가하는 방법을 택하였다.

이때 각사상의 한계를 보여주는 글도 가능한 한 함께 분석 평가하고자 노력하였다. 예컨대 정약용의 경우 홍경래난에 대한 그의 입장을 검토하였다. 각 유형의 민중주의가 운동전개에 어떠한 영향을 미쳤는지에 대해서는 2차 문헌들에 의존하거나 역사 기록들을 활용하였다.

---

55) 문학작품을 통해 당시의 정치사상을 드러내고 전체 한국정치사상사에 자리매김할 수 있는 방법의 의의와 한계에 대해서는 이광수와 최인훈의 경우를 검토한 김홍우, "문학작품에서 본 한국현대정치사상의 특색," 서울대 사회과학연구소, 《사회과학과 정책연구》 제4권 제3호, 서울대출판부, 1982 및 최근 태백산맥 등을 정치학적 관점에서 분석한 논문, 민족문학과 민중문학과 관련된 각종 논쟁들을 들 수 있다.

제2장 한국민중주의 사상의 유형

제1절 정치사상론

사상이란 인간의 현실적인 생활조건이나 사회변동과 상관없이 그 자체의 근거와 논리에 따라 발전하는 것은 아니다. 사상이 지향하는 바가 절대적 진리이므로 개인적 제약에서 벗어난 보편적·절대적 성격을 지닌 진리가 제시되기민 하면 그깃으로 족하다고 보는 권짐은 직이도 한국민중주의 정치사상을 연구하는 데에는 별로 적합하지 않다. 사상은 역사적·사회적 제약을 받는 인간이 현실적 생활조건 속에서 전개해나가는 것이다. 사상의 존재양식은 사회와 현실적 인간의 존재양식과 밀접한 연관이 있다. 즉 사상은 개인적 사고의 산물인 동시에, 기반 사회의 복잡한 변화의 갈등의 산물이기도 하다. 따라서 사상은 그 기반 사회의 역사적 발전과정과의 관계 위에서 파악해야 한다. 사상가의 사회비판은 그 자체 이미 문제제기이면서 사상의 방향까지 결정한다.

한국민중주의 정치사상에 있어서 연구방법은 도구적·조작적 의미에서가 아니라, 인간과 역사를 어떻게 보며, 한국의 정치를 어떻게 생각하며 바라보는가, 그와 관련하여 이미 피력된 주장들을 어떻게 평가하는가, 그 평가기준은 무엇인가, 그리고 정치사상의 방향은 어떻게 제시할 것인가 등을 묻는 것과 다름없다.[1] 정치사상은 인간관·자연관·신

---

1) 노재봉, "현대 한국의 정치사상에 있어서 방법의 문제,"《서울대 국제문제
  연구소논문집》제8호, 1984.
  공안문제연구소, "《한국사회의 이해》감정서", 1994. 7. 11.
  《사상과 실천》(녹두, 1985), 272쪽.

관과 관련지어볼 때, "인간·자연·신의 정치적인 인간관계를 인간의 입장에서 논리적으로 전개한 일련의 학적 체계"로 정의되기도 한다.[2] 이때 정치사상 연구의 기준은 첫째 과거의 어떤 정치사상이 오늘날의 정치행위를 설명하는 데 효과가 있어야 하며(timeless), 둘째 언제나 고려할 수 있는 표준이 있어야 한다(norms)는 점을 들 수 있다.[3] 연구하려는 사상의 표준을 그 시대 상황에서 먼저 검토하고, 그 다음에 그것을 오늘의 관점에서 평가해야 한다.

이 책에서는 한국정치사상의 성격을 스트라우스의 관점, 뵈겔린의 관점, 공동선의 관점, 독일정치사상의 역사적 사례 등에 비추어 검토코자 한다.

(1) 스트라우스의 관점

정치과학(political science)의 수립은 20세기 초반의 논리실증주의와 후반의 행태주의 혁명에 기반을 두었다.[4] 논리실증주의는 과학영역에서 형이상학적 언명을 제거하는 부정적 과제를 수행하면서 동시에 과학적 내용을 체계화하여 과학을 정초하려는 긍정적 과제를 수행하고자 했다. 이러한 과정을 통해 1950, 60년대에는 정치철학이 해체되어야 할 것인지에 관한 논쟁이 있었다. 정치철학의 해체를 긍정하는 것은 논리실증주의에 근거한 라즐릿(Peter Laslett) 등이 대표적이었으며,[5] 이들은 사실과 가치를 구별해야 한다는 데 근거를 두고 있었다. 정치철학

---

2) 김한식, "정치학과 정치사상의 과제,"《한국정치학회보》1990, 67-96쪽.

3) 김한식, 같은 곳, 95쪽.

4) 김종술, "정치철학과 정치과학의 해체와 재구축,"《한국정치학회보》제24집 특집호, 1990, 39-66쪽.

5) Peter Laslett, *Philosophy, Politics and Society*, Oxford Basil Blackwell, 1975.가 대표적이다.

해체에 부정적인 입장을 가졌던 사람은 스트라우스(Leo Strauss), 뵈겔린(Eric Voegeoin), 아렌트(Hannah Arendt), 윌린(Sheldon Wolin) 등이었다. 다른 한편 롤즈(John Rawls), 노직(Robert Nozick), 마르크스주의에 대한 학문적 연구 등에 의해서 정치철학의 부활이 시도되었다.

스트라우스는 정치철학의 최고주제가 철학적 삶이며, "정치철학"이라는 용어에 있어서 '정치적'이라는 말은 내용보다 취급의 한 방식(a manner of treatment)을 가리킨다고 보았다. 그래서 원래 "정치철학"이란 정치에 관한 철학적 취급이 아니라, 철학에 관한 정치적 혹은 인민적 취급 또는 철학의 정치적 입문(자격 있는 시민들이나 그 자제들을 정치생활로부터 철학적 삶으로 이끌기 위한 시도)을 뜻한다고 보았다. 스트라우스는 이런 맥락에서 정치철학을 "정치적인 것(또는 정치적 사물, political things)의 본질과 올바르거나 좋은 정치질서, 두 가지를 진정으로 알려는 태도"라고 정의하였다.[6] 이때 '정치적인 것'의 본질은 원래부터 중립적인 것이 아니며, 본질적으로 받아들이든지 받아들이기를 거부하든지 해야 하며, 선택하든지 거부하든지 해야 하고, 칭찬하든지 비난하든지 해야 하는 것이다. 요컨대 정치적인 것이란 사람들에게 복종하든지 충성하든지 결단하든지 판단하든지 할 것을 요구한다. 좋고 나쁨, 옳음과 옳지 않음, 즉 좋음(goodness)이나 옳음(justice)이라는 동일한 기준에서만 정치적인 것을 정확히 이해할 수 있다. 이처럼 진짜 기준을 알아야지만 정확히 판단할 수 있다는 것이다. 정치철학의 실체는 바로 이와 같은 기준에 대한 진정한 이해(인식)를 찾고자 하는 데 있기 때문이며, 그러한 기준에 대한 의견(doxa, opinion) 아닌 앎(episteme, knowledge)이 바로 정치철학이라는 것이다.

스트라우스는 정치세계를 앎이 아닌 의견의 세계로 본다. 정치세계는 정치, 도덕, 종교 등에 관한 특정한 의견 또는 믿음에 바탕을 두고

---

6) Leo Strauss, *What Is Political Philosophy and Other Studies?* (Illinois: The Free Press of Glencoe, 1959), pp.12, 93-94.

있으며, 그중 정치세계의 기본성격과 직결된 의견 또는 믿음을 '근본적'(fundamental) 의견 또는 믿음이라고 부른다. 이것은 공동체 내에서 금기시되고 신성시되는 것으로서 권위적인 것이다. 그러나 정치철학자들은 이러한 기존의 권위에 도전하여 모든 의견과 믿음을 의문시한다. 정치철학은 의견을 앎으로 대체하려는 목적에서 당연히 수락되고 있는 의견과 믿음에 대해 끊임없이 의문을 제기한다. 즉 정치세계는 정치철학으로부터 끊임없는 도전과 위협을 당하며, 이로 말미암아 정치세계와 정치철학은 피할 수 없는 갈등관계에 놓인다. 플라톤 등 고전적 정치철학자들은 이 같은 긴장과 갈등을 극복하는 방법으로서 비교적 방법(秘敎的 方法, exotericism)을 발전시켰다. 그것은 공동체를 파괴하는 진리를 일반 대중에게는 감추고, 훈련된 소수자에게만 전수하는 독특한 담론 방식으로서, 한편으로는 공동체의 집단적 힘 또는 편견으로부터 진리를 보호하는 방법이면서 동시에 다른 한편으로는 진리의 파괴력으로부터 공동체를 보존하는 방법이었다. 스트라우스는 철학 이전(以前)의 의견에 의해 인지된 정치세계(현상학자들은 생활세계에 속한다고 봄)의 회복이야말로 중요한 문제라고 믿고 있다.7) 이러한 정치세계에 대한 인식은 모든 사회과학의 불가결의 모델 또는 모형이다. 스트라우스는 정치철학이란 용기와 비겁, 옳음과 옳지 못함, 친절과 이기심, 온화함과 잔인함, 세련됨과 조야함 같은 생생하고 직접적인 구별을 당연한(taken for granted) 것으로 받아들이는 사람들에게만 열려 있는 것이라고 본다.

스트라우스에 따르면 오늘날 정치철학과 정치사상(political thought)이 동일한 것이라고 보는 경향이 있으나 실제로 그 둘은 엄밀히 구분되어야 한다고 본다. 그는 오늘날 정치철학이라는 말은 심지어는 야비한 사기꾼들의 철학들(philosophies)을 지칭하는 데 사용하기까지 함으로써 철학의 이름을 더럽히고 있다고 비판하였다. 스트라우스는 오늘

---

7) 김홍우, "철학과 정치," 《철학과 현실》, 1990년 봄호, 140-153쪽.

날 괄목할 만한 현상들 중의 하나인 정치철학의 정치사상으로의 대체 현상이야말로 현대사회의 위기적 증상 중의 하나로 해석한다.

스트라우스에 따르면 정치사상은 정치적 아이디어(political ideas)에 관한 성찰 또는 해명이며, 여기서 정치적 아이디어란 "정치적 근본에 관하여 사고할 때 사용되는 것이라면 환상, 개념, 속성 등 그 무엇이든 지"를 의미하는 것으로 이해할 수 있다면서, 정치철학이란 모두 정치사상이지만 그 역은 아니라고 보았다. 결국 정치철학이 정치적 근본에 관한 의견을 의식적이고 일관되면서 맹렬하게 정치적 근본에 관한 앎으로 바꾸고자 노력하는 반면, 정치사상은 의견과 앎의 구분에 개의치 않는다는 것이다.

> 정치철학이 기본적으로 신념이나 믿음과 앎 사이의 근본적인 차이에 대하여 불안해하는 가운데 전개되는 것인 반면에, 정치사상은 확고한 신념이나 강력한 신화를 주장하거나 옹호하지도 않고 그러려고도 하지 않는다. 정치사상가는 일차적으로 특정한 질서나 정책에 관심을 두는 반면 정치철학자는 진리에 관심을 둔다. 정치철학 아닌 정치사상은 법률과 법전, 시와 소설, 대중연설이 그 적합한 표현형태인 반면에, 정치철학을 표현하는 적절한 형식은 논문이다. 정치사상은 인류의 역사만큼 오래된 것으로서, 최초로 "아빠"라는 말이나 "너 …… 해서는 안되느니라"는 표현을 한 사람이 곧 최초의 정치사상가인 반면에 정치철학이란 유사(recorded past) 이래의 어느 알 수 있는 시기에 출현한 것이다.[8]

요컨대 스트라우스는 정치사상에는 의견과 앎의 구분이 없으며, 정치사상은 모든 것을 의견 또는 이데올로기로 본다고 이해한다. 정치사상은 모든 의견을 그 나름의 진리 즉 시대적 진리로 받아들이며, 정치사상의 의견과 앎의 구분에 대한 무관심은 사실상 정치철학에 대한 폐기이며, 따

---

8) Leo Strauss, *What Is Political Philosophy and Other Studies?* (Illinois: The Free Press of Glencoe, 1959), pp.12-13.

라서 정치사상은 정치철학의 가장 큰 적이라고 본다. 정치사상이 의견과 앎의 구분에 무관심하게 된 가장 큰 이유는 역사주의의 영향 때문이며, 역사주의로의 과도기적 형태인 실증주의 역시 마찬가지이다.[9]

(2) 뵈겔린의 관점

현대정치학은 실즌주의적·행태주의적·과학적 정치학을 지향하면서, 올바른 정치, 규범적 정치, 정치철학 등을 배제하고 있다. 이는 실증주의적 인식론의 팽배로 인한 정치학 탐구의 위기에 기인한 것이다.

에릭 뵈겔린(Eric Voegelin)은 인간존재 그 자체에 대한 포괄적 파악을 통하여 인간 실존에 대한 이해방식으로서 '철학적 인간존재론'을 제시했다.[10] 그는 정치학문, 정치이론, 정치철학의 고전적 의미의 회복을 꾀했다. 정치학의 원형은 탐구 주체의 가치중립적 절연이나 실증주의적 인식론(정치 과학)에 있지 않고, 정치적 실존체로서의 인간이 인간 실존의 직접적인 체험을 의식적으로 표현하는 '에피스테메 풀리티케'(episteme politike)적 정치학, '철학적 인간학'에 있다.

---

9) 현재의 미국 네오콘에게 큰 영향을 미친 스트라우스의 보수주의 정치사상에 대한 비판적인 드러리(Shadia Drury)는 스트라우스가 미국 정치학에 접맥시킨 플라톤 정치철학이 어떻게 부시 미국 대통령의 이라크 전쟁과 관련을 맺고 있는가에 대해 비판적으로 접근한 바 있다. Danny Postel, "Noble lies and perpetual war: Leo Strauss, the neocons, and Iraq", 16-10-2003. www.opendemocracy.net/debates/article-3-77-1542.jsp.
Mark Blitz, American power and the world: Leo Strauss, the Straussians and American foreign policy, in *Civil Society's growing pains* (OpenDemocracy's free thinking for the world, 16 Nov 2003) (Conpendium edn 27)

10) 백승현, "현대정치학에 있어서 철학적 정치학의 위상," 한국정치학회보 제24집 특별호 1990, 7-38쪽. 이것은 에릭 뵈겔린(Eric Voegelin)의 "새로운 정치학"의 관점을 가리킨다.

“이론”이란 방법론적 엄정성, 사실 - 가치의 이원론에 입각한 것(과학주의)이 아니고, 직접적인 체험의 의식적 표현이다. 정치이론은 실존적 인간 개체의 총체적 체험에 입각한, 질서에 관한 경험적 학문으로서, 현실의 실체는 ‘명료한 실존의 긴장’이며, ‘테오리아’(theoria)는 바로 그 긴장의 명료성으로 구성된다. 학문·이론·철학은 동의어로서 상호 교환 가능한 개념이다. 즉 그것은 관습적인 논리적 주장이 아니라, 자신의 형성적 체험을 표현하고 명료화하는 과정을 포함한 것이다.

뵈겔린은 철학을 주제대상, 전제·견해·논쟁의 집합체, 체계 구성, 관념 등으로 보지 않고, “질서정연한 진리, 실존적 긴장의 체험”이라고 정의하였다. 요컨대 철학이란 대상과의 단절이나 절연이 아니라, 질서정연한 지식(sophia)에 대한 사랑(philia), 존재의 핵심에의 당김(helkin: pull)이라고 정의하였다. 뵈겔린에 따르면 ‘진정코 적실성 있는 정치학’(a truly relevant political science)이란 인식적인 작업인 동시에 실존적(인식의 우위가 아닌)인 과업이라고 보았다.[11] 그는 무엇이 좋은

---

11) 예컨대 전태일사상에 대한 연구서를 펴낸 재야 민주화 운동가 오경환이 전태일사상 연구에 들어가게 된 동기를 보면 그의 평소 민주화 운동의지와 더불어 TV 토론 프로그램을 보고 느낀 분노감의 발로에서 시작되었음을 볼 수 있다. 이는 모든 이론의 전개가 일상적인 인간의 실존적 태도에 기반을 두고 있다는 측면을 보여주는 것이며, 그 연구 대상이 되었던 전태일사상 역시 그의 밑바닥 생활과 평화시장에서의 공원들의 참상을 보고 발전된 사상임을 알 수 있다. 오경환은 전태일사상을 연구하게 된 동기를 다음과 같이 피력하고 있다.
1988년 가을 소위 명문 대학 원로 교수(60세를 바라보는 노장의 S대 물리학 주임교수) 한 사람이 TV 좌담회에 참여한 자리에서 다음과 같은 대화가 있었다.
“선생님은 현재의 민주화 과정을 어떻게 생각하고 계십니까?”
“잘 모르겠는데요.”
“제자들이 데모를 하고 감옥으로 끌려가고 민주화 투쟁을 하고 있을 때 선생님은 어떻게 생각하고 계셨습니까?”
“그거 잘 모르겠습니다. 정치에는 관심이 없어요. 저의 전공은 아시다시피 물리학입니다. 정치에 대해서는 알지도 못하고 관심도 없어요.”
필자는 그 답변에 대하여 전율을 느꼈다. 필자는 그를 똑똑히 기억하고

것인가에 관한 갖가지 견해들 속에서 정확한 판단을 위해 요구되는 지식은, 인간이 질서에 대한 자의식적인 참여를 통해 인식한 현실 범주에서 실존의 형태를 이룩해낼 때, 비로소 가능하다고 보았다.

스트라우스와 뵈겔린 둘 다 고전정치철학으로의 복귀를 강력히 희망하면서도, 스트라우스가 최고선의 근거를 믿음과 분리된 이성으로 보는 반면, 뵈겔린은 중간자적 인간관과 초월성 경험에 입각하여 최고선의 근거를 믿음에 토대를 둔 이성에 두었다. 스트라우스는 사실과 가치를 구분할 수 없는 정치세계에 대한 성찰로서 정치철학론을 전개하면서도 이성과 믿음의 분리라는 태도는 철저히 고수한다. 그러나 스트라우스 역시 인간의 중간자적 성격을 어느 정도 인정한다.

> 인간의 본성은 매우 많은 측면에서 예속적이기 때문에 어떤 인간이 최고의 것을 이룬다는 것은 거의 기적에 가깝다. 그것은 사회에서는 더욱 힘들다. 모든 현실적인 정체(政體)보다 우월하면서도 현실태를 결하는 최선의 정체의 독특한 존재방식은 궁극적으로 인간의 이원적 본성, 예컨대 야수와 신의 중간과 같은 인간의 중간자적 존재 성격에 기인한다.[12]

반면에 뵈겔린은 정치학을 초월성 경험에 토대지우고자 하면서, "존재에 있어서의 도약"(leap in being)을 강조한다. 존재에 있어서의 도약은 희랍철학과 기독교의 계시의 형태로 이루어진 것으로서, 인류로 하여금 세계 초월적 하느님(world-transcendental God) 경험에 입각하여 개방적인 비전을 갖게 된 것을 말하며, 이때부터 인류역사는 진리와 비진리의 긴장 속에서 파악하는 개방사회, 즉 열린사회가 된다고

있다. 필자가 감히 전태일사상을 연구하겠다고 만용을 부리며 전적으로 달려든 커다란 이유 중에 하나가 여기서 받은 충격 때문이었다.
오경환, 《전태일사상연구》, 한소리, 1990, p.352.
12) Leo Strauss, *What is Political Philosophy?* p.35.

보았다.13)

　뵈겔린은 정치학을 역사와 관련지어 보았다. "정치사회 속에서의 인간존재는 역사적 존재이다. 그리고 정치이론은 원리이고자 할 경우 동시에 역사이론이라야 한다. …… 이론은 역사에 의해 제약된다. …… 이론가는 역사 외부의 아르키메데스적 기점을 취하게끔 허용되지 않는다."14) 뵈겔린은 "현상적 규칙성"보다 깊은 수준에서 여러 사회들이 자기해석으로부터 정교화시킨 "상징 형태"의 연속으로 나타난다고 본다.15) 그것은 바빌론과 이집트의 우주론적 형태로부터 이스라엘의 역사 형태, 희랍의 철학 형태, 기독교 형태에 이르기까지 역사적 질서의 상징 형태들이 전개되는 데 있어서 "위대한 사회들은 …… 사회질서는 그 일부에 불과한 전체 존재질서에 관한 진리의 적절한 상징회를 창한 진전 또는 퇴보라는 점에서 상호 관련을 맺고 있는 질서의 연쇄를 창조해 냈다"고 본다. 올바른 질서에 관한 상징화 가운데 결정적인 것은 "우주적·신적 질서의 진리로부터 초월적·신적 질서의 분화된 경험으로의 이행"16)에서 일어났다고 보고 이를 "존재에 있어서의 도약"이라고 불렀다. 근대의 정치사상과 이데올로기 등은 이로부터 이탈한 영지주의적 형태에 속한다고 보면서 인간과 신, 유한성과 영원성, 애매성과 명료성, 미완과 완성 간의 긴장 영역에 놓여 있는 인간의 중간자적 성격을 무시한 것이라고 보았다.

(3) 공동선과 정치사상

　케이텝(George Kateb)이 말하는 "정치이론"이라는 분석적 개념틀은

---

13) Eric Voegelin, *Order and History I*, p.1.

14) Eric Voegelin, *New Science of Politics*, p.78.

15) Eric Voegelin, *Order and History I*, p.63.

16) Eric Voegelin, *Order and History* I, p.ix.

56

서양의 과거 주요 정치사상을 분석하기 위한 평가수단이라는 측면에
서, 그의 정치이론 개념은 스트라우스가 말하는 정치철학 아닌 정치사
상 개념으로 이해될 수 있다. 그는 이러한 정치이론의 주요 특징으로
서, 정치이론의 의도는 도덕적이며, 범위는 포괄적이고, 절차는 철학적
이며, 적실성은 일반적이고, 형식성은 체계적이라는 등의 특성을 꼽는
다.17) 여기서 체계적 형식성이라는 정치이론의 마지막 특성은 일부 정
치이론만의 국한되는 것으로서 이론의 질서정연한 제시 및 논리구조의
일관성을 갖추는 것을 뜻한다. 그리고 정치이론이 제시하는 정부의 목
적은 각각의 정치이론가별로 상이하게 나타난다. 플라톤에게 있어 정
치이론은 옳음 및 철인왕의 통치를 목표로 하며, 아리스토텔레스의 경
우 법의 지배 및 덕을 갖춘 생활이 목표이고, 아우구스투스에게 있어
서는 평화이며, 마키아벨리에게 있어 그것은 권력(힘)과 정치의 위대함
이고, 로크에게는 입헌주의 확립과 재산권의 보호를 뜻하였으며, 마르
크스는 계급 없는 사회를 지향하였다.

그러면 이러한 차이가 생기는 이유는 무엇인가? 그것은 일차적으로
접근법의 상이함에 기인한다. 각각의 정치이론이 전(前)과학적 접근
법,18) 상대주의 접근법, 정치이론들이 각각 전제가 다르다고 출발하는
개연주의 접근법(if-then), 자기 것만 맞고 다른 것은 틀리다고 보는 교
조주의 접근법, 모든 정치이론은 부분적으로 옳고 부분적으로 그르다
고 보는 절충주의 접근법 등 각기 상이한 접근법들을 취하기 때문에
정치이론이 다양해지고 상이한 형태로 전개될 수밖에 없었다. 그러나
이상과 같은 차이가 생기는 결정적인 요인은 '개념의 차이'가 아닌 '공
동선에 대한 차이'에 있다. 즉 정치이론의 차이는 "공동선이라는 개념

---

17) George Kateb, *Political Theory: It's Nature and Uses*, New York: St. Martin Press, 1968, pp.

18) 이것은 문학적 유토피아, 환타지아, 문학작품 등과 같이 고독한 사상가의 현실이해의 한 방식으로서 일종의 형이상학과 같은 것이라는 관점에서의 접근법을 말한다.

의 차이가 아닌 공동선을 정교화하고 옹호하는 방식 혹은 공동선으로부터 이끌어 내는 것"의 차이에 있다.[19] 각 정치이론에 있어서 공동선은 플라톤의 경우 질서, 아리스토텔레스는 덕을 갖춘 시민 생활, 키케로는 정의, 아우구스투스는 평화, 마키아벨리는 조국의 보존과 위대함, 홉스는 평화, 로크는 재산·생명의 보존, 루소는 덕을 갖춘 시민생활, 헤겔은 조국의 유지와 위대함, 벤담은 최대 다수의 최대 행복, 버어크는 질서, 매디슨은 정의, 존 스튜어트 밀은 자유, 듀이는 용이한 사회변동 등으로 제시하였다.

그러면 "정부와 국민 사이의 관계 성격에 관한 가치"로서 공동선을 정의하는 근거 즉 공동선을 규정하는 요소는 무엇인가? 그것은 대체로 다음과 같은 네 가지를 들 수 있다. 첫째 해당 정치이론가의 인간관이 무엇인가 하는 점이다. 둘째 일반적 의미에서 물리적 생활조건이 무엇인가 하는 것이다. 이는 영적인 것, 관상적 삶, 내세에서의 구원문제 등과 비교되는 것으로서의 경제적 조건을 말한다. 셋째 공적이거나 사적인 것으로서 세속적인 가치가 무엇인가 하는 점이다. 그 외에도 인간 조건의 한계상황, 도덕에 비추어 본 세속적인 것의 가치가 무엇인가 하는 것들도 공동선을 규정하는 요소가 된다. 넷째 공적인 것은 무엇인가 하는 점이다. 이는 부, 명성, 직업, 우정, 이웃사랑, 가정, 취미 등 사적인 것의 가치와 대비해서 상정될 수 있는 것들이다.

(4) 독일의 정치사상론

헤르만 뤼베(Hermann Lubbe)에 따르면 헤겔 사후 제1차 세계대전 이전까지 독일에 있어서 정치철학이 의미하는 바는 정치적 사건의 현상학이나 존재하는 것에 대한 서술이론 또는 구원의 철학을 의미하지

---

19) George Kateb, *op. cit.*, p.18.

는 않았다. 당시 독일에 있어서 정치철학은 그때그때 목표와 원칙을 가진 정치적 의지에 대한 설명과 규명을 의미하였다. 즉 독일정치철학은 강령과 의견 제시를 뜻하였으며, 성명서·건의서·정세분석·원칙 등을 제시하는 서적을 발간하고, 대중·여론·정당·국가기관·전쟁 중인 군대 등에게 영향을 미치고자 하였으며, 장관·국회의원·주정부 대표 등이 직접 그러한 활동에 참여하였다.

그에 따르면 독일정치철학이란 때로 관련되어 있는 상황과 더불어 사라지고 만다는 시대성(Aktualitat)를 가지며, 어떤 새로운 정치현실을 발생시키는 자극적인 원동력이 아니라, "부수현상"(Epiphanomen), 즉 도구성 내지는 당파성의 성격을 가질 뿐이며, 정치철학은 정치적·사회적·종교적 갈등들에 대한 성찰적 관계 속에서 현실정치에 참여하여 왔다고 보며, 정치철학이란 "이데올로기적 상부구조"(idelogischer Uberban)로서 상황에 종속적이라고 보았다.[20] 그는 또 헤겔 사후 제1차 세계대전에 이르기까지 독일정치철학은 정치현실에 대하여 점차 고립화 되어 갔다고 평가하였다. 즉 헤겔의 정치적 자유주의는 정치이론과 시대현실을 통일시킨 것이었는데, 그 후 신칸트주의는 지배적 정치질서와 화해하기 힘든 정치적 강령을 내세우는 사회정의의 이상주의를 내세웠고, 그 후 단일론적 실증주의는 일종의 기술정치주의에 빠졌으며, 이들의 기술정치적 세계개선의 의도는 결국 국가·사회의 현실과는 무관한 추상적 원리에 근거한 것일 뿐이었고, 마침내 1914년의 철학적 이념들은 전쟁을 세계관적 대립으로 표현하게 되었다.[21] 예컨대 이데올로기적 민족주의, 유켄(R. Eucken)의 세계관으로서의 민족주의, 나토프(Natorp), 전쟁과 고유성으로 파악한 짐멜(Simmel), 독일적 본질로 파악한 트뢸치(Troeltsch) 등이 그 예이다.

---

20) Hermann Lubbe, *Politische Philosophie in Deutschland*, 권혁면 역,《독일의 정치철학》, 정음사, 1985, 6-12쪽.

21) Hermann Lubbe, *op. cit.*, pp.26-27.

뤼베는 독일이 어떻게 해서 전쟁의 소용돌이로 빨려 들어갔는가에 대해서 제1차 세계대전에 이르기까지 독일정치철학이 어떻게 변화되어 왔기 때문인가에 대한 연구를 바탕으로 하여 정치철학의 이데올로기적 성격을 부각시켰다.

(5) 정치사상론과 한국민중주의

동양적 사고방식의 일반적 특성의 하나로서, 윤리성이 부족하며 또 세계와 경험의 객관화에 의한 사고의 추상성의 부족하다는 점이 치밀한 정치사상의 전개에 불리하다는 견해가 있다. 이는 스트라우스나 뵈겔린이 말하는 서양의 고전적 정치철학과 대비한 한국정치사상의 결함일 수 있다. 그러나 이는 유가주의와 도가주의라고 하는 전통적인 동양정치사상의 흐름을 소홀히 한 평가라고 보아야 한다.[22] 한국의 정치사상 역시 유교, 불교, 선교, 기독교 등을 통하여 인간, 사회, 정치 등에 대한 이해의 폭을 넓혀 왔으며, 한국 상황에 맞게끔 여러 변화를 가하고 우리 것으로 만들어왔다. 흔히 민중의 민속은 본질적으로 샤머니즘이고 민중을 내세우면서 샤머니즘이라는 민중의 문화가 한국의 기저문화이므로 이를 받아들여야 한다는 주장을 잘못이라고 일축하기도 한다.[23] 그러나 이러한 지적은 한국의 기저문화가 무엇인지 밝히기 위해 어떻게 노력해야 하는지 여부에 대해서는 아무런 언급이 없다는 점에서 일면적인 고찰에 불과하다.

스트라우스, 뵈겔린, 케이텝, 뤼베 등의 정치철학과 정치사상에 관한 논의는 한국민중정치사상에 관한 논의 역시 이데올로기나 민중운동론 수준에서 한 단계 높은 정치사상으로 지향하고자 할 때 시사해 주는

---

22) 임효선, 《삶의 정치사상》, 한길사.
23) 노재봉, "현대한국의 정치사상에 있어서 방법의 문제," 284쪽.

바가 적지 않다. 그들 논리의 연장선상에서는 "좋음", "옳음", "공동선", "초월성경험" 등 포괄적이고 체계적인 그러면서도 고도의 철학적 추상성을 가진 어떤 정치사상의 전개를 한국정치사상에서 찾아보기 힘들다고 본다. 그러나 한국민중사상은 서구인과는 다른 개념을 쓰고 있긴 하지만, 계층·계급 대립, 인간에 대한 이해, 정치·경제·사회 이론 등을 나름대로 전개하고 있음을 주목할 필요가 있다.

정약용의 인간관과 함석헌의 역사철학, 신채호의 상호부조론에 입각한 무정부주의 사상과 민중사관이 뒷받침된 민중직접혁명 사상 등은 스트라우스, 뵈겔린, 케이텝, 뤼베 등이 대상으로 했던 서양정치사상과는 근본전제가 다르다.

한국사상사에서 불교, 유교, 기독교가 한국인에게 사상적 충격을 가했을 때 한국의 현실과 한국인의 사유구조에 맞게 그것을 받아들이고 소화하여 나름대로 한국사상을 모색해 왔다고 본다면, 서구의 철학과 종교와 정확히 일치하지는 않으나 우리에게도 우리 것으로 만든 사상체계가 있었음을 인정하게 된다. 더욱이 이황, 이이, 정약용, 신채호, 함석헌 등 한국의 몇몇 사상가들은 자기시대와 조건 속에서 인간과 국가에 대하여, 공맹·노장·기독교·인도사상 등까지도 "우리의 입장에서" 소화해내어 민중사상을 전개하였다.

지금까지 한국민중주의 정치사상 연구는 이데올로기적인 성격의 정치사상으로 이해해 온 경향이 많았다. 그러나 앞으로 한국민중주의 정치사상 연구는 자연관, 인간관, 역사관 등 토대에 관한 성찰을 바탕으로 한 정치철학의 성격, 무엇을 공동선으로 보았으며, 그것을 이루기 위해서 어떤 방법을 제시했는가 등에 관해서 보다 더 부각시킬 필요가 있다.

이와 관련하여 김영두는 한국정치사상의 기본형이 소도(蘇塗)신앙에 있다고 보고 이후의 한국정치사상의 역사는 이 소도신앙이 시대별로 각양각색의 모습으로 드러난 것이라고 해석한 바 있음을 주목할 필요가 있다. 즉 소도신앙 이후 한국정치사상이 유·불·선(도교)의 영향을 받았다고는 하나 우리 고유의 정치사상인 소도신앙이 원형이며 여기에 유불선 같은 외래사상이 영향을 주었다고 보았다. 그는 이때 도교와 소도신앙의 관계는 처음부터 상호 영향을 주고받았던 관계였다고 파악한다.[24] 그는 한국이 단일 민족국가로부터 출발하여 토착부족국가, 삼국시대의 혈연적 귀족주의, 고려, 조선시대 등을 계속하여 소도신앙을 생성시킨 자연과 풍토 조건의 영향을 계속 받아왔다고 지적한다. 예컨대 백제의 경우 "농토에 매인 부족연맹체의 국가사회가 '두레'적인 최저 기반에서 국왕의 정점에 이르기까지 씨족사회적인 유대에 얹혀 민주평등의 자유를 중심으로 심히 융통성 있는 적용으로 정치권위를 서열히여 민주주의, 귀족주의, 국왕의 권위 등이 같은 체질에서 얽히면서도 서로 견제하는 효과로 나타나 중성적인 균형이 되었다"고 보았으며 오늘날의 민주주의를 고대 원시적 신비사상의 형태로 표출하였다고 파악하였다.[25]

그는 이런 각도에서 한국정치사상사를 서술하였다. 원래 소도라는 말은 일본인 村上正雄이 魏志를 인용하여 蘇生의 길(路)이라는 뜻으로 붙인 말이며, 솟대, 손대, 手木 등이 여기서 유래한 용어들이었다. 소도신앙이란 "태양, 巨石, 巨樹를 숭배하고 祖靈을 의탁(依託)하여 제사하던 원시신앙의 형식이 농토중심의 공동생활에서 우순 풍화(雨順 風和)를 빌며 정치적 正義를 기대하는 巫呪的 방법"이 구현된 것으로서, 토지는 공동체의 소유로서 생활에 관한 공동운명적인 유대감에 있었으며, "군취가무(群聚歌舞)에 있어 생산의 풍요를 비는 事鬼神(귀신 섬기기)의 정치적 設備인 소도가 國邑 간에 正義를 機能하는 것으로 생각되고, 일종의 금기성역에 해당하여 거기에 들어온 타국읍의 망명자를

---

24) 김영두, "한국정치사상사,"《한국문화사대계 Ⅱ - 정치경제사(上) -》, 고려대학교 민족문화연구소, 1978, 21-121쪽.
25) 김영두, 같은 곳, 25쪽.

돌려줄 필요도 없을 뿐만 아니라 저쪽에 추포(追捕)할 수도 없게 한 것"이라고 밝혔다.[26] 이러한 소도기능은 정치의 모든 의의를 포괄하며, 소도신앙의 유래는 국토에 비하여 인구가 희소한 당시로서는 유민이 국읍의 성쇠를 좌우하는 유일한 조건이었기 때문이라고 보았다.

김영두는 "한국정치사상사"라는 글에서 이상과 같은 소도신앙이 이후 한국정치사상사에 있어서 단군신화로, 풍류사상으로, 도교적인 화랑도로, 풍수·도참사상으로, 역대왕조의 민생을 위한 토지사상으로, 실학파의 농본주의적 경세사상으로, 지상천국과 인내천이라는 동학사상으로, 홍익인간 사상으로 각기 모습을 달리 하여 나타나게 되었다고 해석하였다. 이는 마치 이우성처럼 실학사상의 유래가 당시 근기지방의 부족한 토지에서 비롯했다고 보는 사회경제적 해석과 유사한 측면이 있다.

소도신앙을 원형으로 하여 이후의 모든 한국정치사상이 그 변용이라고 보는 이상과 같은 김영두의 해석 역시 종교적인 측면에서 우리 고유의 것을 찾아내어 이를 기초로 한국의 사상 및 정치사상사를 설명하려는 하나의 거대시각을 구축하려했던 시도로 평가할 수 있다.

제2절 한국민중주의 정치사상 유형화 방법론

(1) 민중주의 정치사상 관점

한국의 사상은 한국 고유의 사상만을 찾아서 연구·발전시켜야 하는데, 한국의 사상에는 유교, 불교, 선교, 기독교밖에는 없다는 시각이 있

---

26) 김영두, 같은 곳, 29쪽.

다. 이에 따르면 그동안 한국의 사상은 모두 남의 것들이었으며 한국
사람 자신의 것은 없다고 본다.[27] 일제시대 일본인 관학자들은 한국사
상사를 대하면서 한국일반사와 마찬가지로 정체(타율)사관을 적용하였
다. 한국사상의 흐름이란 사실상 발전적으로 전개되어 온 것이 아니라,
제자리걸음에 머물고 있는 것이라고 주장하였다. 그 대표자가 高橋亨
이라는 일본학자였으며, 그의 논거는 한국의 사상의 특징은 《고착성》,
《종속성》, 《사대성》이라는 것이었다.[28] 그는 한국의 사상적 특징은
고착성과 사대성이라고 하는 종속성에 있다고 주장했다. 고착성이란
한가지에만 의지하면서 그로부터 벗어날 줄 모르는 성격을 뜻하며, 종
속성이란 한 가지에만 의지한다고 하더라도 그것을 독자적으로 변화시
키는 독창성의 결여를 뜻한다. 한국사상이 지닌 이러한 특징은 주자학,
불교, 풍수설 및 의복을 비롯한 풍속 등에서 나타난다고 주장하였다.
그리고 이들은 한국민중사상에 대해 무시와 외면으로 일관하였다.

　예컨대 주자학의 경우 일제 관학자들은 모든 학자가 주자학에 몰두
하였지만, 그럼에도 불구하고 내용상으로는 주자학에 아무런 변화도
일으키지 않았다고 주장하였다. 한국의 주자학은 내용상으로는 주자의
본의(本意)에 부합하는가 않는가의 여부만을 따지는 것으로 시종일관
하였을 뿐, 거기에서 한걸음도 벗어나지 못하였다는 것이다. 한국사상

---

27) 이 같은 주장을 전개하는 부류는 기본적으로 일본제국주의 시대 어용 관학자
　　에서 출발하지만, 이조 5백 년 동안 소중화를 자처하며 자존·자주·독립 정
　　신을 갖지 못한 일부 양반지배층이거나, 일제 때 서구열강을 흉내 내던 일본
　　인이 한국의 민족문화를 업신여기고 한민족의 역사와 말과 얼을 송두리째 없
　　애 버리려던 의도에 은연중 영향을 받은 반민족적 인사들이거나, 8·15해방
　　후 무산계급의 혁명이라는 이름 아래 분단의 한 요인이 되었던 공산주의를
　　맹종하는 부류 중 어느 하나에 속하는 사람이라고 비판받는다. 심재룡, "한국
　　의 사상적 뿌리," 《국민윤리》, 한국방송통신대학, 89-90쪽.

28) 高橋亨, "朝鮮儒學大觀," 《조선사강좌》, 朝鮮總督府刊.
　　윤사순, "한국사상사에 있어서의 사관문제," 《창작과 비평》(1977 여름),
　　724-6쪽.

은 '무발전의 정체'일 뿐 아니라, 한국사상이라 할 것도 없다는 것이다.[29] 즉 '한국사상 부재'가 그의 주장의 요지이다.

이상과 같은 한국사상의 부재론·고유론이 가지고 있는 근본적인 오류는 자성론적 오류(自性論的 誤謬)와 발생론적 오류 두 가지로 나눠 볼 수 있다. 전자는 사상이란 고정불변의 어떤 알갱이와 같은 것이라고 전제하며, 후자는 사상의 원천이 천박하거나 또는 자기 고유의 것이 아닌 다른 데에서 들어온 것이기 때문에 그 발생과 진전의 최종결과인 현재 상태와 업적도 별 게 아니라고 보는 것을 가리킨다.[30] 부재론이란 고정불변의 한국사상은 없다는 것이며, 고유론이란 외래사상과 독립된 한국자생의 고유사상이 있음에 틀림없다고 주장한다. 그러나 사상이란 모름지기 삶과 관련되어 있는 한 고정불변일 수 없다.

또 한국사상의 연원은 천박하거나 자기 고유의 것이 아니므로 그 결과로서 현재 상태도 별 가치가 없다고 보는 것은 잘못이다. 사상이라는 게 반드시 "우리 것"에 기초해야 하는 것은 아니다. 한국사상이란 "역사적으로 남의 것"이지만, "문화적으로 우리의 것"이 된 사상으로 보아야 하며, 우리의 것으로 만드는 과정이 곧 역사이다.

다른 한편 민중주의가 근대화에 대한 대응의 산물이라는 시각에 따르면, 민중주의는 근대화에 처한 시기의 사회에 있어서 자본주의적 변화에 저항하여 토착적인 바탕에서 전통성과 근대성을 융합하며, 그 실천을 위해서 계급주의에 반대하여 광범한 대중을 전위체제로 하여 지식계층이 주도하는 민족주의적인 사상 또는 운동이라고 본다. 이러한 민중주의는 다른 것에 비하여 그 사상이 세계관적인 내용을 갖고 있지 못하며 또 강력한 조직성을 갖지 않는 것을 특색으로 한다. 따라서 민

---

29) 예컨대 일인 관학자들은 이황과 이이 등이 전개한 고도의 인성론 전개를 애써 무시하였다.

30) 박종홍, "한국사상연구의 구상," 《한국학보》 제1, 2권 합본, 1959, 7쪽 이하. 심재룡, "한국의 사상적 뿌리," 《국민윤리》, 한국방송통신대학, 90-93쪽.

중주의는 과도기적인 것일 수밖에 없으며, 민중주의 그 자체는 종국에는 다른 이데올로기나 운동에 흡수됨으로써 대개 그 역할을 끝맺게 된다고 해석하고, 이를 한국민중주의에도 적용하였다.[31]

그러나 이를 기계적으로 한국민중주의의 전체 흐름에까지 적용하려는 것은 부재론이나 고유론 못지않게 경계해야 한다. 한국민중주의 사상의 경우 이미 이조 봉건질서 해체기에 자본주의의 맹아가 싹틀 때 민란 형태의 민중운동이 활성화된 바 있으며, 한말에도 동학농민혁명의 형태로 민중주의의 역사적 흐름이 있었고, 해방 후 자본주의 발전이 급속히 이루어졌던 1970년대와 1980년 광주민중항쟁 이후 민중운동이 활성화되었다는 사실을 볼 때, 그 기저에 있는 민중주의 사상이 한때에만 그치고 소멸되고 만다는 일면적인 분석으로서는 일시적인 이데올로기 이상으로서 한국민중주의 정치사상이 갖고 있는 연면한 지속성을 올바로 분석해낼 수는 없다.

한국에서 1970년대 이후 널리 쓰이는 민중개념은 지배계층의 권위에 복속되어 순종만 하지는 않고 인간으로서의 권리를 획득하려고 투쟁하는 대중이라고 볼 수 있다. 그러나 한국민중주의 정치사상의 연원은 1920년대 민중적 민족주의 형태로 확립되었다고 보는 견해[32]도 있으나, 멀리 신라불교를 대중화시키는 데 크게 기여한 원효의 화정(和諍) 사상과 통불교에까지 거슬러 올라가야 한다는 주장도 있다.[33] 원효는 화합

---

31) 노재봉, "민중주의 논고,"《서울대 국제문제연구소논문집》 제8호, 1984. 《사상과 실천》(녹두, 1985), 17쪽.

32) 정창렬, "책머리에,"《한국민족주의론 Ⅲ》, 창작과 비평사, 1985.

33) 이이화,《한국근대인물의 해명》, 학민사, 1983. 14-15쪽. 원효의 "무애행"은 '화합·평등을 구가하는 現世淨土를 이루려는 대승적 태도'에서 우러나온 대중적 불교의 실천이라고 할 때, 이때의 '대중'은 현재적 '민중'으로 규정할 것이 아니며, 고대적 '衆民'으로서, 당시 대중은 오로지 경제생산 및 대외전투의 주체일 뿐 권력관계와 문화적 가치창조의 영역에서는 객체에 불과하였다는 점을 유의할 필요가 있다. 유초하,《한국사상사의 인식》, 한길사, 1994. 25쪽. 참조.

66

과 조화, 평등관을 전개하여 민중적 에너지를 모아들이는 민중사상을 전개하였다. 고려시대 보조(普照)는 선교(禪敎)를 일치시켜 인간 완성을 강조하고 일대 분열의 사회를 화합의 사회로 만듦으로써 민중을 모으려 했다.

조선시대 기일원론(氣一元論)을 전개한 서경덕은 기(氣) 속에서 천지와 음양이 태동된다고 보았다. 이것은 만물의 생성·발전에 있어서 차등관을 철폐한 논리로서 당시 지성계에 있어서는 획기적인 것이었다. 즉 어떤 원리에 입각한 우연의 소치로 현상이 형성되었으므로, 인간의 차등, 남녀의 차별이 있을 수 없다. 서경덕의 이런 사상은 허균의 혁신 사상에 영향을 미쳤으며, 실학사상가들 중에서 압도적인 비율이 주기론적 사유를 보여주고 있고, 동학의 평등관에 있어서도 그 기초가 되기에 이른다. 그리고 평등을 갈구하는 민중들에게 신앙의 대상이 되고 봉건왕조에 대항하는 이념[34]이 되기도 하였다.

역사상 실체로서 한국의 민중은 조선 후기 봉건제의 해체와 짝지어 일어난 농민반란과 함께 형성된 역사적 산물로 파악하는 것이 자본주의 사회의 근대화에 대응하는 민중주의운동에 걸맞는 이해방법이다.[35] 이렇게 형성된 민중의 의식형태는 크게 보아서, 18세기 후반기 봉건체제의 동요에 따라 형성되기 시작한 민중은 18세기 후반기에서 1876년

---

34) 서경덕과는 정반대로 이항로는 서양이 충격을 가해 올 때, 봉건 왕조의 이념을 충실히 대변하여 主理論을 내세웠다. 그는 임금과 신하, 양반과 상놈, 남자와 여자, 서양과 동양은 본래부터 하늘이 내린 것이기 때문에 바꿀 수 없다고 하였다. 즉 理와 氣로 구분되어 나타나는 천부의 것이라는 차등관을 내세웠다.

35) 한국민중운동의 태동과 전개의 역사적 과정을 파악하는 데 있어서, 오늘날과 같은 성격의 민중운동은 1920년대에 시작되었으며, 일제시대 민중운동은 민족주의적 요소와 좌경적 요소가 혼재되어 있었고, 일제시대 민중운동의 좌경적 요소는 해방 직후 민중운동의 표면으로 부상하였으며, 6·25 이후 반공 분위기의 강화로 사라졌다가, 70년대 중반부터 다시 등장하여, 80년대 들어 크게 강화되었다고 보는 시각도 있다. "민중운동의 사적 고찰," 현대사회연구소, 《'민중론'의 분석과 대책에 관한 연구》, 1985, 591-649쪽.

까지의 평민사상의 단계, 1876년에서 1910년까지의 민중사상의 맹아단계를 거쳐 1910년 이후의 단계 특히 1920년대의 민중사상의 확립에 이른 것으로 파악할 수 있다.[36]

그러나 "민중주의 정치사상"은 신라나 고려 시대의 고대와 중세시대 세계는 논외로 치더라도, 일반적으로 임진왜란과 병자호란을 거치면서 조선시대 봉건질서가 해체되어 시작하던 15, 16세기까지 거슬러 올라갈 수 있으며, 실천과 연결되지는 않았지만 주기론적인 관점을 가진 허균과 실학사상 속에서도 민중주의 정치사상의 전개를 찾아볼 수 있다.

한국민중주의 정치사상 논의의 전제조건은 그것이 민중운동 지도자들만의 사상에 국한해서는 안 된다는 점이다. 사상이란 어떤 개인이 체계적 사고를 가리키기보다는 개인이나 지식의 여러 분야를 넘나들거나 넘어서면서도, 그들이 함께 나타내는 보다 큰 방향성이나 공통점들을 가리킨다고 할 수 있다. 한국의 정치사상의 특징 중의 하나는 다른 역사를 갖고 다른 개념내용을 가진 외부의 정치적 충격에서 유래되는 경우가 많다는 점이다.[37]

예컨대 실학사상은 정통유학(禮學)에 대한 개신유학(實學)이라는 내부적 충격에서 비롯되었으며, 일반적으로 한 사회는 외부로부터 가해진 충격에 대해서 그 외부의 상징체계에 대하여 스스로의 것이 우월하다는 것을 모든 방법으로 입증하고자 하는 경향이 있다. 이는 일종의 문화충격(culture contact 또는 culture shock)에 어떻게 대응하느냐 하는 것과 같다. 한국의 경우 동도서기론, 위정척사사상, 국학사상, 1970, 80년대의 '한국학' 등의 형태로, 중국의 경우 중체서용사상, 제1차 세계

---

36) 정창렬, "백성의식, 평민의식, 민중의식." 《현상과 인식》 통권 19호(1981년 겨울호), 105-26쪽.

37) 노재봉, "현대한국의 정치사상에 있어서 방법의 문제." 《서울대 국제문제 연구소논문집》 제8호, 1984. 《사상과 실천》(녹두, 1985), 273-5쪽.

대전 후 동서문화논쟁(양계초의 '歐遊心影錄'과 梁漸溟의 '東西文化及其哲學')의 형태로, 일본의 경우 平安朝부터의 和魂洋才論, 幕末의 尊王讓夷論 등의 형태로 "저항의 사상적 표현"들이 나타났다.[38] 한때나마 일본만이 외부의 도전에 압도당하지 않았으며, 중국과 한국 특히 한국은 혼란을 경험하였고, 저항세력은 약화되었던 것처럼 평가된 바 있다. 하지만 최근 민주화의 성취, 한류나 한국 IT 산업의 우수성과 한국의 창조적 역량의 과시 등은 이런 평가를 무너뜨리고 있다.

한국정치사상은 민족주의 또는 민중주의 등 운동적 사상으로 나타나는 경우가 많았으며, 이는 이미 안정된 사회에서의 정치사상의 전개와는 달리, 한국의 경우 민족국가 형성기에 불안정한 국제정치적 위치에 있었기 때문이다. 이때 운동적 사상이란 사상의 내재적 밀도, 가치 또는 논리적 정합성 등이 중요한 것이 아니라, 사상의 정치적·사회적 역할이 더 중요시되는 강령성(綱領性)을 띤 사상을 가리킨다. 민족주의 관점에서 근현대 한국정치사상의 주요한 기조는 저항·자주·근대화 세 가지로 요약되기도 한다.[39] 저항은 민족의 종속적 상황에 대한 반발, 착취와 억압에 대한 규탄이나 저항으로, 자주는 민족의 자립과 통일성을 강조(국사연구, 역사상의 지도인물에 관한 연구)로, 근대화에 관한 여러 가지 사상을 가리킨다. 그런데 저항·자주·근대화 삼자를 개별적으로 취급하게 되면 역사적 의미를 상실하고 만다. 예를 들어 저항개념이 위정척사사상만으로, 자립개념이 열등의식의 논리로만, 근대화개념이 쇼비니즘의 합리화로 나타날 가능성도 있다. 이 삼자를 유기적·총체적으로 보면 혁명사상을 이루게 되며, 그 역사상 저항·자주·근대화의 주체는 민중이었으며 민중운동으로 표현되어 왔다.

---

38) 한배호, "민족주의와 근대화,"《한국의 정치》, 박영사, 1984, 295-320쪽.

39) 노재봉, "현대한국의 정치사상에 있어서 방법의 문제,"《서울대 국제문제연구소논문집》제8호, 1984.
공안문제연구소, "《한국사회의 이해》감정서", 1994. 7. 11.
《사상과 실천》(녹두, 1985), 276-277쪽.

요컨대 민족주의사상의 관점 역시 민족운동의 주체는 민중으로 귀착되다는 점에서 근현대 한국정치사상은 민중을 새롭게 발견하고 체계화하는 방향으로 나아갔으며, 근대민족국가의 수립과 근대화에 있어서도 민중의 중심적인 역할을 주목하게 되었다.

(2) 한국민중주의 정치사상의 전개

시대에 따라 여러 모습으로 나타나는 한국 근현대 민중주의 정치사상을 유형화하여 이해하기 위해서는 역사적으로 민중운동과 민중사상이 어떻게 전개되어 왔는가를 정리할 필요가 있다. 그것은 각 시기별로 지배적인 사상과 민중사상이 어떠한 상호연관 속에서 전개되어 왔는가를 뜻한다.

1) 15-16세기

한국 근현대 민중주의 정치사상은 개항 이후 1894년 동학농민전쟁에서 그 정점을 이룬다. 그러나 이에 선행하는 조선시대 농민들의 민란 등 민중운동과 민중사상의 맹아 형태는 언제 무엇으로부터 시작된다고 보아야 할 것인가? 근현대 민중사상의 전사(前史)로서 15-16세기의 민본주의 정치사상과 17-19세기의 민중사상의 맹아형태를 검토할 필요가 있다.

15, 6세기의 피지배층의 의식은 의식적이고 대자적인 민중사상은커녕, 민본주의 지배이데올로기에 매몰된 백성[40] 의식의 형태에 머물러

---

40) 고려시대 '百姓'은 일반 民을 가리키는 것이 아니라, 촌락의 지배자층 곧 특정 계층을 의미하였다. 조선왕조로 가면서 특정 계층으로서의 백성은 사회적으로 소멸되고 민 내지는 농민 일반을 백성이라고 하게 되었다. 이우성, "麗代百姓考," 《역사학보》 14, 1961, 43-44쪽.

70

있었다. 당시 인정(仁政)에 바탕을 둔 민본주의 지배질서는 농업생산력의 발전, 민생의 안정에 기초하고 있었으며, 훈민정책을 통해 신민(臣民)으로서 백성은 인간과 사회의 모순은 의식할 수 없었으며 따라서 양반의식과 대립적인 백성의식은 아직 없었고, 인종(忍從)·공순(恭順)의 윤리 속에서 인정(仁政)을 기대하며 나라님을 받드는 백성의식을 가지고 있었다. 이 시기는 허균의 호민론이 있으나 본격적인 민중주의 정치사상이라고 이름 할만한 사상체계는 아직 없었던 것으로 평가할 수 있다.

2) 17세기 – 1876년 개항

이 시기는 농업에서 서민 지주, 경영형 부농, 광작 농민, 상공업에서 부상대고, 반도고운동, 선대제 매뉴팩처 등이 대두하고, 봉건질서가 흔들리는 시기였다. 이때의 역사적 조건에 대응하여 양반사상, 실학파 사상, 민중주의 사상의 맹아적 형태로서 평민사상 등 세 가지 사상형태가 있었던 것으로 분석할 수 있다. 봉건질서 해체를 막기 위해 조선시대 양반사회는 북벌론·척사론·존주론 등을 제기하거나 고수하려는 자세를 보였으며, 실학파는 양반문화를 대폭 수정하려 하였다.[41]

봉건질서 동요와 양반의 부패 타락상을 목격하고 봉건 윤리의 허구성을 체험하면서 민본 이데올로기를 비판하고 나선 것은 평민사상이었다. 이들은 봉건 질서에 대해 拒納, 抗租, 火賊, 民亂 등 실제 행동으로 거부 의사를 표현하였으며, 그 구성은 양인농민, 노비농민을 주류로 하고 몰락양반, 상인, 수공업자 등이 합세한 광범한 연합체 성격의 '민중'으로

---

41) 그러나 실학파는 평민사상과는 뚜렷이 구별되는 사상체계였다. 예컨대 정약용은 양반사회에 대한 일대 개혁을 주장하면서도 다른 한편으로는 전남 강진에서 유배 중 홍경래난의 소식을 듣고 전라도 유생에게 그것을 토벌할 것을 주장하는 통문을 짓는 등 양반 집단과는 물론 민란에 대해서도 일정한 거리를 두고 있었다. 《증보여유당전서 1》, 경인문화사, 464쪽.

이루어져 있었다. 그리고 동학이 창도되기 이전 18·19세기 각종 민란[42]
에서 민중지도자를 휘어잡은 반봉건 민중주의 이념은 주역의 후천개벽
사상, 불교의 미륵불 출현설, 정씨왕조의 출현설의 세 가지 정도가 있었
다.[43] 이 같은 민중사상 이외에도 정약용의 민중주체의 민권사상 역시,
그 자신 "민중"은 아니었다 하더라도, 정조 때 현실정치 속에서 개혁을
시도하다가 유배되어 민중 편에서 개신유학과 실학사상의 전통을 이어
받아 각종 개혁사상을 전개하였다는 점에서 크게 보아 유교적(또는 민
본적·실학적) 민중주의 사상으로 파악할 수 있다.

3) 1876년 개항 – 1910년 한일합방

1876년 개항은 세계 자본주의 시장 체제에의 타율적인 편입을 뜻하였
다. 이 시기의 사상 형태가 개화사상, 척사위정사상, 농민전쟁의 사상의
세 가지로 정립된다는 데 대해서는 거의 모든 학자들이 동의하고 있
다.[44] 이 시기의 민중사상으로서 농민전쟁의 사상은 조선 후기에 형성
된 평민사상이 새로운 역사적 조건에 대응하여 새로운 사상으로 재창조
된 것이라고 평가할 수 있다. 이 시기 민중사상은 이보다 전시기에 창도
된 동학으로부터 인간해방사상, 기존 사회질서와 서양침략에 대한 총체
적인 부정의식으로서 후천개벽의 사회사상, 경천의 윤리회복 사상 등을
수용하였다. 그러나 대신 동학의 '무위이화'('無爲而化') 원칙과 환상적

---

42) 19세기 후천개벽, 정감록, 미륵신앙 등 민중사상의 이론구조를 정리하고 그
   러한 민중사상에 입각한 당시의 민중운동의 전개, 즉 1804년 황해도 안악
   사건, 1807년 사천현사건, 1808년 단천, 북청사건, 1811년 2월 황해도 곡산
   사건, 1811-12년의 관서농민전쟁, 1813년 사건이 드러난 이회식·백태진
   사건, 1825년 사건이 드러난 박형서·정상채 사건, 1868년 정덕기·박윤수
   사건, 1877년 김응룡·오윤근 사건 등이 잇따랐다. 이에 관해서는 우윤,
   "19세기 민중운동과 민중사상,"《역사비평》(1988년 봄), 219-250쪽을 참조.
43) 이이화,《한국근대인물의 해명》, 학민사, 1983, 15쪽.
44) 신용하, 강만길, 차기벽, 노재봉, 정창렬 등 출처 제시.

시운관(時運觀)은 철저히 부정하였다.[45] 일체의 사회개혁은 농민층 자신의 주체적 실천에 의해서만 가능하며, 봉건모순과 외세의 침략으로 인한 민족적 모순에 대응하겠다는 태도를 분명히 하였다. 즉 1894년 10-11월의 제2차 농민전쟁 사상은 일체의 타협 없이 농민층의 주체적 역량에 의해 봉건체제를 타도하고 일본 침략세력을 몰아냄으로써 민족의 결집을 이룩하려는 의식을 분명하게 드러내었다. 오늘날 민중주의 사상의 원형은 바로 여기서 그 연원을 찾을 수 있다. 이 책에서는 이 시기의 민중주의를 별도로 민족적·종교적 성격을 갖는 반봉건반외세·농민적 민중주의 정치사상으로 유형화하고 있다.

4) 1910년 이후 일제시대

민중운동과 개화운동이 협력하여 3·1운동을 전개하였으나, 이후 일제의 문화통치, 한국경제의 일본 독점자본에의 수직적 편입, 일본 제국주의의 한국 내 예속자본 육성, 사회주의사상의 도입 등으로 복잡한 양상을 띠었다. 1920년 조선노동공제회, 1924년 조선노농총동맹, 1927년 조선노동총동맹과 조선농민총동맹으로의 분화 등 전국적 조직체의 지도에 의한 전국적 연계성 속에서 노동자와 농민은 계급적 해방과 민족적 해방을 자각적 목적으로 의식하면서 지속적인 운동을 전개하였다.

당시 자산가·지식인·청년·학생·소시민 등의 민족운동은 비타협주의적 민족주의 세력 및 민족적 사회주의 세력과 더불어 노동자·농민운동과 동맹관계에 있었다. 이 동맹이 민족운동의 중심세력인 민중이었다. 일제시대 민중은 천부적 자연권으로서 인권의식, 인간이성에 대한 믿음, 노동력의 자본으로부터의 해방 등 인간해방의식, 식민지 자

---

45) 최시형 등의 동학사상과 전봉준 등의 농민전쟁의 사상은 전혀 배치되지 않는다고 반론을 전개하는 김지하의 논리에 대해서는 김지하·윤구병, "대담, 시인 김지하의 사상세계," 철학문화연구소, 《철학과 현실》(1990년 봄), 155-180쪽 참조.

본주의·반봉건적 지주제로부터 노동자·농민의 계급해방의식, 민주공
화제 민족국가 수립이라는 민중의 정치적 주권의식, 반제국주의 민족
해방의식 등을 확립하기에 이른다.

일본제국주의의 침략 속에서 전개된 이 당시의 민중주의 정치사상은
해외에서 독립운동을 전개한 신채호의 민족적·무정부주의적 민중주의
와 짝을 이루면서 확립된 민족적 민중주의로 유형화할 수 있다. 이 책
에서는 이중 신채호의 민중주의 정치사상을 다루고 있다.

5) 해방 후 분단시대

해방 후 지배권력의 이념은 시기별로 분단국가 이데올로기로서 반공
주의, 군부독재로 대표되는 권위주의, 성장위주 테크노크라트의 발전주
의 등으로 이어져 내려왔다.[46] 여기에 대응하는 민중세력의 대안이념
은 시기별로 일제시대 민족독립운동으로 대표되었으며 해방 직후 통일
국가 수립운동을 대변했던 이념인 민족주의, 시민적 자유와 권리를 추
구하는 이념인 절차적 민주주의, 부의 정당한 배분과 복지를 추구하는
이념인 민중주의(또는 경제적 민주주의) 등으로 정리할 수 있다.[47] 즉
해방 후 정치이데올로기 구조는 시기별로 반공주의 대 민족주의, 권위
주의 대 민주주의, 발전주의 대 민중주의 등으로 이어져 왔다.

민중주의운동의 전개는 정치이데올로기 구분과 정확히 일치시키기는
어려우므로, 편의상 해방에서 4·19혁명까지의 시기(1945-60), 5·16
쿠데타에서 유신시대(1961-1979), 광주민중항쟁 이후 시기(1981-)로
나눠 볼 수 있다. 최장집은 해방 이후 한국의 정치적 지배양식의 특징
은 국가권력이 사회적 기초(민중적 기초와 부르주아적 기초) 없이 형
성되고 유지되어 왔다는 테제에 입각하고 있으며, 해방 직후에서 단정

---

46) 최장집,《한국현대정치의 구조와 변화》, 까치, 1989, 171-8쪽.
47) 한국산업사회연구회 편,《한국사회와 지배이데올로기》, 211-25쪽.

74

수립 때까지의 시기, 단정수립 직후에서 4·19에 이르는 시기, 5·16 후 1960, 70년대와 1980년 '서울의 봄'에 이르는 시기 등 세 번에 걸친 정치균열의 구조를 분석하고 있다. 그는 첫 번째 정치균열에 있어서는 "친일세력"을 대표하는 한민당과 이승만 등 보수세력 대 "민중" 연합으로서 좌파 및 민족주의세력 간의 싸움에서 자본주의·반공파가 승리하였으며, 두 번째 정치균열에서는 이승만 독재세력 대 학생·중산층의 연합으로서 민주주의세력의 싸움에서 민주주의파가 승리하였고, 세 번째 정치균열에서는 안정과 번영을 원한 중산층 대 민주주의를 원한 학생의 싸움에서 중산층이 승리했다고 분석한 바 있다.[48]

분단시대는 지배질서의 변동과 때맞추어 또는 그보다 선행하거나 늦게 계급적·휴머니즘적·민족적 민중주의 등 각양각색의 민중주의 사상에 바탕을 둔 민중운동이 교차되어 전개되어 온 것으로 파악할 수 있다. 물론 박정희 시대의 재야와 이전 시기의 좌파는 조직적 이념적 연속성은 거의 없었다는 시각이 없는 것은 아니다. 즉 박정희 이전 시기의 저항세력들이 강한 식민지적 기원을 갖는 정통 맑스주의-레닌주의에 입각한 사회주의 세력이었다면, 박정희 시기의 재야는 이런 사회주의 이념을 폐기하고 제도적으로 의회가 존재하는 바탕 위에서 자유민주주의를 추구하였다.[49] 그러나 한국민중주의 정치사상의 관점에서 본다면 오히려 그 연속성을 강조할 필요가 있다.

먼저, 해방 후 첫 번째 시기인 미군정 시대는 노동자·농민·지식인·학생 부문운동 모두 좌우 분열과 대립 속에서 민중운동이 급격히 팽창하였다. 일제시대 지하화 했던 계급적 민중주의가 크게 활성화되었다. 제1공화국 시기는 민중운동이 전반적으로 침체하였으며, 노동운

---

48) 최장집, "과대성장국가의 형성과 정치균열의 구조," 《한국사회연구》 제3집, 한길사, 1984.

49) 박명림, "재야연구: 박정희 시대의 민중운동과 민주주의, 1961-1979", 《2005년 한국정치학회 연례학술회의 자료집》(2005년 12월 2일), 329쪽.

동만 간헐적으로 전개되었는데, 그것도 정치적 목표보다 임금인상과 근로조건의 개선에 초점을 두었다. 한국전쟁 후에 이르면 민중운동은 사라지다시피 하였으며, 다른 대중운동도 정치지배세력의 외곽조직으로 바뀌어 후퇴하였다. 4·19 혁명 직후에는 각종 노동운동이 활발하게 전개되고, 공무원노조, 지식인노조, 학생층이 활발한 활동을 전개하여 민중운동이 폭발적으로 전개되었다.

두 번째 박정희 정권 시기의 민중운동은 5·16 쿠데타 직후 침체되었다가 제3공화국 출범 직후 학생운동을 선두로 해서 다시금 전개되었으며, 제3공화국 시기의 민중운동은 주로 학생운동 및 지식인운동이었다.

유신정권 출범 때까지 주요이슈는 한일조약체결 반대, 부정선거 반대, 국군 월남파병 반대, 삼선개헌 반대, 유신반대 등이었다. 이 시기 노동운동은 활발하지는 않았으나, 경제성장으로 인한 임금노동자 수의 격증은 향후 노동운동을 비롯한 광범위한 민중운동을 활성화시키는 기반이 되었으며, 전태일 분신사건은 부의 정당한 분배와 복지를 추구하는 민중주의와 민중운동 활성화에 큰 영향을 미쳤다. 휴머니즘에 바탕을 둔 민중주의인 전태일사상을 비롯하여 함석헌의 역사철학적·종교적 민중주의가 이 시기 민중운동에 지대한 영향을 미쳤다. 유신 초기 민중운동은 극히 제한적이었으나 이후 각 부문운동이 상호 연대를 형성하였으며, 1970년대 말부터 해방신학, 종속이론, 네오마르크시즘, 사회주의 리얼리즘 문학론 등이 도입되어 사회과학적 민중주의 사상이 정립되기 시작하였다.

이 시기의 민중지도자인 재야세력에 대해, 오경환은 재야 1세대의 주요인사가 함석헌, 문익환, 장준하, 리영희, 변형윤, 강희남, 서남동, 김찬국, 지학순, 박형규 등 10명을 꼽은 바 있다. 그런데 이중 5명은 북한 출신이다.[50] 이처럼 재야 1세대는 대체로 북한출신, 민족주의자, 기

---

50) 오경환 편, 《100인의 민족정신》, 1-3권, 드림북스, 1999. 1권 1212쪽, 2권 1238쪽, 3권 1271쪽.

독교계 인사들이 주류였다. 물론 1세대 중 김대중은 예외적인 존재(남한출신, 초기 좌파활동 경력)였다. 이들의 이념은 급진주의보다는 보수주의에 가까웠다. 1980년대 이후에 가서야 비로소 재야세력의 주류가 남한출신으로 옮겨간다. 예컨대 김지하, 이부영, 김근태, 장기표 등이 그러하다. 1970년대 재야의 중심인물들이 자신들의 대학시절 주로 영향을 받았던 인물들 순위를 보면, 1위 모택동(24), 2위 리영희(20), 3위 칼 맑스(18), 4위 함석헌(15), 5위 장준하(12), 6위 레닌(9), 7위 신채호(8), 8위 김구(7), 8위 파울로 프레이리(7), 8위 박형규(7), 11위 본회퍼(5), 11위 라이트 밀즈(5), 12위 예수(4), 12위 호지명(4), 12위 김지하(4) 등으로 나타났다(괄호 안은 응답자 수). 대체로 보아 이와 같은 인물군은 맑스레닌주의, 기독교, 제1세대 재야, 한국민족주의 등의 네 부류로 나뉜다.[51] 하지만 이렇게 제1세대 재야 지도자들이 북한출신이라거나 보수주의 성향이라는 측면도 실상 사상과 운동 측면에서 한국민중주의의 활발한 표출을 가로막진 못했으며, 재야 지도자들은 이런 한국의 역사현실에 대해 나름대로 충실히 대응코자 하였다.

세 번째 시기는 유신체제에 이은 '또 다른 군부독재체제'로 재편하는 과정에서 발생한 광주민중항쟁에 의해 틀 지워졌다. 공수부대 진입, 대대적 양민학살, 국민들의 무장저항, 군부의 무차별 진압 등으로 전개된 광주민중항쟁은 이후 민중운동의 "거듭남"을 재촉했다. 제5공화국 수립 직후에는 청계피복노조와 원풍모방노조 등 1970년대 민주노조와 각종 조직들이 해체되었으나, 그 후 전국학생총연맹(전학련)과 민족통일·민주쟁취·민중해방을 위한 투쟁위원회(삼민투) 조직과 민정당사농성사건(1984. 11.), 서울미문화원점거농성사건(1985. 5. 25.), 한국노동자복지협의회 창립·민주노조 복구·각종 노조설립에 이은 대구택시총파업(1984. 5.)·구로동맹파업(1985. 6.)·서울노동운동연합 창립(1985. 8.

---

51) 류근일, 《권위주의체제하의 민주화운동연구:1960-70년대 제도외적 반대세력의 형성과정》, 나남출판, 1997. 117-8쪽.

25.) 등으로 민중운동은 크게 활성화되었다.

이후 CNP 논쟁과 민족해방을 중시하는 민족해방민중민주주의변혁론(NLPDR – 반미자주화, 반파쇼민주화, 조국통일의 3대과제 제시)과 계급모순을 중시하는 민족민주혁명론(NDR-CA그룹)간 논쟁의 시기를 거치게 된다. 이어 대중노선에 입각한 1987년 6월 시민항쟁과 같은 해 이어진 7, 8, 9월 노동자대투쟁[52]이 전개되었다. 이 시기는 계급적 민중주의 사상이 변혁운동의 대다수를 점하였으며, 광주민중항쟁과 이후 신군부 집권을 둘러싸고 미국의 역할에 대한 반성 및 한국사회구성체 논쟁 등을 통하여 미국과 일본에 대한 비판의식이 강조되어 민족해방 측면이 크게 부각되었다.

(3) 한국민중주의 정치사상 유형

15, 6세기 이후 한국 근현대 민중주의 정치사상은 운동적 성격을 띤다. 운동적 사상에 있어서는 세부적으로 어떤 논리적 모순이 있더라도 그것은 별로 문제되지 않는다. 한국과 비슷하게 근대국가를 지향한 모든 국가에서 사상의 성격은 대부분 운동적인 것이었으며, 국제적으로도 상호연관을 가지고 있다. 한국의 경우 이러한 민중주의의 오랜 지속성은 임진왜란과 병자호란, 한말의 외세의 침략, 일제시대와 한국전쟁 등 역사적으로 계속된 외부세력의 숱한 침략에 기인하는 것으로 분석할 수 있다.

역대 한국민중주의 사상의 전개는 대체로 보아 유교적(또는 민본적·실학적) 민중주의, 반봉건반외세·농민적 민중주의, 민족적·무정부주의적 민중주의, 역사철학적·종교적 민중주의, 인간적(또는 휴머니

---

52) 1987년 7, 8, 9월 동안 전국 4천여 개 기업체에서 270여만 노동자들의 대중적 파업과 농성이 있었고 그 기간 중 신규노조가 1,100여 개에 이르렀다.

즘적) 민중주의, 사회과학적·계급적 민중주의 등으로 유형화할 수 있다. 이는 한국정치사상사의 시대적인 구분과 해당 민중주의 사상의 특성을 고려하여 정확하지는 않지만 향후 한국민중주의의 전통적 성격과 이념형에 더욱 가까운 정밀한 유형화의 발전을 전망하면서 대표적인 한국민중주의 정치사상들로 범주화 해본 것이다.

먼저, 유교적(또는 민본적·실학적) 민중주의는 조선시대 그중에서도 15세기에서 개항에 이르는 시기의 민중주의를 지칭한다. 허균과 정약용의 민중주의 사상이 여기에 해당한다. 이들은 유교적 민본주의라는 한계 속에서나마 "호민"이라는 민중개념(허균)과 민중주체의 정치사상(정약용)을 전개하였다.

그 다음, 민족적·무정부주의적 민중주의는 일제시대 그중에서도 1920년의 민중주의 사상을 가리킨다. 1920년대의 민족적·무정부주의적 민중주의는 기실 1980년대 "민족적 민중주의" 내지는 계급적 민중주의의 원형으로 재발굴된 것으로서, 치열한 모색을 보여준 신채호의 민중주의 정치사상을 지칭하고자 한다.

역사철학적·종교적 민중주의는 일제시대 종교사관을 토대로 한국 역사철학을 개척하고 해방 후 1950, 60년대, 그리고 1970년대에 이르기까지 씨알론의 형태로 민중주의 사상을 전개한 함석헌의 사상을 가리킨다. 동학이나 신흥 민족종교에 나타나는 민중주의도 여기에 포함시킬 수 있다.

인간적(또는 휴머니즘적) 민중주의는 전태일사상을 말한다. 모든 민중주의 사상이 인간해방을 목표로 하지만, 그중에서도 밑바닥 인생을 살면서 자본주의와 근대화의 병폐를 분신을 통해 보여주고 향후 민중운동을 점화시킨 전태일의 수기를 바탕으로 민중주의의 한 원형을 집어낼 수 있다. 1970, 80년대의 계급적·사회과학적 민중주의 사상에 대해서는 이 책에서 따로 다루지는 않았으며 별도의 연구가 필요하다.

각각의 민중주의 정치사상을 다루는 데 있어서 이 책은 해당 사상가의 생애, 민중주의에 이르게 된 사회적 조건과 계기, 인간관·정치사회관·역사관 등으로 이루어지는 민중주의 사상의 구조, 이후 민중운동에 미친 영향과 한계 등에 대한 연구하였다. 이 책은 예컨대 전태일의 경우 강직한 어머니와 정직하고 성실한 아버지라는 가족관계, 칠서들과 어울린 허균의 인간관계, 서학을 접하고 엄청난 천주교 박해를 목격하며 유배생활 속에서 농민의 참상을 목격하면서 전개된 정약용의 민중주체 민중주의 사상, 성서조선사건·신의주 반공학생사건에 연루 경험·6·25에 대한 성찰·5·16과 유신에 대한 반대 투쟁 등에 가담하면서 끝까지 역사철학적·종교적 자세를 견지한 함석헌, 민족은 물론 그 자신 극도의 궁핍 속에서 치열한 민중주의 사상을 전개한 신채호, 개발독재 속에서 인간성을 지키고자 했던 전태일 등을 임의로 선택하여 한국민중주의 사상사에 자리매김하고자 노력하였다.

제3장 유교적(민본적 · 실학적) 민중주의

제1절 허균의 유교적 민중주의

(1) 15, 6세기 민본주의

유교 정치사상을 민본주의로 파악할 때 공자의 인정론은 맹자에 이르러 성선설과 역성혁명론 등 본격적인 민본주의 사상으로 확립된다. 맹자의 정치사상에 대해서는 각양각색의 해석이 있지만 민본주의로 해석하는 것이 일반적이다.[1] 유교 정치사상은 통치자는 천명을 받은 왕이라는 유교의 기본시각에 따른 한계가 있지만, 민(民) 입장에서 통치

---

[1] 공자와 맹자의 정치사상에 대한 민본주의적 해석에 관해서는 다음과 같은 견해를 참조할 수 있다.

풍우란, 《중국철학사》(정인재역), 형설출판사.

임효선, 《삶의 정치사상》, 한길사, 1987.

안병주, "유교민본사상의 현대의의," 안동대학 발표논문.

윤사순, 《동양사상과 한국사상》, 을유문화사, 1984.

유교정치사상에 대한 마르크스주의적 시각에서의 사회경제사적 해석에 관해서는 다음을 참조할 수 있다.

후외려, 《중국철학사》 上, 일월서각, 1988.

임계유, 《중국철학사 Ⅰ》, 청년사, 1989.

장대년, 《중국철학사방법론》, 이론과 실천, 1988.

송영배, 《중국사회사상사》 한길사, 1986.

양재혁, "동양철학의 방향과 모색," 성대동양철학과 《모난돌》 창간호, 1985.

춘추전국시대 당시 같은 愛人을 강조하면서도 克己復禮에 치우친 맹자와 兼相愛交相利에 치우쳐 자기주장을 전개하면서 벌어진 논쟁에 대하여 사회경제사적 입장에서 어떻게 해석하는가에 관해서는 김영선, "유가주의 정치사상에 대한 현대적 해석," 전주우석대논문집 제11집, 49-53쪽을 참조할 수 있다.

가 이루어져야 한다는 입장이 주류를 이룬다. 한국의 유교적 민본주의 정치사상 중에서도 특히 민 위주로 혁신적인 사상을 전개한 허균의 호민론과 정약용의 정치사상을 편의상 '유교적 민중주의'로 명명할 수 있다.

조선이 건국할 때 이념은 민본주의에 기초하였다. 이를 잘 나타내주고 있는 경국대전을 기초한 정도전은 다음과 같이 말한다.

> 무릇 군주는 나라에 의존하고 나라는 백성에 의존한다. 그러므로 백성은 나라의 근본이며 군주의 하늘이다. 그래서 《주례》에서는 백성의 호적을 군주에게 바칠 때에 군주는 절을 하면서 받았다고 했으니, 이것은 자기의 하늘을 중히 여기기 때문이다. 仁君된 사람이 이러한 뜻을 안다면 백성을 사랑하는 것도 마땅히 지극해야 할 것이다.[2]

한영우는 정도전의 민본주의를 다음과 같이 평가한다.

> 백성이 나라의 근본이므로 모든 문제를 백성의 입장에서 풀어 가야 하고, 백성을 위하고, 백성을 사랑하고, 백성을 존중하고, 백성을 보호하고, 백성을 기르고, 백성을 편안하게 해야 한다는 것이다. 이러한 민본사상은 그의 개혁 사상의 기저이자 출발점을 이루는 것으로서 민본 정신의 정치적 구현이 그의 정치사상으로 전개된다.[3]

이 민본주의 정치사상은 조광조, 이율곡 등으로 이어졌다.[4]

---

2) 《朝鮮經國典》, 《賦典》의 《版籍》에 나옴.

3) 한영우, "정도전의 정치 개혁사상", 창작과 비평 1972년 겨울호에 나온다. 한영우, 《정도전사상의 연구》(한국문화연구소, 1972)에서도 다뤄진다.

4) "사전적인 개념에 각주를 붙이는 형식의 내용이 허다하고 유교적 세계 질서를 전제로 한 Gaternalism을 민본이라 표현으로 민주주의의 한국적 내용이라고 일컫는 경우가 많다. 그 같은 민본위민 사상의 발굴이나 전개가 윤리적이라서 집단 간의 경쟁과 명분이라는 정치면은 탈락되어 논의되는 경우가 많다. 윤리적인 민본 사상을 두고 말한다면 고래로 어떤 권력이 민본

15, 6세기에 확립된 조선왕조의 사회경제 체제는 지주전호제였다. 백성은 臣民으로서 분수를 지키고 양반계층 그리고 양반계층과 상호보험적 공동 연립정권인 대표자겸 조정자로서 국왕에게 절대 복종해야 하는 인간유형으로 정립되었다. 그러한 인간유형을 정립하기 위한 훈민정책의 일환으로 훈민정음이 창제되었으며,[5] 농민들에게 상하존비의 分을 중시하는 봉건제 사회질서를 뒷받침하는 충효중심의 삼강오륜과 더불어 지주에 대한 전호의 의무까지도 하나의 질서 속에 체계화하려 했다. 이 훈민정책 이데올로기의 바탕은 민본주의였다. 15, 6세기 민본주의 이데올로기는 농업 생산력의 발전, 민생의 안정 등 역사적 실체에 바탕을 두고 있었고 백성에게 있어서 인간과 사회의 모순은 뚜렷이 의식할 수 없었다.

따라서 이런 양반의식에 대립하는 백성의식[6]은 가지기 힘들었고, 인종·공순의 윤리에 바탕을 두고 仁政을 기대하며 나라님을 받드는 정치객체로서의 分에 만족하는 의식수준에 머물러 있었다.

(2) 허균의 유교적 민중주의 사상

허균(1569-1618)은 15, 6세기 민본주의 한계 속에서나마 민중의 의식화 정도를 가지고 민중을 구분하면서 사회의 부조리에 대해 혁명에 나서는 민중 지도자 유형을 제시함으로써 민중주의의 초보적인 논리를 제시하였다.

을 또는 위민을 들고 나오지 않았던 예가 있었는지 의심스럽다."
노재봉, "현대 한국의 정치사상에 있어서 방법의 문제,"《서울대국제문제연구소논문집》 제1호, 1976.《사상과 실천》(사상과 녹두, 1985), 282-3쪽에서 재인용.

5) 이우성, "조선왕조의 훈민정책과 정음의 기능,"《진단학보》 42, 1976, 85쪽.

6) 정창렬, "백성의식, 평민의식, 민중의식,"《현상과 인식》 통권 19호(1981년 겨울호), 105-26쪽.

그러나 허균은 《호민론》에서 유교적 민중주의 사상의 흐름을 제시하고 있기는 하나 여전히 민본주의 사상의 한계를 가지고 있다.[7] 즉 허균은 정치의 궁극적인 책임을 최고 통치자인 임금에게 돌리고 있다.

> 모든 나라의 기틀과 요체는 어디에 있는가? 그것은 임금 한 몸에 있다.[8]
> 나라를 스스로 강하게 하는 것은 오직 임금에게 달려 있을 뿐이다.[9]
> 임금이 정치의 요체를 잡아서 정당한 판단을 내리는 것뿐이다.[10]

즉, 허균의 민중주의 사상은 호민에 의한 봉기가 독재군주를 대상으로 한 것이지 바른 군주에 대항하는 것은 아니라고 함으로써 당시의 주자학적 통치질서에 대해 정면 도전하는 사상을 전개한 것은 아니라는 한계를 가지고 있었다. 그러나 허균은 《호민론》에서 지배층이 민심을 잃을 때에는 호민에 의한 민중봉기가 언제든지 일어날 수 있다고 주장함으로써 기존의 민본주의에서 한 발짝 더 나아간 유교적 민중주의 사상의 단서를 제시하였다.

그는 《호민론》에서 민중을 恒民, 怨民, 豪民의 세 부류로 구분하였다.[11] 이때 恒民의 恒이란 맹자가 말하는 '無恒産無恒心'에서와 같은 "일정한, 변함이 없는"이라는 뜻이 아니라 "우둔한, 분별력 없이 맹종하는"이라는 뜻이다. 따라서 항민은 우둔한 백성을 말한다. 항민은 무

---

7) 한우근은 민본주의 한계를 다음과 같이 쓰고 있다. "유교정치의 이념이라고 할 수 있는 덕치나 민본사상은 '백성을 위해서'라는 성격을 지닌 것일 수도 있으나 그 한계는 '민중의' 그리고 '민중에 의한' 정치가 아니었다는 점에 있다."
한우근, "근대 유교 정치의 성격"(《문리대 교양강좌 3집》, 서울대, 12쪽.)

8) 허균, 《學論》

9) 허균, 《兵論》

10) 허균, 《政論》

11) 허균, 《호민론》
이이화, 《허균의 생각(그 개혁과 저항의 이론)》, 서울: 뿌리 깊은 나무, 62-64쪽.

식하고 천하며, 자기의 권리나 이익을 주장할 의식이나 지식이 없는 우둔한 민중으로서, 위정자의 입장에서 볼 때, 가장 좋은 수탈대상이다.

怨民이란 수탈당하는 민중이라는 점에서는 항민과 같으나, 스스로의 처지가 못마땅하다는 것을 깨닫는 무리로서, 일종의 불만 세력이다. 오늘날 소시민이나, 자신의 안일만을 찾는 나약한 지식인에 비유된다.

마지막으로 豪民이란 영웅적인 민중유형으로서 시대의 사명을 스스로 깨달아서 남과 사회와 국가를 《나》와 관련지을 줄 알고, 자기가 받는 부당한 대우와 사회의 부조리에 도전하는 무리를 일컫는다. 호민은 자기의 권익과 함께 남의 권익을 위해서도 조직력, 행동력, 그리고 지도자로서의 자질을 갖추고 앞장서는 사람이다. 호민은 본질적으로 인간주의자이고, 사회 속에 있으면서도 그 사회의 질서를 밑바탕부터 파괴하려는 불순한 세력들에 저항하는 혁명가이다. 호민은 평소 잠적해 있다가 결정적인 때를 타서 혁명의지를 실천하고, 怨民을 선동한다. 이때 원민은 호민의 좋은 협조자가 되며, 항민은 그들을 따르는 세력이 된다.

허균이 예로 들고 있는 호민의 사례로는 진나라가 망할 때의 진승과 오광, 한나라가 어지러울 때의 황건적, 당나라 말기의 왕선지, 황소 등이다. 즉 호민은 이성계나 당태종 같은 창업주가 아니라 개혁가라는 것이다.

허균이 쓴 홍길동전에 등장하는 주인공 홍길동과 서양갑 등 칠서들은 호민세력이며, 그들 밑에 모여든 도둑들은 원민에 해당하고, 양민과 빈민들은 항민이며12), 이이화는 허균의 호민론이 정치사상13)으로서의

---

12) 허균이 신분 철폐를 주장한 서얼 금고와 여자의 개가 금지는 다른 봉건사회의 신분 차별에 볼 수 없는 특징이다. 일부다처의 가족 제도하에서 서류의 수효가 적손의 수효보다 훨씬 많았다. 그리고 조광조, 성혼, 조헌, 이항복, 유성룡, 이이 등도 《서얼 방한》을 없애야 한다(1859년 영남유생 만 명이 '서얼 차별의 철폐'를 상소하면서 에로부터 서얼 철폐를 주장한 일이나 훌륭한 서얼의 사실을 모은 《규사》에 실려 있음)고 주장하였다고 한다. 이이화, 《허균의 생각》, 85쪽.

13) 허균은 평등을 중시하여 서얼의 평등과 천민들의 인권과 온갖 정치적 사

민중혁명을 주장한 것이었다고 평가한다. 이는 호민이 원민을 규합하여 들고 일어나는 것을 일컫는다. 그는 허균이 이처럼 민중은 호랑이보다 더 무섭다고 위정자들에게 경고하였다고 보았다.[14]

허균에 따르면 중국과 달리 우리나라는 땅이 좁고 인구가 적으며 백성이 게으르고 통이 좁아서, 호민세력이 자주 나타나지 않는다고 하였다. 호민이 자주 나타나지 않아 지배계급이 통치하는 데는 용이했다. 즉 우리나라는 나라가 어지러울 때에도 호민이 등장하여 나라의 걱정거리가 된 적이 역사상 드물었다고 한다.

> 오늘의 우리는 그렇지 못하다. 변변치 못한 백성을 거느리고 있으면서 제사를 받드는 일이나 윗사람을 섬기는 제도는 중국과 같이하고 백성들이 세금을 다섯 몫을 내면 공가에 돌아가는 것은 겨우 한 몫쯤이고 그 나머지는 잔학한 무리들이 배를 채운다. 또 나라에는 모아 둔 것이 없어서 나라에 무슨 일이 있으면 한해에 두 번씩이나 거두어들이고 고을 원님들은 이를 빙자하여 덧붙여서 키질하듯 빗질하듯 깡그리 긁어 간다. 그리하여 백성들의 근심과 원망이 고려 말기보다 훨씬 더 심하다. 이러한데도 윗사람은 두려움을 알지 못하고 마음 편하게 우리나라에는 호민이 없다고 말한다. 불행히도 견훤과 궁예 같은 사람이 나와서 몽둥이를 휘두르면서 민중을 충동질한다면 근심과 원망에 가득한 민중들이 어찌 따르지 않는다고 보장할까? 황소의 난 같은 것을 발을 개고 기다릴 수는 있을 것이다.[15]

회적 권익 부여를 요구하였다. 또 유교에서 이단으로 치는 불교도교의 공부는 물론 실천까지 하였다. 서학을 소개하고 신봉하였으며, 한국 최초의 천주교 신자로 꼽는 경우도 있다. 이이화, 《한국근대인물의 해명》, 학민사, 1983, 72쪽.

14) 이이화, 《한국근대인물의 해명》, 학민사, 1983, 71쪽.

15) 허균, 《호민론》
이이화, 《허균의 생각(그 개혁과 저항의 이론)》, 뿌리 깊은 나무, 64쪽.
손문호, "許筠의 정치사상 연구", 《社會科學硏究 제15집 (서원대학교사회과학연구소, 2002. 2) 35-50쪽.

허균이 우리나라에 있어서 호민의 예로서 견훤과 궁예를 든 것은 허균이 正統論[16)]에 서 있는 한계를 보여주는 것이기도 하다. 즉 허균은 한나라 고조나 고려의 태조를 호민으로 보지 않고, 황건적이나 견훤을 호민으로 보았다. 여기서 호민이 지닌 진정한 혁명가로서의 한계가 나타난다. 즉 호민의 적대세력은 썩어빠진 관권이나 독재군주이지 정당한 관권이나 바른 군주는 아니었다.[17)] 이것이 호민이 지닌 성격의 한계이다.

제2절 정약용의 유교적 민중주의 형성의 배경

(1) 사상사적 · 사회경제사적 맥락

1) 사상사적 맥락

'실학'이란 역사상 일정한 시기에 있어서의 역사적 소산이다. 원래 실학의 의미는 그 시대에 있어서 현실성 또는 현실적 의의가 있는 학문이라는 뜻이다. 예를 들어 고려 말기 신흥사대부 유학자들이 타락한

---

16) 정통론은 천명사상에서 나왔다. 은의 탕왕이나 주의 무왕은 천명을 받은 제왕이고, 하의 걸이나 은의 주는 천명을 받지 못한 제왕이다. 그 기준은 백성을 덕으로 다스리느냐 그렇지 못하느냐이다. 정통을 받은 제왕은 둘이 아니고 하나다. 요와 순, 수와 당을 정통으로 보고 스스로 제왕이라 일컫고, 남북조시대나 삼국시대를 정통에서 뺐다. 우리나라 경우도 김부식 같은 사대사관의 영향을 받아 신라와 그를 이은 고려와 조선은 정통이고, 고구려·백제·발해는 정통에서 뺐다. 따라서 황소나 견훤은 개혁 의지의 방향과 상관없이 정통에서 추방되어 왔다.
　　이이화,《허균의 생각(그 개혁과 저항의 이론)》, 학민사, 1983, .61쪽.

17) 허균은 당시 왕을 대상으로 하여 이론을 펴는 것은 죽음과 직접 관련될 수밖에 없었기 때문에 은유적 수법으로 그 뜻을 전달하는 것으로 보인다. 이이화,《허균의 생각(그 개혁과 저항의 이론)》, 뿌리 깊은 나무, 1980, 60쪽.

불교를 배격하고 인륜도덕의 실천적인 규범으로서 禮學을 내세우면서 이를 실학이라고 불렀다. 또 조선시대 초기의 정통유학자들은 내실이 없는 詞章學을 비판하면서 이조 봉건사회의 질서와 이념을 확립하는 데 크게 기여한 道學＝朱子學＝性理學을 실학이라 불렀다.

유학의 흐름은 크게 선진시대의 본원유가(primordial confucianism), 한당의 훈고학, 송명의 성리학, 청나라 시대의 실학으로 전개되었다. 본원유가는 修己治人, 內聖外王을 기조로 하였던 데 반하여, 성리학은 修己, 內聖을 기조로 하였다. 성리학의 경우 나중에 와서 공리공론에 빠질 만큼 치인의 측면이 간과된 경우가 많았다. 이런 맥락에서 볼 때 실학은 성리학을 바탕으로 하되 治人을 강조함으로써 수기치인 하고자 하는 유학의 한 조류라고 말할 수 있다.

실학은 실학파 학자들의 사회적 입장과 그 자신의 인간적 자세를 밝힐 때, 즉 그들의 주어진 현실에 대한 파악태도 및 그 시대와의 대결상을 파악할 때 실학에 대한 올바른 이해에 도달할 수 있다. 이때 실학을 오늘의 시대와 손쉽게 연결해서 실학을 오늘의 현실대응논리로 이용하려는 경우는 경계해야 한다. 예컨대 최익한은 한국에도 사회주의 사상의 전통이 실학사상에서 나타난다고 해석하였으며, 박은식, 장지연, 신채호, 정인보, 박종홍 등은 실학을 민족주의적으로 해석하였다.

이조 중엽 양란으로 인해 민중이 도탄에 빠지고, 봉건사회의 모순이 누적되고 지배층이 분열·항쟁이 격화되는 한편, 禮學의 儀式化와 성리학의 관념화로 인해, 번잡한 이론상의 시시비비만 야기하고 있었을 뿐, 국가·사회에 대한 현실적 의의는 아주 희박해졌다. 즉 당시 주자학은 이미 실학으로서 의미를 상실했던 것이다.[18] 임진·병자 양란으로 인한 체제의 파탄에 대해 단지 절대적 권위주의를 강화하여 국민을

---

18) 언제나 문예부흥이 있을 수 있으나 그것이 14-15세기 이탈리아에서의 문예부흥(Renaissance)만으로 한정되듯이 실학은 언제나 있을 수 있으나, 일반적으로 17-19세기 영정조 때의 것만을 실학이라고 지칭한다.

정신적으로 압박할 뿐이었다. 송시열의 존주대의론＝명분론이 그 예이다. 단지 '벌열'(閥閱)이라고 하는 이조후기 특수 집권층의 이익을 대변하는 데 그쳤다. 이렇게 현실성을 상실한 학문을 바로잡고 우리 실정에 입각한 사고를 세우기 위한 학문으로서 영정조 시대의 실학을 실학이라 부르게 되었다. 즉 실학은 봉건사회 하향기·해체기에 양심적 학자·지식층의 근대지향의 실학을 일컫는다. 실학사상은 봉건질서를 재편성하려는 근대지향성을 그 특질로 한다. 신분질서, 토지제도 등 각종 제도개혁, 민족주의사관 등에서 보이는 민족의식, 경험과 인간주체성을 중시하는 것이 실학의 사상적 특색이다.

천관우는 실학을 "첫째로 전근대 의식에 대립되는 근대의식, 둘째로 沒민족의식에 대립되는 민족의식을 척도로 하여 재구성된 조선 후기 유학의 개신(改新: reformation)적 사상"이라 보았다. 김한식은 실학을 "(농민을 위시한) 민중의 생활 안정과 이익 보장을 위하여 기존 주도 계층을 중심으로 한 모든 계층에 점진적 개혁을 氣 중심의 변혁논리에 의하여 전개한 정치적 주장 또는 사상"으로 정의하였다.19)

이처럼 조선시대 후기에 실학이 발생하게 된 배경은 17-19세기 당시 혼란한 사회에서 그 해답을 성리학이 제시하지 못한 데 있었다. 당시 사회의 혼란상은 조선시대 사회체제의 핵심인 토지·조세·군사 제도인 三政의 문란을 뜻하였으며, 이는 임진왜란과 병자호란으로부터 비롯되었다. 이 혼란상에 대한 해답으로 등장한 것이 실학이었다. 해답의 두 유형은 토지제도와 그 운용에 중점을 둔 중농주의 경세치용 학파

---

19) 그와 더불어 김한식은 실학사상이 나타나게 된 정치상황상의 발현 계기를 5가지로 열거하고 있다. ① 민중의 최저 생존이 유지될 수 없게 되었다. ② 그로 인해 인구 이동성이 높아졌다. ③ 이로 인해 정치참여에서 따돌려진 소외 계층의 정치의식을 높여 주었다. ④ 노예층이 자유인이 되거나 양반이 노예로 전락하는 등 계층 질서가 두드러지게 변화하였다. ⑤ 정치 지도층의 민중에 대한 정치 지도력이 매우 미약했다. 김한식, "정치사상 면에서 본 실학과 성리학 간의 상관성 연구,"《한국정치학회보》(14집), 1980, 413-427쪽.

와, 상업과 유통 및 기술개발에 중점을 둔 중상주의 이용후생학파로 제시되었으며, 정약용은 이 둘을 종합하였다. 실학이 등장한 데에는 외부의 충격 즉 천주교의 전래와 청의 고증학의 영향도 작용하였다.

2) 실학사상의 사회경제적 조건

실학사상은 사대부계층 일부에서 전개한 것이다. 士大夫는 독서인인 동시에 정치에 종사하거나 종사할 예정인 사람을 말하였다.[20] 임진왜란과 병자호란을 겪은 이후 엄청난 피해, 인구의 증가, 상품경제 발달, 노비제 붕괴 등이 야기되었으며, 이는 양반중심의 신분질서의 붕괴를 초래하였다. 실학은 이런 역사적 상황을 배경으로 하였다.

이때 사대부 계층의 士란 士農工商 四民의 하나를 말하는 것이었으나, 기실 士는 農工商에 대한 지배계급을 가리켰다. 이조 초기에는 공정한 과거시험이라는 선발절차를 통해서 능력대로 정치에 참여할 수 있는 기회가 균등하게 주어져 있었다. 그러나 사대부는 자꾸 증가하는데 관직 수는 한도가 있는 것이어서 그들을 다 받아들일 수 없게 되었으며, 결국 사대부 내에서도 계층적 분화가 일어났다. 성호 이익의 분석에 따르면 관직 수는 5백 개인 데 반하여 관직 후보자는 2천 3백 명으로 추정하였다. 또 인조반정, 숙종 때 경신대출척(庚申大黜陟) 등 사화(士禍)와 당쟁으로 인해 계층적 분화가 가속화되었다. 사대부 계급은 수적으로 소수인 세습적 특수집권층인 벌열(閥閱)과, 무력하나마 사회 전면에 널리 퍼져 있는 다수로서 영구몰락실권층(永久沒落失權層)인 '士'계층으로 분화되어 나갔다. 이제 '士'의 존재·위치·생활문제 처리가 커다란 사회문제로 등장했으며 새로운 철학이 요구되었다.

'士'는 독서인으로서의 지식밖에 없는데 그것이 상품화될 정도로 사회적 분업이 발달된 시대도 아니었기 때문에 이제 '士'는 衣食의 길조차

---

20) 讀書曰士 從政爲大夫, 박지원《양반전》中.

끊기며 따라서 실질적으로 농공상과 다를 바 없게 되었다. 이제 ‘士’ 중에는 곡학아세로 출세 길을 도모하여 ‘閥閱’로 상승하기 위해서 노력하는 부류와, 피지배대중인 農工商의 이익을 대변하면서, 집권층의 閥閱에 대해서는 통렬한 공박을 가하는 양심적인 ‘士’ 부류, 둘로 나뉘게 되었다. 후자가 곧 실학으로 나타나게 된 것이다. 이들은 책에서 의식주를 해결하지 못하므로 농공상보다 처지가 더 어려운 경우가 많았다.[21]

이조 후기 실학의 주축은 주로 서울(박지원, 박제가, 서유구) 및 근기(近畿) 지방(이익, 안정복, 정약용)의 사람들이었다.[22] 실학자들은 후기로 갈수록 향리, 몰락양반, 승려, 농민 등 다양한 중상인 계층의 자제들로 계승되어 가는 경향이 있었다.[23] 그 이유는 三南의 ‘士’들은 처음부터 사환(仕宦, 벼슬)에 기대를 걸지 않고 근검절약, 농토를 보유하거나, 살림을 알뜰히 하여 지방 중소토지소유자로서 안정을 누리면서, 정치사회 문제에 관심을 가지기보다는 성리학을 받들어 지방에서 양반 가문을 유지하는 데 만족하였던 반면, 서울이나 근기지방 ‘士’들은 벼슬

---

21) 이우성, “실학연구서설,” 역사학회 편, 《실학연구입문》, 일조각, 1973, 7-11쪽. 이 같은 상황은 춘추전국시대의 士계층의 구성의 변화에 의해 유가주의 사상이 등장하게 된 사회경제사적 상황과도 유사하다. 이때 사계층은 첫째 고대 봉건적 종법질서 속에서 대부 또는 그 이상의 지배계급 중 그 계층소속을 유지하지 못하게 된 長子 출신 아닌 지배계급 종속계층의 누적 정도가 심하였으며, 둘째 고대적 봉건질서의 와해에 따른 과거의 관료계층(儒)을 흡수하였고, 셋째 평민으로부터 상승한 소수의 새로운 지식계층이 포함되었다. 이를 배경으로 하여 유가주의 사상이 등장하였다.(손세제, “중국 고대 지식계층의 사회의식에 관한 연구.” 성대대학원, 1989. 참조) 사계층은 관직에 있는 대부 계층과 구별되며 생산노동에 종사하지 않는 점에서 평민과는 구분된다. 관직을 얻는 것이 일차적인 목적이 이들은 자기권익의 쟁취욕과 보편적 이상을 결합한 다양한 주의주장을 제출하였다. 요컨대 전국시대 사계층은 예비 관료, 사회불안의 불씨, 체제의 활성화와 효율적인 통치를 위한 이념의 제공자, 새로운 미래상의 건설자 등의 성격을 두루 갖고 있었다.(송영배, 《중국사회사상사》, 1986, 83-117쪽. 및 유초하, 《한국사상사의 인식》, 한길사, 1994, 45쪽. 참조)
22) 이우성, “실학연구서설,” 역사학회 편, 《실학연구입문》, 일조각, 1972, 10-11쪽.
23) 김영호, “실학의 근대적 전회,” 전남대호남문제연구소, 《실학논총》, 1975.

에 대한 의존도가 높아서, 한 번 몰락하면 생활 대책조차 막연하였다. 이들은 집권층의 사치풍조 속에서 몰락한 士들의 생활유지는 더욱 곤란했다. 즉 근기지방은 토지가 척박해서 물산이 빈약한데다가 산물의 대부분이 서울 특권층에게 흡수되었기 때문에 近畿 일대 주민들의 생활은 더욱 비참해져서 이 지방의 士들은 마지막 신분을 유지할 수 없을 정도로 절박한 사태에 빠져들 수밖에 없었다.

바로 이 같은 상황에서 서울 및 근기 지방의 士들은 자신의 문제와 더불어 점차 사회적 현실 개조, 농공상의 문제에 관한 경세치용과 이용후생의 학문을 성립시킬 수 있었다. 또한 자아의 자각에 따라서 민족문화에 대한 주체적 인식과 실증적 정신에 의한 온갖 사물에의 객관적 고찰이 가능해졌다. 바로 이러한 토대 위에서 실학이 성립하게 되었다.

(2) 정약용의 민중주체 정치사상의 사회적 계기

정약용의 민중주체 정치사상은 당시 봉건사회의 해체과정이 그 계기였다. 정약용(1762-1836)이 살던 시대는 농민저항 형태가 바뀌는 때였다. 즉 역사적으로 봉건모순이 첨예화되면서 농민저항의 형태가 群盜 형태에서 民擾형태로의 전이가 이루어지던 시기였다. 농민이 지배구조로부터 이탈하면 유민이 되는데 그 유민이 무장폭도화한 것을 '군도'라 불렀다. 일명 明火賊, 綠林黨이라고 하고, 스스로는 活貧黨이라 칭하였다. 걸출한 지도자를 만나 이들의 형세가 급속히 불어난 경우도 있었으며, 홍길동·임꺽정·장길산이 그들이었다.24) 이조시대 한 사관은 이들을 '聚卽盜 散卽民'이라고 불러, 군도가 민의 한 존재형태였음을 말해준다.25) 운동적 차원에서 비록 적극적 저항이지만 대다수 농민과 함

---

24) 임형택, "홍길동전의 신고찰,"《한국문학사의 시각》, 창작과 비평사, 1984, 115-6쪽.

25) 《조선왕조실록》제20권 604면(국사편찬위원회판), 임형택, "다산의 '민' 주

께 하는 것은 아니었다.

정약용이 살던 시대를 전후하여 꿈틀거리기 시작하던 민요(또는 민란, 민변)는 농민적 기반을 고수하면서 벌이는 투쟁 형태였다. 못살겠다고 도피적 행각을 취하지 않고 그것을 척결하기 위해서 농민들이 연대하여 싸우던 방식이 민요로 발전한 것이다. 농민들이 억울한 일을 시정해 달라고 관서에 연명으로 等狀(呈訴·原情)을 제출하였다. 이때 다중의 인원이 동원되거나 요구조건이 받아들여지지 않을 때 폭동을 유발한다.

19세기로 접어들면서부터는 이런 민요형태의 농민저항이 더욱 더 빈번하게 발생하기에 이른다. 1862년 농민항쟁이나 1894년 동학혁명도 민요가 대규모 농민봉기로 폭발한 것이다. 정약용 시대에 이미 이런 민요가 꿈틀대기 시작하였다. 그런데 민요에 있어서는 민중적 지식인이 일정한 역할을 맡는 것이 일반적이었다. 이달우 사건[26]이 그 사례이다.

1804년 황해도 사람들이 포도청에서 추국(推鞫)을 받고 그중 둘은 大逆不道 음모를 꾸몄다는 죄목으로 처단 당하였는데, 이때 이달우는 수괴로서 처단당한 인물이다. 그런데 이달우가 임금께 올리고자 했던 《草野方略》을 지은 것은 사건이 나기 6년 전 1798년, 그가 24세의 청년 때였다. 이것을 임금께 전하려다 일이 벌어졌고 실제로는 임금에게 전하지도 못하고 사건이 터졌다. 정조는 1798년(정조 22년) 교서를 내려 農書를 지어 바치게 하였으며, 전국 각처의 여러 학자들이 나름대로 농서를 지어 올렸는데, 이달우의 《초야방략》 역시 그중의 하나였다. 이 책은 전하지는 않으나, 심문 과정에서 그는 사회현실이 안고 있는

체 정치사상의 이론적·현실적 근거," 《다산의 정치경제사상》, 70쪽에서 인용.

26) 조광, "19세기 민란의 사회적 배경," 《19세기 한국전통사회의 변모와 민중의식》, 고대 민족문화연구소, 1982.
이이화, "19세기 전기의 민란연구," 《한국학보》 35집.

모순과 병리는 오로지 토지의 소유를 공평하게 조절하지 못한데 기인한다고 보았음이 드러나고 있다.

> 나의 생각으로 주나라는 정전법을 실행해서 성경의 정치에 도달했고, 당나라는 균전제를 실행해서 貞觀의 정치를 이룩했다. 지금 대략 이들 제도를 본떠 매호에 70負를 지급하고 각기 전장 옆에 집을 세우고 농사를 지으면 일가족이 넉넉히 살아갈 것이다. 이것이 소위 나의 방략이다.[27]

이달우는 安岳 창동의 常漢("쌍놈"), 직업은 훈장이라고 기록이 전하는데, '상놈'이면서도 고명한 학식을 지녀 異人으로 일컬어졌으며, '선생'으로 존경을 받았다. 이처럼 이달우는 밑에서 위로 상승한 민중적 지식인이었다.

정약용은 이달우가 '초야방략'을 지을 무렵 황해도 곡산부사였다. 그리고 이달우가 추국을 당하고 극형을 당할 무렵엔 강진에 유배 중이었다. 정약용이 이달우 사건을 알고 있었는지 또는 어떻게 평가했는지에 대한 기록은 없다. 그러나 당시의 사회적 조건에 대해 정약용은 충분히 이해하고 있었다. 정약용이 당시 곡산부사 시절 직접 처리한 이계심 사건의 전말이 이를 잘 말해준다.[28] 즉 정약용이 황해도 곡산부사 때 군포징수를 둘러싼 아전의 농간에 대해 투쟁을 주도하면서 원님에게도 당당하게 백성을 대변한 李啓心을 오히려 풀어 주며 칭찬을 아끼지 않은 바 있었다. 이계심은 군포 대신 돈으로 징수하는데 아전들이 농간을 부려 터무니없이 과다하게 받아내 백성들의 원성이 자자하자 백성 천여 명이 관아로 몰려가서 이를 시정토록 하는 일을 벌인 주도자였다. 그런데 당시 곡산부사 정약용은 거꾸로 이계심을 풀어 주면서

---

27) 임형택, "다산의 '민' 주체 정치사상의 이론적·현실적 근거," 73쪽.
28) 임형택, 같은 곳, 74-6쪽.

형벌과 죽음도 두려워하지 않고 백성의 억울함을 풀어주기 위해 앞장
선 것을 칭찬한 사례가 있었다. 이계심은 이달우와 달리 농민적 기반
위에서 농민적 삶에 직접적으로 당면한 문제를 가지고 운동을 전개한
것이다.

정약용은 농민들이 피지배의 억울한 처지를 숙명적으로 감수만 하지
않고 주체적으로 대결해서 밝은 정치를 구현할 수 있는 한 가닥 실마
리를 당시 전개된 농민저항운동 현실에서 예민하게 포착해내었으며,
이는 이후 정약용의 민중주체 정치사상의 사회적 계기가 된 것으로 평
가할 수 있다.

정약용의 유교적 민중주의 정치사상의 현실적 기반은 바로 이와 같
은 民擾 시대에 대해 올바르게 주목한 데에서부터 가능했던 것이다.

제3절 유교적 민중주의 정치사상의 이론구조

(1) 정약용의 생애와 자연관과 인간관

1) 정약용의 생애

정약용의 사상 영역은 광범위하여 철학·정치·경제·군사·법률·
문학·수학·역학·생리학·의학·천문·지리·역사 등 거의 미치지
않은 분야가 없으며, 5백여 권에 달하는 방대한 저술을 남겼다.

1800년 정조가 죽고 순조가 왕위에 올라 외척이 다시 횡포를 부리게
되자 정약용 일가는 혹독한 수난기로 접어든다. 천주교 옥사에 휘말려
기나긴 귀양살이를 떠나는 정약용은 정조의 죽음부터 납득할 수 없었
다. 정조가 노론벽파(老論僻派)의 음모와 어의(御醫) 심인의 下手로

비명에 갔다고 믿는 정약용은 비통한 생각을 평생 잊을 수 없었다. 국왕의 힘을 통하여 자기의 이상을 구체화하려던 것이 하루아침에 수포로 돌아갔기 때문에 그의 상심과 실망은 더욱 심했다. 그러나 그로부터 정약용의 사상은 중요한 전환의 계기를 맞는다. 국왕의 힘을 통하여 정치를 바로잡아 보려던 정약용은 이제 고개를 돌려 '민'의 존재에 주의를 기울였다. 실제로 '민'의 성장과 그에 따른 새로운 동향은 중세 후기로부터 두드러지게 나타나고 있었다. 원목·탕론 등 민을 주체로 한 정치사상과 여전론과 같은 토지제도의 구상도 모두 그의 후기작인 것으로 분석된다.[29] 여전론이 초년 작이라는 기록도 있다고는 하나 사상내용으로 보아 현실적으로 이씨조정과 밀접한 관계가 다 끊어지고 난 뒤에 아무런 부담이 없는 상태에서 나왔다고 보는 것이 타당하다. 一表二書처럼 현실적 법제도 개선을 위한 것은 별문제로 하고,《탕론》,《원목》,《전론》이야말로 정약용의 근원적 사상과 논리를 담아낸 글들이다.

2) 정약용의 자연관

정약용의 자연관은 천지만물의 근원이 太極이며, 태극은 최초의 물질적 실체로서 여기서 분출된 天地水火의 4대 물질이 서로 작용하여 雷·風·山·澤·日·月·星·辰 등의 다양한 만물이 형성된다고 보는 데서 출발한다. 또 우주 만물에는 理＝易理天이 있다고 보았다. 그러나 자연법칙으로서의 이＝역리천은 어디까지나 무지무능한 원리에 지나지 않으므로 인간의 실천윤리로서의 도덕법칙은 될 수는 없다고 보았다.

정약용은 대신 천지 만물을 주재 통할하는 무형신묘한 인격적 주재자를 상정하여, 이를 上帝天＝鬼神이라 부르고 인간에게 禍·福을 가

---

29) 이우성, "서," 이우성 교수 정년기념논문선,《다산의 정치경제사상》, 창작과 비평사, 1990, 3-5쪽.

려 주는 것도 이 상제천의 의지로 보았으며 상제천의 의지가 곧 천명이라고 보았다. 이러한 본체론은 태극을 형이상적인 理로 보고 理는 자연법칙인 동시에 도덕법칙이며 理를 법칙(원리)인 동시에 실재로 보는 주자의 본체론과는 차이가 있다. 즉 정약용은 주자학의 관념론적 성격을 어느 정도 벗어난 것이다.

정약용은 氣에 대해서도 특이한 해석을 내린다. 그는 주자의 기는 이에 대한 대칭으로서 형이하자이며, 만물의 형질을 이루는 것이며 지각·운동·작용의 주재자라고 본다. 이는 순수하고 지선한 것이지만 기는 淸濁·通塞·厚薄 등의 차이가 있어서, 이것이 인간과 만물, 인간 안에 있어서의 지자(智者)와 우자(愚者)의 차이를 가져온다고 본다. 그리니 정약용의 기는 理의 本末·體用 관계를 갖는 형질로서의 기가 아니라, 理와는 직접 관련이 없는 물질을 의미한다. 기는 인체 내에서 피를 움직이게 하는 생리적 기능이 있으며 精氣라고도 하였다.

3) 정약용의 인간관

정약용의 민중주체 민중주의 정치사상은 당시 빈발하던 민란에 계기가 있었다. 그러나 이에 못지않게 이전의 성리학과는 다른 정약용의 인간관에도 그 계기가 있었던 것으로 보아야 한다. 원래 민본주의 사상은 통치자가 민중을 보살핀다는 시혜적인 성격이었다. 그리고 이는 愚民觀에 의해 뒷받침되고 있었다. 이런 인간관을 견지하는 유교는 민권사상이 표출되기 힘들다. 정약용에 이르러 비로소 민중이 정치의 주체라는 민권사상이 나오게 되었는데, 이때 민권사상은 새로운 인간론이 전제되지 않으면 나오기 힘들었다. 주자학자들은 인간의 본성을 本然의 性과 氣質의 性으로 나눈다. 본연의 성은 인간이 태어날 때부터 하늘로부터 타고난 天理로서 순수지선한 것이며 仁義禮智 4덕이 곧 그것이다. 본연의 성은 인간과 동물 간에 아무런 차이가 없고, 인간 상호

간에도 차별이 있을 수 없다. 다만 인간 상호간에 또는 인간과 다른 생물 간에 賢愚·貴賤 등의 차별이 있는 것은 기의 차이에서 연유하는 것이다. 이것이 바로 주자의 性同氣異論이다.

이에 대하여 정약용은 인간만이 道義의 性과 기질의 성을 겸비하며, 반면 동물은 오직 기질의 성만을 타고난다고 보아, 人·物의 성이 본래부터 다름을 주장하였다. 또 도의의 성과 기질의 성은 모든 인간이 똑같이 타고나는 것이므로, 인간이 선천적으로 현자와 우자, 성인과 범인의 차별이 있을 수 없다고 주장하였다. 도의의 성이란 선을 좋아하고 악을 미워하는 마음으로서 인간의 마음속에 깃들어 있는 天命＝上帝天의 작용에 의한 것이다. 인의예지는 도의의 성의 내용이며 이것이 곧 道心이다. 기질의 성은 동물적 본능으로서 이 점에 관한 한 동물과 다름이 없다. 정약용은 기질의 성은 그 자체 선도 악도 아니며, 다만 도의의 성을 버리고 기질의 성만을 따를 때 악이 나타난다고 보았다. 따라서 인간의 선천적인 인성은 만인이 평등한 것이지만 후천적인 태도에 따라 君子·小人의 차이가 나타난다. 기질의 성을 억제하고 도의의 성을 따르는 자는 聖人·君子가 되고 반대로 스스로 기질의 성만을 따르는 자는 小人·愚者가 된다. 따라서 정약용은 인간의 주체적 도덕 수양을 가장 중요시하였다. 그는 도의의 성인 인의예지도 실천의 결과로서만 운위될 수 있는 것이지, 실천을 무시하고 그 선천성만 주장하는 것은 무의미한 것이라고 보았다.[30]

정약용의 인성론은 맹자의 성선설에서 출발하지만 성을 기호로 보고, 인간에게는 自主之權이 있다고 함으로써 인간의 앞에는 선과 악 두 방면으로 길이 개방되어 있으며, 어디로 갈 것이냐 하는 선택의 권능은 전적으로 인간의 이성과 자유의지에 달려 있다고 본다. 따라서 정약용의 인성론은 주자의 성동기이론, 맹자의 성선설, 순자의 성악설, 양웅의 성선악혼합설, 한유의 성삼품설 등과는 달리 매우 독창적이었

---

30) 정약용, 《孟子要意》

다. 인간을 상중하 세 등급으로 나누는 성삼품설은 사람들로 하여금 향선의 길을 가로막고 자폭의 길을 열어줌으로써 천리를 해치고 인도를 해치는 것이니 그 폐단은 홍수나 금수보다 큰 것이라고 단정하였다.[31] 따라서 정약용의 인성론은 인격에 있어서 만인의 평등을 주장하는 것으로서 이러한 인성론을 바탕으로 하는 그의 윤리도덕 사상은 민주적 평등적 성격을 띠지 않을 수 없었다.[32]

정약용은 五倫과 그것을 총괄하는 仁을 그대로 인정한다. 그러나 이런 덕목들은 어디까지나 평등한 인간관계의 윤리로서 파악하며, 특히 윗사람의 아랫사람에 대한 자애의 윤리를 크게 강조한다. 백성을 다스리는 君牧의 백성에 대한 사랑과 존중으로서 목민사상은 정약용이 무엇보다도 강조하는 윤리로서 그의 윤리 도덕론의 핵심이며 귀결점이다. 따라서 정약용의 윤리사상은 평등하고 자율적인 인간관에 바탕을 두면서 민본적 정치사상으로 직결되기에 이른다. 정약용은 유학이라는 학문자체나, 유학을 공부하는 유생에 있어서 백성들의 복리증진이나 생활향상을 위한 현실적 목표가 전제되지 않는다면 그것은 한낱 허공에 뜬 학문이며, 속된 유학자라고 단정하였다. 참된 유학자는 문무에 정통하고 시무에 통달하여 무엇이든지 담당할 수 있고 치국안민을 할 수 있어야 한다고 주장하였다.[33]

(2) 민중주체 정치사상의 이론구조와 의의

정약용의 "정치" 사상에 대한 기존논의는 그리 많지 않다.[34] 정약용

---

31) 정약용, 《孟子要意》

32) 정약용 등의 실학적 평등개념은 후세대의 개화사상과 동학에서 보다 발전된 모습으로 전개되는 데 영향을 미쳤다. 김영호, "실학의 근대적 전회," 《실학논총》, 전남대호남문화연구소, 1975.

33) 정약용, 俗儒論.

은 출신이 양반이었으나 관직생활과 오랜 유배생활에서 얻은 경험, 선배 실학자들로부터 받은 감화, 서구근대사상에 대한 지식 등으로부터 영향을 받았으며, 정약용의 정치사상은 이런 조건 속에서 농민의 편에 서서 전개되었다. 즉 정약용은 국왕 전제정치를 지지 옹호하던 당시 정치이념에 대립하여 농민 대중의 이익에 기반을 둔 민본주의적인 왕도정치이념을 제시하였다.

정약용은 군주를 천명＝상제천의 대행자로 보았다. 그런데 천명은 한 사람에게 고정되어 있는 것이 아니라 항상 유덕한 사람에게 옮겨지기 때문에, 천명은 부단히 바뀌게 마련이다. 천명을 잃은 군주는 이미 군주로서의 자격을 상실하였기 때문에 그의 통치권도 따라서 소멸된다. 천명이 바뀌는 원인은 덕의 유무에 있고, 덕의 유무는 민심을 얻었느냐 못 얻었느냐에 달려 있다. 즉 민심의 이탈은 천명의 이탈(革命)을 가져오며, 천명의 이탈은 君權의 소멸을 가져온다. 따라서 군주의 통치권의 근원은 결국 민심 즉 민의에 달려있는 것이며, 천명 그 자체가 통치권의 궁극적 근원이 되는 것은 아니다.

1) 정약용의 정치사상: 《탕론》, 《원목》

《탕론》,《원목》 등에 나타나는 정약용의 정치사상은 맹자의 민본적 혁명사상과 본질적으로 다르지 않다. 그러나 정약용은 맹자보다도 더욱 철저하게, 그리고 더욱 구체적으로 통치권의 근원을 백성에게서 구했다. 그는 태고시대는 백성만이 있었을 뿐 통치권은 존재하지 않는 무계급사회였으나, 백성들의 생활상의 필요와 백성들의 자발적인 추대에 의해서 수령·국왕·황제 등의 통치자와 권력이 발생하였다고 봄으로써(原牧), 루소의 사회계약설을 방불케 하는 진보적 견해를 제시하였다.

---

34) 김한식, 박충석 등의 글이 눈에 띤다.

백성을 위해서 牧(통치자-역주)이 존재하는가, 백성이 목을 위해서 태어났는가?[35]

태고 시대에는 백성만이 있었을 뿐이니 어찌 목이 존재했을 것인가. 백성들은 무지하여 집단적으로 모여 살았다. 그런데 그들 사이에 분쟁이 일어났을 때, 이를 결판 지을 수가 없었다. 한 사람의 노인이 있어서 공정한 말을 잘하였기 때문에, 그들은 그 노인에게 가서 판결을 받고, 또 모든 이웃 사람들이 그에게 복종하였다. 그리하여 그들은 노인을 里正(里長-역주)이라고 불렀다. 또한 수 개소의 마을 사람들 사이에 분쟁이 일어났을 때, 결정을 짓지 못하고 있었다. 어느 한 사람의 노인이 있어 현명하고 지식이 많았기 때문에 수 개소의 마을 사람들이 모두 그에게 가서 판결을 받고 그에 복종하였다. 그리하여 그들은 그를 추대하여 黨正(面長-역주)이라고 불렀다. 또한 몇 개 구역의 인민이 서로 분쟁을 일으켜 해결을 짓지 못하다가, 어느 한 사람의 노인이 현명하고 덕이 있었기 때문에 그들은 그에게 가서 판결을 받고 그에게 복종하였다. 그리하여 그를 추대하여 州長이라 불렀다. 이상과 같이 사정과 순서를 밟아서 몇 개 주의 주장들이 한 사람을 추대하여 장으로 삼아 國君이라 칭하고, 또한 여러 지방의 국군들이 한 사람을 추대하여 장으로 方伯이라 칭하고, 사방의 방백들이 한 사람을 추대하여 최고의 장으로 삼아 皇王(皇帝-역주)이라 부르니 황왕의 근본은 里正으로부터 나온 것이며, 따라서 牧은 백성을 위해서 존재하는 것이다.

이정은 백성들의 희망을 좇아서 법을 제정하여 당정에게 올리고, 당정은 백성들의 희망을 좇아 법을 제정하여 주장에게 올리고, 주장을 이를 국군에게 올리며, 국군은 다시 황왕에게 올린다. 그러므로 그 법은 모두 백성들을 편하게 하는 것이다.[36]

오늘날의 수령들은 마치 옛날의 제후와 같이 권력화 하여 사는 宮室이나 타고 다니는 輿馬, 입는 의복이나 먹는 음식, 좌우에서 시중드는 종들을 거느린 것 등이 마치 국군의 그것에 비길 만하고, 그들의 권능은 넉넉히 사람들을 경하할 만하고, 그들의 刑威는 넉넉히 사람들을

---

35) 정약용, 《原牧》, 《실학연구입문》, 334쪽.
36) 정약용, 같은 곳, 334-5쪽.

두렵게 할 만하다. 그리하여 수령들은 요란스럽게 자신을 뽐내고 태평스럽게 스스로 안일에 빠져서 자기가 牧者라는 것을 망각한다. 사람들이 분쟁을 일으켜 찾아가 판결을 구하면, 귀찮아서 "왜 이렇게 시끄러우냐?"고 말하고, 굶어 죽는 사람이 있으면 "제 스스로 죽는 것뿐이다"라고 말한다. 곡식과 피륙을 바쳐서 섬기지 않으면 곤장을 때리고 몽둥이질을 하여 피를 흘리게 한 뒤에야 그친다. 날마다 착취하여 거둬들인 돈 꾸러미를 세고, 낱낱이 기록하고, 注를 달고, 착오와 탈락을 수정 첨가하여 돈과 피륙을 징수하여 田地와 주택을 장만하고, 권세있고 貴한 집에 뇌물을 보내어 뒷날의 이익을 기다린다. 이러고서야 백성이 목을 위하여 태어난 것이니, 어찌 타당한 이치라 하겠는가? 목은 백성을 위하여 존재하는 것이다.[37]

정약용은 이상과 같이 삼정이 문란한 당시 사회상을 깊이 성찰한 결과, 통치자와 법은 백성이 만들었다는 주권재민 사상을 펴게 된다.

《湯論》에서 정약용은 주권재민적 정치이념을 더욱 뚜렷이 하였다. 정약용은 주권 자체가 대중에 있는 이상, 대중에 의한 통치자의 교체는 정당한 일이라고 보았으며, 천자라는 것도 천명의 대행자로서 신성한 존재가 아니라, 대중의 추대에 의해서 이루어진 것에 불과하며, 따라서 만약 그 천자가 대중의 의견과 이익에 배반되는 행동을 할 때에는 그를 추대한 대중에 의해서 개선·교체되는 것이 당연하다고 결론지었다. 《탕론》에서 정약용이 말하는 천자는 중국의 황제만을 지칭한다기보다는 조선의 군주까지 포괄하는 개념으로 해석할 수 있다. 전제군주의 대명사로서 천자라는 용어를 썼다.

대저 천자란 어찌하여 존재하게 되었는가? 하늘에서 비 내리듯 내려와서 천지가 되었는가, 아니면 땅 속에서 샘솟듯 솟아나서 천자가 되었는가? 다섯 가구가 一隣이 되므로 다섯 가구에서 추대된 사람이 隣

---

37) 정약용, 《原牧》, 《실학연구입문》, 335-6쪽.

長이 되고, 다섯 隣이 1里가 되므로 다섯 隣에서 추대된 사람이 里長이 되고, 다섯 비(鄙)가 1縣이 되므로 다섯 鄙에서 추대된 사람이 縣長이 된다. 여러 縣長의 공동 추대를 받은 사람이 제후가 되고, 제후들이 공동으로 추대한 사람이 곧 천자이다. 그러므로 천자란 군중의 추대에 의해서 이루어진 것이다. 군중의 추대에 의해서 천자가 되는 것이므로 군중이 추대하지 않으면 천자가 될 수 없다. 따라서 그가 일단 천자가 되었다 하더라도 그의 행동을 5家가 찬동하지 않으면 5家에서 회의를 열어 인장을 개선하고, 5인이 찬동하지 않으면 9후·8백이 회의를 열어 천자를 개선한다. 9후·8백이 천자를 개선하는 것은 5가에서 인장을 개선하거나 25가구에서 이장을 개선하는 것과 똑같은 일이다. 누가 이것을 가리켜 신하가 임금을 징벌한다고 말할 것인가?[38]

정약용은 중국 한대 이후의 정치를 하향적인 정치(上而下)로 규정하고 이를 배격하면서 한나라 이전의 정치를 상향적인 정치(하이상)로 규정하여 이를 찬성하였다.

한대 이후로는 천자가 제후를 세우고 제후가 현장을 세우고, 현장이 이장을 세우고, 이같이 인장을 세웠는데 감히 아랫사람으로서 윗사람에게 공순치 아니함이 있으면 그를 일컬어 반역이라 하였다. 어찌하여 반역이라 할 수 있을까? 옛날에는 정치가 '아래로부터 위로'(下而上) 실시되었기 때문에 '아래로부터 위로'가 순서이었으나, 지금은 그와 반대로 정치가 '위로부터 아래로'(上而下) 실시되기 때문에 '아래로부터 위로'가 반역이 되었다. 그러므로 왕망(王莽)이라든가 曹操라든가 사마의(司馬懿)라든가 劉裕 등은 모두 반역이지만 무왕이라든가 탕왕이라든가 황제 등은 명석한 제왕들이다. 이러한 것을 모르고서 문득 湯·武를 낮게 평가하여 堯·舜보다 하위에 두고자 한다면, 어찌 이른바 고금지사에 통달한 사람이라 할 수 있겠는가? 장자는 말하였다. "쓰르라미는 봄과 가을은 모른다."[39]

---

38) 정약용, 《탕론》, 《실학연구입문》, 337쪽.
39) 정약용, 같은 곳.

여기서 하향적 정치는 민본주의에 바탕을 둔 봉건적 전제정치인 반면, 상향적 정치란 민중주체의 유교적 민중주의 정치사상을 단적으로 드러낸 것이다. 정약용의 이러한 정치이념은 대중 혁명을 시인하는 것이다. 禪讓과 放伐에 의한 지배계급 내부의 정권교체만을 소극적으로 인정하는 맹자의 혁명사상과는 차원이 다르다.

정약용은 법의 제정과정과 법의 목적에 관해서도 민중주의적 주권재민적 해석을 내린다. 정약용은 《原牧》에서 법이란 백성의 희망을 좇아서 제정되어야하는 것이며, 따라서 법은 백성에게 유리한 것이어야 한다고 주장하고, 백성의 의사와 이익을 무시하고 오직 통치자의 자의적인 목적과 이익을 좇아서 법을 제정 실시하던 당시의 전제정치의 불합리성을 폭로 비판하였다.

정약용의 민권사상은 마침내 지배자와 피지배자 사이의 주객관계를 분명히 규정해 둘 필요성에 도달하기에 이른다. 정약용은 "통치자가 백성을 위해서 존재하는가, 아니면 백성이 통치자를 위해서 존재하는가?"라고 자문한 다음, 마치 백성이 통치자를 위해서 존재하는 것처럼 되어버린 당시 사회제도의 모순을 통렬히 비판하고, 통치자는 어디까지나 백성을 위해서 존재하는 것이라고 새삼 강조하였다.

정약용의 세습 군주제에 대한 부인과 또 선출된 군주라 하더라도 적임이 아니라고 판명되어 이를 개선하는 것은 마치 마을에서 이장을 선출하는 것과 같은 원리라는 민중주체 민중주의 정치사상을 주장했으며, 이는 당시 시대적 조건에서 근대적인 발상이었으며 자기소신을 용감하게[40] 표명한 것이다. 정약용은 이례적인 명군 정조 치하에서는 정면으로 군주제를 부정하는 이념은 드러내지 않았으나, 辛酉敎獄에서

---

40) 여유당기에서 각종 저술의 지극히 조심스러웠던 태도를 고백하고 있는 점과 사암선생의 정약용 연보에조차도 《원목》, 《탕론》 등이 언제 저작된 것인지 기록이 없는 점으로 미루어볼 때 엄연한 군주정치 지배 질서 하에서 민중주체 정치사상을 전개한다는 것이 정약용에게 무엇을 의미하였는가를 짐작케 한다.

몸소 군주제의 모순을 통감하였으며, 오랜 유배생활 속에서 왕조권력의 구조나 성격에 대해서 깊은 성찰을 거듭한 19세기 초엽《원목》,《탕론》등에서 명쾌한 군주제 부정론과 진정한 민본정치론을 제시하기에 이르렀다.[41]

2) 왕정론

정약용이 一表二書에서 전개한 왕정론은 그가 여전히 유교적 민본주의에 머물러 있음을 아울러 보여준다.

정약용은 유교적 민중주의 정치사상을 전개하는 가운데 정치의 주체를 민중이라 보고, 또 민중을 위한 정치를 강조하였으나, 민중을 정치의 담당자로까지 적극 주장하진 않았다. 즉 그는 군주의 존재를 전적으로 부정하지는 않았으며, 오히려 덕과 예를 바탕으로 한 '왕정'을 이상적인 정치형태로 생각하였다. 물론 이때 왕정은 민본주의적 협의를 바탕으로 한 왕정을 말하며, 전제적인 왕과는 본질적으로 다르다. 정약용은 왕정이 유발하기 쉬운 통치자의 횡포를 통치자의 자발적인 선정으로서 방지하려고 했으며, 여기에서 정약용은 덕치로 집약되는 통치자 윤리를 제창하였다. 덕치란 위협 강박으로서 복종케 하는 정치와 대립되는 것으로서 天理와 인정에 맞추어 행하는 정치였다.

정약용은 통치자 중에서도 농민 대중과 직접 상대하여 일선에서 일하는 지방관(감사와 수령)·토호·吏胥 직책을 중시하였다. 정약용이 본 지방관은 牧者로서의 본분에서 크게 이탈하여 농민을 임의로 수탈하는 권력자였다.[42] 그는 鄕吏의 농민수탈을 먹이를 찾는 굶주린 호랑

---

41) 김용덕, "조선시대 군주제도론,"《창작과 비평》(1976 여름), 748-52쪽.

42) 민중의 수탈상을 극적으로 보여주고 있는 정약용의 시편은《哀絶陽》이라는 시이다. 전문은 다음과 같다. "갈밭마을 젊은 여인 울도 서러워라" / 縣門 향해 울부짖다 하늘 보고 호소하네 / 군인 남편 못 돌아옴은 있을 법도 한 일이나 / 예부터 男絶陽은 들어보지 못했노라 / 시아버지 죽어서

이와 솔개에 비유하여 "향리들은 …… 마치 굶주린 호랑이가 돼지를 잡은 듯, 배고픈 솔개가 꿩을 만난 듯 奮迅酷烈하여 다시 뒤돌아볼 여지조차 없다"라고 묘사했다.[43] 정약용은 농민수탈에 제한이 없던 그들 지방관을 공인된 도적이라고 낙인을 찍어, 이서는 小盜, 감사는 大盜라고 규정하고 "대도가 없어지지 않으면 백성들은 모두 죽음을 당할 것이다"라고 결론을 내렸다.[44]

정약용의 정치이념은 민권옹호, 백성의 평등, 민주주의적 협의에 입각한 덕치적 왕정의 지향으로 요약된다. 정약용은 《탕론》, 《원목》에서 민중주체 민중주의 정치사상을 그리고 一表二書에서 왕정론을 전개하였는데, 전자는 원칙을 천명한 것이고 후자는 이를 현실에 적용한 것으로 이해하는 것이 바람직하다. 이는 마치 플라톤이 《국가》에서 이상국가(real state: 흔히 ideal state라고 잘못 번역되고 있음)에 대한 원칙을 천명하고 《법률》에서 입법자가 현실정치에서 이를 제시 적용한 것이 마치 서로 괴리가 있는 것처럼 보이지만, 실제로 플라톤 자신에게 있어서는 이런 모습이 당연한 것으로 생각했던 것과도 일치한다. 이에 대해 스트라우스는 비교(秘敎)적 담론 방식에 입각하기 때문에 그렇게 모순처럼 보이는 것이라고 보았다.

이미 상복 입었고 / 갓난아인 배냇물도 안 말랐는데 / 三代의 이름이 군적에 실리다니 / 달려가 억울함을 호소하려도 / 범 같은 문지기 버티어 있고 / 里正이 호통하여 단벌 소만 끌려갔네 / 남편 문득 칼을 갈아 방안으로 뛰어들자 / 붉은 피 자리에 낭자하구나 / 스스로 한탄하네 "아이 낳은 죄로구나" / 蠶室宮刑이 또한 잔인한 형벌이고 / 민 땅 자식 거세함도 가엾은 일이거든 / 자식 낳고 사는 건 하늘이 내린 이치 / 하늘 땅 어우러져 아들 되고 딸 되는 것 / 말 돼지 거세함도 가엾다 이르는데 / 하물며 뒤를 잇는 사람에 있어서랴 / 부자들은 한평생 풍악이나 즐기면서 / 한알 쌀, 한치 배도 바치는 일 없으니 / 다 같은 백성인데 이다지 불공한고 / 객창에서 거듭 거듭 시구편을 읊노라."
문학교육연구회 편, 《우리들의 문학교실》, 까치, 1988, 54-5쪽.

43) 정약용, 鄕吏論.
44) 정약용, 監司論.

3) 농민을 대변한 여전제

정약용의 경제개혁사상 중에서 정수는 《여전론》에서 제시한 田制개혁 사상이다. 정약용은 선배 실학자와 마찬가지로 민생문제 해결은 기본적으로 토지개혁에 있다고 보았다. 그는 고대중국의 정전제, 실학자들이 주장한 한전제·균전제는 현실성이 없다고 보고, 가장 이상적인 전제개혁안으로 여전법을 제시하였다(《田論》). 여전법은 ① 농사짓는 사람만이 토지를 점유해야 하고(耕者有田), ② 토지소유는 공유로 하여 사유토지는 인정하지 않으며(土地公有), ③ 토지의 경작은 공동으로 해야 하고(共同耕作), ④ 생산곡물은 공동으로 수확해야 하며(共同收穫), ⑤ 수확곡물은 노동량에 따라 분배해야 한다(耕作能力에 따른 所得分配)는 것으로 요약할 수 있다.45)

정약용이 제시한 여전법은 단순한 전제개혁사상이 아니라 정치 경제 문화 전반에 걸친 정약용 개혁사상의 총괄적 결론이라고 할 수 있다. 정약용은 여전법의 보급을 위해 국내농민의 자유로운 이동을 보장하면, 10년 이내에 인구의 분포상태가 평균해질 것이라고 보았다. 또 선비들의 무위도식을 비난하고 농사에 종사하든가 아니면 교육사업이나 실생활에 필요한 기술직업으로 전업하여 그 공로에 의해서 곡물분배를 받아야 한다고 주장하였다. 상인과 工人은 각기 자신의 貨幣나 제품을 가지고 곡물을 교환해야 한다고 보았다.

정약용은 세력가의 토지겸병을 반대하고 선비들의 무위도식을 규탄하며 일하는 자만이 대가를 지불 받을 수 있다고 주장하였으며, 이는 양반지주의 수탈과 봉건적 수탈체제에 반대하여 농민의 이익을 대변한 선진적 사상을 전개한 것이다.

---

45) 정약용, 《전론 1-5》, 《실학연구입문》, 337-44쪽.

4) 평　가

정약용의 사상적 단초는 여말선초의 일부 진보적 성리학자(정도전)에게도 있으며, 周禮를 정치경제의 이상적 모델로 삼는 상고주의에 있어서는 정약용과 초기 성리학이 완전히 일치한다.[46] 士＝유학독서계급을 정치 담당세력으로 인정하고 이들에 의한 덕치중심의 민본적 왕도정치 내지 현인정치를 주장한 것도 일치한다.

그러나 정약용이 통치권의 근거를 인민 속에서 추출하여 민중주체 민중주의 정치사상을 전개하여 민권사상을 심화시킨 것은 일정한 한계 속에서나마 그의 독창적인 사상 전개라고 할 수 있다.

> 정약용은 기본적으로 유학자다. 그러나 그의 유학은 보수 지배층을 위한 유학이 아니라 인민을 위한 민주 평등사상으로서의 근대적 유학이다. 그의 사상이 조선 말기와 일제 초기 자주적 근대사상가의 정신적 원류가 된 것도 이 까닭이다. 그러나 그의 사상은 사유재산을 기초로 한 자본주의적 생산관계나 보통선거제를 바탕으로 한 공화정을 지향하지 않았다는 점에서 서구의 근대시민사상과는 궤도를 달리하고 있다.[47]

정약용의 민중주체 정치사상의 이론적 근거로는 다음 세 가지를 들 수 있다.[48] 첫째, 상고사관이라는 역사 이론적 근거이다. 정약용에게 있어서 下而上의 정치는 인류역사상 고대에 실재했던 제도였으며, 정약용 당대사회의 모순을 해결하기 위해서는 언젠가 복구하여 재현해야 할 이상이었다. 임형택은 정약용의 하이상 정치사상은 유종원의 《봉건론》에서 힌트를 받았을 것으로 해석하였다.[49]

---

46) 한영우, "정약용의 여유당전서", 역사학회 편, 《실학연구입문》, 일조각, 1973, 326쪽.

47) 한영우, 같은 곳, 327쪽.

48) 임형택, "다산의 '민' 주체 정치사상의 이론적·현실적 근거," 《다산의 정치경제사상》(이우성 교수 정년기념논문집), 창작과 비평사 1990, 78쪽.

둘째, 인간학적 근거로서 정약용이 자주적 인간론을 전개했다는 점이다. 맹자가 성선의 기초 위에서 仁政의 정치학의 전개할 때, 민은 '仁政'을 향유할 자질은 구비하고 있으나 능동적으로 '인정'에 참여하도록 되어 있지는 않았다. 반면 정약용은 인간의 선을 보증하지 못하고 선악의 갈림길에 놓인 인간에게 自主之權을 부여했다. 그러나 정약용은 자주지권을 이성에 의거하여 실천하는 인간을 발견한다. 이와 같은 이성적·자율적 인간은 민을 위한 정치로부터 나아가 민에 의한 정치를 실천할 수 있는 주체가 될 수 있다고 보았다.50)

셋째, 정약용의 하이상의 정치사상은 조선시대 당시의 현실에 바탕을 두고 있다. 정약용이 살던 18, 9세기는 群盜와 民擾형태의 농민저항 중 민요형태의 투쟁이 급상승하는 시대였다. 근대사에 나타나는 여러 민중혁명의 뿌리는 정약용 당대 때 벌써 미동하기 시작한 민요에 있다. 이때 민중적 지식인이 등장하게 된다. 예컨대 황해도 안악 창동의 훈장 이달우의 사례이다. 그는 토지제도개혁을 위한 내용을 담은《초야방략》을 임금에게 올리고자 하였으나, 그것이 실패하자 불온한 가사를 지어 퍼뜨렸다가 대역죄로 처형당하였다. 정약용은 이렇게 민이 피지배의 억울한 처지를 숙명적으로 감수만 하지 않고 주체적으로 대결하여 밝은 정치를 구현할 수 있는 실마리를 농민저항의 운동현실 속에서 포착하였다.

임형택은 정약용 사후 일어난 1862년의 임술농민항쟁과 진주민란 때 민요 전후에 鄕會·里會·都會가 빈번하게 열렸음을 미루어 볼 때, 정약용 시대에도 지방에 따라 향촌사회의 각 구성단위에 따라 이회로부터 향회를 거쳐 동회로 다중의 의사를 수렴하는 절차가 관행화되어 있었다(대개는 체제의 보수를 위한 정태적 폐쇄적 성격에 그쳤다)고 하

---

49) 임형택, "다산의 '민' 주체 정치사상의 이론적·현실적 근거,"《다산의 정치경제사상》(이우성 교수 정년기념논문집), 창작과 비평사 1990, 63-64쪽.
50) 임형택, 같은 곳, 1990, 64-8쪽.

면서, 바로 이것이 탕론과 원목에서의 정약용의 민주체 정치사상의 현
실적 뿌리라고 논증한 바 있다.[51]

제4절 정약용의 유교적 민중주의의 한계

(1) 봉건질서 혼란상에 대한 대안이념: 실학사상과 평민사상

17, 18세기 조선 봉건사회는 커다란 변화를 겪는다. 농업에서 서민
지주, 경영형 부농, 광작 농민 등이, 상공업에서 부상대고, 반도고운동,
선대제 매뉴팩처 등이 대두하였다. 이렇게 봉건질서가 흔들리고 자본
주의적 요소가 싹트면서 실학사상은 북벌론 – 척사론 – 존주론을 제기하
거나 고수하려는 양반사상을 대폭 수정하고자 하였다.[52]

실학사상과 같은 시기의 평민사상은 봉건질서 동요와 양반의 부패타
락상을 목격하고 봉건윤리의 허구성을 체험하면서 민본이데올로기를
비판하고 나섰으며, 이들은 拒納, 抗租, 火賊, 民亂 등과 같은 행동으로
표현하였다.[53] 정약용을 포함한 실학사상과 당시의 평민사상은 봉건질
서 말기의 혼란을 극복하고자 한 점에서는 동일하였으나, 담당주체와
방법은 판이하였다.

---

51) 임형택, 같은 곳, 68-76쪽.
52) 정약용은 전남 강진에서 유배 중 홍경래난의 소식을 듣고 전라도 유생에
게 그것을 토벌할 것을 주장하는 통문을 지었다. 《증보여유당전서 1》, 경
인문화사, 464쪽. 한편, 성리학, 실학, 동학사상 등에 담겨있는 조선시대의
변혁사상을 논의한 김한식의 논의도 눈여겨 볼 만하다. 김한식, 《한국정치
의 변혁사상》, 백산서당, 2006.
53) 정창렬, "백성의식, 평민의식, 민중의식," 《현상과 인식》 통권 19호(1981년
겨울호), 105-26쪽.

평민사상은 외면적으로는 민본주의 이데올로기를 표방하였으나, 실제 현실에 있어서는 실학사상과는 근본적으로 다른 차원에서 평민사상의 객관적 실체는 봉건질서에 대한 부정과 저항이었으며, 담당층은 봉건적인 예속농민에서 벗어나려는 양인농민, 노비농민 등을 주류로 하고 몰락양반, 상인, 수공업자가 합세한 광범한 연합체로서 '민중'이었다. 1862년 전국의 37개 지역에서 발생한 민란의 경우, 농민들의 외면적 요구는 문란한 삼정을 법전에 규정된 원칙대로 실행하라는 명실상부한 민본이데올로기의 실현이었으나, 객관적으로는 지주전호제와 봉건적 수취제도 같은 사회체제에 대한 비판과 회의가 바탕에 깔려 있었다.

민란에서는 새로운 민중사상이 싹트고 있었다. 즉 고을에서 행정권이 주도권을 잡으려는 정치저 이도가 나타났다. 鄕任・鄕吏를 철저히 응징하고 향권을 쟁취하려는 의식이 있었다. 예컨대 1804년 이달우, 장의강 등이 황해도 지방에서 정전제 시행 등을 주장하는 가사를 지어 전파하다가 체포된 사건은 가사를 이용하여 토지제도 개혁에 관한 자기주장을 관철시키려는 평민사상을 잘 보여주는 것이다. 또 1811년과 1812년 평안도 농민반란 홍경래난에서도 향권쟁취 의식이 나타난다.[54] 1862년 민란에는 고을 규모에서나마 '2, 3일 천하', '5, 6일 천하'는 향권쟁취 의식과 향권행사를 잘 보여준다. 이는 1862년 함양민란의 경우에 잘 나타난다.

난민의 무리가 폐단을 개혁한다 하고 통문을 띄우고 당을 끌어 모아서 진주를 흉내 내어 부시고 불 지르는 행동을 자행하였다. 폐단을 개혁한다는 것은 핑계이고, 수령에게 건의하고 감영에 건의서를 내는 것은 본심을 숨기려는 계략이다. 죄수를 이송하라는 감영의 지시를 거역하였고 명령을 발하는 수령을 위협하였으며, 향권을 장악하려는 목적으로 좌수 이하 군교, 향리, 관노를 하나 남기지 않고 고을에서 쫓아내

---

54) 鶴園裕, "평안도 농민전쟁에 있어서 참가층,"《조선사총》 2, 청석문고, 1979, 94쪽.

었으며 수령의 봉록과 관노에의 지급을 무조건 깎으려고만 하였다.[55]

그보다 1세기 전인 숙종 14년 1688년에는 경기도 양주군을 중심으로 황해도, 강원도, 경기도 일원에 걸쳐 활동하였던 미륵신앙 사건이 일어났었다. 이때 상민층과 노비 층은 사람(人力)의 차원을 넘어선 초월적인 힘과 천변재이에 의하여 미륵이 이 세상에 와서 양반이 존재하지 않는 이상 사회를 실현한다고 굳게 믿고 있었다. 이는 지배이데올로기인 극락왕생불교에 대한 비판 및 농민층의 역사적 갈망의 상징인 미륵하생불교가 대두한 것을 가리킨다. 1737년 해서지방에서 발생하여 강원도와 경기도까지 영향을 미친 미륵불사건에서 자신들은 "석가와는 원수가 된다"고까지 하고 19세기에는 미륵비적과 용화적까지 나타났다.

그 외에도 계속되는 민란 가운데 18·19세기 각양각색의 민중들의 움직임에는 다음과 같은 몇 가지 민중사상이 영향을 미쳤다.[56]

첫째, 주역의 후천개벽 사상이다. 선과 악이 공존하는 선천의 시대가 가고 모든 불평등과 불균형이 없는 이상사회 즉 후천이 다가온다는 설로서 민중들에게 희망을 안겨주었다.

둘째, 불교의 미륵불 출현설이다. 미륵은 인간구원을 위해 하늘나라에 있다가 미래의 세계에 출현해서 모든 불행한 인간들을 구원한다고 일컬어졌다. 이 미륵불의 출현 시기를 민중지도자들은 자기들이 살던 시대라고 하면서, 민중으로 하여금 내일의 희망을 갖도록 분위기를 조성하였다.

셋째, 정씨왕조 출현설이다. 묵은 이씨왕조가 가고 새로운 정씨왕조가 나타나서 민중으로 하여금 복된 삶을 보장한다는 것이다. 이는 도참사상에서 이루어진 《정감록》에 근거를 둔 것으로서 민간신앙에 깊은

---

55) "右兵營狀啓 6月 25日,"《임술록》, 국사편찬위원회, 1958, 45쪽.
정창렬, "백성의식, 평민의식, 민중의식,"《현상과 인식》, 1981년 겨울호, 114쪽에서 재인용.
56) 이이화,《한국근대인물의 해명》, 학민사, 1983. 15쪽.

영향을 주었다.

(2) 정약용과 동학사상 및 개화사상

민란의 객관적 성격은 지주전호제, 봉건적 수취제도 등의 사회체제에 대한 회의와 비판이었지만, 자각적인 의식형태로서는 鄕權에의 참여의식수준에 머무는 것에 불과하였다. 쌓이고 쌓인 원한의 폭발로서 민란은 2, 3일 내지 5, 6일 지나면 급격히 냉각하여 종래의 질서에 재수용 되었으며, 그 폭발도 군수나 현령 또는 향임, 향리 등 개인에 대한 원한을 폭발시키는 경우가 대부분이었고, 국왕의 德政은 자명한 전제였다. 평민사상은 양반사상에 대한 회의와 비판에서 그치고 있을 뿐,[57] 스스로를 새로운 사상의 담당주체로 의식하는 수준까지 나아가지는 못했다.

그러나 정약용 사후 25년 후인 1860년 최제우가 창교한 동학은 "吾心卽汝心", "人心卽天心"의 원리를 확립하였는데, 이는 사회적 신분에 상관없이 모든 사람의 인격은 하늘의 마음과 같다고 하여 '인간으로서의 해방'에 대한 지향성을 보여주었다. 적어도 이러한 측면에 관한 한 정약용의 민중주체 사상과 동학 이 둘은 서로 그 맥이 상통하는 것이었다.

---

57) 양반의 윤리를 그 뿌리에서 비판하는 도시 가면극의 대두에 관해서는 조동일, 《한국 가면극의 미학》, 일신사 춘추문고, 1975, 95쪽을, 판소리에서 양반의 관념적 인과론을 거부하고 평민층의 경험적 갈등론을 제시하며 기존 사회의 불평등과 허위를 비판한 의식수준에 도달한 것에 관해서는 조동일, "판소리의 전반적 성격,"《판소리의 이해》, 창작과 비평사, 1978, 28쪽을, 《배비장전》, 《채봉감별곡》, 《숙영낭자전》 같은 평민소설에서 봉건말기의 사회상을 리얼하게 반영하고 봉건적 질곡을 예리하게 비판 폭로하고, 양반 지배층의 중추까지 청중으로 끌어들인 판소리의 경우 평민문화가 귀족의 장난감이 된 소극적 측면과 귀족을 평민문화에 흡수하였다는 적극적인 측면 두 측면이 공존한다는 주장하는 것에 관하여는 임형택, "여항문학과 서민문학,"《한국학연구입문》, 지식산업사, 1981, 325쪽을 참조할 것.

동학사상에는 민족으로서의 자각과 사회적 해방의 希願도 있었으나 제한적이었다. 서양의 침략에 대한 위기의식이 한국과 더불어 중국도 입술과 이빨의 관계로서 '우리'라고 하여 같은 공동체로 설정하기도 하고,[58] "이 도적은 火攻을 잘하기 때문에 무장력으로서는 막을 수 없고 오직 동학만이 그들을 섬멸할 수 있다"면서 동학의 명칭을 "동국의 뜻을 딴 것"이라고 하여[59] 한국만이 된 경우도 있어서 동학의 주제설정이 애매모호하였다. 반서학, 반서양의 논리가 斥邪衛正의 전통적 논리에서 벗어나지 못한 측면이 우세하였다. 이처럼 동학은 사회적 해방에 대한 희원은 '無爲而化' 원칙으로 인해 한계가 컸고, 민란에서 나타난 정치사회의식과는 메울 수 없는 거리감이 있었다. 그럼에도 불구하고 개화파의 유길준, 김윤식, 이기 등의 토지제도에 관한 근본적인 개혁사상은 실학사상이 크게 앞서는 측면도 있다.[60]

어쨌든 정약용의 유교적 민중주의 사상을 포함한 실학사상은 민란 등 평민사상과 연합하거나 실학사상의 계승발전으로서 개화사상 및 반봉건사상의 "실천"으로까지 이어지지는 못하고 말았다는 커다란 한계를 가지고 있다.

(3) 정약용 민중주체 정치사상 내부모순 평가

정약용은 《탕론》에서 '아래로부터 위로의'(下而上) 정치권력론을 전개하였으며, 《원목》에서 民의 지도자 자유교체론을 펴고, 《전론》에서

---

58) 《논학문》에서는 "서양 사람이 도를 이루고 덕을 세워 그의 조화는 이루지 못하는 일이 없으며, 무기로 공격하면 그 앞에 대적할 사람이 없다고 한다. 중국이(그들의 침공 앞에) 사라져 없어진다면(우리나라가) 어찌 입술이 없어지면 이가 시리는 것과 같은 근심이 없겠는가"라고 하였다.
   최제우, 《동경대전·용담유사》, 정민사, 1985, 25-36쪽.
59) 《일성록》 고종편 I, 고종원년 2월 29일조, 서울대고전간행회, 1972, 158쪽.
60) 김영호, 같은 곳.

그를 위한 혁명적인 사회개혁론을 제시하였다. 그러나 이러한 민권사상 전개에도 불구하고 정약용이 1811년 정주에서 일어난 홍경래 농민반란 때에는 유배지에서 유생들에게《民堡議》[61]를 지어 유생들에게 반란에 대해 궐기할 것을 호소하였다. 이 호소문에서 정약용은 놀랄 만큼 체제적인 성향을 보이고 있으며,《목민심서》는 봉건제 재강화론을 주장한 것으로까지 분석될 소지가 다분하다.《경세유표》는 오히려 철저한 위로부터(上而下) 개혁논리를 전개하면서 君權중심의 정부주도 개혁논리를 관철하고 있다. 또 토지개혁사상의 결론으로 제시된 정전론은 그 목표와 지향에 있어서 민중적이기는 커녕 오히려 조세론적인 토지개혁론을 전개한 측면이 있었으며, 정약용은 국가재정개혁의 일환으로 토지개혁이 필요하다고 파악한 것이라는 감을 주기도 한다. 적어도 정약용의 저작을 표면적으로만 본다면 특히 신분제 철폐나 평등론에 있어서는 정약용의 사상 내부적인 모순이 뚜렷하게 드러난다.

정약용은《전론》,《통색의》 등에서 직업적 사민평등과 신분적 평등 및 관직에의 평등한 참여와 등용 등을 제시하였으나, 후기의 목민심서에서는 양반층의 몰락과 평민노비들의 신분상승을 비판하면서 위계질서의 필요성을 강조하였다.[62] 또 하늘과 땅 사이처럼 판연한 것으로서

---

61) 정약용의 현손 정규영이 편찬한 "사암선생연보"는 정약용의《민보의》의 내용을 다음과 같이 요약하고 있다. "이때에 해서지방 토적 홍경래 이희저 등이 정주를 근거지로 반역하였는데, 관군이 포위한 지 3개월이 지나도 승첩의 소식이 이르지 않았다. 공이 이에 윤경의《堡約》을 취하여 현실의 실정에 맞게 보태기도 하고 빼기도 하였다. 첫째는 총론이고, 다음은 지형을 선택하는 법이고, 다음은 堡垣의 제도이고, 다음은 방어하는 법이고, 다음은 대오를 편성하는 법이고, 다음은 식량을 마련하는 법이고, 다음은 농사짓는 법이며, 야간 경계, 서로 구제해 주는 법, 도적을 살피는 법, 상벌의 제도, 섬에 보를 설치하는 법, 산사에 보를 설치하는 법, 客의 힐난에 답한 것, 천파도설, 호창거설 등으로 모두 3권이었다. 이름 하여 《민보의》라 하였다. 이는 대체로 민간에 병사에 관한 일을 인식시켜 급할 때 큰 계책으로 삼자는 것이었다. 송재소,《다산시연구》, 창작과 비평사, 1988, 315쪽.

고정불변한 임금과 신하, 주인과 노비 관계와 같은 명분 및 후천적인 등급, 이 둘은 결코 폐할 수 없는 것이라 하여[63] 이전의 입장으로부터 후퇴하고 있는 것처럼 보이기도 한다. 정약용은 노비를 속량시키기 위하여 단행한 노비종모법은 잘못이며 국가의 이익이 아니라고 주장하면서, 그로 인해 민속이 크게 어지럽혀졌을 뿐만 아니라 임진왜란 때에는 사족들이 많은 노비를 가지고 있어서 의병을 일으킬 수 있었지만, 홍경래난 때에는 한 사람의 노비도 낼 수 없어서 의병을 조직할 수 없었던 점을 그 근거로 내세우고 있기까지 하다. 나라에 사족이 없으면 소인을 통제할 수 없다고 보았다. 결국은 극도의 궁핍과 수탈로 인하여 발생한 수차례의 농민봉기에 대하여 정약용은 이를 직접적으로 비판하고 있는 셈이다.

영조 7년, 1731년 이후 사노의 양처소생은 모두 민인 신분을 따르게 되었다. 이후에 상층은 약해지고 하층은 강해져서 기강은 무너지고 백성들의 뜻은 흩어져서 통령할 수 없게 되었다. 예를 들어 임진란 때에는 남방에서 의병을 일으킨 집은 모두 가노 수백 명으로 대오를 편성할 수 있었으나, 임신난(홍경래난) 때에는 고가, 명족이 서로 일을 논의하였지만, 한 집에서 한 사람의 가노도 얻어 내기가 어려웠다. 이 한 가지 사실로도 그 대세가 온통 변할 것을 알 수 있다.[64]

국가가 의지하는 바는 사족인데 그 사족이 권세를 잃은 것이 이와 같다. 혹시 국가에 급한 일이 생겨서 소민들이 무리를 지어 난을 일으킨다면 누가 이를 막을 것인가.[65]

정약용은 《전론》, 《서얼론》, 《통색의》 등에서 직업과 신분에 상관없

---

62) 정약용, 다산연구회 역주, 역주목민심서 Ⅱ, 창작과 비평사, 1984, 74-7쪽.
63) 정약용, 같은 곳.
64) 정약용, 같은 책, 85쪽.
65) 정약용, 같은 책, 85-6쪽.

이 관리등용의 문을 완전 개방할 것을 주장하였으나,《경세유표》에서
는 관직등용의 전제조건인 교육에 있어 차별을 보이며 민중의 교육에
대하여 매우 부정적인 견해를 보여주고 있다. 교육기관에 신분의 차별
을 적용할 뿐만 아니라 교육의 내용에 대해서도 엄격히 구분하자는 것
이다. 이는 관직참여, 고시절차 등의 차별론으로 연결된다.[66]

> 소위 만민을 가르친다는 것은 천한 백성을 모두 가르친다는 것이 아
> 니다. 사도에서 가르치는 데에는 반드시 그 덕행과 도예를 상고할 것
> 인데 도예를 어찌 천한 백성이 배울 바 있겠는가.[67]
> 공족의 자제는 다 태학에 붙이고, 소원한 자는 사도에 돌린다.[68]
> 대저 선황의 법은 사농공상을 네 분류로 분간해서, 사는 사와 더불
> 어 살고, 농과 농은 더불어 살며, 온갖 공장은 가게에 있고, 장사는 앉
> 아서 서로 섞이지 않았다. …… 이리하여 백성에게 권장하는 것은 오
> 직 전가, 사전 …… 등이었다. 덕행과 도예에 관해서는 다시 거론하지
> 않았으니, 선왕이 백성을 가르치던 법을 여기서 볼 수 있다. 위에 있는
> 자가 오직 효도, 우애, 화목으로 인도해서 거느릴 뿐이다.[69]

김태영은 일표이서에 나타나는 정약용의 개혁사상은 "한국사에 있어
서 전근대적 국가상의 마지막 原型"이라고 보았다. 그는 정약용이 구
상한 왕정은 첫째, 개별 생산주체를 기초로 하는 자립적·자영농적 생

---

66) 성대경은 "다산의 개혁사상은 사회신분 제도에 관해서만은《목민심서》의
辨等으로 인해 매우 부정적으로 평가되고 있는 것이 학계의 일반적인 견
해이다. 그러나 …… 그의 기술관리 등용에 대한 여러 방책들을《전론》에
서 제시된 혁명적 개혁사상과 연관해서 생각하면 당시의 조건에서 신분제
도의 폐단을 크게 시정하여 종국에는 신분제도를 폐지하려는 획기적 요소
가 여기에 포함되어 있다"고 본다. 성대경, "다산의 기술관리 육성책,"《다
산의 정치경제 사상》, 창작과 비평사, 1990, 129-30쪽.
67) 정약용, 이익성 역,《국역경세유표 Ⅲ》, 민족문화추진회, 1977, 295쪽.
68) 정약용, 같은 책, 294쪽.
69) 정약용, 같은 책, 296쪽.

산관계론, 둘째, 그 개별주체들을 총체적으로 수용하는 실체로서 국가에 집중된 공동체적 소유론, 셋째, 이 두 가지를 새로이 편성·관리·추진하는 근본 추동력으로서 왕권론 등이며, 이 셋은 각기 당시의 일정한 현실적·사회적 실체를 반영한 다고 보았다.[70] 결국 정약용은 조선시대 당시의 전형적인 중세질서와는 다른 "국가봉건제" 양식을 추구하였다. 정약용의 왕정론은 궁극적으로는 조선왕조사회의 봉건적 속성을 매우 적극적으로 추구하였다는 역사적 의의가 있다. 그리고 정약용이 개별 생산주체의 자립적 자영성, 소유의 공공성, 통치권의 중립성 등을 적극적으로 검토하고 고안하였다는 점에서 이러한 개혁론의 극단적 추구는 결국 봉건적인 것 자체를 부정하는 방향으로 상호작용 해 나갈 것이 분명하다는 점에서 부분적으로 현실적 의의가 있었다.

김영호에 따르면, 정약용의 민중주체 정치사상에 나타나는 이러한 모순은 권력의 삼중구조를 설정함으로써 설명코자 한다. 즉 민권과 군권 및 중간세력을 설정하여 해명하는 방법을 제시하고 있다.[71] 즉 정약용이 해결하고자 한 것은 군권이 아니라 중간세력이었다. 이들 중간세력이란 토지소유 면에서 보면 지주세력, 정치적으로는 벌열귀족층과 지방호족, 지방행정 측면에서 보면 吏胥層, 유통 면에서 보면 치부하는 상업자본가 등을 가리킨다. 정약용이 해결하고자 하여 현실을 고발하며 저항을 고려하고 개혁을 주장한 것은 바로 이 중간세력에 대해서였다는 것이다. 정약용이 홍경래난을 단호히 배격한 것도 일종의 중간세력층의 군권에 대한 도전으로 보았기 때문이라는 것이다. 민권의 실체는 이러한 중간층에 도전하고 개혁을 추진하는 주도세력이라는 것이다. 현실의 소상품생산자적 농민층, 생산자적 수공업자, 소상인, 진보적

---

70) 김태영, "다산의 국가개혁론 서설," 강만길 정창렬 외 9명, 《이우성 교수 정년기념 논문선: 다산의 정치경제 사상》, 창작과 비평사, 1990, 79-108쪽.

71) 김영호, "다산학연구서설," 《세계의 문학》 제40호, 민음사, 1986년 여름호, 113-4쪽.

지식인 등이 그들이다. 정약용은 이때 노비는 개혁의 주도세력으로 인정하고 있지 않다.

결국 정약용은 주대의 이상적이고 관념적인 전제군주를 상정하고 있지만, 그것은 현실적·구체적으로는 합리적인 행정기구를 의미했던 것으로 해석할 수 있다. 정약용은 이처럼 군권과 민권이 공동전선으로 봉건적 중간세력을 척결하면서 군권과 민권이 만나는 권력구조를 개혁사상의 전개를 통해 펼치고자 하였다.

《탕론》,《원목》의 정치사상을 실현 가능성을 고려하여 대폭 수정한, 즉 근원적 개혁의 이상을 현실에 절충한 것이 곧 《경세유표》라는 해석도 있다.[72] 원숙하고 우아해진 대신 생동하는 진보성은 약화된 것처럼 보이지만, 정약용의 기본사상이 방기된 것은 아니라고 본다. 정약용은 자기생애의 마지막을 결산한 《梅氏書平》에다 《탕론》의 속편을 집어넣고 있다는 점에서 그와 같은 사실이 입증된다.

정약용의 사유체계가 시간의 흐름에 따라 변화하는 것은 어쩌면 자연스럽다. 그가 패기만만한 젊은 시절 비교적 혁신적인 군주인 정조의 절대적인 신임을 받던 득의의 시절, 탕론·원목·전론 등 매우 혁신적인 사고를 품었으나, 오랜 유배생활을 통해서 좌절과 회한 속에서 현실과 어느 정도 타협하는 보수화의 길을 걸었다는 것이 그리 부자연스러운 일이 아니다.[73] 이 견해에 따르면, 목민심서와 경세유표는 민권사상의 후퇴를 보여주며, 이는 목민심서가 목민관들이 현실 속에서 응용할 수 있도록 하였으며 경세유표도 현실정치의 제도를 개혁코자 한 것이므로 공개적인 성격을 띠는 반면, 초기의 혁신적인 민권사상, 예컨대 저항권 등의 인정은 당시 사회에서는 공개할 수 없었으므로 이것이 문

---

72) 임형택, "다산의 '민' 주체 정치사상의 이론적·현실적 근거,"《다산의 정치경제사상》(이우성 교수 정년기념논문집), 창작과 비평사 1990, 78쪽.

73) 고광형, "인간론을 중심으로 본 다산 정약용의 정치사상," 외국어대, 19-, 51-3쪽.

헌상의 이질감으로 나타나게 된 것이다.[74)]

그러나 이우성은 정약용의 원목·탕론 등 '민'을 주제로 한 정치사상과 여전론의 토지제도구상이 모두 그의 후기작이라고 봄으로써 정약용 사상의 내부적인 상호모순을 해결코자 하였다.[75)] 실제로 '민'의 성장과 성장에 따른 각종 새로운 동향들은 중세 후기로부터 두드러지게 나타난다. 여전론도 사상내용으로 보아 이씨조정과 일정한 관계가 다 끊어지고 아무런 부담이 없는 상태에서 나올 수 있었던 이론이라고 보는 것이 보다 적절하다.

김한식에 따르면 정약용은 민권사상을 펴면서도 군주는 '바른 말'과 '공정한 판결'을 보장하는 분쟁의 조정자, 무대에서 춤을 추는 데 있어서는 선도자와 같은 존재로서 적극 긍정된다. 김한식은 정약용의 민권 개념의 출발점은 절대왕조와 오랜 투쟁에서 획득되어진 서구의 근대민권사상과는 달리, 지배층과의 공존을 전제로 했다고 보았다.[76)]

정창렬은 민중을 지배자층의 권위에 복속되어 순종만 하지는 않고 인간으로서의 권리를 획득하려고 투쟁하는 인민이라고 개념화했다. 한국사에서 민중은 조선 후기 봉건제의 해체에 대응하여 일어난 농민반란과 함께 생성된 역사적 산물이다. 이어서 그는 민중사상의 전개를

---

74) 고광형은 정약용 자신이 여유당이라는 당호를 지은 뜻이 매우 의심이 많은 동물(與)이 겨울에 냇물을 건너는 듯하고, 매우 겁이 많은 동물(유)이 사방을 두려워 한다는 뜻이라고 스스로 적고 있는 것처럼 매우 조심할 수밖에 없는 상황임을 고백하고 있다(정약용, "여유당기," 박석무 역주, 《다산산문선》, 창작과비평사, 1985, 286-8쪽)는 점을 들어 정약용의 상호모순을 납득하는데 근거로 삼고자 하고 있다(고광형, 53쪽). 그러나 거꾸로 "여유당기"는 정약용 자신의 성격을 "일을 그만두어야 할 것도 참으로 마음에 내키기만 하면 그만두지를 못하고, 하고 싶지 않으면서도 마음속에 담겨 있어 개운치 않으면 기필코 그만 두지를 못 한다"고 밝히고 있다.

75) 이우성, "序,"《다산의 정치경제사상》(이우성 교수 정년기념논문집), 창작과 비평사, 1990, 4-5쪽.

76) 김한식, "다산의 민권사상," 한우근 외, 《정다산 연구의 현황》, 민음사, 1985, 109-10쪽.

민중의식의 전개라는 차원에서 14세기에서 18세기 중엽까지는 '백성'과 백성의식, 18세기 후반에서 1876까지는 '평민'과 평민의식, 개항 이후 현재까지를 '민'과 민중의식으로 각기 시대를 구분하였다.[77] 이중 두 번째 시기이며 정약용이 살았던 시대이기도 한 17, 8세기 조선은 봉건질서가 동요하던 시기였다. 이에 대응하여 나타난 양반사상, 실학사상, 평민사상 등 세 가지 사상형태 중에서 정약용의 민중주체 민중주의 정치사상은 정작 민중이 직접 전개한 민중운동과 그 저변에 놓인 평민사상과는 담당층이 서로 상이했으며, 겉으로 드러난 봉건질서 극복논리는 동일하였으되, 그 지향하는 바는 상이할 수밖에 없었다.

그러나 정약용이 살았던 시대에 있어서 평민사상도 인간해방에 대한 지향이 압도적이었으며, 사회적 해방에 대한 지향은 부차적인 것이고, 민족으로서의 자기인식은 매우 낮은 수준이었다. 따라서 실학사상가인 정약용의 유교적 민중주의는 덕치의 왕정을 살리고자 하였던 반면, 후천개벽을 원하면서 정감록과 미륵신앙을 통해 봉건질서를 뒤엎고자 하던 평민사상 및 민중운동과는 일정한 거리가 있을 수밖에 없었다. 정약용의 국가개혁론은 '선왕'의 '왕정'을 준거로 삼아 古經의 원뜻을 추찰해 내세우면서 개혁론을 일관되게 전개하였다는 점에서 "전근대적 국가론의 최후의 원형"이라고 평가할 수 있다.[78] 하지만 정약용의 민

---

77) 정창렬, "백성의식, 평민의식, 민중의식,"《현상과 인식》, 통권19호 1981 겨울호, 106-7쪽.
　　손혁재, "민중의식 성정과정 연구: 한말 정치의식을 중심으로", 성균관대 대학원, 1984.
　　하원호, "조선후기 變亂과 민중의식의 성장", 史學硏究. 제75호 (한국사학회, 2004. 9), 175-203쪽.

78) 김태영, "다산의 국가개혁론 서설,"《다산의 정치경제 사상》, 108쪽.
　　최근 다산의 정치사상 연구 성과물들은 다음과 같다.
　　손문호, "丁若鏞의 정치사상 연구 : 『經世遺表』를 중심으로",《社會科學硏究 14》(서원대학교사회과학연구소, 2001.2) 167-95쪽.
　　유권종, "茶山 人間觀의 재조명",《철학 제72집》(한국철학회, 2002. 가을) 5-29쪽.

중지향적인 자세는 매우 확고하였다.

배병삼, "茶山의 정치적 이상 :湯武論과 伯夷叔齊觀을 중심으로",《東洋古
    典硏究 제17집》(동양고전학회, 2002. 12) 47-89쪽.
배영순, "茶山學의 현재적 의의: 民本思想을 중심으로",《淡水 제31집》
    (淡水會, 2002. 10) 24-35쪽.
한상익, "다산의 牧民論: 民本을 넘어 民主로",《역사와사회 통권 제28
    집》(국제문화학회, 2002. 7) 125-52쪽.

제4장 반봉건반외세·농민적 민중정치사상

전봉준의 정치사상에는 18, 9세기의 민중사상과 동학사상이 접맥되어 있다. 그래서 그의 민중정치사상을 현대적인 잣대로 본다면 아직도 전근대적인 요소가 없진 않다. 그러나 그는 동학농민혁명을 통해 갑오경장을 통해 근대를 여는 단초를 열었다. 그의 사상은 당시 농민전쟁 와중에서 장수로서 쓴 것들이 주를 이루고 있으며, 그의 사상을 가늠해볼 수 있는 체계적인 글을 남겨 놓은 것은 남아 있는 것이 없다. 그래서 전봉준은 사상가로서보다는, 녹두장군으로서 혁명가로서 전쟁의 장수로서 그리고 흔히는 반외세·반봉건의 근대 민족주의자로서 더 잘 알려져 있다. 그러나 이제 그의 민중사상가로서의 면모가 새롭게 조명될 필요가 있다.

이 장에서는 반봉건·반외세의 농민적 민중정치사상가로서의 전봉준의 사상적 발자취를 돌아보고 그에게 영향을 미친 민중사상과 동학사상 및 정약용의 사상 등 그의 민중사상적 기반이 되는 측면들을 가능한 한 구체적으로 살펴보며 그의 정치체제 구상을 검토해 봄으로써 전봉준 민중사상의 전체상을 그려보고자 한다.

제1절 사상적 조건

(1) 18, 9세기 민중사상과 동학

1) 18, 9세기 민중사상

조선시대 후기 이래로 민중들 사이에 전해 내려오던 주역의 후천개벽, 정감록의 왕족교체, 미륵하생 신앙의 미륵출현 등의 민중사상은 민중의 고달픈 심성을 어루만져 주는 역할을 해왔다. 19세기에 이르러 커다란 사회경제적 변화와 더불어 사회변혁 세력들이[1] 민중사상을 적극 활용함으로서 지배계급에 대항하는 민중의 저항이데올로기로 역할을 하게 되었다.[2] 민중사상은 19세기 초 홍경래난(관서농민전쟁)의 이념으로 수용되고 기층민중들을 동원하는 전수적 도구로 활용되었으며, 이어 동학으로 연결되었고, 마침내 1894년 갑오농민전쟁에서는 농민군의 투지를 불러일으키는 데 기여하였다.

19세기는 각종 민중사상들이 서로 내적 교류가 이루어져 하나로 통합할 수 있는 사회적 분위기가 조성된 시대였으며, 이들 민중사상은 반봉건운동과 새로운 사회의 이념으로써 민중을 결집시키는 역할을 하였다. 동학이 등장하던 당시 대표적인 민중사상은 다음 세 가지를 들

---

1) 개항 이후 갑오농민전쟁이 일어나기 전해인 1893년까지의 농민항쟁의 실태와 저항에 대해서는 백승철, "개항 이후(1876-1893) 농민항쟁의 전개와 저항", 한국역사연구회, 《1894년 농민전쟁연구 -18, 19세기의 농민전쟁-》, 역사비평사, 1991, 303-40쪽 및 이윤상, "대한제국기 농민운동의 성격", 같은 책, 341-69쪽.

2) 18, 9세기 민중운동을 향회운동, 계급갈등, 변혁운동을 뒷받침하는 민중의식의 성장의 관점에서 파악한 그로는 안병욱, "19세기 민중의식의 성장", 한국역사연구회, 《1894년 농민전쟁연구-농민전쟁의 정치·사상적 배경-》, 역사비평사, 1993, 245-65쪽을 볼 것.

수 있다.

첫째, 주역의 후천개벽사상이다. 당시 민중들 사이에 퍼져 있던 후천개벽설은 마치 일상생활에서 오전오후가 번갈아 오듯이 세상에도 선천과 후천이 서로 순환하는데, 지금의 운수는 선천이 지나 후천이 시작하고 있으므로 신분이 높고 부패한 자들이 잘 먹고 잘 사는 시기는 끝났다는 것이다. 그리고 후천시대가 오면 병도 없어지고 관리들의 수탈도 사라져 무지렁이가 오히려 권세와 힘을 누리면서 떵떵거리고 살 수 있는 지상선경이 된다고 하였다. 이는 유학경전의 하나인 주역이 19세기 변혁세력들의 적극적이고 새로운 해석에 따라 조선의 운세와 세상의 운수를 원리적으로 가장 신빙성 있게 설명해 주는 예언서로 탈바꿈하게 된 데에 근거한다.

둘째, 정감록의 왕조교체사상이다. 조선 후기부터 정감록의 도참사상이 사회저변에 상당한 힘을 가지고 널리 퍼졌다. 19세기에 이르러서는 도시와 시골 구석구석까지 파고들었다. 《정감록》은 이씨 조선왕조가 망하고 정씨 왕조가 들어서는데, 정씨 왕조의 우두머리인 정진인 혹은 정도령이 해도에서 군사를 길러 도탄에 빠진 백성들을 구하러 나온다는 것이다.

셋째, 미륵하생신앙의 미륵출현사상이다. 민중들은 삼국시대부터 전해오는 미륵신앙에서 예언하는 미륵출현을 한 가닥 희망으로 바라고 있었다. 민중들은 미륵이야말로 고해에 빠진 중생들을 구원해 줄 진정한 부처로 믿고 있었다.

2) 동학의 민중사상적 요소

동학은 보국안민이라는 현실적 동기에서 창도되었다. 최제우는 20대에 조선 천지를 기웃거려 보았으나 암울한 분위기만 확인하였을 뿐이었고, 사회 일각에서는 서학이 기층민으로부터 대단한 호응을 얻고 있

126

었다. 그는 이런 상황을 다음과 같이 말하였다.

> "서양은 싸우고 빼앗아서 그들의 뜻대로 되지 않는 것이 없다 그래서 천하가 당망하면 이 또한 순망치한의 근심이 어찌 없겠는가. 보국안민의 계책을 어디에서 생각해 낼까"[3)]
> "처자 산업 다 버리고 팔도강산 다 밟아서 인심풍속 살펴보니 무가내라 발길없네 우습다 세상사람 불고천명 아닐런가 …… 아셨어라 팔도구경 다 던지고 고향에나 돌아가서 백가시서 외워 보세"[4)]

일반적으로 동학은 유불선 합일의 형태로 나타난 사회사상 또는 종교사상으로 볼 수 있다. 최제우는 기본적으로 유학자였다. 그러나 그는 국내외의 고통스런 현실에 직면하여 서학을 하나의 사상적 충격으로 받아들이고 새로운 길을 찾기 위한 고뇌에 찬 사색과 구도에 들어갔다. 그 결과 자신의 유학적 세계관에 커다란 변화를 가져왔다. 그는 처절한 삶을 꾸려가던 민중들의 정서를 이해하였고 사회변혁 세력의 사상적 무기이던 민중사상을 새롭게 보기 시작하였다.

최제우는 유학자적 소양을 버리지는 못했지만 이제 유학에 대해 비판적으로 바라보게 되었다. 예컨대 "요순의 다스림으로도 부족하고 공맹의 덕이라도 부족하다"[5)]라든가 "유도불도 누천년의 운이 역시 다했다"[6)]라는 경전가사가 이를 잘 보여준다. 그는 천지운행과 관련된 一動一靜, 一盛一敗가 끝없이 반복되는 순환적인 천도에 새롭게 눈을 떴다. 바로 주역의 선후천 순환 논리였다. 그는 《논학문》에서 "천도로서 無往不復之理(가더라도 또 돌아온다는 이치)를 받았다"고 말하며, 《검가》에서는 '5만년의 시운'으로서 후천이 열린다는 확신을 나타냈다. 그

---

3) 최제우, "포덕문", 《동경대전》
4) 최제우, "몽중노소문답가", 《동경대전》
5) 최제우, 같은 곳.
6) 최제우, "교훈가", 같은 곳.

러나 후천은 개개인의 힘에서 오는 것이 아니라 천도의 운행과 같이 무위이화의 자연적 조화에 의해 온다고 보았다.

그는 또 《정감록》을 중심으로, 참요, 비기 등에 나타나는 도참사상을 받아들였다. 《몽중노소문답가》에서 도참사상적 모습을 가장 많이 보여주고 있다. "곤륜산 일지맥의 조선국 금강산이 …… 천하승지 아니런가 삼각산 한양도를 사백년 지낸 후에 하원갑 이 세상 ……."으로 시작되는 첫 부분은 이심, 이연 형제가 정감과 함께 금강산에 올라 조선의 미래를 예언하는 《감결》의 첫 부분과 유사하다. 이어 임진왜란 때 살아남은 비결은 "利在松松"[7]이며 가산 정주 西賊(홍경래난) 때는 "利在家家"[8]이었지만 지금 혼란한 시기에 살아남는 비결은 "利在弓弓"이라 하였다. 이재궁궁은 후천개벽을 의미하는 예언적 비기이다.

당시 조선사회에서는 장생불사하여 세속을 떠나 거룩하게 살기를 원하는 움직임이 있었다. 최제우는 이를 받아들여 《교훈가》에서 "입도한 세상사람 그날부터 군자 되어 무위이화 될 것이니 지상신선 네 아니냐"고 하여 하늘나라 신선이 아니라, 입도와 동시에 현세에서 신선이 된다는 형태로 제시하였다. 이때 신선이 되기 위해서는 반드시 정성껏 장생의 주문을 외면서 불사의 선약을 먹어야 하고, 그렇게 했을 때 仙分이 있는 사람은 "어화 세상 사람들아 선풍도골 내아닌가 좋을시고 이내신명 좋을시고 불로불사 하단말가"[9]처럼 지상신선이 된다고 하였다. 신선사상은 "천상에 상제님이 옥경대에 계시다,"[10] "나는 표연히 학을 타고 신선대로 날아가리라"[11]는 데서도 잘 드러난다.

---

7) 임진왜란이 일어난 때가 여름이기 때문에 산에 들어가 숨어야 산다는 뜻이며, 또는 명나라 장수 李如松과 관련지어 해석하기도 한다.

8) 홍경래난이 일어난 때가 가을이기 때문에 집에서 나오지 말아야 얼어 죽지 않는다는 뜻이다.

9) 최제우, "안심가"

10) 최제우, "교훈가"

11) 최제우, "우음"

최제우는 기층 민중이 질병에서 벗어나고 빌고 비는 치병염원도 받아들였다. "나에게 靈符가 있으니 그 이름은 선약이요 …… 그 형태는 궁궁이니 …… 사람들의 질병을 구하고 나의 주문을 받아 나를 위해 다른 사람을 가르친다면"12)이라고 함으로써 부적과 선약으로서 질병을 고친다고 하는 전형적인 치병구복의 민간신앙도 이어받고 있다.

거기다 지성으로 치성 드리는 여인들의 기복신앙까지 받아들여 "8도 불전에 시주하고 지성으로 山祭해서 백배축원 앙천하며 晝宵 간 비는 날이 지성감천 아닐런가"13)라고 하였다. 당시 토착적 신앙의 한 부분으로 기층민중의 성정에 뿌리내리고 있던 치병구복의 자연스런 표현방식이었다. 최제우가 강령지법(降靈之法)14)까지 말하고 있는 것을 보면 무속신앙의 형태도 놓치지 않고 있음을 보여주고 있다.

이렇게 동학은 민간신앙의 여러 요소를 복합적으로 수용은 하였으나, 그렇다고 해서 여러 사상의 단순한 종합만은 아니었다. 즉 동학은 보국안민과 인내천의 평등주의 및 지상천국의 현실주의를 그 주요내용으로 하는 민중운동의 이념과 조직을 제공하였다.

(2) 동학과 전봉준

1) 동학의 성립과 사상내용

먼저, 동학의 성립배경은 봉건모순의 극대화와 열강의 침략에 있었다.

19세기 조선의 농촌경제는 봉건정부의 폭압적 수탈과 지주들의 강제적 착취로 인해, 권력집중, 사회적 권위집중, 토지집중, 화폐집중 등과 같은 19세기 중엽의 4대 병폐가 중첩되어 파탄 직전이었고 이에 따라 농촌사

---

12) 최제우, "포덕문"

13) 최제우, "몽중노소문답가"

14) 최제우, "논학문"

회는 근본부터 뒤흔들리고 있었다. 그러나 동학의 창도[15]는 1860년 영불연합군의 북경점령 사건으로 인한 충격으로 비롯되었다. 이는 《동경대전》에 명시되어 있다.[16] 즉 "경신년에 이르러 전하여 들으니 하느님의 뜻이라고 하여 천하(중국)를 공격하여 취해서 교당을 세우고 그 도를 행하니 나는 어찌 그러할까 하는 의문을 갖게 되었다"고 되어 있으며, "서양 사람들이 나가는 길에는 앞에 막아설 사람들이 없고 중국이 망하면 입술이 없어지는 것이니 어찌 우리 이가 시리는 근심이 없을 것인가"라고 함으로써, 동학은 영불연합군의 북경점령사건에서 비롯된 보국안민을 목표로 창도된 것이며,[17] 19세기 중엽에 조성된 민족의 위기를 극복하기 위한 투철한 문제의식에서 비롯된 것임을 명확히 하고 있다.

나음, 동학사상의 기본구조를 보자. 동학의 기본내용은 인내천이 평등주의와 지상천국의 현세주의로 요약된다. 이를 다음 다섯 가지로 나눠볼 수 있다.

첫째, 수심정기(守心正氣) 사상으로 이는 도를 깨치는 방법은 마음을 지키고 기를 바르게 하는 것이라는 뜻이다. 기는 밖으로 드러나는 것이고 인간의 내부에 있는 마음이 본질적인 것이 된다. 최제우는 기일원론적 우주관 속에서 하날님을 바로 자기와 일체화시킨 인간관을

---

15) 동학사상은 몰락한 양반의 서자 즉 중인 출신인 최제우에 의해서 창립되어 포교된 종교이며 사상이다. 그는 원래 경주에서 과거 준비를 했으나 자신은 과거에 응시할 자격조차 없는 것을 알고 크게 낙망하여 가출해서 전국을 유람하면서 민생이 도탄에 빠진 것을 보고 진로를 모색하다가 도를 깨달아 1860년 동학사상을 형성 포교한 것이다.

16) 동학 창도 과정과 관련하여 최제우의 고향에 전해 오는 이야기를 구비문학을 중심으로 최제우, 최제우의 아버지인 산림처사 근암공 최옥 및 삼종숙인 도솔가 외와공 최림의 전해 오는 이야기를 중심으로 동학성립과정을 생생하게 밝혀주고 있는 조동일, 《동학성립의 이야기》, 홍성사, 1981을 참조할 수 있다.

17) 동학경전을 통하여 동학사상의 정치·사회적 성격을 밝히고 있는 글로는 우윤, "동학사상의 정치사회적 성격", 한국역사연구회, 《1894년의 농민전쟁연구 -농민전쟁의 정치·사상적 배경-》, 역사비평사, 1993, 269-99쪽을 볼 것.

130

제시하였다. 이때 기는 성리학에서 말하는 초월적 理의 물체를 결정해 주는 기로 파악되는, 이기 관계의 사변적이며 철학적인 기 개념이 아니다. 여기서 기는 인간의 생활공간에서는 허령창창(虛靈蒼蒼)하여 그 본질을 쉽게 알기 힘드나, 한편으로는 형태가 있는 듯하고 들을 수 있는 듯하여 인간과 교호할 수 있는 至氣의 상태로서 비인격적 인간화의 전단계로 파악되는 그러한 기이다. 이런 氣論에 바탕을 둔 인간관은 시천주인내천(侍天主人乃天) 사상의 초기모습으로서, 그 지극한 기를 자신의 정성에 따라 내 몸 속에 영원히 모실 수 있다고 보았다.

둘째, 侍天主 人是天[18] 사상으로 이는 마음속에 저마다 하느님을 하나씩 모시고 있다는 뜻이다. 서학이나 기독교보다 한 발 더 나아가 이 인시천 사상은 사람은 곧 하느님이라고 보며, 사람이 가슴 속엣 하느님을 저마다 하나씩 모시고 있기 때문에 사람은 하느님과 같다고 생각하고 설교하였다. 요컨대 사람은 모두 지고지귀하신 하느님을 마음속에 모시고 있기 때문에 누구나 다 평등하고 지고지귀한 존재라는 것이다. 동학은 모든 신분의 사람들이 누구나 다 똑같은 하느님을 마음속에 하나씩 모시고 있기 때문에 모두 평등하다는 것을 설교하여 평등사상을 창조하였다. 동학의 평등사상은 신분평등뿐 아니라 남녀평등 어린이 평등사상에까지 이른다.[19]

셋째, 최제우는 무위이화의 조화 속에서 천도운행에 따른 선후천 순환운동론을 확립하였다. 무위이화는 인간이 어쩔 수 없는, 그리하여 그 조화가 이미 정해져 있는 부분이다(造化定).[20] 따라서 인간이 아무리 그것을 거역하려 하여도 할 수 없다는 것을 미리 설정한 것이다. 이는 곧 현재의 부자와 가난한 자가 후천에서는 역전된다는 것을 의미하기

18) 인시천 사상은 흔히 인내천으로 알려져 있는데 인내천은 나중에 손병희가 고쳐 부른 용어이고, 인시천은 최제우와 최시형이 사용했던 용어이다.
19) 동학교도이며 손병희의 사위인 방정환과 김기전에 의해 어린이운동으로 이어지고 어린이날도 제정되어 오늘에 이르고 있다.
20) 최제우, "조화정"

도 한다. 그래서 지금 가난하고 힘없는 사람에게는 희망적 내세를 보
장하는 것이 된다. 무위이화는 빈부귀천의 생활 질서에 먼저 적용되는
개념이 되었다.[21]

넷째, 동학사상에는 후천개벽사상이 포함되어 있다. 동학은 유교, 불
교, 도교가 모두 낡아서 시운이 다 되었다고 설명하면서 지금까지의
인류역사는 15만 년의 先天의 역사를 갖고 있다고 하고 그것을 상원
갑, 중원갑, 하원갑의 세 시기로 구분하였다. 하원갑까지 기존의 역사
가 다 끝나면 다시 새로운 상원갑이 시작되는 후천의 새로운 시대가
열리는데, 이것을 後天開闢이라고 하였다. 최제우에 의하면 자신이 도
를 포교한 1860년이 새로운 후천개벽 15만년의 시작이고, 앞으로 동학
은 5만년 간 새로운 시대의 이념이 된다고 설명하였다. 이 후천개벽사
상은 정신사적 측면 특히 종교적 측면에서는 기존의 모든 종교가 완전
히 낡았고 전시대의 유물로 종언을 고했다는 것을 선언했다는 의미에
서 정신적인 혁명 사상이었다.

마지막으로 다섯째, 동학에는 지상천국 사상이 포함되어 있다. 2천
만 동포가 모두 동학교도가 되어 동학의 원리를 깨달으면 지상신선이
되고 우리나라는 군자와 지상신선이 모여 사는 나라가 되어 지상천국
을 이룩하며, 동학으로 단결하면 서양의 침략은 용이하게 물리칠 수
있다고 하였다.

하지만, 동학사상은 다음과 같은 한계가 있었다.

첫째, 자본주의 열강의 도전을 서양의 과학기술과 자본주의라는 새
로운 경제제도의 도전으로 보지 않고, 천주교를 핵심으로 하는 서학의
도전으로 간주해버리고 만 데 따른 문제점이다. 따라서 동학은 천주교
에 대한 대결의식에만 지나치게 집착했다. 둘째, 동학은 서학과 서세에

---

21) 누구든지 동학에 입도하여 정성껏 21자의 주문(至氣今至 願爲大降 侍天主
造化定 永世不忘 萬事知)을 외우면 지상선경을 체험하고 현세의 안락한
생활을 보장받을 수 있다고 제시하였다.

대한 응전대책의 강구방식이 너무 정신주의적으로 편향되었다. 셋째, 서양의 자연과학과 선진 과학기술에 대한 이해와 올바른 개념정립이 이루어지지 않았다. 넷째, 미래의 우리나라 사회의 건설에 대한 구상이 사회과학적이지 않고 너무 종교적이었다.

그러나 이러한 한계에도 불구하고 동학사상은 당시 조선 봉건사회의 하위 신분층이 갈망하고 있던 신분폐지 요구와 평등의 요구에 부응하는 평등사상을 제공하였기 때문에, 정부가 엄격히 금지시켰음에도 불구하고 민중들 사이에 급속히 전파되었다. 1864년 최제우는 사교를 퍼뜨려 혹세무민한다고 대구에서 처형되고 동학은 불법종교가 되었지만, 정부의 탄압으로 도저히 누를 수 없는 힘으로 민중들 사이에 널리 퍼져 나가 그 후 갑오농민전쟁의 세력으로 발전하게 되었다.

2) 동학사상과 전봉준

전봉준은 《전봉준 공초》에서 "동학을 대단히 좋아했다"고 하며, 그 이유를 동학이 "마음을 지키고(守心), 하늘을 공경하는(敬天) 도"이기 때문이라고 하였다. 그는 교도로서 믿음에 충실하기 위해서[22]라기보다는 用務之地를 발견하고 동학에 들어갔다고 평가된다. 동학은 민중적 敎門으로서 교세팽창과 아울러 유기적 조직을 가졌으며 교문의 정신에 있어서도 개혁적 색채가 비교적 농후하므로 세간의 불평분자는 이를 이용코자 입교하는 경우가 적지 않았다.[23]

문제는 전봉준이 진정한 동학교도였는가가 아니라, 그가 동학을 어떻게 보았는가, 어떤 점에 끌려 입교했는가, 입교 후 그 속에서 어떤

---

22) 전봉준은 1890년 또는 1891년 동학에 입교하고, 1892년 고부접주로 임명되었다. 우윤, "전봉준 연보", 《전봉준과 갑오농민전쟁》, 311쪽.

23) 여기서 두 전술적 분파가 생겼는데 "무이이화"를 원칙으로 하는 최시형파의 북접과, 부패한 현실을 개혁하고 하루라도 속히 무고한 인민을 도탄에서 건지자는 서병학의 남접이 그것이다.

주장과 노선을 가지고 있었는가 하는 점이다. 전봉준은 조선군에게 체포되어 일본영사관으로 인도된 뒤 동학당정토군 제19대대 사령군 미나미 소좌가 신문하였을 때 그 자신의 입을 통하여 동학과의 관계를 밝힌 유일한 자료를 남기고 있는데, 여기서 그는 고문을 통한 심문이기는 하였으나 1892년 입교했으며 그 동기는 보국안민을 위해서라고 밝히고 있다.

> 문: 너는 평소 어떤 학문을 하고 있었는가.
> 답: 공맹의 학을 닦았다.
> 문: 동학에 언제부터 관계했는가.
> 답: 3년 전부터(체포 날짜가 음력 1894년 12월 2일 양력 1894년 12월 28일이었고 전봉준이 신문을 받을 때가 음력 1895년 2월이었다.)
> 문: 어떠한 것에 감동해서.
> 답: '보국안민'이라는 동학당의 주의에 감동하고 있던 바, 동학인 김치도라는 자가 나에게 동학의 문건을 보여준 적이 있다. 그 중에 '경천수심'이라는 문장이 있는데, 그 속에 大體正心이라고 하는 것에 감동해서 입당했다.
> 문: '正心한다'는 것은 동학당에 한한 것이 아니다. 무엇인가 달리 너의 입당을 재촉한 이유가 없는가.
> 답: 단지 마음을 바로 한다는 것뿐이라면 물론 동학에 들어갈 필요가 없지만, 동학당의 소위 '경천수심'이라는 主意에서 생각할 때는 정심 외에 '협동일치'의 뜻을 포함하고 있기 때문에 결당하는 것의 중요함을 본다. 마음을 바로 한 자의 일치는 간악한 관리를 없애고 보국안민의 업을 이룰 수 있기 때문이라고 생각한 탓이다.[24]

전봉준이 1890년 무렵에 동학에 입도[25]하여 그때부터 동학 안에서 대사회적 운동노선을 꾸준히 추진시켜 나갔으며, 1893년 3월 원평집회

---

24) 《동경조일신문》 1895년 5월 6일자, 《사회와 사상》 1988년 9월호 전문게재.
25) 동학과 천도교 관련 문헌에 따르면 결국 전봉준은 1874년경부터 동학이

때까지 애초에 동학에 들어간 목적대로 자신의 의지를 관철시켜 나갔다. 이후 원평집회 이후에는 교단 안에서 주목받는 위험인물[26]로 부상하였다.

(3) 정약용 사상과 전봉준

정약용은 실학의 집대성자로서 허물어져 가던 조선 봉건체제를 진단하고 그 개혁 방안을 1표 2서(경세유표, 목민심서, 흠흠심서) 속에 제시한 인물이다. 그러나 정약용은 농민봉기에 참가한 경력이 있는 것도 아니고, 또한 19세기 변혁세력으로 활동한 것도 아니며, 정약용이 태어난 해가 1762년이고 죽은 해가 1836년이니까 생전에 전봉준과 만난 적도 없다. 그러나 하나의 전설이 내려온다. 史實에 근거한 것은 아니지만, 정약용의 사상이 전봉준 등 갑오농민혁명운동 세력에게 영향을 주었을 가능성을 시사하는 것이어서 주목된다. 이는 정약용 연구가인 최익한의 주장[27]이기도 하다.

퍼져나가는 것을 관심 있게 지켜보았고, 1884년에는 어느 정도 동학교인과 접촉을 시작하였으며 1888년에는 손화중과 친교를 맺게 되었고, 1890년 또는 1891년 황하일이나 김치도의 소개로 정식으로 동학에 입도한 것으로 생각되며, 그리하여 1892년에는 고부접주로 임명되어 본격적인 활동을 전개한 것으로 볼 수 있다.

26) 동학의 종교적 외피론을 제시하고 있는 강재언은 다음과 같이 말하였다. 엥겔스가 독일농민전쟁을 분석하면서 "이 계급투쟁이 당시 종교적 표지를 지니고, 각 계급의 이해, 욕망, 요구를 종교적 외피 아래 숨기고 있다"고 한 것처럼 동학의 조직은 1894년 갑오농민전쟁에서 '종교적 외피'였을 뿐만 아니라 '합방' 이후의 무단정치 아래에서, 그리고 3·1운동에 있어서는 민족운동의 '종교적 외피'로서의 역할을 수행하였다.
강재언, "동학의 사상적 성격", 《근대한국사상사연구》, 미래사, 1983, 132쪽.

27) 최익한은 정약용이 전봉준 같은 농민전쟁의 지도자들에게 이론적으로 결정적인 영향을 주었다고 보는 학자이다. 최익한의 주장에 따르면 《전론》의 핵심은 "밭은 밭갈이 하는 자가 가져야 한다"는 農者得田의 원칙 아래 공

이에 따르면 정약용에게 깊은 좌절과 재탄생이 교차한 17년간의 강진 유배생활이 끝날 무렵에 완성된 다산의 비합법적인 경세사상이 담긴 《경세유표》 별본이 그 후 전봉준과 김개남 등의 손에 비밀스럽게 전수되어 그들의 투쟁에 이론적 방조를 주었다고 한다.[28] 이에 대한 구체적인 증거는 없지만, 정약용의 저서가 당시 조선에 널리 등사·傳布·구독되었다는 사실에 비추어 본다면 하나의 가능성으로 평가된다. 이런 사실을 제법 구체적으로 말해 주고 있는 강진 지방에서 발견된 기록은 다음과 같이 전하고 있다.

　　…… 草衣는 정다산의 詩友일 뿐만 아니라 道交이다. 다산이 유배로부터 고향으로 가기 이전에 《경세유표》를 밀실에서 제작하여 그의 문생 李晴과 친승 草衣에게 주어서 비밀히 보관·전포할 것을 부탁하였는데, 그 전문은 중간에 유실되었고, 그 일부는 그 후 대원군에게 박해당한 남상교, 남종삼 부자 및 홍봉주 일파에게 전하여졌으며, 그 일부는 그후 강진의 윤세환, 윤세현, 김병태, 강운백 등과 해남의 주정호, 김도일 등을 통하여 갑오년에 기병한 전녹두, 김개남 일파의 수중에 들어가서 그들이 이용하였는데, 전쟁 끝에 관군은 정다산 비결이 녹두 일파의 '비적'을 선동하였다 하여 정다산의 유배지 부근의 민가와 고성사, 백련사, 대둔사 등 사찰들을 수색한 일까지 있었다. ……[29]

동 경작의 사회상을 제시한 것이며, 《원목》과 《탕론》의 핵심은 민권주의를 옹호하고 군주제도 및 세습제도의 부당성을 입증한 것이라고 한다. 하지만 이런 주장은 전봉준의 사상을 이해하는 배경적 설명이 될 뿐이다. 농민전쟁의 전 과정을 사상시킨 채 전봉준의 사상을 이런 맥락에서만 설명하려는 것은 일면적인 분석에 치우칠 가능성이 있다.

28) 최익한, 《실학파와 정다산》, 청년사, 1989.

29) "명승 초의전", 《강진읍지》,(최익한, 앞의 책에서 재인용) 여기서 인용한 《강진읍지》의 "명승 초의전"은 초본 등사본인데, 이것이 쓰인 연대는 불명이다. 다음 연구도 참조할 수 있다.
　　김상홍, "茶山學이 草衣禪師에게 끼친 影響", 《漢文敎育硏究 제19호》(한국한문교육학회, 2002. 12) 489-520쪽.

여기서 정약용이 비밀리에 전달한 《경세유표》는 지금 전해지고 있는 현행본 《경세유표》가 아니라 별본 《경세유표》라고 하는데, 여기서 정약용은 봉건체제가 가하는 제약을 고려하지 않고 자신의 사상을 마음껏 펼쳐보였다고 한다. 그 별본의 전체내용을 확인할 수는 없지만 현행본 《경세유표》와 대체적인 윤곽에서 큰 차이는 없는 것으로 보인다. 《경세유표》는 정치, 경제, 군사 등의 제반제도에 대한 구체적인 논술로서 이를테면 신국가 건설 계획안인데, 전봉준이 이를 보았다면 자신의 국가·정치체제 구상에 꽤 많은 시사를 받았다고 볼 수 있다.

전봉준이 불우지지를 품고 전국을 돌아다니며 동지들을 규합하고 있을 때 《경세유표》 별본을 포함한 정약용의 저술들이 은밀히 유포되고 있었다면, 전봉준의 손에도 들어갔다고 보는 것이 자연스럽다. 또 위의 《강진읍지》에 거론된 인물들이 1894년 1차 기병 때 강진과 해남에서 일어난 농민군 지도자들[30]이었다는 사실에서. 전봉준이 정약용의 별본 《경세유표》를 입수하였다는 것은 더욱 신빙성이 있다.

그러면 전봉준이 보았을 것으로 추정되는 별본 《경세유표》의 내용은 무엇이었는가? 최익한은 현행 《여유당전서》 중 여전제를 논술한 《전론》과 민주선거제를 주장한 《원목》, 《탕론》 같은 것들이 별본 《경세유표》 중의 일부였을 것으로 보고, 별본의 내용을 짐작케 하는 실마리를 제공하고 있다. 별본 내용으로 분류되는 《전론》, 《원목》, 《탕론》 등은 토지분배 원칙과 군주제 등에 대한 주장을 다루고 있는데, 정약용의 사상체계 안에서 가장 개혁적이고 민중적인 내용들을 보여주는 저작들이다.

최익한은 '갑오농민전쟁'이 前시기의 농민투쟁과 달리 그 규모로나

---

30) 이돈화, 《천도교창건사》 제2편, 천도교중앙종리원, 1933 및 오지영, 《동학사》, 영창서관, 1940. 다만 《명승 초의전》이 씌어진 연대가 불명이어서 《천도교창건사》, 《동학사》 등과 상호 비교하는 사료로서의 엄밀성은 판단할 수 없다는 점에서 흠이 되고 있다.

강령 및 전술로나 말할 수 없을 만큼 발전된 것이었다는 점에서, 이같이 우수한 진보적 계몽적 사상가들의 지도적 이론이 첨부되지 않고서는 불가능했으리라고 보았다. 그리하여 최익한은 정약용의 별본 《경세유표》가 전봉준과 같은 농민전쟁 지도자들에게 전파된 것을 대단히 의미 있는 사실로 주목하였다.

이런 관점은 전봉준과 같은 농민전쟁 지도자들 쪽에 서 있는 것이 아니라, 실학연구가 최익한의 분석에 근거한 것이어서 그대로 받아들일 수는 없다. 그러나 전봉준이 동지들과의 교류를 통해서 당대의 사상 흐름을 눈여겨보면서 자기 것으로 만드는 데 게을리 하지 않았다는 점은 분명하다. 왜냐하면 전봉준은 기층 대중들과 만날 수 있는 방술, 풍수, 점복 등의 비기석인 것에서 정약용과 같은 실학자의 국가, 체제에 관한 개혁사상에 이르기까지 사회개혁에 도움이 될 신사상이라고 생각되는 것이라면 놓치지 않고 하나하나 모두 섭렵해나갔기 때문이다.

제2절 갑오농민전쟁사상의 성격과 전개

(1) 갑오농민전쟁의 성격

1894년 농민전쟁은 17세기 후반 이래로 성장 발전해온 사회경제적 변화 속에서 농민봉기와 민중사상이라는 두 가지 커다란 전통을 계승하였다.

첫째, 체제 저항세력이 꾸준히 일으켜온 농민봉기의 전통을 계승하였다. 즉 봉건지배 질서에서 추위와 배고픔으로 떨어야 했던 빈농과 새로운 변화를 주도하거나 새로운 변화를 이용하여 성장하던 중소 농민들의 저항이라는 농민봉기의 전통을 계승하였다.

둘째, 17, 8세기에 농민 대중의 삶을 어루만져 주고 19세기 농민봉기의 이념적 기반이 되었던 민중사상적 전통을 이어받았다. 즉 19세기에 이르러 여러 형태로 분산되어 있던 각종 민중사상들이 동학사상을 통하여 서로 내적 연결과 통합이 이루어져 현실을 진단하고 민중주체의 미래상을 제시하게 되었다.

1894년의 농민전쟁은 민중사상의 적극적이고 투쟁적인 모습을 주체적으로 계승하여 국내외 모순에 직면한 조선의 현실을 반봉건·반침략 투쟁을 통하여 지양하고, 민중사상의 소극적인 측면까지 포용하여 기층 민중이 자기 해방까지도 구현하는 역할을 수행하였다. 전봉준은 이상의 두 전통의 계승자로서 민중사상을 능동적으로 수용하여 사회변혁의 사상을 체득하였다.

갑오농민전쟁의 주체세력은 잔반층설과 경영형부농설이 있지만, 양인과 노비신분 출신의 소작농(빈농)설이 유력하다.[31] 갑오농민전쟁의

---

31) 신용하, "한국근대민족운동의 전개과정", 《한국민족운동의 이념과 역사》, 한길사, 1986, 71-110쪽. 박찬승은 진주민란, 갑오농민전쟁 제1차 기병, 집강소기 이후 등으로 나눠 참가한 계층과 공격대상을 도표로 그려 구분하고 있다. 여기서 주도적 참여는 진주민란의 경우 요호부민과 중농이었던 반면, 갑오농민전쟁의 경우 빈농이었다. 세 경우 모두 주요 참여층은 농촌 노동자인 고공(雇工)·용부(傭夫), 실업자인 遊手輩, 잔반(실업자, 훈장, 기타), 영세상인인 행상, 영세수공업 장인(匠人), 노비 등이었고, 공격대상은 대지주인 관료·부호, 중소지주인 이속 등이었던 점은 공통된다.
박찬승, "동학농민혁명의 사회·경제적 지향", 박현채·정창렬 편, 《한국민족주의론 Ⅲ》, 창작과 비평사, 1985, 19-75쪽.
오지영은 갑오농민전쟁의 주요 참가계층을 시사해 주는 언급으로서 "조선 안에서 관리나 양반이나 부호나 유림이나 아전이나 그 밑에서 노령(奴令) 등 갖은 명색의 놀고먹기를 좋아하는 층이 대개는 동학당의 仇讐를 맺게 되었고, 여러 가지 불평으로써 몇백 년을 두고 내려오던 상인이나 노비서자 등 불평을 가진 사람들이 비로소 동학군의 손을 빌어 일시에 폭발되었던 것 ……", 《동학사》, 176쪽. 오지영은 "갑오 12월부터는 호남지방은 관병과 일병의 천지가 되고 말았다. 동리마다 살기가 충천하고 유혈이 만지하였다. 이때에 있어서 조선 사람의 사상은 또다시 두 쪽으로 갈려 있음을 보게 되었다. 한편으로는 관리, 양반, 부자, 유림, 소리, 사졸과 서학군

성격과 용어는 동학이라는 접두사를 붙이는 경우를 비롯하여 동학란, 동학농민봉기, 농학농민혁명, 동학농민전쟁, 갑오농민전쟁, 농민혁명운동 등 지칭하는 용어가 여러 가지로 혼용되고 있다. 이는 그 성격 규정과 관련하여 생기는 혼란에 기인한다.

'동학'이라는 용어를 사용하지 않고 '갑오' 또는 '1894년 농민전쟁'이라는 용어를 쓰는 것이 바람직하다. 그 이유로는 다음 두 가지를 제시할 수 있다.

첫째, 동학이라는 종교보다 농민의 '민란'이 본질을 이루고 있다. 즉 갑오농민전쟁은 종교의 자유를 위한 종교전쟁이 아니라, 신분제 폐지와 가렴주구 폐지 등 농민의 요구가 본질을 이루고 있기 때문이며, 접주는 동학교도이지반 농민군 병사 중 동학교도는 소수이고 절대 다수가 농민으로 편성되었기 때문이다. 갑오농민전쟁은 1811년 홍경래난 이후 한 해도 빠짐없이 전국에서 산발적으로 일어났던 '민란'이 확대되어 일어난 것이다. 갑오농민전쟁은 기본적으로 구체제에 대한 농민의 항거였다. 이런 이유로 동학이 평등사상과 조직을 농민들에게 제공한 것을 높이 평가하면서도 '갑오농민전쟁'으로 칭할 수 있다.

둘째, 갑오농민전쟁보다 갑오농민혁명운동이라고 하는 것이 역사적 의의를 보다 정확히 살릴 수 있다. 그 이유는 전근대와 근대를 구분하는 가장 혁명적인 지표는 사회신분제의 폐지라고 할 수 있는데, 바로 갑오농민전쟁에서 사회신분제의 폐지가 본격적으로 추구되고 실현되었다.[32] 집강소 농민통치 시기의 폐정개혁 12개 조항을 보면 알 수 있듯

은 모두 정당이 되어 관병과 일병에게 한데 섞이어 혹은 수성군 혹은 만포군과 같은 것을 조직하여 동학군 잡이에 날뛰었고, 다른 백성들은 동학군 편에 동정하였다"(《동학사》, 162쪽)고 쓰고 있다.

32) 서양의 산업구조는 맨 위가 귀족, 그 다음이 시민(상인, 도시수공업자), 농민의 순서였다. 시민이 새로운 시민사회와 근대국가 수립의 주역이었다. 서양에서 농민들은 농노의 처지에서 우리나라보다 훨씬 열악하고 비참한 사회경제적 조건하에 있었다. 반면의 동양의 신분구조는 사농공상 체제였다. 귀족제도나 앙시앙 레짐을 부수는 혁명운동은 대개 귀족 바로 다음에

이 그 내용의 절반이 신분제 폐지 등 반봉건 과제를 실천하는 것이었다. 그러나 혁명이라고 하지 않고 혁명운동[33]이라고 하는 것은 혁명이 실패로 돌아갔기 때문이다.

아래에서는 갑오농민전쟁이 전개되는 과정에 따라 민중주의 정치사상이 어떻게 표출되는가를 창의문, 폐정개혁안, 당시 전쟁과 세력관계의 추이, 당대인의 기록 등을 통해서 살펴보기로 한다.

(2) 사전집회단계: 교조신원과 반봉건 · 척왜양 사상의 결합

1884년의 갑신정변은 민비 수구파에게 커다란 타격을 주었다. 그러나 3일 만에 재집권한 민비 수구파는 탄압의 초점을 동학이나 서학이라는 종교에 맞추지 않고 개화파 잔당들의 색출과 처단에 온 정력을 투입하였다. 민비 수구파들은 조금이라도 개화사상을 가진 인사들은 가차 없이 유배를 보내거나 처형하였다. 따라서 종래의 동학에 대해서는 자연히 탄압을 완화하지 않을 수 없게 되었다. 이에 따라 1884년 이후 관군의 탄압에 쫓겨 태백산중의 화전민 사이에서 포교하던 동학의 제2대 교주 최시형은 소백산 밑으로 내려오고, 소백산에서 성공을 하자 대담하게 평야지대로 내려와서 전라도, 충청도, 경상도 일대를 급

서 성장한 계급이 수행하기 마련인데 동양에서는 서양과 달리 귀족신분 바로 밑에 농민이 있었기 때문에 농민 이외에는 그 과제를 수행할 능력이 없었다. 따라서 서양의 경우를 일반론으로 하면서 농민이 혁명을 한다는 것은 서양에서 볼 수 없다고 보는 것은 서양의 역사에 의존하여 그것을 보편적인 것으로 생각하여 동양과 한국의 특수성을 간과하는 관점이다. 동양과 한국의 신분구조에 있어서는 농민이 혁명운동을 한 것은 매우 자연스러운 일이다.

33) 농민전쟁이라는 용어만으로는 역사적 성격을 드러내는 데 부족하다. 군사를 조직 무장하여 혁명을 수행하기는 하였으나 그것만으로는 미흡하다. 농민전쟁은 혁명운동만 있는 것이 아니라 반혁명운동도 있기 때문이다. 프랑스 반혁명농민전쟁이 그 예이다.

속하게 장악하기 시작하였다.

1892년에는 평야지대가 거의 동학의 세력권에 포함되어 1892년 공주 집회와 12월 삼례집회, 1893년 2월에는 교조신원을 요구하는 복합상소 가 있었으며, 1893년 1월에서 3월에 이르는 시기에 서울에서 복합상소 를 전개하는 동안, 전봉준은 삼례에서 지휘하여 서울 척왜양운동을 일 으켜 서울과 전라, 충청, 부산 지역에서 척왜양의 물결이 넘실거리게 했다.[34] 즉 복합상소가 서울에서 일어나고 있을 무렵 삼례에서는 전봉 준을 지도자로 하여 수천 명이 몰려들어 전라감사에게 동학당을 사도 로 칭하지 말 것, 외국의 선교사와 상인은 모두 나라 밖으로 몰아낼 것, 탐학하는 지방 관리를 제거할 것 등 3개조의 요구를 들이밀었다.

전라감사의 답변이 신통치 않자 이들은 총대 20명을 뽑아 서울로 보 내 1893년 2월 14일에 입경하였으며, 뒤이어 수천 명이 서울로 들어갔 다. 전봉준은 그에 앞서 서인주와 상의하여 그로 하여금 한양의 복합 상소를 척왜양운동으로 유도토록 하고, 자신은 삼례에서 사람을 모아 서울의 운동을 지원하면서 상황에 따라 한양으로 진격한다는 은밀한 계획을 세웠다. 3월 7일 한양으로의 총공격이 있다고 외쳤다.

1893년 5월에는 공공연히 보은 집회를 개최했지만 이미 어마어마하 게 세력이 비대해져서 정부는 실질적으로 동학을 전혀 탄압하지 못했 다.[35] 보은에는 이전의 교조신원운동과는 달리 중앙에 '척왜양창의'라 는 큰 기를 세우고 실제적 대응까지 하고자 대비하였으며, 전라도와

---

34) 정창렬, "고부민란의 연구 上", 《한국사연구》 48, 1985, 척왜양 주도세력은 금구취당이며 그 지도자는 전봉준이라는 점을 밝혔다.

35) 척왜양운동을 위해 서울에 갔다가 내려온 전봉준은 서인주 등의 남접계 인사들과 구수회의를 통해 새로운 계획을 실천에 옮겼다. 서인주의 남접계 는 북접계를 다시 끌어내고, 전봉준은 이와 때를 같이하여 다른 지역 사람 들을 모아 교단 쪽의 운동을 반외세·반봉건의 정치운동으로 유도하면서 서울 공격을 관철시킨다는 것이었다. 이리하여 1893년 3월 충청도는 보은 에서, 전라도는 원평에서, 경상도는 밀양에서 각각의 집회(삼남집회)가 동 시에 벌어지게 되었다.

142

충청도는 물론, 경기도, 경상도, 강원도, 황해도 등지에서 전국적으로 7, 8만이 모였다.[36] 보은집회를 해산시키기 위한 정부측 관계자의 보고는 다음과 같았다.

처음에 부적이나 주문으로 사람들을 현혹시키고 참위를 퍼뜨려 세상을 속이려 했다가 끝내 지략과 포부와 재기를 안타깝게 펼치지 못한 자, 탐관오리가 날뛰는 것을 분히 여겨 백성을 위하여 목숨을 걸고 싸우려는 자, 외국 오랑캐들이 우리의 이권을 빼앗아 가는 것을 통분히 여겨 망령되이 그들을 내쫓는다고 큰소리를 치는 자, 탐욕스런 관리의 학대를 받아도 하소연할 곳이 없는 자, 서울과 지방토호의 무단에 시달려 스스로 목숨을 보전할 수 없는 자, 죄를 짓고 지방에서 도망 다니는 자, 영읍의 관속으로 의지할 곳 없이 흩어져 살던 자, 농사를 지어도 죽 한 그릇 먹을 수 없고 장사를 하여도 한 푼의 이익을 남길 수 없는 자, 무지몽매하여 풍문을 믿고 들어오면 살 길이 있다고 여기는 자, 빚을 지고 모진 독촉을 견디지 못하는 자, 상놈이나 천민으로 한번 출세해 보려는 자 등이 여기에 들어왔으며 그리하여 온 나라의 불평불만의 기운이 뭉쳐 하나의 큰 마을을 이루었다.[37]

한양에서의 척왜양운동 기간 중이던 1893년 2월 전봉준은 전라감영에게 "東學黨與完伯書"를 보내 척왜양의 의지를 분명히 하였으며, 동일한 내용의 《보은관아통고》를 보은집회 기간 중 보은 성문 밖에 내걸었다. 그 내용은 다음과 같다.

무릇 사람의 일에는 하기 어려운 것이 셋 있는데, 절개를 세워 충성을 다하여 나라를 위해 죽는 것이 신하로서의 어려움이요, 힘을 다해

---

36) 김윤식, 황현의 기록, 《시천교종역사》와 《시천교역사》는 수십만으로, 《토비대략》(한국민중운동사자료대계 - 1894년의 농민전쟁 편 1)에는 4, 5만이 집결한 것으로 되어 있다.

37) 양호선무사 어윤중의 보고서 《취어》 중의 "선무사재차장계"

정성으로 효도하여 부모를 섬기다 죽는 것이 자식으로서의 어려움이
요, 정절을 지키고 충렬을 사모하여 지아비를 따르다 죽는 것이 아내
로서의 어려움이다. …… 지금 왜놈과 양적이 나라의 복판으로 들어와
어지러움이 극에 달했다. 나라에 충성을 다하겠다는 우리의 뜻을 위해
전할 길이 없어 각하에게 호소한다. 각하는 나라의 녹을 오랫동안 먹
어 임금과 나라를 생각하는 마음이 우리와 비교할 바 아니다. 우리들
은 힘을 합쳐 죽기를 맹세하고 왜양을 쓸어 내어 大報의 의를 본받고
자 한다. 왜양을 쓸어버리는 큰일에 각하도 뜻을 같이하고 함께 협력
하자.[38]

보은 집회의 해산을 위해 고종은 어윤중 양호선무사를 통해 다음과
같은 윤음을 내렸다. 어윤중은 4월 1일 청주영장, 보은규수 등을 대동
하고 장내리로 가서 고종의 윤음을 엄숙하게 읽었다.

　…… 너희들이 돌을 쌓아 진을 만들고 기를 꽂아 창의라 내세우며
방문을 내걸고 사람들을 선동하니, 너희들이 어리석다 하나 어찌 세상
의 대의와 조정의 약속을 듣지도 못했는가. 내 장차 탐묵한 수령과 아
전을 엄하게 징치할 것이다. 내 너희들의 부모된 입장으로서 너희들이
불의에 빠짐을 보니 안타깝고 마음이 아파 어리석음을 깨우치고 밝은
곳으로 나오는 방법을 생각하지 않을 수 없구나. …… 너희들은 모두
양인이니 각자 집으로 돌아가 자신의 일에 충실히 하라. 만약 지금의
효유 이후에도 흩어지지 않는다면 대처분이 있을 것이고 다시는 너희
들을 용서하지 않을 것이다. 마음을 크게 바로 먹고 나의 뜻에 어긋남
이 없도록 하라.

이러한 고압적인 회유문에 대해 서병학, 최시형, 손병희 등이 감읍하
여 3일 안에 해산하겠다고 하였고,[39] 이에 분노한 집회자들이 그들을

---

38) 우윤, 《전봉준과 갑오농민전쟁》, 134쪽에서 재인용.
39) 이에 서병학은 자기 본질을 드러내 어윤중에게 다음과 같이 말함으로써
　　변명과 책임회피에 급급하였다. "불행히 동학에 남의 지목을 받은 지 오래

타도하려 하자 도망치고 말았다. 그러나 이로 인해 투쟁의 대오는 흐트러지기 시작하였으며 원평집회에도 영향을 미쳤다.

(3) 반봉건 사상의 표현: 갑오농민전쟁 제1, 2단계

1) 제1단계

갑오농민전쟁은 크게 네 단계로 전개된다. 제1단계는 고부민란을 가리키며, 본격적인 농민전쟁으로서의 전초단계였다. 제2단계는 고부(茂長)와 태인에서 일어난 최초의 武裝蜂起에서 시작하여 전주입성에 이르는 농민군의 승리적 전진단계를 말한다. 제3단계는 전주화약 이후 집강소를 통해 농민·천민이 지방자치에 참여한 단계를 말한다. 제4단계는 농민군이 재기해서 공주전투를 거쳐 후퇴하는 단계이다.[40] 소농민 폭동으로서 농민전쟁의 전주곡에 해당하는 고부민란(1894년 음력 1, 2월)은 1893년 말, 고부군수 조병갑의 가렴주구에 견디다 못해 1894년

되었다. 보은집회를 하게 된 내력을 말하겠다. 또 호남취당은 언뜻 보면 우리와 혼동하기 쉽지만 우리완 다르다. 통문을 돌리고 방문을 내걸은 것은 모두 그들의 소행이다. 그들의 의도는 극히 수상하니 공께서는 자세히 살펴 판단하여 우리와 혼동하지 말고 옥석을 가려 달라."

40) 강재언, "봉건체제 해체기의 갑오농민전쟁", 《한국근대사연구》, 한울, 1982, 193쪽. 한국역사연구회, 《1894년 농민전쟁연구 4 -농민전쟁의 전개과정-》, 역사비평사, 1995.는 농민군의 단계별 전개과정과 관련하여 1890년대 초반 민중의 동향과 고부민란(배항섭), 1894년 농민전쟁의 1차 봉기(김인걸), 집강소기 농민군의 활동(고석규), 1894년 농민전쟁의 2차 봉기(서영희), 농민전쟁 이후 농민운동조직의 동향(이영호) 등의 논문을 싣고 있으며, 갑오농민전쟁의 지역별 사례연구로서 1894년의 충청도지역의 농민전쟁(양진석), 1894년 경상도지역의 농민전쟁(박진태), 1894년 호남 남부지방의 농민전쟁(박찬승), 1894년 황해도·강원도 지역의 농민전쟁(정은경) 등의 논문을 게재하고 있고, 주변동향에 관한 연구로서 청일전쟁에 대한 농민군의 인식과 대응(조재곤), 갑오정권의 개혁정책과 농민군 대책(왕현종) 등을 싣고 있다.

음력 1, 2월에 전봉준이 지도자로 추대되어 일어났다. 1893년 11월 전
봉준은 여러 사람과 함께 협의하여 《사발통문》[41]을 작성하여 고부성
격파, 조병갑을 효수, 군기창과 화약고 점령, 군수에게 빌붙어 인민을
침략한 탐리 징치, 전주감영 함락과 즉각적인 서울 진격 등을 결의하
였다.[42]

각리각집강 座下
우(右)와 여히 격문을 사방에 비전(飛傳)하니 물론(物論)이 숭비하
였다.
매일 난망을 구가하던 민중들은 처처에 모여서 말하되 '났네 났네 난
리가 났어! 에이참 잘되었지 그냥 이대로 지내서야 백성이 한 사람이나
어디 살아 남아 있겠나' 하며 기일이 오기만 기다리더라.
이때에 도인들이 선후책을 토의결정하기 위하여 고부 서부면 죽산리
송두호家에 도소를 정하고 매일 운집하여 차서를 결정하니 그 결의된
내용은 좌와 여하다.
일. 고부성을 격파하고 군수 조병갑을 효수할 사.
일. 군기창과 화약고를 점령할 사.
일. 군수에게 아첨하여 인민을 侵漁한 탐리들을 격징할 사.
일. 전주영을 함락하고 경사로 직항할 사.

---

41) 사발통문의 4개 결의사항은 다음과 같다. ① 고부성을 격파하고 조병갑을
효수할 것 ② 군기창과 화약고를 점령할 것 ③ 군수에게 빌붙어 인민을
침략한 탐리를 징치할 것 ④ 전주감영을 함락하고 서울로 곧바로 향할 것.
총무처 정부기록 보존소, 《동학관련판결문집》(영인본), 1994, 3-4쪽.

42) 오지영의 《동학사》는 전봉준의 교우관계를 다음과 같이 말하고 있다. "선
생은 일찍이 詩書百家語를 아니 본 것이 없이 많이 보아 왔으나 마음에
항상 만족치 못하여 不遇之志를 품고 사방으로 두루 돌아다니다가 戊子
연간에 손화중 선생을 만나 도에 참여하여 세상일을 한번 하여 보고자 하
여 북으로 경성을 향하여 정국의 추향을 엿보았고, 또 외세를 살펴본 바가
있었다. …… 선생은 항상 불평한 마음이 많아 사람을 사귀어도 신사상을
가지고 개혁심이 있는 자를 추수하였다. 호남으로는 손화중, 김덕명, 최
경선, 김개남 등과 상종이 많았고, 호서로는 서장옥, 황하일 등과 교분이
두터웠다."

우와 여히 결의가 되고 따라서 군략에 능하고 庶事에 敏活한 영도자 될 將 ……43)

봉건적 지방관 조병갑 등의 학정에 견디다 못한 농민 천여 명이 전봉준을 지도자로 추대해서 고부군청을 습격하여 이를 점령, 탐관오리를 징계하고 조병갑이 수탈한 수세와 양곡을 원래 주인에게 돌려주는 전형적인 민란을 일으켰다가 처벌하지 않을 테니 돌아가라는 신임군수 박원명의 설득으로 해산한 단계였다.

2) 제2단계: 茂長 武裝蜂起에서 전주 점령까지

무능부패한 민비정권의 안핵사 이용태를 고부에 파견하여 고부민란을 일으킨 농민들과 그 주모자들에 대한 대대적인 색출과 처벌을 행하자 농민들이 농민전쟁을 일으킨 단계이다. 갑오농민전쟁의 제2단계 즉 제1차 농민전쟁의 봉기는 고부가 아닌 1894년 3월 20일(양력 4월 25일) 전라도 무장(현재 고창군 소재)에서 전봉준이 의도적으로 농민군을 조직하여 봉기한 것이다. 무장에서 봉기한 이유는 관군 800명이 전봉준의 고부 지구를 완전히 장악하여 짓밟고 돌아다녔으므로 전봉준은 손화중이 대접주로 있는 무장으로 피신하여 농민전쟁을 준비했기 때문이었다.

《사발통문》에 나타난 향촌 자치 기구를 중간조직으로 삼았던 고부 봉기의 한계에서 벗어나 봉건아성에 일대 타격을 가할 더욱 확대된 조

---

43) 《沙鉢通文》(1893년 11월 작성). 사발통문은 전봉준, 송두호, 정종혁, 송대화, 김도삼, 송주옥, 송주성, 황홍모, 최홍렬, 이봉근, 황찬오, 김응칠, 황채오, 이문형, 송국섭, 이성학, 손여옥, 최경선, 임노홍, 송인호 등 20명의 이름으로 되어 있다. 총무처 정부기론보존소, 《동학관련판결문집》, 1994. 3-4쪽. 사발통문은 서명자의 한 사람인 송대화의 후손 집에서 나중에 발견된 것으로서 격문과 이어지는 내용은 유실된 채로 발견되었으며, 인용된 내용(현대어로 풀이함)이 발견된 것의 전부이다.

직역량과 튼튼한 물적 기초가 필요했다. 전봉준은 손화중 포, 김개남 포, 김덕명 포 등을 규합하여 이를 인솔하고 제폭구민과 보국안민의 대의 아래 갑오농민전쟁 제1차 봉기(1894년 3월)를 일으키는데, 이것이 혁명의 시작이다. 이때의 《창의문》은 다음과 같다.

세상에서 사람을 가장 귀하다고 여기는 것은 인륜이라는 것이 있기 때문이다. 군신부자는 인륜의 가장 큰 것이다. 人君이 어질고 신하가 곧으며 아비가 사랑하고 아들이 효도한 후에야 나라가 무강의 城에 미쳐 가는 것이다. 지금 우리 성상은 어질고 효성스럽고 자상하고 자애하며 정신이 맑아 총명하고 지혜가 있으니 현량하고 방정한 신하가 있어서 그 총명을 보좌한다면 요순의 덕화와 문경의 다스림을 가히 바랄 수 있으리라. 그러나 오늘날 신하된 자들은 보국을 생각하시 아니하고 한갓 녹위만 도적질하여 총명을 가리고 아부와 아첨만을 일삼아 충성되이 간하는 말을 요인이라 이르고 정직한 사람을 비도라 하여 안으로는 보국의 인재가 없고 밖으로는 백성을 탐학하는 관리가 많도다. 인민의 마음은 날로 변하여 생업을 즐길 수 없고 나아가 몸을 보존할 계책이 없다. 학정이 날로 심하고 원성은 그치지 아니하니 군신의 의리와 부자의 윤리와 상하의 명분은 무너지고 말았다. 관자가 말하길 '四維가 펴지지 못하면 나라가 멸망하고 만다'고 했는데 오늘의 형세는 옛날보다 더욱 심하다. 공경부터 방백수령까지 모두 국가의 위태로움은 생각지 아니하고 한갓 자신을 살찌우는 것과 가문을 빛내는 데에만 급급하여 사람 선발하는 문을 돈벌이로 볼 뿐이며, 응시의 장소를 물건을 사고파는 시장으로 만들었다. 허다한 돈과 뇌물은 국고로 들어가지 않고 도리어 개인의 배만 채우고 있다. 국가에는 누적된 빚이 있으나 갚을 생각은 아니하고 교만과 사치와 음란과 더러운 일만을 거리낌 없이 자행하니 8도는 어육이 되고 만민은 도탄에 빠졌다. 守宰의 탐학에 백성이 어찌 곤궁치 아니하랴. 백성은 나라의 근본이라, 근본이 쇠잔하면 나라도 망하는 것이다. 보국안민의 방책은 생각하지 아니하고 밖으로는 鄕第를 설치하여 오로지 제 몸만을 위하고 부질없이 국록만을 도적직하는 것이 어찌 옳은 일이라 하겠는가.

우리는 비록 초야의 유민이지만 임금의 토지를 부려먹고 임금의 옷을 입고 사니 어찌 국가의 존망을 앉아서 보기만 하겠는가. 8도가 마음을 합치고 수많은 백성이 뜻을 모아 이제 의로운 깃발을 들어 보국안민으로써 사생의 맹세를 하노니, 금일의 광경은 비록 놀랄 만한 일이기는 하나 경동하지 말고 각자 그 생업에 편안히 하여 함께 태평세월을 빌고 임금의 덕화를 누리게 되면 천만다행이겠노라.

그리고 백산에서의 격문은 반외세반봉건의 보국안민의 목표를 분명히 하고 있다.44) 이때의 농민군 4대 행동강령은 갑오농민전쟁의 반외세반봉건·농민적 민중사상을 집약적으로 드러내 주고 있다.45) 이때는 고부군 정도는 문제가 아니라 전주성을 점령하고 서울로 진군해 가서 봉건 민비 수구파 정권을 타도하여 정권을 교체하자는 원대한 계획 하에 봉기한 것이며, 이때부터가 갑오농민전쟁의 시발점이다.

무장에서 봉기한 농민군 약 4천 명은 먼저 고부로 진군해서 이용태가 지휘하고 있는 관군을 몰아내고 고부군청을 완전히 점령하였다. 그리고는 다시 돌아 나와서 금구까지 진출했는데, 전라감영군 250명과 보부상군이 합쳐진 약 2천 명의 관군이 고부를 되찾으려고 고부로 오자 금구까지 진출했던 농민군은 지세가 불리하다고 하여 다시 고부로 철수해서 황토현에 잠복해 있다가 관군을 공격하여 혈전을 전개하여 2

---

44) 격문의 내용은 다음과 같다. "우리가 의를 들어 이에 이름은 그 본의가 결코 다른 데에 있지 아니하고 창생을 도탄 속에서 건지고 국가를 반석 위에다 두고자 함이다. 안으로는 탐학한 관리의 머리를 베고 밖으로는 횡포한 강적의 무리를 구축하고자 함이다. 양반과 부호 앞에서 고통을 받고 민중들과, 방백과 수령 밑에서 굴욕을 받는 小吏들은 우리와 같이 원한이 깊은 자라 조금도 주저하지 말고 이 시각으로 일어서라. 만일 기회를 잃으면 후회하여도 돌아가지 못하리라. 갑오 3월 일 호남창의대장소 재백산"

45) 그 내용은 다음과 같다. 첫째, 사람을 함부로 죽이지 말고 가축을 잡아먹지 말라(不殺人 不殺物). 둘째, 충효를 다하여 세상을 구하고 백성을 편안케 하라(忠孝雙全 濟世安民). 셋째, 왜놈을 몰아내고 나라의 정치를 바로잡는다(逐滅倭夷 澄淸聖道). 넷째, 군사를 몰아 서울로 쳐들어가 권귀들을 모두 없앤다(驅兵入京 盡滅權貴).

천 명의 관군을 무찔렀다. 이것이 황토현 전투이다. 그 후 농민군은 여러 고을을 거치고 장성의 황룡촌에서 경군을 쳐부순 다음 음력 4월 27일 전주를 점령하는데 이때까지가 제2단계로서 갑오농민전쟁의 제1차 봉기이다.

(4) 농민정치사상의 표현
-갑오농민전쟁 제3단계: 전주화약, 폐정개혁안, 집강소통치 -

1) 전주화약

민비 수구파 정부는 황토현 전투에서 관군이 패배하자 전주성이 함락된 직후인 4월 29일(양력 6월 2일) 청국에게 청국군의 파견을 요청하였다. 청군은 5월 4일(양력 6월 7일) 2,500명의 청군을 아산만에 상륙시켰다. 일본은 조선정부의 요청이 없었음에도 불구하고 4월 29일 일본국 내각회의에서 출병을 결정, 5월 4일(양력 6월 7일) 인천에 6천여 명의 혼성 여단(육군과 해군)을 상륙시키고는 400명의 육전대를 서울에 침입시켜 진을 쳤다. 민비 정권은 청군을 불러들였더니 일본군까지 침입해서 청일양국군 8,500명이 조선에 진주하게 되자 자기들의 실책이었다는 것을 깨닫고는 매우 당황하였다.

전봉준은 전주성을 점령한 후 곧장 서울로 올라가려 했으나, 정권이 붕괴되는 것을 두려워 한 민비 정권이 청군을 불러들이고 불청객인 일본군까지 침입해 들어와 나라가 결딴나려 하자, 전봉준의 주도 아래 농민군이 해산하면서 청일 양국군을 철수시키기 위한 조건을 만들기 위해서 농민군의 자진 해산에 대하여 관군과 협상을 시도하였다. 이렇게 이루어진 것이 전주화약이었다. 전주화약은 1894년 5월 7일(양력 6월 10일) 체결되었다.[46)]

　전봉준은 전라관찰사 김학진과 협상을 주도적으로 진행시켜 집강소 설치를 허가받기 위해 모든 것을 양보하고, 자진해산 형식으로 전주성을 비워주고 집강소 설치단계로 들어갔다. 전봉준 등 농민군은 전라도 53개 읍에 집강소를 설치하여 농민통치를 하면서 힘을 길렀다. 농민군은 정부가 외교 교섭을 할 수 있도록 모든 조건을 다 만들어주고 표면상으로는 완전한 해산형태를 취하면서도, 내부적으로 집강소를 설치하여 실질적인 힘을 규합하였다.

　조선정부의 철수 요구와 교섭에 대하여 청군이 물러갈 것을 전폭적으로 요구하면서 동시에 일본군의 철수도 주장했다. 그러나 일본은 의도적으로 수세에 몰려 압력을 받고 있음에도 불구하고 침략야욕에 넘치어 외교적 고립 속에서도 철수를 거부하고 끝까지 버티다가 더 버틸 수 없는 상황이 되자 7월 23일 작전을 개시하여 청일전쟁을 일으켰다. 전주화약의 조건이었던 일본군과 청국군의 철수 목적은 달성되지 못했지만, 전봉준의 전주화약은 보국안민이라는 그의 주장에 완전히 일치하는 결단으로 평가된다.

2) 폐정개혁안

　전주화약을 맺을 당시 전봉준이 홍계훈에게 제시한 27개조 폐정개혁

---

46) 이것에 대해 지금까지의 모든 역사학자들은 일방적으로 전봉준이 농민 출신이라 역시 전략과 전술이 모자랐다는 것을 증명하는 것으로 직적하여 왔다. 그러나 전봉준이 당시 이끄는 군대는 기간 병력이 4천 명, 무장되지 않은 오합지졸까지 합치면 7천여 명, 최대로 추산해도 만 명이 안 되었다. 제대로 무장하지 않은 농민군 4천 명으로 일부 사학자들이 주장하는 대로 전주화약을 체결하지 않고 북상해서 서울을 향해 진격했다고 할 경우 대기하고 있던 청일 양군 8,500명과 부딪치면 누가 승리하고 누가 패배할 것인가는 그 후 2차 봉기 때 우금치 전투의 경우에 비추어볼 때, 농민군이 결정적으로 패배한다는 것은 명백한 사실이었다. 농민군 지도자가 농민군 4천 명을 이끌고 이러한 사태에 직면했을 때, 우수한 전략가라면 반드시 이보전진을 위하여 일보 후퇴할 수밖에 없었다.

안 중 주로 국내문제와 관련된 14개 조항만이 전봉준의 판결문 속에
다음과 같이 전해져 내려오고 있다.

　　　1. 전운행소를 혁파할 것
　　　2. 國結을 가하지 말 것
　　　3. 보부상의 작폐를 금지시킬 것
　　　4. 道안의 환전은 옛 감사가 거두어 갔으므로 민간에 다시 징수하지
　　　　 말 것
　　　5. 대동미를 바치기 전에는 각 포구에서 잠상들의 쌀 매매를 금지시
　　　　 킬 것
　　　6. 洞布錢은 매 호마다 봄가을 2량씩으로 정할 것
　　　7. 탐관오리를 파면시킬 것
　　　8. 위로 임금의 총명을 가리고 매관매직을 일삼으며 국권을 농간하
　　　　 는 자들은 모두 쫓아낼 것
　　　9. 官員이 된 자는 그 괄할 지역에 묘지를 쓸 수 없게 하며 또한 논
　　　　 도 사지 못하도록 할 것
　　　10. 田稅는 전례에 따를 것
　　　11. 집집에 부과하는 잡역을 줄일 것
　　　12. 포구의 어업세를 혁파할 것
　　　13. 洑稅 및 궁방전을 폐지할 것
　　　14. 각 고을의 수령들이 민간 소유의 산지에 와서 勒標하고 偸葬하
　　　　 지 못하게 할 것

　　그러나 27개조항 중에서 위 14개조항을 제외한 나머지 13개 조항은
사라져 버렸다.[47] 13개 조항이 빠진 전후 맥락은 당시 집권세력인 친

---

47) 그것은 전봉준이 판결을 받을 때의 집권세력에 대한 강력한 비판과 타도,
　　일본의 경제적 침략과 무력개입에 대한 철저한 반대를 내용으로 하는 것
　　으로 볼 수 있다. 왜냐하면 척왜양운동, 삼남집회에서부터 줄곧 주장한 '척
　　왜'의 구호가 이때 와서 갑자기 후퇴하였다고 볼 수 없기 때문이다. 또 '권
　　귀(중앙집권세력)타도' 구호도 마찬가지이다. 요컨대 제1차 기병은 반봉건
　　과 함께 반침략의 입장 또한 충분히 천명되었다고 분석된다. 멸실되었다고

일 개화파 세력의 정치적 흥정이 숨겨져 있는 것으로 볼 수 있다. 위 14개 조항은 대체로 친일개화파 정권의 갑오개혁 내용과 거의 비슷하다. 당시 친일 개화파 세력은 농민군의 폐정개혁안 중에서 그들의 갑오개혁과 맞물려 있는 것만을 예시함으로써 자신들의 개혁과 정치권력의 정당성을 확보하고자 하였다. 이 같은 정치적 속셈 때문에 일본에 의해 조종받고 있던 개화파 정권은 反日부분과 그들에게 불리한 조항들, 이를테면 토지재분배 등의 조항을 의도적으로 삭제해 버린 것으로 해석할 수 있다.[48] 전봉준이 양호순변사 이원희에게 요구한 폐정개혁안 14개조는 다음과 같다.

1. 軍還稅 삼정(三政)은 통편례에 의하여 준행할 것
2. 賑庫는 곧 한 도 안의 인민의 피와 땀이니 혁파할 것
3. 電報는 민간에게 폐가 많으니 혁파할 것
4. 沿陸의 각각 신설 세전은 모두 혁파할 것
5. 환미 중에서 옛 감사가 거두어들인 것은 다시 거두지 못하게 할 것
6. 각 읍의 탐관오리는 모두 파면할 것
7. 각 읍에서 관용으로 필요한 물자 밖의 加磨鍊은 모두 혁파할 것
8. 각 읍에서 각종 창고에 필요한 물품은 시가에 따라 사들이게 할 것
9. 각 읍의 衙典任債는 모두 시행하지 못하게 할 것
10. 각 포구의 쌀 무역상은 모두 금지할 것
11. 윤선 상납 이후에 매 결당 가마련 쌀이 3, 4말에 이르니 곧바로 혁파할 것
12. 각 읍의 陳浮結은 영원히 장부에서 뺄 것
13. 각 처의 任房名色은 모두 혁파할 것
14. 궁방의 輪回結은 모두 혁파할 것

알려져 있는 이 13개 조항이 앞으로 언젠가 발굴되어 당시의 온전한 역사와 민중사상이 제대로 드러나길 바란다.

48) 이에 대한 자료가 발견되지 않으면 역사의 이면사로 영원히 묻혀 버리고 그와 함께 농민전쟁의 역사적 성격도 정확하게 평가받을 수 없게 되는 안타까움이 있다.

한편, 오지영의 《동학사》에 나오는 폐정개혁안 12개 조항이라고 하는 것은 전주화약 당시의 것이 아니라 전라도 53개 주에 집강소를 설치하고 민간 서정을 주도할 때 실시한 것으로서, 뒤에 동학농민군의 폐정개혁안을 동학교도의 입장에서 압축적으로 정리한 것이다.

1. 도인과 정부 사이에는 묵은 감정을 씻어 버리고 庶政에 협력할 것
2. 탐관오리와 그 죄목을 조사하여 하나하나 엄정할 것
3. 횡포한 부호들을 엄정할 것
4. 불량한 유림과 양반들을 징벌할 것
5. 노비문서는 태워버릴 것
6. 7반천인의 대우를 개선하고 백정 머리에 씌우는 패랭이를 벗게 힐 것
7. 청춘과부의 재혼을 허락할 것
8. 무명잡세는 모두 폐지할 것
9. 관리 채용은 지벌을 타파하고 인재 위주로 할 것
10. 왜와 내통하는 자는 엄정할 것
11. 공사채를 막론하고 지난 것은 모두 무효로 할 것
12. 토지는 평균으로 분작할 것

이상 여러 가지 형태를 띠고 있는 폐정개혁안의 주요 내용은 첫째 농민적 토지소유의 지향 및 봉건적 경제의 불평등 제거, 둘째 봉건적 신분차별로부터의 해방, 셋째 이상 두 가지 봉건적 모순이 중첩되는 정치적 문제로서 중앙 집권층 및 지방 탐관오리 축출과 정치쇄신 등으로 요약된다. 폐정개혁안은 이처럼 반봉건 반외세의 농민적 민중사상을 여실히 드러내주고 있다.

3) 농민군의 집강소 통치기

이는 전라도 53개주(운봉과 나주는 제외)에 집강소를 설치하여 아래

154

로부터의 본격적 개혁을 실시하는 농민군 지방통치를 뜻한다. 그동안 집강소 통치의 실상이 제대로 밝혀지지 않은 채, 민중자치 또는 민중 정치의 원형으로 평가하는 경향이 많았다. 개략적이나마 집강소 통치에 대한 검토가 필요하다.

원래 執綱所란 1차 기병 이후 점령한 군현을 계속적으로 장악하고 그곳의 여러 가지 민정을 처리하기 위하여 접주와 접사를 둔 것에서 시작한다. 그런데 이것은 종래에 지방행정을 원활히 수행하기 위하여 수령의 보조기구로서 면리 단위에 두었던 집강에 근원을 두고 있었다. 이것을 다시 동학교단에 원용하여 6임제도를 만들었는데 곧 교장, 교수, 도집, 집강, 대정, 중정의 여섯 가지 직책이 바로 그것이고, 집강은 기강을 바로 잡을 수 있는 사람으로 정하였다.

그러나 전주화약 이후의 집강 및 집강소라는 것은 어디까지나 농민군의 지방통치조직이었지, 종래의 지방행정의 보조기구나 동학의 6임제의 집강과는 분명히 다른 것이다. 전주화약 이후에는 군현을 통제하게 되면서 집강소의 운영이 세분화되어 이름이 달리 붙여지기도 하였다. 황현은 《오하기문》에서 "읍마다 통치를 할 때에는 접을 설치하여 大都所라 부르고 한 사람의 접주를 뽑아 太守의 일을 맡기면서 접장이라 하였다. 관이 있고 없고를 따르지 않았다. 도소를 또 大義所라고도 하였고 길가에 있는 것을 행군의소라 하였다"고 하면서 집강소 운영에 대하여 다음과 같이 밝히고 있다.

> 그 문자를 전달하는 용지를 令紙라 하였고 그들의 법은 구천이나 노소를 따지지 않았으며, 만날 때면 서로 동등하게 대하였고 같이 읍을 하였다. 砲軍을 일컬어 포사접장이라 하였고 어린아이는 동몽접장이라 불렀다. 종의 상전이 모두 입도하면 서로 접장이라 불러 친구와 같았다. 그러므로 私奴, 驛人, 巫夫, 水尺(백정) 등 모든 천인들이 가장 즐겨 따랐다. 집강소에는 집강 아래 서기, 성찰, 집사, 동몽 등의 직책이 있어 각각 맡은 대민행정업무를 처리하였다.[49)]

　말하자면 집강소는 집강 아래 4, 5개의 직책을 맡은 사람들로 운영
되었으며, 이는 종래의 지방행정의 보조기구나 동학의 6임제와는 다른
조직이었다. 집강소 조직은 점점 분화되어 지역의 리, 동 단위로도 결
성되었는데, 그 예로 남원의 花山薰接, 담양의 龍歸洞接을 들 수 있으
며, 이런 접중에서는 처음 기병할 때 태인 사람이 우두머리가 많았다
고 하여 태인접이 首接이 되었다. 그 밖에 특수하게는 勝戰接이라는
것이 있었는데, 이는 전봉준의 휘하에서 고부와 장성전투에 참가한 자
들로 이루어진 것이었다. 이러한 접들은 대접이 수만 명, 소접이 수천
명으로 구성되었다. 이런 식으로 집강소의 접이 만들어져 전라도의 군,
현, 면, 리는 모두 농민군의 통치 아래 들어갔다.[50]

　집강소에서 처리한 일들은[51] 앞이 폐정개혁안에 근거하여 주로 봉
건통치 말기에 강화된 삼정의 말폐들을 제거하면서 새로운 경제적 기
초를 수립하는 것과 봉건적 신분제를 청산하는 것이었다. 그렇지만 일
본군의 조선에 대한 무력간섭이 점점 노골화되자 제2차 기병을 위한
준비도 진행시켰다. 지방관아의 무기를 접수하여 농민군의 무장을 강
화하는 한편, 화약을 제조, 비축하고 각종 군수용품을 확보하였다. 이
러한 과정에서 비협조적인 수령과 양반 부호들에 대해서는 적당한 징
벌이 가해졌다. 그러나 농민군의 징벌에는 목을 베거나 곤장을 치고

---

49) 정석모, 《갑오약력》, 이병수, 《금성정의록》(겸산유고 권 19).

50) 김성규, 《초정집》 전라관찰사 김학진은 5월에 발표한 두 번째 효유문에서
　　면, 리 단위의 집강을 실시하도록 농민군에게 제시하면서 최종적인 결정은
　　김학진 자신에게 맡길 것을 언명하였다. 그러나 농민군은 이러한 김학진의
　　제의와는 달리 군현 단위의 집강까지 실시하였고 김학진의 재가를 받지
　　않았다.

51) 고석규는 집강소 통치기에 있어서 농민군의 활동을 전주성 퇴각과 소극적
　　청원기(5월 8일 - 5월 19일), 분풀이식 개혁과 집강소를 둘러싼 형상기(5월
　　20일 전후 - 7월 5일), 관민상화의 폐정개혁과 2차 봉기 준비기(7월 6일 - 8
　　월 25일경)의 세시기로 나눠 분석하고 있다. 고석규, "집강소기 농민군의
　　활동", 한국역사연구회, 《1894년 농민전쟁연구 - 농민전쟁의 전개과정 -》,
　　역사비평사, 1995, 115-39쪽.

매질하는 것은 없었고 오직 주리만 틀었다고 한다.[52] 농민통치기에 서남해안의 선박 편으로 일본으로 쌀을 유출하여 자신의 배를 채우기에 급급하였던 자들을 막기 위하여 철저히 선박을 수색하고 쌀을 압수하였다. 그런 행위는 농민의 목을 죄는 것과 마찬가지였기 때문이었다. 오지영은 《동학사》에서 농민군의 집강소 통치의 확대과정을 다음과 같이 서술하고 있다.

이로부터 전라도 53주는 한 고을도 빠짐없이 모두 다 집강소가 설립이 되어 서정을 집행하게 되었다. 하지만 열두 가지 폐정개혁안을 실행하는 데는 어려움이 많았다. 한편으로는 관리의 文簿를 검열하며, 한편으로는 인민의 訴狀을 처리하며, 한편으로는 전도를 힘쓰며, 한편으로는 官民 간에 남은 군기와 마필을 거두어들이고 집강소의 호위군을 세우고 만일에 경계하였다. 이때에 전라도에는 청소년까지도 거의 모두 道에 들어 접을 조직하게 되었다. 이러한 기세를 따라 부랑자들이 한데 섞여 들어온 것도 물론 많았으며 그로 인하여 온갖 부도불법한 일이 많이 생긴 것도 면치 못할 일이었다. 이로부터 세상 사람이 동학군(즉 농민군) 비평은 자못 분분하였다. 동학군들은 귀천빈부의 차별이 없다느니, 동학군은 국가의 역적이묘, 儒道의 난적이요, 부자의 강적이요, 양반의 仇敵이요, 동학군의 눈 아래에는 정부도 없다고 하는 등 전라도 동학군의 기세는 날로 성하여 동으로 경상도가 흔들리고, 북으로 충청도, 강원도, 경기도, 황해도, 평안도까지 뻗쳐 들어가는 모양을 보고 조선에는 장차 큰 변란이 일어나고 말리라고 수군거렸다.

전라감사 김학진은 농민군의 지방할거로 지방행정이 마비되자 네 차례 효유문을 발표하여 무기를 반납하고 스스로 해산할 것을 간절히 부탁하였으나 듣지 않았으며, 그중 5월 말과 6월 7일의 두 번째, 네 번째 효유문은 이 같은 현실을 인정하는 듯한 내용으로 농민군을 달래기도 하였다.[53] 구례현감 조규하의 경우 관할지역에 오는 농민군마다 향연

---

52) 우윤, 같은 곳, 211쪽.

을 베풀고 서로 '老兄'이라 부르면서 농민군을 대접하였으며, 김개남이 들어오자 그를 깍듯이 모시면서 입도까지 하였는데, 조규하는 김개남에게 "이제 입도하였으니 도인이라, 같은 도인끼리의 예로써 지냅시다" 하면서 김개남과 서로 접장이라 불렀다고 한다.54)

전봉준은 농민군의 뜻과 달리 민간인을 약탈하고 억눌렸던 분을 마음껏 푸는 등 민폐를 끼치는 일부 부랑자 집단을 단속하면서, 폐정개혁 사업을 실행하기 위하여 호남 여러 고을을 단속하고 다녀 어느 정도 지휘통제가 가능해졌다. 그러나 호남지방은 여러 세력권으로 나뉘어 수많은 농민군 지역대표가 등장하였다.55) 여러 접들이 할거하고 각 접들이 제각기 행동해 지휘명령 계통에 혼란이 왔으며 최고의 명령권자가 없는 상태였다.

4) 농민군 결집을 위한 남원대회와 전라감사 김학진과의 제휴

이때 일본군은 1894년 6월 21일 경복궁을 점령하고 6월 23일 풍도해전을 도발한 후 7월 1일 정식으로 청나라에 선전포고하였다. 정세가 심각하였다. 이와 때를 같이 하여 최제우의 유언이라 하여 7월 1일 운봉의 지리산에서 최제우가 신선이 되어 나타난다는 소문이 파다하게 퍼졌다. 그래서 전라도 일대 농민군은 이를 기해 전국이 일제히 일어날 것이라는 기대로 술렁이고 있었다. 이때 일본의 낭인 무리들은 농

---

53) 김성규, 《초정집》 당시 이서배는 물론 수령들도 농민군이 지날 때마다 소를 잡고 술을 준비하여 농민군의 노고를 치하하지 않으면 살기 위해 도망가야 할 형편이었으므로 감사의 효유문은 아무런 효력도 없었다.

54) 우윤, 같은 곳, 212쪽.

55) 그중 제일 큰 세력이 전봉준, 김개남, 손환중 등이었다. 전봉준은 금구현 원평, 김개남은 남원과 전라좌도, 손화중은 광주, 장성과 전라우도를 관할하였다. 김개남 휘하의 농민군이 가장 많았으며, 양반, 부자에 대한 보복이 가장 심하였다. 손화중은 屠漢, 才人, 驛夫, 冶匠, 僧徒들을 묶어 특수접을 만들었는데 날쌔고 사나워 대적할 수 없는 무적부대였다.

민군 지도자를 만나 재기병할 것을 부추기고 있었다.

전봉준은 이런 정세에서 농민군 할거가 계속되고 있는 것은 농민군 통치에 조금도 도움이 되지 않을 뿐더러 비상 국면을 헤져나가는 데에도 무익하다고 보는 한편, 면밀한 정세인식 없이 들뜬 상태에서 농민군이 다시 일어나는 것은 오히려 일본의 술책에 휘말려들 우려가 있다고 보고, 7월 2일 남원에서 김개남과 이후의 농민군 행동에 대해 상의했다.[56] 두 사람은 현재의 국면을 타개할 방책으로서 전체 농민군 대집회를 남원에서 열기로 합의하였다. 전봉준은 전라도 일대에 통문을 보내 일사불란하게 농민군 통치가 이루어지지 않는 상황을 지적하고, 농민군의 각성을 촉구하면서 각 읍과 도소에 전령을 보내 대집회가 있음을 알렸다. 이에 전라도 일대의 수만 농민군들이 몰려들었다. 하지만 남원대회는 농민군 최고 지도자들의 의견 일치가 이루어지지 않았으며, 준동하는 부랑자들을 제재할 강력한 조치도 발견하지 못하는 등 원했던 성과는 얻지 못했다. 그러나 남원대회는 7월 1일 재기병할 것이라는 들뜬 분위기를 가라앉히는 효과를 가져와 농민군을 진정시킬 수 있었다.

전봉준은 농민군이 재기병하면 경복궁 침입과 청일전쟁을 감행한 명분과 조선의 내정개혁을 강요하는 데에 대한 구실을 얻어 자국의 조선 침략을 합리화하고 나아가 농민군을 섬멸하려는 일본의 계략을 파악하고 있었다. 전봉준은 이런 위기의 순간에 남원대회를 열어 농민군 내부의 문제에 관심을 돌리게 하여 신중히 정국의 추세를 지켜보면서 대응방안을 모색하였다. 황현은 《오하기문》에서 정세대처 방안에 대한 전봉준, 김개남, 손화중의 대화 장면을 다음과 같이 적고 있다.

전: 지금의 정세를 보면 왜와 청이 싸우고 있으나 한 쪽이 이기면 반드시 군사를 우리 쪽으로 돌릴 것이다. 우리는 무리가 많으나 오

---

56) 김재홍, 《영상일기》, 황현 《오하기문》

합지졸이어서 쉽게 흩어져 끝내 우리의 뜻을 이루기 힘들 것이다.
그러나 귀화를 빗대어 각 고을에 흩어져 있다가 천천히 그 상황
변화를 살펴 움직이는 것이 좋을 것이다.

김: 대중은 한번 흩어지면 다시 모으기가 어렵다.

손: 우리가 봉기한 지 반년이나 되어 비록 한 도가 호응한다고 하지만
명성 있는 사족들이 따르지 않고 재산 있는 자들도 따르지 않고
글 잘하는 선비도 따르지 않는다. 더불어 접장이라고 부르는 자들
은 어리석은 천인들로 화를 즐기고 약탈하는 것을 좋아하는 무리
들뿐이다. 사람들의 마음을 시험해 보니 일이 반드시 이루어지지
않을 것 같다. 사방으로 흩어져 목숨이나 온전히 도모하는 것이
좋을 듯하다.

이처럼 세 사람은 당시 국면에 대한 대처 방안이 서로 달랐다. 전봉
준은 숨 가쁘게 돌아가는 외부의 사정에 잘못 말려들기보다는 농민군
의 활동기반을 실질적으로 확보하면서 상황변화에 대처하는 방안을 강
구하자는 생각이었다. 반대로 김개남은 농민군의 독자적 역량을 유지
하여 물리적 대응을 할 것을 앞세우는 강경론이었다. 손화중은 강력한
일본군과 주위의 사정을 고려하여 대체로 농민군 앞날에 회의적이었
다. 전봉준의 양자의 중간 입장이었다.

전라감사 김학진이 남원대회에 즈음하여 "이 국난(일본의 경복궁 침
입, 민씨정권 타도, 친일 개화파내각 수립 등)을 맞아 농민군과 함께
전주를 지키자"면서 농민군 지도자를 전주로 불렀다. 이에 전봉준은
현 상황에서 더욱 강력한 지방통치를 수행하고 일본의 계략을 무산시
킬 수 있는 전기가 될 수 있다고 여겨 전주로 가서 김학진을 만나기로
하였으며, 김개남은 불응하였고, 손화중은 반대하지 않고 추세를 보아
행동하기로 하였다.

이후 전봉준과 김학진은 자리를 같이하여 중앙의 위급한 상황과 지
방의 행정문제에 완전히 협력해서 대처키로 하였다. 김학진 좌우의 인

160

물들은 점차 전봉준의 심복들로 모두 채워져 실질적인 지휘는 전봉준 손에서 나왔다. 이에 따라 김학진은 모든 정치를 전봉준에게 맡기고 자신은 오로지 문서만 봉행하였다. 이때 상황에 대해 감영의 군사로서 현장에 있었던 최영년은 《동도문변》에서 "김학진이 가로되, 내가 당당히 靑驢角巾으로 조용히 도적에 나아가 이해를 논하여 적이 스스로 굴복케 하리라 하였으나 도임한 후에 적에게 선화당을 내어주고 澄淸閣에 거처하면서 매사를 적을 통해 하였다"고 하였다. 전봉준은 이때 비로소 전주성을 명실 공히 장악하고 호남의 각 군을 통제하게 되었다. 공문서는 전봉준의 재가를 얻어 김학진의 이름으로 나갔고, 각 군의 집강에게 보내는 통문은 전봉준의 이름으로 띄워졌다.57)

전봉준은 이때부터 농민군 통치를 확고히 하는 한편 농민군 통치의 새로운 차원을 열었다. 우선 호남 53개주에 감사의 이름으로 '甘結'을 보내 집강소 설치가 완전히 공인된 것임을 밝히고 노략질과 토색질하는 무뢰잡배들의 난동을 엄격히 금하면서 민심수습에 박차를 가했다.58) 이로써 집강소 통치는 공식화되었고, 무뢰잡배들의 난동이 차츰

---

57) 이때 신임 전라감사로 발령(1894. 6. 22.)난 전 장흥부사 박제순이 부임차 남고산성에 이르렀다. 박제순이 교대하기를 청하였지만 김학진은 "東徒(농민군)가 머물고 있는데 만일 내가 하루라도 없으면 진정시켜 놓은 국면이 어그러져 앞에 세운 공이 모두 사라지고 후환이 두려워진다"며 거절하였다. 김학진의 항명을 분하게 여긴 박제순은 김학진이 "적을 끼고 임금을 겁준다"는 글을 조정에 올렸으며, 이에 조정에서 김학진을 잡아들이려 하자 김가진이 힘써 말려 박제순은 충청감사로 전임(1894. 7. 18.)되었고 김학진은 유임됨으로써, 상황은 전봉준이 원하는 대로 유리하게 풀려 나갔다.

58) 전봉준은 '감결'에 첨부된 後錄에 "이미 거두어들인 砲槍劍馬는 공납에 속하게 하여 각 접주를 통해 나르게 하고 포창검마의 수효와 소지자의 성명과 주소를 자세히 적어 두 권의 책으로 만들어 순영에 납부한 후 한권은 감영에 올려 보관케 하고 한권은 집강소에 두어 뒤에 참고케 하라. 역마와 장사꾼 말은 보내 주인에게 돌려주라. 이후 砲馬를 수색하는 일을 일체 금단하고 전곡을 토색하는 자의 이름을 들어 감영에 보고하면 군율에 따라 시행하리라. 묘를 파헤치거나 사채를 독촉하는 것은 시비를 가리지 않고 일체 시행하지 못하게 하되 만약 이를 범하는 자는 마땅히 그 죄를 감영에서 따지

수그러들면서 민심은 수습되기 시작하였다. 그리고 일본군이 다시 총칼을 농민군에게 돌려 농민군이 이룩한 농민통치를 와해시키고 조선을 손아귀에 틀어쥘 수 있는 위기상황에 대비하여 제2차 기병 준비에 박차를 가하였다.

5) 농민군의 집강소 통치의 의의

다음 시기도 마찬가지지만 집강소 통치기의 전봉준은 총지휘자로서 농민군을 대표하고 있었으나 호남 53개주의 실질적 지방대표자는 아니었다. 호남 53개주는 각기 다른 농민군 세력에 의해 통치되었다. 그들은 총지휘 본부와의 연결은 있었지만 53개주 각 지방의 구체적 사안 하나하나에 대하여 지시받거나 통제받지는 않았다. 기회주의자나 불순분자도 있었다. 전봉준이 대표한 것은 엄밀한 의미에서 53개주 전농민군이 아니라, 농민군 지방통치를 보장해 주는 상징적 조건이었다. 그는 그 조건을 창출하거나 유지하는 대표자였다. 그 조건이 깨어지면 그의 대표성은 사라질 수 있었다. 그의 위상은 엄밀히 말해 불안정한 균형자였다. 그는 호남 53개주 전체에 걸쳐 농민통치를 총괄하고 그 기반과 조건을 넓혀 나가기 위해 전농민군의 역량을 지휘해야 했다. 실제로 그가 양보와 절충에 의해서 전주와 원평 등 일부 지역의 통치만을 하였고 지휘도 호남전역에 미치는 일사불란한 것이 되지는 못하였다.

집강소를 통한 농민군의 지방통치는 전라도를 발원지로 하여 주변 도에까지 영향을 미치는 농민군 역량의 가시적 표현이었다. 그동안 여기저기 분산되어 잠재해 있던 농민의 역량들이 제1차 기병을 통하여 비교적 집중적으로 표출되었고, 이를 통해 획득된 집강소라는 통치조직을 매개로 하여 권력의 집행과 재분배를 경험함으로써 커다란 자기변신을 꾀하기에 이르렀다.

리라"고 하여 자신의 계획을 관철시킬 세세한 조치들을 제시하였다.

이처럼 호남과 일부 인근지방에 국한되었다고는 하나 농민군의 집강소 통치는 역사상 처음으로 농민이 전쟁을 통해 주체적으로 중앙의 봉건권력을 차단하고 일정 지역을 장악하여 농민중심의 정치를 행했다는 점에서 역사적 사건이었다. 특히 봉건사회의 말기적 모순과 세계자본주의 열강 특히 일본의 경제적 군사적 침략이 농민들을 압박하였을 때, 안팎의 거대한 장벽들을 자신들의 독자적인 역량으로 돌파하고 연대의식을 갖는 투쟁의 공동체를 형성해냈다는 역사적 의의가 크다.

(5) 반침략사상의 표현: 갑오농민전쟁 제4단계
- 청일전쟁과 제2차 봉기 -

갑오농민전쟁의 마지막 4단계는 청일전쟁부터 1894년 9월 12일(양력 10월 10일) 제2차 봉기와 그 후 패하고 전봉준이 체포되는 마지막 시기로서, 제2차 농민전쟁 단계(제2차 봉기 또는 재기병 단계)를 가리킨다. 일본은 6월 21일 용산의 병력을 동원하여 궁성을 침입하여 고종을 위협함으로서 대원군을 섭정으로, 김홍집 등 친일개화파 정권을 수립하였다.[59] 군국기무처를 만들어 각종 개혁사업을 도맡게 하였으나, 이 기구는 일본의 조종을 받는 친일개화파가 장악하여 사실상 일본의 조종을 받는 정부가 되고 말았다.[60]

---

59) 개화파의 정치사상에 대해서는 주진오, "개화파의 성립과정과 정치·사상적 동향", 한국역사연구회, 《1894년 농민전쟁연구 3 - 농민전쟁의 정치사상적 배경 -》, 역사비평사, 147-207쪽을 참고할 수 있다.

60) 무쯔가 《건건록》에서 이들 개화파를 "시끄럽고 조급한 躁進黨이라 할 수 있는 半知半解의 개화꾼"이라고 표현했듯이 일본은 이들을 완전히 믿지는 않았다. 그래서 대원군과 김홍집 등을 들러리로 세우고 당시 가장 확실한 세력인 농민군 지도자를 영입하여 새로운 정치판을 짜려고 구상했던 것으로 보인다. 특히 전봉준은 이런 일본의 계략을 간파하여 끝까지 협조하지 않았고 마침내 일본과 조선의 운영 및 농민군의 생사를 건 대일전을 치렀다. 이 점이 당시 중앙 정치인의 행위와 비교되는 전봉준의 뛰어난 모습이

당시 하루 빨리 일본 침략자를 몰아내고 나라와 민족의 위기로부터 구출해 내는 것이 지상과제였다. 이러한 과제에 가장 적극적으로 대응했던 세력은 전주화약을 맺은 후 지방에서 농민통치를 수행하고 있던 농민군이었다. 봉건 정치인들이 일신의 안위에만 급급하여 일본군의 군홧발 아래 무릎을 꿇고, 또 전통 유림들이 봉건적 가치관에서 농민군의 봉기를 망국적 거사로 보고 있을 때, 국가위기 상황을 타개하기 위한 투쟁대열의 선두에 나선 것은 농민군뿐이었다. 일본의 경제적 침략, 경복궁 침입, 친일개화파 정부 수립, 청일전쟁 도발 등 정치적 침략행위는 조선전체에 심각한 위기감을 불러일으켰으며, 농민군의 지방통치를 붕괴시킬 수 있는 돌발사태였다.

그러나 전봉준이 이끄는 농민군의 현실적 조건은 그리 용이하지 않았다. 농민군이 기병하며 무장하는 데는 시간과 자금이 필요했다. 그런 이유로 사태의 추이를 냉정하게 주시하면서 추수기를 피하면서[61] 기병시기를 신중하게 결정해야 했다. 그러기 위해서는 남북접 간의 갈등도 해소되어야 했다.

남북접 간의 갈등은 일본군이 왕성을 침입하고 국권을 농락하는 현실 중에서도 쉽게 해소되지 않았다.[62] 오랜 진통과 협상 끝에 2차 기병에 나선 농민군은 10월 초순부터 비로소 움직일 수 있었다. 북접교

라고 할 수 있다.

61) 이는 전봉준이 전봉준 공초에서 밝힌 표면적 이유였으며, 실질적 이유는 남북접 간의 갈등이었다.

62) 호남농민군이 해야 할 일은 호서농민군과 항일전선을 구축하여 서울로 직행하는 것이었고, 북접교단측이 해야 할 일은 호남농민군의 기병을 막아 분쟁을 일으키지 않고 동학의 포교를 인정받는 것이었다. 이런 상황에서 갈등해소 방법은 북접교단과 타협하는 것이었다. 북접교단으로서도 객관적 상황을 감안할 때 이때쯤 할 수 있는 일은 그들의 바람과는 달리 호남농민군의 기병을 인정하고 호서농민군의 투쟁압력을 그대로 수용하는 것뿐이었다. 이렇게 하여 호남농민군과 북접교단 및 호서농민군 간에 그때가지 성숙된 투쟁수준을 반영하면서 협상이 이루어졌다.

164

단은 농민전쟁을 원치 않았다. 어디까지나 종교적 차원에서 농민봉기를 묶어두려 했다.[63] 전주성 함락 시에도 북접은 이에 호응하지 않았다. 최시형의 고절문(절교를 통고하는 글)과 伐南旗를 각 포에 돌려 남북접 갈등의 절정을 이루었다.

우리 교는 남북 어느 포를 막론하고 모두 용담에서 연원하였지만 衛道尊師하는 것은 오직 북접뿐이다. 지금 들으니 호남의 전봉준, 호서의 서장옥은 따로 문호를 세워 남접이라 이름 짓고서 창의한다는 핑계로 평민을 침탈하고 교인을 죽게 하는 것이 극도에 이르렀다. 지금 다스리지 않으면 훈유(薫猶: 향기 나는 풀과 악취 나는 풀)를 분별하지 못하고 옥석이 모두 타버리게 될 것이다. 그러므로 이제 글을 지어 절교를 고하니 8도 각 포에서 우리 북접을 믿는 자는 더욱더 분별하여 성심으로 하나같이 각 포 교령의 검속에 따라 조금도 어긋남이 없이하고 함께 사문의 난적을 토벌함이 옳을 것이다.[64]

갑오년을 당하여 전라도를 남접이라 이름하고 충청도를 북접이라 이름 하여 서로 배척하게 되었고, 또 우스운 일은 전라도에 있어서도 북접파가 있고 충청도에 있어서도 남접파가 있어 그것이 擧義하는 데 큰 문제가 되었다. 처음은 언쟁으로 하다가 차차 육박전으로 끝내는 살육하는 지경에까지 이르러 서로를 짓밟는 불상사가 일어났다. 갑오 봄여름 이래로 남북접 서로 말썽거리가 되어오다가 이번 재기병하는 때를

63) 그러나 대중집회를 개최해도 교단 내 강경파의 압력에 의해 어쩔 수 없이 하는 정도였고, 대의적 명분도 교조신원에만 국한하여 동학을 공식적으로 인정받는 데만 노력했다. 동학의 종교적 특성에 기인한 어쩔 수 없는 것이면서 북접교단지도부가 최하 빈농층보다 부농과 중농의 입장을 반영하는 데서 오는 어쩔 수 없는 한계이기도 하였다. 북접은 정부와 직접적이고 전면적인 대결보다는 유화적인 국면에서 타협적으로 문제를 해결하려 했다. 이것이 극명하게 나타난 것은 삼남집회에서였다. 보은집회를 주도한 북접은 선무사 어윤중의 설득에 스스로 해산하는 투항적 모습을 보였으며, 원평집회 주도세력은 서울로 직향하여 봉건정부의 심장부에 강타를 날리려 했으나 보은집회 지도부의 야반도주로 해산되자 더 이상 진행되지 못하고 말았다. 1차 기병에서도 북접은 방관적이거나 전봉준을 위험인물로 낙인찍었다.
64) 《시천교역사》 하권.

당하여는 더욱 큰 말썽이 되어 남접의 총창머리에 북접 사람들은 모두
다 죽을 지경에 들어갔다.[65]

1894년 9월 하순 비로소 중도파 오지영 등에 의하여 남북접 간의 극
적인 타협을 이끌어냈다. 전봉준은 남북 농민군을 논산 주변에 집결시
켰다. 그의 조건은 지리적으로 조건이 좋은 공주성을 함락시켜 그곳을
서울로 직행할 발판으로 삼는 것이었다. 그러면 일본군과 항전하기도
유리했고 또 전국이 항일전선에 결집된다면 농민군의 승리는 낙관할
수 있었기 때문이었다. 그리고 지구전으로 들어간다 해도 불리한 것은
일본군과 관군이었다. 1차 기병 때도 농민군은 엄격한 규율로 민심을
얻었으나 관군은 정복자와 같은 약탈행위를 일삼아 민심이 이반되었
다. 지구전은 명분과 군수물자 조달의 싸움이다. 지구전이 된다면 일본
군은 외교적으로도 몰리게 된다. 전봉준은 충청도 관찰사에게 왜구와
의 의병전쟁에 동참하도록 격문을 띄웠다.

　양호창의영수 전봉준은 호서순상 각하에게 글을 올린다. 천지간에
사람은 綱紀가 있어 만물의 영장이라고 일컫는 것이니 거짓말하고 마
음을 속이는 자는 사람이라 할 수 없을 것이다. 하물며 지금의 국란에
당하여 어찌 감히 外籠內誘로써 맑은 하늘 아래 일순간이라도 명을 보
존하고자 할 수 있단 말인가. 일본의 침략자들이 군대를 움직여 우리
임금을 핍박하고 우리 백성을 근심케 하니 어찌 참을 수 있겠는가.
　옛날 임진왜란 때 왜구가 쳐들어와 궁궐을 불태우고 군친을 욕보이
고 백성을 살육했으니 모두가 분개하여 천고에 잊을 수 없는 한이 되
었다. 초야에 있는 필부나 어린아이까지도 아직도 그 울분을 감추지
못하고 있는데 하물며 각하는 정부의 녹을 먹는 충신으로서 우리 평민
보다 몇 배나 더하지 않겠는가. 지금 조정 대신들은 망령되이 구차하
게 자신의 안위에만 급급하여 위로는 君父를 위협하고 아래로는 백성

---

65) 오지영, 《동학사》

166

을 속여 일본군과 손을 잡아 삼남의 인민들에게 원한을 불러오고 임금
의 군사를 움직여 선왕의 힘없는 백성들을 해치고자 하니 진실로 어떠
한 뜻이며 무엇을 하자는 것인가.

지금 내가 하려는 일은 지극히 어려운 일인 줄 알고 있으나 일편단
심으로 죽음을 각오하고 나라의 신하로서 두 마음을 품은 자들을 소탕
하여 조선 5백 년의 은혜에 보답코자 하니 각하는 크게 반성하여 의로
써 같이 죽는다면 천만다행이겠노라.

갑오 10월 16일 논산에서 올림[66]

그러나 일본군과 정부군이 먼저 공주성에 입성하였으며, 이때 전봉
준의 농민군은 결사적인 공격을 감행하여 공주성을 함락시키고자 하였
으나 달성하지 못하였다.[67] 전봉준의 의지와 상관없이 당시 상황은 일
차적으로 전농민군의 주객관적인 역량의 성숙도에 달려 있었고, 부차
적으로는 정부군–일본군 연합군의 전투능력에 의해 영향을 받았다.
11월 12일 더 이상 버틸 수 없는 상황임에도 불구하고 일본에 대한 불
같은 투지를 잃지 않고 경군, 영병, 이교, 시민(상인들) 등에게 일본과
싸워야 한다는 글을 띄웠다.

無他라, 일본과 조선은 개국 이후로 비록 隣邦이나 누대 적국이더니
성상의 인후하심을 힘입어 3항을 허개하여 통상 이후 갑신 시월의 사
흉이 협적하여 군부의 위대함이 조석에 있더니 종사의 興復으로 간당
을 소멸하고 금년 시월의 개화간당이 왜국을 체결하여 승야입경하여
군부를 핍박하고 국권을 擅恣하며 又況 방백수령이 다 개화중 소속으
로 인민을 무휼하지 아니하고 살육을 좋아하며 生靈을 도탄함에 이제
위 동도가 의병을 들어 왜적을 소멸하고 개화를 제어하며 조정을 청평

---

66) 전봉준, 충청도관찰사에게 보낸 격문.

67) 그 당시 일본군 포병 1개 대대가 공주성에 특파되고, 또 포병 1개 대대가
부산에 상륙, 전라도 남해안으로 이동하고 있을 때 전투가 벌어졌는데 일
본군 1개 포병대대의 현대적 화력은 농민군의 무장과 전투력으로서는 아
무리 목숨을 걸고 싸워도 뚫을 수 없는 장벽이었다.

하고 사직을 압보할새 매양 의병 이르는 곳의 병정과 군교가 의리를 생각지 아니하고 나와 접전함에 비록 승패는 없으나 인명이 피차에 상하니 어찌 불상치 아니하리요. 기실은 조선끼리 상전하자는 바 아니거늘 이렇게 골육상전하니 어찌 애닯지 아니하리요. 또한 공주, 한밭 일로 논한다 하여도 비록 봄 사이의 報怨한 것이라 하나 일이 참혹하여 후회막급이며 방금 대군이 서울을 누르고 있어 팔방이 흉흉한데 편벽되이 상전만 하면 가위 골육상전이라. 일변 생각건대 조선 사람끼리라도 도는 다르나 척왜와 척화의 뜻은 일반이라, 두어자 글로 의혹을 풀어 알게 하노니 각기 돌려보고 충군우국지심이 있거든 곧 의리로 들어오면 같이 척왜척화하여 조선으로 쵀국이 되지 않게 하고 동심합력하여 대사를 이루게 하올세라.

갑오 십일월 십이일 동도창의소[68]

공주에서 논산으로 후퇴하고 다시 전주성으로 후퇴하는 과정에서 전 농민군의 항일전선은 그리 견고하지 못하였다. 북접 주도의 농민군은 충청도로 호남농민군은 전라도로 각기 흩어지면서 추적하는 정부군 · 일본군과의 싸움에서 차례로 격파되었다. 그것도 농민군의 10분의 1도 못되는 정부 · 일본 연합군에 의해 무너져갔다. 농민군의 결속은 지방 단위별로는 견고하였는지 몰라도 전체적으로 느슨하고 분산되어 있었다. 전봉준은 2차 기병에서도 농민군의 강력한 총대장이 아니라 그 농민군의 결속을 강화시키기 위한 조건의 대표자였다. 하지만 그는 그 이상을 수행해야 했다. 전주로 후퇴한 전봉준은 전국에 흩어진 농민군을 하나로 뭉치게만 한다면 정부 · 일본 연합군을 물리칠 가능성이 그래도 있다고 판단하였다. 그러나 원평과 태인의 자신의 직속부대와 새로 모집한 농민군으로 부분적인 방어전만을 하는 데 그쳤다. 이후 농민군은 해산되었다.

그러나 전봉준은 항전을 포기하지 않았으며, 호남과 서울의 사태 흐

---

68) 전봉준, 《告示 京軍與營兵吏校市民》

름을 주시하고 김개남과 연락을 취하면서 직속 부하들을 서울로 잠입
시켰다. 그러나 옛 동지의 배반이 있었으며 이어서 가혹한 심문과 달
콤한 회유가 있었다. 일본은 그를 살려주어 조선침략의 하수인으로 이
용하려 하였다. 그러나 그는 강요된 선택을 단호히 거부하였다. 한편
농민군이 공주전투에서 패하자 그때까지 눈치를 보고 있던 양반 부호
들이 반농민군을 조직하여 집강소를 공격하고 농민군 통치를 붕괴시켜
나갔다. 즉 농민군 통치에 의한 밑으로부터의 진정한 개혁은 반농민군
의 연합전선에 의해 그 기반이 깨져 나갔다.

(6) 갑오농민전쟁의 실패원인과 역사적 의의

갑오농민전쟁의 실패원인은 일본 제국주의의 무력침략, 병기의 부족,
군사훈련의 부족, 유림 및 위정척사파의 반혁명 무장활동, 관군의 일본
군에의 가담 등이 있다.[69] 강재언은 갑오농민전쟁의 실패원인으로 다
음 네 가지를 들고 있다.

첫째, 봉건정부 집권자 지위에 있던 민씨 일파의 우매한 매판성과
부패로 인해 외국세력의 침입을 유발시켜 반(半)식민지적 봉건적 모순
의 내부적 해결을 방해하였기 때문이다.

둘째, 친일개화파에 의한 갑오개혁을 고집하고, 아래로부터의 반침략
적 반봉건적인 민중의 요구를 김홍집 내각은 일본군과 연합하여 말살
시키고자 하였기 때문이다.

셋째, 충청지방에서 북접 상층간부의 통제 때문에 농민전쟁에 합류가
안 되었거나 합류도 그 시기가 너무 늦었기 때문이다. 정부군과 일본군

---

69) 신용하, "한국근대민족운동의 전개과정", 《한국민족운동의 이념과 역사》,
한길사, 1986, 71-120쪽.
강재언, "봉건체제 해체기의 갑오농민전쟁", 《한국근대사연구》, 한울, 194-5
쪽.

을 지역으로 분산시키지 못하고 2차 기병 시점이 청일양군의 평양회전 시점과 어긋난 것도 그 한 원인이다. 또한 집강소 통치시기에 정치적 실무능력 보완을 위해 들어온 이속과 몰락양반이 후퇴단계에서 동요를 일으켜 농민군 대열에 붕괴를 촉진시킨 것도 패인으로 작용하였다.

넷째, 전봉준, 김개남, 손화중 부대가 통일된 지도체제에 의해 조직적으로 결합하지 못하여 공주, 전주, 나주로 분산된 반면, 정부군과 일본군은 연합하여 공주 한 곳에 집중하여 피아간의 세력에 커다란 변화가 일어났기 때문이다. 일본군의 작전은 일본 국내의 내란진압, 대만에서의 민중탄압, 청일전쟁 경험에 기초하여 농민군의 행동을 봉쇄하였으며, 화력은 농민군을 압도한 반면, 농민군은 한 지점에 고정되어 싸우는 것이 불리하다는 점을 전주의 수성전에서 경험했음에도 불구하고, 공주에서는 이를 활용하지 못하였다.

그러나 갑오농민전쟁은 봉건지배층에 막대한 타격을 가했으며 이로인해 내부에서는 심한 정치적 분열이 일어났으며, 갑오개혁을 시작으로 개혁의 물결이 일어나지 않으면 통치의 정당성이 유지될 수 없을 만큼 통치체제의 변화를 강요했다. 그리고 흩어진 농민군은 그 후 반일 민족운동의 기본세력으로 합류하여 반침략반봉건의 횃불을 높이 쳐들었다. 또 수천 년 묵은 우리나라의 거대한 앙시앙 레짐을 붕괴시켰다는 역사적 의의를 가진다.[70] 즉 갑오농민전쟁은 신분제도를 폐지시키고 봉건제도를 붕괴시켰으며, 일제에 대한 우리나라 농민들의 애국적 무장투쟁 전통을 확립하였고, 갑오경장의 밑으로부터의 원동력이 되었다.

---

70) 농민은 구체제를 부수고 개화파는 신체제를 수립하는 분열구조가 이루어졌다. 개화파는 앙시앙 레짐을 붕괴시킬 능력을 전혀 가지고 있지 못하였다.

제3절 전봉준과 반봉건반외세 · 농민적 민중주의 사상

(1) 전봉준의 민중사상

전봉준은 인간의 능력은 선천적으로 차등이 없다는 동질성에서 출발하여 후천적으로도 그 능력을 발휘하는 데 차별을 받지 않는 평등성에 기초해야 한다고 분명하게 말한 적은 없다. 앞에서 살펴본 무장에서 내걸었던 창의문의 첫 구절은 오히려 "세상에서 사람을 가장 귀하다고 여기는 것은 '인륜'이라는 것이 있기 때문이다"라고 하여 봉건적 윤리의식에서 벗어나지 못한 것처럼 보이기도 한다. 또 공초에서 "동학은 수심경천의 도이므로 지극히 좋아했다"고 하여 봉건적 정통성을 끌어내는 하늘을 공경하고, 또 그 하늘이 인간에게 준 성품을 간직하려는 자세는 혁명적 지도자와는 거리가 먼 것처럼 보이기도 한다.

그러나 오지영은 《동학사》에서 "선생은 항상 불평한 마음이 많아 사람을 사귀어도 신사상을 가지고 개혁심이 있는 자를 추수하였다"고 하여 전봉준이 새로운 사상을 가지고 있었다는 것을 간접적으로나마 밝혀주고 있다. 또 "일찍이 시서백가어를 아니 본 것이 없이 많이 보아왔으나 마음에 항상 만족치 못하여 불우지지를 품고" 사방을 두루 돌아다녔다고 한다. 이 과정에서 전봉준은 민중사상은 물론이거니와 정약용의 개혁사상도 자연스럽게 접했다고 추정할 수 있다. 전봉준이 사람을 사귈 때 기준이 된 '신사상'은 전통적 유교사상과는 거리가 있는 것일 수밖에 없었다.

하지만 전봉준이 인륜을 앞세운 창의문은 그가 봉건적 윤리사상 만을 강조하려는 것이 결코 아니었다. 이는 바로 그 다음 부분을 읽어보면 바로 드러난다. 이 창의문은 봉건지배층이 인륜과 같은 덕목을 앞세우면서도 그들이 먼저 깨뜨리고 있는 현실을 공격하기 위해서였다고 밝히고 있다. 때문에 그들의 허위의식으로 가장 곤경을 당하는 것은 8도의 백성이라고 하였다. 유교적 덕목은 봉건지배층이 자신들의 사복을 채우는 올가미라는 정반대의 결론으로 귀착된다.

전봉준은 봉건지배질서의 올가미를 깨부수기 위하여 동학을 활용하였다. 그것은 동학이 '수심경천'의 도이기 때문이 아니라, 그러한 동학의 조직을 통하여 '결당'할 수 있는 가능성을 보았기 때문이다. 그가 이루려는 것은 동학에서 말하는 '사람이 하늘과 같이 고귀하고 평등하게 되는 사회'일 수는 있지만, 거기에 도달하는 길은 동학의 '무위이화'가 아니라, '결당'하여 쟁취하는 것이라고 보았다.

사람을 귀중하게 여기는 전봉준의 입장은 농민군 4대 행동강령에도 반영되어 있다. "사람을 함부로 죽이지 말고 가축을 잡아먹지 말라!" 이 점은 일반 인민들을 생산의 도구로 생각하거나 조세의 담세자 정도로 여기던 기존의 봉건적 입장과는 정반대이다. 그는 또 인명의 고귀성만큼 인간이 소유한 재산의 신성한 가치를 인정하였다. 왜냐하면 그 재산이란 노동의 대가로서 후천적으로 취득한 것이며, 인간이 인간답게 사는 최소한의 토대가 되기 때문이다. 이러한 그의 입장은 폐정개혁안의 각 조항들에서도 잘 나타났다. 거기서 봉건체제의 기본 틀을 적극적으로 부정하고 새로운 질서와 사상의 지평을 열고 있는 전봉준의 모습을 읽을 수 있다.

농민봉기와 민중사상을 계승한 전봉준의 사상적 지향은 다음과 같이 정리할 수 있다. 첫째, 인간의 능력은 선천적으로 동질성에 바탕을 두고 있다. 그리고 그 능력은 후천적인 평등성에 입각하여 발휘된다. 둘째, 인간의 평등성으로부터 신분의 차별과 그 세습은 인정될 수 없다. 신분과 경제적 활동은 무한하다. 셋째, 인간에게 제한된 생산계급이 따로 존재하여 그들만이 생산 활동에 종사하는 것이 아니다. 또 그들만이 조세 대상자로 설정될 수 없다. 그리고 노동의 대가로 얻어진 경제적 부는 부당한 권력과 권위로부터 보호받아야 한다.

(2) 전봉준의 새로운 국가정치 체제의 지향과 구상

1) 농민 주체의 근대 민족국가 지향

농민전쟁이 일어나기 전 민씨정권은 자의적인 수탈을 자행하여 농민경제를 파괴하여 자신의 지배기반을 상실하였고, 정치적으로 반동정책을 취하여 농민의 자립기반은 물론 민족의 성장기반까지 흔들리게 하였으며, 외교적으로는 투항정책을 유지하여 국가주권이 유린당하였다. 이런 민씨정권의 부패정치는 농민전쟁의 공격으로 호남지역의 지방통치를 양보해야 했으며, 집강소 통치는 민씨정권 붕괴의 서막이었고, 새로운 농민정치의 무대가 되었다. 여기서 전봉준이 실시했거나 실시하고자 했던 폐정개혁 조항들은 민씨정권의 반민족적·반민중적 입장들과 그들의 존재자체를 부정하였다. 또 외국의 침략세력에 대항한다는 자주적 입장을 분명히 하였다.

폐정개혁안 등에서 나타나는 전봉준이 구상하는 국가·정치 체제는 "농민적", "민족적" 성격을 갖는다.[71] 근대 민족국가를 지향하였다. 전봉준의 근대 민족국가 지향은 단계적 발전을 거쳤다. 척왜양운동기에는 초보적 반외세 의식을 보이다가, 1차 기병을 거쳐 집강소 농민통치 및 청일전쟁을 경험하고 나서부터는 폭넓은 시야를 가지고 국내외 문제와 2차 기병을 다룰 수 있을 정도로 발전하게 된다. 1차 기병에서 "양반과 부호 앞에서 고통을 받는 민중들과 방백과 수령 밑에서 굴욕을 받는 小吏들"에게 참가를 호소한 데에서, 집강소 통치기간 폐정개혁을 단행하는 한편 일본과의 제휴를 단호히 거부하고 김학진과 같은 중앙관리를 포섭한 데에서, 그리고 "경군과 영병 그리고 이교와 시민

---

71) 갑오농민전쟁의 정치사상에 관해서는 김영작, "동학사상과 농민봉기" 및 김용섭의 "전봉준 공초의 분석"을 참고할 수 있다. 둘 다 노태구 편, 《동학혁명의 연구》, 백산서당, 1982.에 실려 있다.

들"과의 반일 대연합전선을 구축하려 한 데에서 그 단계적 발전과정이
여실히 잘 드러난다.

2) 협합정치체제(協合政治體制) 구상

그러면 전봉준은 구체적으로 정치체제의 운영방안을 어떻게 구상하
였는가? 즉 농민군이 서울로 직향하여 권귀들을 축출한 다음, 국왕의
처리문제를 비롯한 기존의 정치기구 존폐문제, 최초의 정치적 의사 결
정기구 구성문제, 정책집행기구 설치문제, 일반 민중의 정치참여 문제
등등에 대하여 어떻게 처리하고자 하였는가? 그러나 그는 농민군이 정
권을 인수하지 못한 상태에서 체포되었으며, 구체적 구상을 명료하게
보이지 못한 채 교수형을 당했다. 그러나 체포중인 억압적인 조건에서
나마 전봉준은 다음과 같이 밝히고 있다.

> "네(역주 - 전봉준)가 경성에 쳐들어온 후 누구를 추대할 생각이었는
> 가"라고 묻자 (전봉준은) "일본병을 물러나게 하고, 惡奸의 무리를 축
> 출해서 임금 곁을 깨끗이 한 후에는 몇 사람 柱石의 선비를 내세워서
> 정치를 하게하고, 우리들은 곧장 농촌에 들어가 常職인 농업에 종사할
> 생각이었다. 하지만 국사를 들어 한 사람의 세력가에게 맡기는 것은
> 크게 폐해가 있는 것을 알기 때문에 몇 사람의 명사에게 協合해서 합
> 의법에 의해서 정치를 담당하게 할 생각이었다"고 대답하였다.[72]

전봉준은 '합의법'에 의한 정치를 구상하였다. 합의법이란 농민전쟁
을 통해서 획득한 힘의 바탕 위에 농민전쟁 제휴세력들을 포함한 여러
정치세력이 협력해서 만들어지는 법으로 보이며, 이에 따라 인정받는
몇 명의 명사가 정치를 담당(농민적 집단지도체제 또는 연립정부)함으

---

72) 동경조일신문 1895년 3월 6일자,《사회와 사상》1989년 9월호 번역, 우윤,
《전봉준과 갑오농민전쟁》, 창작과 비평사, 1993, 299쪽에서 재인용.

로써, 한 명의 세력가에게 정치가 자행되는 폐단을 막겠다고 하였다.

그러나 임금 곁을 깨끗이 한 수준에서 몇 사람의 청렴한 선비에게 정치를 맡긴다는 구상을 동시에 하고 있는 것을 보면, 정치와 집행기구의 분화가 미약했던 전통적 관료제의 연장으로 파악할 수 있는 상대적 진보성만을 지닌 것이었는지, 아니면 좀 더 근대적 의미에서 발전적 내용을 담고 있는 것이었는지 단정하기는 어렵다. 이 문제는 1882년 7월 개화파들이 협의제 기관인 동시에 사실상의 최고 권력기관이었던 기무처를 정부 안에 조직한 사실과 연결시켜 검토할 필요가 있다. 하지만 종래의 정치운영 방식을 거부하고 새로운 원리와 원칙에 의해 제정된 '합의법'을 정치의 기본원리로 규정한 것을 보면 근대적 의미의 좀 더 발전된 정치체제로 파악할 수 있을 것이다.

전봉준은 부패한 관리들을 축출하여 임금 곁을 깨끗이 한다고 하여 군주제를 부정하지는 않았다. 또 창의문에서도 임금은 아직은 인호자애하고 총명한 존재로서 그 역할이 인정되었고, 또한 정치적 권위의 원천으로서 권력의 정점에 위치해야 했다. 따라서 정치의 실질적인 소재가 앞에서 지적한 합의법으로 운영되는 집단에 있었는지, 군주에게 있었는지에 대해서는 분명하지 않다.

그러나 1차 기병 때 원평에서 임금이 보낸 사자를 공개적으로 처단한 사실을 볼 때, 그가 전통적인 군주관을 견지한 것으로 보이진 않으며, 그의 체제구상이 지향하는 대체적인 맥락을 보았을 때 협합정치(입헌군주제 또는 입헌공화제) 쪽에 권력의 소재를 두고자 했다고 판달할 수 있다. 이런 조건이라면 다른 나라의 경험을 보더라도 군주제의 존속은 근대적 정치체제와 충돌하는 제도는 분명 아니다. 영국이 왕정 형태를 유지하면서도 입헌공화주의를 잘 시행하는 대표적인 국가였다. 따라서 전봉준이 말한 '합의법'이란 용어는 당시 헌법을 뜻하는 영어 'constitution'의 번역어였을 가능성이 크다. 만일 그렇다고 한다면 당시 전봉준이 향후 우리나라에서 도입하고자 구상했던 정치체제는 영국과 같은 입헌공화제 정치체제였을 가능성도 전혀 없는 것은 아니다.

전봉준은 민중의 정치참여에 대하여 그것을 당시 조건에서 최대로 보장하고자 하였다. 그는 "정치를 몇 사람 주석의 선비를 내세워 하게 한다", "몇 사람의 명사에게 협합해서 합의법에 의해서 정치를 담당하게 할 생각"이라고 한 점에서, 정치를 담당할 사람은 조선민중이 인정하는 사람이어야 했으며 따라서 조선민중의 대표성이 관철되어야 했다.[73]

정책수행 과정에서는 집강소 통치기 때부터 원칙으로 삼았던 '官民相和'를 존중하여 민중의 참여가능성은 열어 두었다. 또 집강소를 통한 농민통치를 경험한 현실적 힘을 인정하지 않을 수 없었으며, 또 그 정책을 수행하는 관료들이 지난날의 양반계급이 아닌 인재중심의 선발기준에 따라 임용되는 사람들이라고 한다면 그 참여가능성은 꽤 높았다고 볼 수 있다. 이런 것들이 관철되었다면 민권의식의 제고와 함께 인재양성기관의 설립은 당연하였으며, 그에 따라 조선봉건체제의 기본틀은 철저하게 무너져갔을 것으로 파악할 수 있다.

3) 전봉준과 실학자들의 체제구상 비교

전봉준과 실학자들의 가장 큰 차이점은 전봉준의 체제구상은 농민전쟁의 과정에서 곧바로 구체화되었으며, 실제로 그것을 실현하려는 농민세력의 뒷받침이 있었다는 점이다. 실학자의 개혁론 중 정치체제 구상은 그 당시 정치적 실세와 연결되지 못함으로써, 사실상 실현이 불가능했다. 또 그들 스스로가 그것을 추진할 주도세력이 될 수 없었다는 점도 한계였다. 예컨대 정약용의 정치체제 구상이 정조 같은 개명

---

73) 보은집회 때 "듣건대 다른 여러 나라에도 민회가 있어 조정의 정령이 민국에 불편한 것이 있으면 의논하여 정한다고 한다. 이와 비슷한 것이다. 어찌 비류로 취급하느냐"("취어", 《동학란기록 상》)라고 한 부분에서 당시 민중들이 서구의 대의제 개념까지 도입하여 "민회"라는 말을 사용한 것을 보면 조선민중의 대표성은 더욱더 조선정치에 반영되어야 했다.

군주에 의해 실현될 수도 있었으나 그것은 어디까지나 정약용의 바람에 불과했으며 현실적으로 그런 군주는 정조 이후에는 나타나지도 않았다. 또 그것이 군주를 그 개혁론의 중심에 둔다는 점에서 민중적일 수도 없었다. 기술관료의 등용에 있어서도 신분의 전면적 철폐에 기초하는 것이 아니라, 제한적 기회만을 주었다는 점에서도 마찬가지였다.[74]

그러나 전봉준의 체제구상은 아래에서 올라오는 엄청난 힘을 바탕으로 하였기 때문에 전혀 새로운 모습으로 나타날 수 있었다. 이런 점에서 추진세력의 문제라는 실학자들의 치명적인 한계가 전봉준에게서 극복되었으며, 또 실학자들의 제한적 구상과 비민중적 입장이 전봉준을 만나고 나서야 비로소 현실적이고 민중적인 것으로 전환될 수 있었다.

---

74) 이희근, "1894년 동학지도자들의 시국인식과 정국구상 : 全琫準을 중심으로",《한국근현대사연구 8》(한울, 1998.6) 69-97쪽.

우윤, "1892~93년 동학농민운동의 전개양상과 성격",《忠北學 제5집》(충북개발연구원 부설 충북학연구소, 2003. 12) 15-28쪽.

정경은, "전봉준에 대한 몇 개의 기억 혹은 신화", 태릉어문연구 제11집 (서울여자대학교국어국문학과, 2003. 8) 243-256쪽.

안경식, "동학의 민중교육사상과 운동에 관한 연구", 한국정신문화연구원, 1984.

김선경, "갑오농민전쟁과 민중의식의 성장",《사회와역사》통권64집 (한국사회사학회, 2003. 11) 200-27쪽.

임형진, "동학의 정치사상과 개벽",《동학연구 통권 제17호》(한국동학학회, 2004. 9), 45-74쪽.

김혜승, "동학정치사상과 甲午東學農民運動 :한국민족주의의 民衆化",《정치사상연구. 11집 1호》(한국정치사상학회, 2005 봄), 61-77쪽.

제4절 맺는 말

집강소 통치경험 역시 한계는 있었지만 민중통치의 한 형태를 보여주었다. 즉 호남과 일부 인근지방에 국한되었다고는 하나 농민군의 집강소 통치는 역사상 처음으로 농민이 전쟁을 통해 주체적으로 중앙의 봉건권력을 차단하고 일정 지역을 장악하여 농민중심의 정치를 실현했다는 점에서 역사적 사건이었다. 특히 봉건사회의 말기적 모순과 세계 자본주의 열강 특히 일본의 경제적 군사적 침략이 농민들을 압박하였을 때, 안팎의 거대한 장벽들을 자신들의 독자적인 역량으로 돌파하고 연대의식을 갖는 투쟁의 공동체를 형성해냈다는 역사적 의의가 크다.

전봉준은 우리나라의 전통적인 민중주의 정치사상이 근대민주주의에 접맥되는 시기를 담당했던 혁명가였다. 그의 민중사상은 농민전쟁의 혁명 사상이었다. 19세기 후반 우리나라 지성사가 외국의 사상을 그대로 수용하기만 한 것이 아니었으며, 전봉준은 당시 농민과 민중의 입장을 행동과 사상의 측면에서 철저하게 대변하였다. 이렇게 갑오농민전쟁을 통해서 그의 민중사상이 표출되었던 것이다. 우리나라 전통의 민중사상이 동학사상과 정약용의 사상이 전봉준의 반봉건·반외세의 농민적 민중사상으로 집약될 수 있었다. 갑오농민전쟁은 당시 봉건지배층에 막대한 타격을 가했고 이로 인해 내부에서는 심한 정치적 분열이 일어났으며, 갑오개혁을 시작으로 한 개혁의 물결이 일어나지 않으면 통치의 정당성이 유지될 수 없을 만큼 통치체제의 변화를 강요하였다.

그리고 당시 농민전쟁에서 패하여 흩어진 농민군은 그 후 반일 민족운동의 기본세력으로 합류하여 반침략·반봉건의 횃불을 높이 쳐들었다. 1970, 80년대 한국의 민중사상 역시 전봉준의 반봉건·반외세의 농민적 민중사상을 계승하였다. 하지만 그가 당시 민중사상, 동학사상, 정약용의 사상 외에도 일본과 중국을 통해 들어오고 있었던 지성사의 흐름을 어떻게 파악하였는가에 대해서는 보다 더 연구가 필요하다.

제5장 민족적·무정부주의적 민중주의

제1절 신채호의 생애와 사관

(1) 일제시대 민중사상의 역사적 조건

1876년 개항을 통해서 한국은 타율적으로 세계자본주의 시장체제에 편입되있다. 동아시아 국제질시, 시세동점이라는 세계사적 조건이 있었으나 개항 이전의 이런 조건들은 한국사 바깥에 있는 것들이었다. 이런 새로운 국면의 한국에는 개화사상, 척사위정사상, 농민전쟁의 사상 등 세 가지 사상체계가 자리 잡고 있었다.

개화사상은 약육강식의 세계질서 속에서 한국이 먹히지 않고 살아남아 국권을 유지하고 나아가 스스로 '약육'을 삼키는 '강자'가 되어야 하며 '강자'가 되려면 문명개화하는 것이 유일하고 불가피한 방법이라고 파악하면서, '문명개화', '부국강병'을 목적으로 삼는 부르주아적 민족형성의 코스를 지향하였다. 그러나 일본구미의 문명과 한국의 낙후된 문화 사이의 간격을 동질선상의 선후진 관계로만 파악함으로써 근대주의에 매몰되고 마는 한계를 안고 있었다. 또 민중의 완강한 민족운동인 농민전쟁·의병투쟁·의병전쟁을 근대문명이라는 척도에서 그 가치를 판단하여 야만적인 행동이라고 단죄하고 농민전쟁과 의병을 진압하기 위해서는 민족의 주권을 양도해서라도 외국군을 빌어서 철저히 탄압하는 것이 정당하다고 생각하였다. 개화사상은 선행하는 백성문화와 평민문화를 우매한 사람들의 미신적 행위, 문명되지 못한 우매한 야만적 행위로 받아들이면서, 실학파의 전통 외의 모든 문화전통을 외면하였다. 따라서 개화사상은 한국 근대문화의 주체가 될 수 없었다.

척사위정사상은 북벌론·척사론·존주론 등 종래의 양반문화가 새롭게 재편된 것이었다. 일본과 구미와의 교섭은 반드시 경제적 침략을 초래한다는 현실인식이 첨가된 것이 차이라면 차이였다. 하지만 그 핵심은 화이론에 입각한 排他主義·讓夷主義였으며, 양반적 민족형성의 코스를 지향하였다. 1896년 의병투쟁과 1905-1910년의 의병전쟁은 척사위정의 외적표현이었으나, 사상적으로는 봉건신분제의 고수, 봉건적 지주전호제의 유지, 봉건적 민본이데올로기와 봉건지배체제의 재수립을 지향하는 한계를 지니고 있었다.

당시 농민전쟁의 사상은 조선 후기에 형성된 평민사상이 새로운 역사적 조건에 대응하여 새롭게 재창조된 것이다. 동학의 세계관 중에서 긍정적인 측면을 적극적으로 수용하여 형성한 사상체계였다. 당시 농민층은 1862년 37개 지역에서의 민란이 모두 좌절되었다는 역사적 체험을 가지고 있었으며, 그 후 1893년 말에 이르기까지 45건의 민란이 좌절당한 경험을 가지고 있었다. 이들은 동학으로부터 인간해방사상, 기존 사회질서와 서양침략에 대한 총체적인 否定 의식으로서의 후천개벽의 사회사상, 경천의 윤리회복사상 등을 수용하였다. 대신, 동학의 '無爲而化' 원칙과 환상적 시운관은 철저히 부정하고 일체의 사회개혁은 농민층 자신의 주체적 실천에 의해서만 가능하다는 입장에서, 상호 유기적으로 결합되어 있는 봉건모순과 외세의 침략으로 인한 민족적 모순에 대응하였다.

1894년 10-11월의 제2차 농민전쟁에 이르러서는[1] 일체의 타협 없이 농민층의 주체적 역량에 의해 봉건체제를 타도하고 일본침략세력을 몰

---

1) 전봉준을 중심으로 한 金溝聚黨集團은 1893년 2-3월 서울, 전주, 부산에서의 외세배격운동, 1893년 3월 금구원평에서의 취당, 1893년 11월의 '사발통문' 계획, 1894년 1월의 고부민란, 1894년 3-4월의 제1차 농민전쟁, 1894년 5-9월의 집강소, 1894년 10-11월 제2차 농민전쟁 등의 과정을 거치면서 농민층의 사회의식은 성장해나갔다.

아냄으로써 민족으로서의 결집을 이룩하려는 의식수준에 도달하였다. 1970, 80년대 민중의식의 원형은 여기서 찾아볼 수 있으며, 민중중심의 민족형성의 코스를 지향하였다.2) 당시 동학농민전쟁은 김홍집 개화당 정권과 일본침략세력의 야합, 봉건지주 유생층의 합세 등에 의해 철저하게 궤멸 당하였으나, 이후 의병투쟁, 英學黨투쟁, 活貧黨투쟁, 의병전쟁 등으로 계승되었다. 그러나 이 당시 민중사상에 있어서는 여러 가지 봉건적 제약들로부터 인간의 존엄성을 쟁취하려는 데 그치고 천부의 자연권으로서 확인하는 인권의식은 없었다는 점, 세계자본주의 시장에 종속됨에 따른 계급적인 자각을 결여하고 있으며, 광범한 대중적 기반을 형성하지 못하고, 민중 스스로 정치권력의 담당주체로 생각하지 않아 1894년 농민전쟁에서까지도 왕정의 정당성은 끝까지 의심하지 않았다는 점, 제국주의의 구조와 침략의 성격을 올바로 인식하지 못하여 반제국주의 민족해방사상을 결여하는 등의 한계들을 가지고 있었다.

한일합방 이후 민중운동과 개화운동이 최초로 협력하여 전개한 3·1 운동 이후 그와 같은 협력관계는 민족분열책으로서의 문화통치, 한국 경제의 일본 독점자본에의 수직적 편입, 일본제국주의의 한국 내 예속 자본 육성, 사회주의사상의 도입 등으로 복잡한 양상을 띠었다. 1920년 조선노동공제회, 1924년 조선노농총동맹, 조선공산당 창설 이후 1927년 조선노동총동맹과 조선농민총동맹으로의 분화 등 전국적 조직체의 지도에 의한 전국적 연계성 속에서 노동자와 농민은 계급적 해방과 민족적 해방을 자각적 목적으로 의식하면서 지속적인 운동을 전개하였다. 즉 한일합병 초기 농민운동과 노동운동은 산발적이었으나 조선공산당 결성 이후 조직적으로 성장하였다.

---

2) 정창렬, "백성의식, 평민의식, 민중의식," 《현상과 인식》 통권 19호(1981년 겨울호), 105-126쪽.

(2) 민중과 민중사상

당시 자산가·지식인·청년·학생·소시민 등의 민족운동은 대자본
가층의 타협주의적 민족주의 세력, 중소자본가층의 비타협주의적 민족
주의 세력, 민족적 사회주의 세력, 계급주의적 사회주의 세력 등으로
구분된다. 이중 비타협주의적 민족주의 세력과 민족적 사회주의 세력
이 노동자·농민운동과 동맹관계에 있었다. 이들이 민족운동의 중심세
력이었으며, 민중은 바로 이러한 동맹을 일컫는다. 즉 민중은 노동자·
농민을 근간으로 하고 민족자본가, 지식인, 청년, 학생, 소시민 등을 동
맹자로 한 민족세력이었다.

이제 민중은 천부적 자연권으로서의 인권의식, 인간이성에 대한 끝
없는 믿음, 노동력의 자본으로부터의 해방 등을 핵심으로 하는 인간해
방의식을 확립하였으며, 식민지자본주의, 반봉건적 지주제로부터 노동
자·농민의 계급으로서의 해방의식과 민중을 기반으로 한 민주공화제
민족국가 수립에 의한 민중의 정치적 주권자의식을 확립하고, 제국주
의의 침략과 지배구조에 대한 과학적 인식을 바탕으로 反제국주의 민
족해방의식을 확립하였다. 민중사상은 이렇게 인간해방, 사회적 해방,
민족해방의 의식 등을 유기적으로 확립해나갈 수 있었다.[3]

신채호가 중국대륙에서 민족적·무정부주의적 민중주의를 전개하던
1920년대 당시의 국내의 사상동향은 《개벽》 지의 1925년 제57호에 실
린 "동관생; A와 B의 문답"이라는 글에 잘 나타나 있다.

---

3) 정창렬, 같은 곳. 서구의 경우 르네상스와 종교개혁에서 인간해방의 과제를
   시작되어 시민혁명에서 완수하면서 민족국가를 성립시키고, 이어 근대 이후
   에는 사회해방의 과제를 시작하는 선후의 이점이 있었으나, 한국의 경우 인
   간해방, 사회적 해방, 민족해방의 과제가 중첩적으로 부과되었으며, 이 같은
   과제를 해결할 주체와 의식은 대체로 1920년대 후반에 확립되었다고 평가
   된다.

A: 기미년 이후 사상계의 조류는 어떻게 변천해 왔는가?

B: 사상의 조류는 …… 조선에 있어서 기미년을 중심으로 해서 불과 10년 동안에 아주 급격하게 변화했다고 볼 수 있네, …… 사회의 추이가 곧 사상의 변천을 반영하는 것일세 …… 그것은 구주전쟁이 자본주의의 침략전쟁으로 비롯하여 전쟁의 종국은 자본주의국가의 고민을 상징하였을 뿐이요, 그 일면에는 로서아의 무산계급적 혁명이 세계역사의 일전기를 구획하는 경이를 지었고, 포랜드는 무산계급의 로서아에서 떨어져 나와 자본주의 국가의 보호 밑에서 껍데기의 정치적 독립을 획득하였고 첵코와 에이레는 중도반단의 성공을 했다고 볼 수 있고 그나마 인도는 실패, 필리핀도 실패, 애급은 영국의 배신과 압박으로 역시 실패했고, 조선도 다대한 파동과 희생과 공헌을 남기었으나 정치적, 경제적 또는 사회적 제도의 변혁된 것은 별로 없었고, 그 결과는 조선인을 비롯한 세계약소민족에게 다대한 교훈을 주었을 줄 아네. 그리고 그 기회를 전기로 하여 조선인의 사상적 각성, 정치적 해방의 목표, 식민지의 국제적 위치, 세계에 대한 안복이 확대해진 줄 아네. ……

B: …… 기미 이전의 조선의 정치적 태도는 정치에 대한 비관과 공포와 회의적 태도로 밖에는 볼 수 없는데 그만치 사상도 과도기에 있었던 것이 사실이오, 그래서 3·1운동 이후의 사상적 각성을 대체로 부르조아 자유주의적 각성으로 볼 수 있네, …… 그것을 알기 위해서는 당시 운동 목표가 순수한 민족적 이라고 표방한 것을 보면, 또한 민족 내의 계급관계에 대하야 의식이 명료치 못한 것을 보면 잘 알 것이세. …… 그래서 기미년 이후 각지방에서 현저하게 일어난 것이 청년회였는데 그들은 모다 민족적을 표방했고 …… 기타 방면에서는 각단체, 집회, 연설 등이 유행되었으나 그 역시 일치하게 민족적 정신을 고취하는 자유주의적 사상을 벗어나지 못했고 그래서 언론기관으로는 동아일보가, 단체로는 청년회연합회가 그 중심기관인 점이 있었는 줄 아네. …… 그런데, 이런 중에도 우리가 넘겨보아서는 안 될 사상적 조류와 운동의 맹아가 있는데, 그것은 곧 무산계급적에 입각한 사회주의사상일세. 이것은 운동이 일어난 지 2년 후에 현저하게 인식된 것일세. 여기서 로서아혁명이 지대한

184

격동을 준 것이요, 그러나 그 사상적 체계가 분명한 것은 아니었네. 그 안에는 무정부주의자도, 공산주의자도, 국가사회주의자도, 이것을 두루 뭉친 주의자와 색채만을 띤 민족주의자가 각지청년에 한 둘이 머리를 끔지럭거리는 형세였는데 대체로 말하면 기분과 인도주의적 정의관념에 치중한 소위 과격한 무정부주의적 색채를 띤 것일세. …… 한편으로 勞資협조적 색채가 농후한 기형적인 노동단체라는 노동공체회가 생겼는데 이것은 물론 노동자를 배경으로 해서 일어난 단체가 아니었고 대개는 급진적 부르주아 청년을 …… 중심으로 하여 조직되어 당시 기관지 《공제》를 발간했는데 그 내용 역시 두루뭉쇠의 무정부주의 혹은 공산주의, 인도주의, 온정주의 가지각색이 있었고, 그래서 이러한 몇가지 사실 발생 후에는 사회세력으로서의 사회주의적 사상에 각성한 무산자 신진예기의 청년들이 나오고 이 사회주의적 색채를 가진 사상단체가 각지에 발생하야 그 세가 근년에 이르러서는 이 일파를 중심으로 한 운동이 주동적 조류가 되어 민족주의를 표방한 청년연합회는 해체되고 무산계급적을 표방한 청년총동맹이 창립되었고 노농총동맹이 창립되어 이내 1주년이 된 것이 오늘날의 현상 아닌가? 그래서 이들의 운동에 있어서는 그들의 정치적 권리의 요구는 필경 민족적이란 포괄적 의미에 기초한 것이 아니라 계급에 입각한 무산계급적 정권의 획득이란 것을 인식하였고 이 운동의 최대 무기는 계급적 세력의 집중으로서만 목표를 달성할 수 있음을 자각하고 그래서 국제적 정신의 의식 등장을 볼 수 있게 되었네. …… 이것을 요약해서 말하면 자유주의 사상에서 사회주의 사상으로 추이했고 ……4)

　1920년대 당시의 국내 사상계 동향 역시 사회주의가 지배하고 있었음을 잘 알 수 있으며, 사상단체나 청년단체 역시 무정부주의 등 사회주의 계열이 지배하고 있었음을 잘 보여주고 있다. 1930년대 이후에는 전시동원체제제하에서 조선공산당의 해체와 함께 농민운동은 쇠퇴하고 제한적이나마 빈농중심의 '적색농민조합' 투쟁과 '적색노동조합'을 중심

---

4) 《개벽》, 1925년, 57호, 41-6쪽.

으로 하는 무장투쟁운동이 전개되었다.[5]

(3) 신채호의 민중개념

　신채호(1880-1936)는 1923년 《조선혁명선언》에서 민중이 자신의 인간으로서의 해방, 계급으로서의 해방, 민족으로의 해방 등을 자신의 힘으로 자신이 주체가 되어 완수하는 것이 민중직접혁명이며 이것이 당면의 민족사적 과제라는 것이라고 밝히고 있다. 즉 이족통치, 특별계급, 경제적 약탈제도, 사회적 불평등, 노예적 문화사상을 파괴하여 '고유적 조선의', '자유적 조선민중의', '민중적 경제의', '민중적 사회의', '민중적 문화의' 조선을 건설하는 혁명을 일으킬 것을 선언하였다. 신채호는 "인민은 국가의 노예로 취급되고 지배하는 상전인 특수세력에 억눌려 지내기만 한 무리를 지칭"[6] 한다고 하면서도, 민중을 자기 자신의 해방을 위하여 스스로 혁명을 담당하여 수행하는 주체라고 믿었다.

　신채호의 사상적 변모[7]는 크게 세시기로 구분해 볼 수 있다. 첫째, 열렬한 시민적 민족주의 시대(1898-1922),[8] 둘째, 민족주의 사상에 무

---

5)　"민중운동의 사적 고찰," 현대사회연구소,《'민중론'의 분석과 대책에 관한 연구》, 1985, 591-649쪽.

6)　조동일 "민중·민중의식 민중예술,"《한국민중론》, 한국신학연구소, 1984, 117쪽.

7)　임중빈, "단재 신채호 연보," 안병직 편,《신채호》, 230-40쪽. 참조.

8)　첫째 시기는 1898년 성균관에 입교하기 위하여 상경하여 11월 만민공동회에서 활동한 것을 계기로 개화자강파로 전환한 때로부터 시작된다. 신채호는 1904년까지는 별도의 문헌상의 기록을 남기지 않았지만 1905-10년 기간 중에는 황성신문과 대한매일신보의 논설기자로서 그리고 신민회의 주요회원으로서 실질적인 대변인 역할을 수행하면서 많은 업적을 내고 열정적인 애국계몽운동을 전개하였다. 1910년 4월 독립운동을 위해 국외로 망명한 후에도 그의 애국계몽사상을 더욱 발전시키면서 열렬한 시민적 민족주의 독립운동 노선을 견지하였다. 그는 무장투쟁이라는 전투적 민족주의 노선을 추구하였으며, 1919년 4월 처음에 상해임시정부에 참여하였으나 곧 탈퇴하

정부주의의 방법을 포용한 혁명적 민족주의 시대(1923-24), 셋째, 무정부주의(1925-28 또는 1925-36)[9] 등의 세시기로 구분할 수 있다.[10] 이 중 둘째 시기인 민족주의 사상에 무정부주의의 방법을 포용한 민족주의 사상의 시기는 폭력무장투쟁의 독립운동단체인 의열단의 요청으로 《의열단선언문》으로서 1923년 1월 《조선혁명선언》을 집필한 때로부터 시작된다. 《조선혁명선언》은 순연한 민족주의 사상의 표현으로 보는 견해와 기본적으로 무정부주의 사상의 표현으로 보는 견해가 있으나,[11] 《조선혁명선언》의 목적과 내용은 기본적으로 혁명적 민족주의를 본질적인 내용으로 하고 운동방법에 한하여 무정부주의 방법을 수용한 것으로 보아야 하며, 이를 한국민중주의 정치사상의 맥락에서 이를 민족적·무정부주의정 민중주의 정치사상으로 자리매김 된다.

《조선혁명선언》은 신채호의 사상적 변화에서 볼 때 민족주의로부터 무정부주의로의 전환적 '과도기'의 작품이다. 《조선혁명선언》은 무정부주의 사상과 방법을 도입하고 그 영향을 받음으로써 그의 종래의 시민적 민족주의자로서의 시민적 성격이 소멸되고, 대신 민중혁명적 성격을 새로운 내용과 형태로 받아들이고 확립한 문건이었다. 무정부주의

여 반임시정부 계열의 무장투쟁노선에 의한 독립운동을 전개하였다. 이 기간 내내 어떤 노선의 독립운동이든 간에 신체호의 사상적 기반은 어디까지나 일제의 침략으로부터 독립을 쟁취하여 자주부강한 입헌공화국의 문명한 조국을 건설하기 위한 시민적 민족주의였다고 할 수 있다.

9) 1925년부터 신채호는 현저히 무정부주의로 기울고 1926년에는 在中國朝鮮無政府主義者聯盟에 가입했으며, 1927년에는 無政府主義東方聯盟(일명 A東方聯盟) 조선대표로 참가했고 1928년 스스로 무정부주의동방연맹 북경회의의 개최를 조직하여 주도했으며, 무정부주의자로서 독립운동을 하다가 체포 투옥당하였으며, 1936년 옥사할 때까지도 무정부주의 사상을 버리지 않았다.

10) 신용하, 《신채호의 사회사상 연구》, 한길사, 1984, 235-7쪽.

11) 안병직, "신채호의 민족주의", 《창작과 비평》, 1973년 가을호는 《조선혁명선언》을 순연한 민족주의의 혁명선언으로 보고 있는 반면에 신일철, "신채호의 무정부주의사상"(《한국사상》 제15집(1977)은 기본적으로 무정부주의로 범주화하고 있다.

의 영향은 방법뿐만 아니라 목표와 내용에도 일부 침투하고 있으나, 아직은 혁명적 민족주의를 압도할 만큼 큰 것은 아니었다. 민족주의 사상에 무정부주의의 방법을 포용한 혁명적 민족주의 사상, 즉 민족적 민중주의 사상의 시기는 1923-24년의 비교적 짧은 기간에 걸쳐 있다.

의열단[12]은 1919년 11월 10일 김원봉 등 13명이 창건하였다. 10개조 공약[13]과 4대 기본강령[14]에 입각하여 다수의 활약이[15] 있었고, 조선독립과 세계의 평등을 위해서 암살, 파괴, 폭동의 방법을 사용하는 운동방법상의 특징 때문에 논란도 많았지만, 민족주의뿐 아니라 무정부주의나 공산주의를 추종하는 청년들까지 가입하는 경우가 다수 있었다. 그러나 의열단 독립운동의 이념과 방법을 합리화하고 천명해줄 선언이 없어서 그 필요성을 절감하고 있었다. 이에 김원봉은 1922년 12월 신채호에게 의열단의 독립운동의 이념과 방법을 천명하는《조선혁명선언》집필을 요청하였다. 신채호는 이에 응하여 의열단의 이론가인 젊은 무정부주의자 柳子明와 1개월간의 합숙을 통하여 1923년 1월 이를 완성하였다.[16]

---

12) 박태원,《약산과 의열단》, 백양당, 1947. 참조.

13) 의열단이라는 이름은 공약 제1조에서 정의와 맹렬이라는 말에서 따온 것이다. 그 내용은 1) 천하의 정의의 事를 맹렬히 실행키로 함, 2) 조선의 독립과 세계의 평등을 위하여 신명을 희생키로 함, 3) 충의의 기백과 희생의 정신이 확고한 자라야 단원이 됨, 4) 團義에 先히 하고 단원의 의에 급히 함, 5) 義伯 일인을 선출하여 단체를 대표함, 6) 何時何地에서나 매월 1차씩 사정을 보고함, 7) 何時何地에서나 招會에 必應함. 8) 被死치 아니하여 團義에 盡함, 9) 一이 九를 위하여 九가 一을 위하여 헌신함, 10) 團義에 배반한 자는 處殺함.

14) 驅逐倭奴, 光復祖國, 打破階級, 平均地權이다.

15) 1920-22 기간 중 대표적인 것은, 1920년 3월 조선총독부 파괴를 위한 밀양 폭탄사건, 1920년 9월의 부산경찰서 投彈사건, 1920년 12월 밀양경찰서 투탄사건, 1921년 9월의 조선총독부 투탄사건, 1922년 3월의 일본군대장 田中암살저격사건 등이 있다.《약산과 의열단》참조.

16) 이후 의열단은 1920년대 후반으로 오면서 사회주의적 성격이 짙어지는 한편 민중혁명론의 발전으로서 전투적 민족적 협동전선을 지향하게 되고 그

(4) 신채호사관의 변모와 사상의 변화

초기의 신채호는 영웅사관의 입장에 있었다. 그는 양계초의 《이태리 건국 삼걸전》을 번역(1906)하고, 《을지문덕-이순신-최영 삼걸전》을 저술(1908-9)했으며 《독사신론》을 발표하였다. 그리고 《조선상고사》 제1편 《총론》에서는 그의 자강론적 國史像을 수정·보완·발전시키고 있는데 여기서 그는 "역사란 무엇인가. 인류사회의 我와 非我의 투쟁이 시간부터 발전하여 공간부터 확대하는 정신적 활동의 상태의 기록이니 ……"라고 썼다.[17] 신채호의 입장은 후기에 접어들어 민중사관으로 변모하는데, 《총론》을 쓰는 후기 시기에는 영웅도 시대와 환경의 산물임을 인정하고 있으며, 《조선혁명선언》에서 민중직접혁명을 선언하였다. 이렇게 신채호의 후기 사상의 핵심은 초기 삼걸적 영웅사관에서 후기 민중직접혁명의 민중사관으로 승화된 데 있다.[18]

신채호는 1924년 "문제없는 논문"에서 무정부주의 사상이 일부 나타나며, 1925년 "낭객의 신년만필"이라는 무정부주의 논문을 썼고, 1928년 무정부주의 사상의 진면목을 소설화한 중편소설 "용과 용의 대격전"을 집필하였다. 1926년 '재중국조선무정부주의자연맹'이라는 무정부주의자 조직에 처음으로 가입하였다. 1928년 4월에는 스스로 주동이 되어 한국인을 중심으로 한 '무정부주의자동방연맹 북경회의'를 개최하였다. 이때 신채호는 《선언문》을 썼으며, 이 회의는 잡지나 신문형태의 선전기관 설립과 폭탄제조소 설치를 결의하였다. 이를 실현하기 위한 자금마련을 위하여 그는 대만인 무정부주의자 임병문(북경우무관리국 외국위체계 근무)과 함께 외국위조지폐 2백매를 인쇄하여 액면 총계 6

와 같은 노선의 연장에서 1932년 대일전선통일동맹을 주도하게 된다.

강만길, "조선민족혁명당 성립의 배경," 《한국사연구61, 62호》, 1988, 357쪽.

17) 신채호, "조선사총론", 안병직 편, 《신채호》, 한길사, 13쪽.

18) 신일철, 《신채호의 역사사상 연구》, 고대출판부, 1981, 169쪽.

만 4천 원을 위조하여 이를 일본 대만 조선 관동주 등 중요한 32개소와 우편국에 유치위체로 발송한 이 자금을 찾아 쓰기로 하였다가 체포되기에 이른다.[19] 이렇게 신채호가 무정부주의로 전환한 동기는 각종 공판기록에 "당시의 제국주의 제도의 민족 간의 불평등을 타파하고 약소민족의 미래를 위한 것"이며 직접적으로는 "일본 제국주의로부터 한국 민족의 해방과 독립을 달성하기 위한 것"이었다.

차기벽은 이처럼 신채호의 사관이 초기 영웅사관에서 후기 무정부주의에 입각한 민중사관으로 변모하여 갔음에도 불구하고, 그의 1차적 목적은 민족의 독립에 있었다고 보았다. 즉《조선혁명선언》에서 무정부주의적 방법으로 독립투쟁을 추구하였지만, 같은 무정부주의를 드러내고 있는 그의 "낭객의 신년만필"에서 조선이 주의의 노예가 되어서는 안 된다고 강조하고 있다는 점에서, 신채호의 목적은 "무정부주의"에 있는 것이 아니라 민족의 독립에 있었다고 평가한다.[20] 신용하는 신채호의 무정부주의 사상을 아예 "무정부주의 독립사상"이라는 표현으로 집약하였다.[21]

신채호가 정치와 정부를 부인하고, 혁명의 방법으로 암살·파괴·폭동 방법을 효과적이라고 보는 무정부주의로 전환하게 된 이유와 배경은 당시의 사회적 배경과 사상적 배경으로 나누어 볼 수 있다. 먼저 당시 사회적 조건은 '민중의 역할', '민중의 커다란 힘', '민중 직접의 투쟁'을 보여준 민중운동으로서 3·1운동이 준 충격, 反임정 활동과 '정부'라는 기구에 대한 근본적 회의, 黑河事變(自由市慘變)과 일제와 만주 군벌 간의 소위 三矢協定으로 인한 독립군 활동의 난항, 임시정부 개편을 둘러싸고 민족주의의 창조파·개조파·중립파 등으로 분열 및

---

19) 동아일보 1928년 2월 12일자.

20) 차기벽, "한국민족주의의 정치사상",《한국민족주의의 이념과 실태》, 까치, 1978, 111쪽.

21) 신용하,《신채호의 사회사상연구》, 한길사, 1984. 270쪽.

190

사대주의적 공산주의 독립운동 자체의 분열 등으로 인하여 국민대표회
의의 실패, 암살·파괴·폭동 방법에 의거한 의열단운동의 성장[22] 등
을 들 수 있다.

그리고 신채호의 사상적 변화에 있어서 사상 내재적 요인으로서는
크포포트킨[23]의 상호부조론과 민중혁명론[24]에 입각한 무정부주의 사
상에 입각하여 신채호의 시민적 민족주의의 바탕인 스펜서의 사회진화
론적 강권주의를 비판할 수 있게 된 점,[25] 민중을 포용하기 힘든 스펜

---

22) 의열단 창단 때부터 신채호가 무정부주의자로 전환한 무렵까지의 의열단
    의 주요활동은 다음과 같다.
    (1) 1920년 3월: 조선총독부 파괴를 기도한 밀양폭탄사건(곽재식 등 16명).
    (2) 1920년 9월: 부산경찰서 투탄사건(박재혁).
    (3) 1920년 12월: 밀양경찰서 투탄사건(최수봉 《경학》).
    (4) 1921년 3월: 조선총독부 투탄사건(김익상 《봉남》).
    (5) 1922년 3월: 일본군대장 田中 암살저격사건(김익상, 오성륜, 이종호).
    (6) 1923년 1월: 종로경찰서 투탄사건(김상옥).
    (7) 1923년 3월: 조선총독부, 조선은행, 경성우체국, 경성전기회사 파괴 및
        조선총독과 경무총감 암살기도사건(김시현 등 10명).
    (8) 1923년 12월: 일본정부대신 암살기도사건(구여순 등 6명).
    (9) 1924년 1월: 일본동경 천황궁성 투탄사건(김사섭).
    (10) 1925년 10월: 의열단 군자금사건(양건호 등 10명).
    (11) 1926년 12월: 조선식산은행 및 동양척식주식회사 투탄사건(나석수),
        《한국민족운동사료》(중국　편), 《고등경찰요사》(경상북도　경찰부),
        《약산과 김원봉》(박태원, 백양당, 1947.) 등에서 종합한 것임. 신용
        하, 《신채호의 사회사상연구》, 284-285쪽에서 재인용.
23) 신채호는 인류의 5대 사상가로서 석가, 공자, 예수, 마르크스, 크로포트킨
    을 꼽고 있으며, 한국 청년들에게 "아아 크로포트킨의 '청년에게 고하노라'
    란 논문의 세례를 받자!"고 절규하였다. 신채호, "낭객의 신년만필"
24) 크로포트킨은 "모든 혁명은 민중 속에서 시작되는 것이다"라고 하고 있다.
    크로포트킨(이을규 역), 《현대과학과 아나키즘》(1973), 139쪽.
25) 신채호의 초기 시민적 민족주의 이론의 내부모순은 제국주의를 국가 간의
    민족경쟁에서 適者·强者·優者·勝者로 보는 것은 優勝劣敗·弱肉强食의
    사회진화론의 원리에 의거할 때에는 强權(the right of strongest)을 묵시
    적으로 당연시하여 인정하게 되며, 또한 제국주의와의 外鬪에서 패배한 민
    족의 도태를 公例로서 묵시적으로 인정하게 되는 데서 나타났다.

서류의 사회진화론에 입각한 민족주의에 대한 회의, 또 하나의 공산독재로 빠지는 프롤레타리아 독재론과 對소련 사대주의적인 공산주의에 대한 비판, '개인의 자유로운 결합에 의거한 소규모 결사체의 자유연합'을 추구하는 무정부주의의 자유연합론에 대한 공감,《조선혁명선언》집필[26] 등을 들 수 있다.[27]

신일철은 신채호의 무정부주의 사상으로의 전환에는 한국무정부주의자 李會榮 및 중국무정부주의운동의 지도자 李石曾과의 인간적·사상적 교유가 큰 영향을 주었다고 보고 있다.[28] 구체적으로는《조선혁명선언》상의 反强權思想(反軍國主義, 反엘리트주의), 군벌과 일제가 정당화되는 역기능이 표출된 자강론적 다원주의를 크로포트킨의 상호부조론에 입각하여서 극복하게 된 점, 민중의 새로운 발견, 피스톨과 폭탄 또는 파괴의 폭력의 투쟁수단 긍정 등을 들고 있다.[29] 신채호는 前期에는 역사를 "아와 비아의 투쟁사"로 보았으나, 후기에는 "아와 비아의 상조"에 의한 약소민족 간의 연대추구로 바뀌었다. 따라서 신채호의 무정부주의적 민중주의 역시 큰 범주에서는 민족적 민중주의로 파악할 수 있다.

---

26) "약산은 진즉부터 의열단이 주장하는 바를 문서로 작성하여 이를 널리 천하에 공표할 뜻을 가지고 있었다. 암살과 파괴만이 능사가 아니다. 행동만이 있고 선전이 뒤따르지 않을 때, 일반 민중은 행동에 나타난 폭력만 보고, 그 폭력 속에 들어 있는바 정신을 이해하지 못할 것이다. 부절하는 폭력과 함께 또한 꾸준한 선전과 선동과 계몽이 반드시 있어야만 한다." 박태원,《약산과 의열단》, 백양당, 1947, 104쪽.
27) 신용하,《신채호의 사회사상연구》, 한길사, 1984, 271-94쪽.
28) 신일철,《신채호의 역사사상 연구》, 고대출판부, 1981, 170-1쪽.
29) 신일철,《신채호의 역사사상 연구》, 고대출판부, 1981, 180-3쪽.

제2절 민족적 민중주의 이론구조

신채호의 《조선혁명선언》은 그의 본격적인 무정부주의 사상을 표명한 문건으로만 간주하기보다는 그의 민족적·무정부주의적 "민중주의 사상"을 가장 집약적으로 드러낸 문건으로 이해할 수 있다. 이 문건을 집필함에 있어서 신채호는 그가 공감하는 무정부주의 사상만을 받아들였으며, 그것은 이 선언을 그가 《의열단선언》이라 하지 않고 《조선혁명선언》이라고 이름을 붙인 데에서도 잘 나타난다.

이 책에서는 《조선혁명선언》을 민족적 민중주의를 잘 드러내 주고 있는 선언문으로서 분석하고자 한다. 《조선혁명선언》은 5장으로 구성되어 있다. 각 장별로 분석하면 민중사관의 원형으로서 1970, 80년대 "민중적 민족주의"로 개념화된 바 있는 신채호의 민족적 민중주의 사상이 여실히 드러난다.

(1) 일본에 대한 민족혁명선언

《조선혁명선언》 제1장은 강도 일본이 조선의 국호와 정권과 생존적 필요조건을 모두 박탈하여 온갖 만행을 자행하고 있으므로 일본제국주의가 조선민족의 적임을 선언함과 동시에 혁명으로 우리 생존의 적인 강도일본을 殺伐하는 것이 조선민족의 정당한 수단임을 선언하고 있다.

그중에서 생존적 필요조건의 박탈 내용은 다음과 같다. 첫째, 경제적 측면에서 자원 일체의 생산기능의 박탈, 조세의 수탈과 착취, 상업자본의 몰락과 일본상품시장화, 농민에 대한 착취와 농민의 참상, 일본의 토지약탈과 농민의 유랑, 둘째, 헌병경찰의 식민지 무단통치에 의한 민족의 행동의 자유의 완전박탈과 언론·출판·결사·집회 일체의 자유의 박탈, 셋째, 국어·국문의 박탈과 노예양육 교육의 강요, 넷째, 식민주의 사관에 의한 조선사의 왜곡, 다섯째, 식민지 노예언론과 노예문화의 강요, 여섯째, 독립운동·민족운동 가능성에 대한 살인적인 탄압, 일곱째, 전국을 하나의 대감옥으로 만들고 전 민족을 식민지 노예로 만드는 압박, 여덟째, 무모한 백성들에 대한 살육과 만행 등을 열거하고 있다.

신채호가 국호나 정권보다 생존적 필요조건을 강조하여 규탄한 것은 신채호 사상이 사회경제적 요소를 중시하는 차원으로 변화하고 있음을 나타낸다. 신채호는 1928년 그가 무정부주의 혁명을 선언한 《선언문》상의 계급이나 무산민중이라는 용어 대신, 여기서는 조선민족, 우리 민족을 주체로서 강조하고 민족 전체를 적 일제와 대비시키면서 국가라는 용어는 의식적으로 사용하지 않고 있다.[30] 괴도기적으로 '자본집중의 원칙', '생산기능' 같은 무정부주의 사회이론에서 사용하는 용어를 쓰고 있다.

(2) 타협주의와 문화운동 비판

《조선혁명선언》 제2장은 자치론자·내정독립론자·참정권론자 같은 타협주의자 및 문화운동자에 대해 적으로 선언한다. 일제가 3·1운동 후 송병준, 민원식 같은 몇몇 매국노를 시켜 독립운동을 완화시키기 위해 완전독립이나 절대독립을 단념하고 자치론·내정독립론·참정권론을 일어나게 했다고 밝히고 여기에 부화뇌동하는 자는 맹인 아니면

---

30) 신채호는 《조선혁명선언》에서 국가라는 용어를 딱 한번 사용하고 있다. "탄원서나 열구공관에 던지며 청원서나 일본정부에 보내 국세의 외롭고 약함을 애소하여" 국가 "존망민족사활 대문제를 외국인 심지어 적국인의 처분으로 결정하기만 기다렸도다."(《조선혁명선언》 제3장). 이 경우에도 대한제국의 과거사실 설명에 관한 것이며, 혁명의 내용과 관련해서는 국가라는 용어를 사용하고 있지 않다. 필요한 경우 의식적으로 '민족'이나 '조선'이라는 용어를 쓰고 있다.

간사한 무리라고 비판한다. 당시 국내 지주층 일부와 천도교신파 및 각종 친일단체들이 제기하는 자치론을 비판하였다. 신채호는 일제의 극악한 식민지 약탈통치 아래서는 민족의 생존권도 유지할 수 없으므로 문화발전의 가능성은 아예 존재하지 않는다고 강조하고, 따라서 몇몇 신문잡지를 가지고 문화운동의 목탁이라고 스스로 떠들고 강도 일본의 비위에 거슬리지 아니할 만한 언론이나 주창하면서 이것을 문화발전의 과정이라고 한다면, 그 같은 문화발전은 오히려 조선에 불행을 가져온다고 비판하였다. 이 같은 문화운동은 일제의 강도 정치 하에 기생하는 주의라고 비판하고 있는데 이는 최남선과 이광수[31] 등의 문화운동과 일부 예술 지상주의적 문화예술운동을 가리키는 것이다.[32]

신채호의 타협주의와 문화운동 비판은 "민족"의 완전독립과 절대독립에 대한 타협할 줄 모르는 태도를 엿보게 한다. 신채호가 일본을 "자국의 무산계급의 혈액까지 착취하는 자본주의 강도국"이라고 묘사한 것은 무정부주의적 요소를 엿보게 한다. 신채호가 초기에는 문화가 경제와 별도로 선행해서 보전 발전시킬 수 있다고 보았다가 《조선혁명선언》에서는 문화란 "산업과 문물의 발달한 總積"이라고 보고 경제적 약탈제도 아래에서는 문화발전이 불가능하다고 본 것도 무정부주의의 영향이라고 볼 수 있다.

---

31) 이광수의 "민족개조론"(《개벽》, 23호, 1922. 5.) 및 이를 둘러싼 논쟁으로는 신상우의 "춘원의 민족개조론을 讀하고 그 一端을 논함"(《신생활》, 1922. 6. 6.) 및 신일용의 "춘원의 민족개조론을 논함"(《신생활》, 3-5, 9 임시호, 1922.)과 《한국근대문예비평사의 쟁점》에 있는 임헌영의 "해설"을 참조할 것.

32) 신채호, "낭객의 신년만필"《신채호》(한길사, 1979), 180-2쪽. 당시 개벽 등 국내 잡지를 통해서 벌어진 이광수와 신일용 선우전 등의 논쟁에 대해서는 《개벽》지, 윤근식, "《개벽》지에 나타난 한국정치사상,"《제3세계의 이데올로기와 정치》, 중앙출판, 1981, 232-62쪽. 및 문성호, "계층분석에 입각한 한국정치의 이론화 작업들," 성대대학원, 《수선논집》 15집, 1990. 참조.

(3) 외교론과 준비론 비판

신채호는 상해임시정부가 중시하던 독립운동 방략인 외교론과 독립전쟁준비론을 비판한다. 이승만과 구미위원회 중심의 외교론을 신랄하게 비판하였다. 그는 외교론이 "열국에 의뢰하는 행위", "외국에 독립을 애소하고 청원하는 운동"으로 밖에는 보지 않았다. 또 한말 국권회복운동 중에서 안중근의 伊藤薄文 砲殺, 이재명의 이완용 刺擊, 의병운동 만을 인정하고, 그 자신 헌신적이었던 애국계몽운동·실력양성운동을 평가하지 않고 있다. 요컨대 신채호는 국권회복운동 중에서도 폭력운동 만을 인정하고 있다. 이는 무정부주의의 영향이 강렬하게 드러나는 대목이다.

신채호의 독립전쟁 준비론에 대한 비판은 두 측면으로 이루어진다. 첫째, 구한말 신민회의 독립전쟁 전략을 독립전쟁 준비론으로 해석하여 비판한다. 을사보호조약 이후 산림유생들은 성패를 不計하고 의병을 모집하여 포수의 화승총 부대를 몰아가지고 조일전쟁의 전선에 나섰지만, 時勢를 안다는 식자들은 "그럴 용기가 나지 아니해서"[33] 무기와 군대를 양성한 다음에 일본과 전쟁을 한다고 하며 독립전쟁 준비론이 나왔다고 비판한다. 무기와 군대를 양성한 다음에 일본과 전쟁을 한다고 하여 독립전쟁 준비론이 나왔다고 보았으며, 신채호는 패하더라도 즉각 '의병'처럼 총을 들지 않은 것을 비판한다. 둘째, 상해임시정부의 독립전쟁 준비론을 비판한다. 상해임시정부의 독립전쟁 준비론, 특히 안창호의 독립전쟁 준비론은 강도 일본이 정치·경제 양 방면으로 압력을 가하여 경제가 날로 곤란하고 생산기관이 전부 박탈되어 의식의 방책도 끊어지게 되었는데 무엇을 어떻게 실업을 발전시키며 교육을 확장하고 더구나 어디서 얼마나 '독립군'을 양성할 수 있으며 양성한들 일본 전투력의 100분의 1이라도 되겠느냐면서 "실로 한바탕의

---

33) 《조선혁명선언》, 한길사, 1979, 191쪽.

잠꼬대가 될 뿐"이라고 비판하였다.[34] 그에 의하면 경술국치 이후 지사들이 해외에서 온갖 고초를 겪어가면서 '준비'에 노력하였지만 얻은 것은 몇 개의 불완전한 학교와 실력 없는 단체뿐이었다고 보았다. 그러나 신채호가 적으로까지 규정하지는 않았지만 "양병 십만이 폭탄 한 번 던진 것만 못하다"[35]고 하면서 독립전쟁론 그 자체를 잘못된 전략이라고 신랄하게 비판한 것은 민족독립운동 노선과는 다른 것이며 무정부주의 영향을 크게 받은 대목이다.

(4) 민중직접혁명

신채호는 외교론과 준비론을 비판하고 민중직접혁명을 독립운동의 유일한 방략으로 주장한다. 조선민족의 생존을 유지하려면 강도 일본을 구축해야 하며 그 방법은 '혁명'밖에 없고 그 혁명은 "민중이 주체가 되어 민중 자기 자신을 위하여 하는 직접의 혁명"이라야 한다고 주장한다. 그에 따르면 구시대 민중은 국가의 노예가 되고 민중 위에 민중을 지배하는 상전으로서의 특수세력이 있어서 구시대의 '혁명'은 乙의 특수세력으로 甲의 특수세력을 변경하는 특수세력 명칭의 변경에 불과했으며, 신·구 양 상전 중 누가 더 仁하고 누가 더 暴한가, 누가 더 선하고 누가 더 악한가를 보아 자기의 향배를 결정할 뿐, 혁명과 지배는 직접적 관계가 없었다고 보았다.

민중직접혁명이라고 할 때 '민중'은 혁명의 주체를, '직접'은 혁명의 방법을 가리킨다. 그에게 있어 민중은 "피지배자들"이다. 그가 민중을 무정부주의적으로 해석했다면 《선언문》에서처럼 "무산민중", "무산계급"이라고 해야 되는데 《조선혁명선언》에서는 이런 용어를 일부러 피

---

34) 《조선혁명선언》, 《신채호》, 한길사, 1979, 191-2쪽.
35) 《조선혁명선언》, 같은 곳, 193쪽.

하고 있다. 오히려 그는 "민중"을 특권계급과 대비되는 개념으로 사용한다. 그는 "'조선민중'이란 그 위에 총독이니 무엇이니 하는 강도단의 특권계급이 압박하여 있으니, 특권계급의 압박 밑에 있는 조선민중은 자유적 조선민중이 아니니 ……"라면서, 일제치하에서는 특권계급이 일제와 친일매국노이며 이들을 제외한 전 민족이 피지배자들로서의 '조선민중'이라는 관점을 보이고 있다. 신채호에게 있어 '민중'의 내용과 의미는 '민족'과 거의 유사하다.[36]

민중직접혁명의 '직접'은 무정부주의적 개념이다. 당시 민족주의 독립운동자들이 '정부'를 매우 중시하고 공산주의 독립운동자들이 '당'을 매우 중시하는 경향이 있었는데 반하여 무정부주의자들은 '정부'나 '당'이 지도나 매개 없이 민중이 '직접'혁명할 수 있고 또 '직접'의 혁명이어야 한다고 주장하였다. 무정부주의는 '민중'을 고도로 자율적이고 주체적인 사고와 행동을 하는 '自主人'이라고 보는 관점에 서있기 때문이다. 즉 신채호는 민족주의나 공산주의와는 매우 다른 무정부주의적 민중개념에 입각해서 '직접'혁명을 주장한 것이다.

신채호는 민중직접혁명의 우수성은 엄청난 것이어서 자금도 없고 군대도 없는 민중이 백만의 군대와 억만의 실력을 가진 제왕이나 이민족 침략자를 몰아내는 것으로서 군사학상의 정궤를 벗어나는 놀라운 힘을 가진 것이라고 설명한다.[37] 따라서 중요한 것은 "민중각성"이다. 신채호는 이것도 무정부주의적으로 해석한다. 그는 민중이 영웅이나 지도자가 지도하고 계몽해서 '각오'하는(깨닫는) 것이 아니라 민중 스스로가 민중을 위하여 "선각적 민중이 민중 전체를 위하여 선구가 되어"

---

36) 신채호에게 있어 '민중'이 무정부주의적 색채를 띠는 것은 용어 그 자체이다. 편차는 있었지만 당시 외국어 people을 번역하는 경우에 민족주의자들은 '국민'으로 공산주의자들은 '인민'으로 무정부주의자들은 '민중'이라고 썼다고 한다.
　신용하, 《신채호의 사회사상연구》, 한길사, 1984, 255쪽.

37) 《조선혁명선언》, 한길사, 1979, 192-3쪽.

198

불합리한 장애부터 타파하는 행동을 통하여 민중 스스로 각오하게 된
다고 한다.

> 민중은 어떻게 각오하느뇨.
> 민중은 신인이나 성인이나 어떤 영웅호걸이 있어 《민중을 각오》하도
> 록 지도하는 데서 각오하는 것도 아니오, "민중아, 각오하자", "민중이여
> 각오하여라" 그런 열렬한 부르짖음의 소리에서 각오하는 것도 아니다.
> 오직 민중이 민중을 위하여 일체 불평·부자연·불합리한 민중향상
> 의 장애부터 먼저 타파함이 곧 민중을 각오케 하는 유일한 방법이니,
> 다시 말하자면 곧 먼저 깨달은 민중이 민중의 전체를 위하여 혁명적
> 선구가 됨이 민중 각오의 첫째 길이다.[38]

신채호는 조선의 혁명도 누구의 지도에 의하여 일어나는 것이 아니라
민중이 직접으로 일제의 식민지 착취와 탄압 속에서 용자는 그 의분에
못 이기어, 약자는 그 고통에 못 이기어, '아사' 이외에 오히려 '혁명'이라
는 一路가 남아 있음을 깨달아서 거국일치의 대혁명을 일으키면 간교하
고 교활하고 잔혹한 강도 일본이 마침내 구축된다고 보았다.

> 일반 민중이 배고픔, 추위, 피곤, 고통, 처의 울부짖음, 어린애의 울
> 음, 납세의 독촉, 사채의 재촉, 행동의 부자유, 모든 압박에 졸리어 살
> 려니 살 수 없고 죽으려 하여도 죽을 바를 모르는 판에, 만일 그 압박
> 의 주요 원인 되는 강도정치의 시설자인 강도들을 때려누이고, 강도의
> 일체 시설을 파괴하고, 복음이 四海에 전하여 뭇 민중이 동정의 눈물
> 을 뿌리어, 이에 사람마다 그 '아사' 이외에 오히려 혁명이란 한 길이
> 남아 있음을 깨달아, 용기있는 자는 그 의분에 못 이기어, 약한 자는
> 그 고통에 못 견디어, 모두 이 길로 모여들어 계속적으로 진행하여 보
> 편적으로 전염하여 온 나라가 일치하는 대혁명이 되면 간사하고 교활
> 하며 포악한 강도 일본이 필경 쫓겨 나가는 날이리라.[39]

---

38) 《조선혁명선언》, 같은 곳, 193쪽.

신채호는 민중직접혁명의 방법으로 '폭력'의 방법을 주장하고 있다. 그는 폭력을 암살, 파괴, 폭동으로 정의한다. 전형적인 무정부주의적 혁명방법이다. 독립전쟁이나 정규군의 군사활동, 전쟁 등은 여기에 포함시키고 있지 않다. 신채호가 말하는 폭력은 요컨대 테러이다. 이 점이 민족주의 독립운동이나 공산주의 독립운동과 전혀 다른 점이다. 그들은 정규군과 현대전에서 당당히 겨루어 승전하는 것이 민족혁명운동의 최고의 방법으로서 추구하였다. 그러나 신채호는 독립군을 10만 양성하는 것보다 한 발의 폭탄을 던지는 것이 더 나으며, 억천 장의 신문·잡지보다 1회의 폭동이 더 나은 것이라고 주장하였다.

> 그러므로 우리의 민중을 깨우쳐 강도의 통치를 타도하고 우리 민족의 신생명을 개척하자면 養兵 십만이 폭탄 한번 던진 것만 못하며 억천장 신문 잡지가 한번의 폭동만 못할 지니라.[40]

신채호는 민중직접혁명이 한번 일어나기만 하면 마치 절벽에서 굴러 떨어지는 바위와 같이 혁명의 목적을 달성하지 않으면 정지하지 않는다고 설명한다. 2001년 뉴욕 세계무역센터에 대한 9·11사태 전후로 이슬람의 자살폭탄 테러 방식이 이슬람 운동권을 중심으로 하여 미국 및 전세계에 대해 광범위하게 전개된 것과 유사한 측면이 있다. 물론 시대적 조건이나 사상적 배경은 신채호의 민중사상과 크게 다르다.

신채호는 이상의 무정부주의적 관점에서 "민중"과 "폭력"의 두 가지를 모든 민족운동의 평가기준으로 설정하고, 갑신정변·의병운동·안중근과 이재명의 의거·3·1운동 등 몇몇 독립운동에 대해서 평가를 내리고 있다. 민중과 폭력 중에서 하나라도 빠지면 아무리 장쾌한 운동이라도 번개처럼 수그러들고 말 뿐이라고 평가하였다.

---

39) 《조선혁명선언》, 193쪽.
40) 같은 곳.

우리의 경험으로 말하면 갑신정변은 특수세력이 특수세력과 싸우던 궁궐안 한 때의 활극이 될 뿐이며, 경술 전후의 의병들은 충군애국의 대의로 분격하여 일어난 독서계급의 사상이며, 안중근·이재명 등 열사의 폭력적 행동이 열렬하였지만 그 후면에 민중적 역량의 기초가 없었으며, 3·1 운동의 만세소리에 민중적 일치의 의기가 언뜻 보였지만 또한 폭력적 중심을 가지지 못하였도다. 《민중·폭력》 양자의 그 하나만 빠지면 비록 천지를 뒤흔드는 소리를 내며 장열한 거동이라도 또한 번개같이 수그러지는도다.[41]

신채호는 조선 안에는 강도 일본이 제조한 혁명 원인들이 산같이 쌓여 있으므로 언제든지 민중의 폭력적 혁명이 개시되어 "독립을 못하면 살지 않으리라", "일본을 쫓아내지 못하면 물러서지 않으리라" 하고 계속 전진하면 목적을 관철하고야 말 것이며, 경찰의 칼이나 군대의 총이나 간사하고 교활한 정치가의 수단으로도 막을 수 없다고 주장한다.[42] 이처럼 신채호는 암살·파괴·폭동의 폭력에 의한 무정부주의적 혁명방법을 제시하면서 그 목적은 무정부주의적 계급혁명이 아니라 일제를 구축하기 위한 민족독립혁명임을 주장하고 있다. 이는 신채호가 폭력의 대상으로 설정한 6가지 목표물에 있어서도 잘 나타난다.

① 조선총독 및 각 관공리
② 일본천황 및 각 관공리
③ 정탐꾼 및 매국의 무리
④ 적의 일체 시설물
⑤ 각지방의 신사나 부호가 현저히 혁명운동을 방해한 죄가 없을지라도 만일 언어나 혹은 행동으로 우리의 운동을 완화하고 중상하는 자는 우리의 폭력으로써 대한다.
⑥ 일본의 이주민은 일본 강도정치의 기계가 되어 조선민족의 생존을 위

---

41) 《조선혁명선언》, 193-4쪽.
42) 《조선혁명선언》, 193쪽.

협하는 선봉이 되어 있으므로 또한 우리의 폭력으로써 구축한다.[43]

(5) 다섯 가지의 파괴와 건설(五破壞 五建設)

《조선혁명선언》 제5장은 파괴해야 할 5가지 기본목표와 건설해야 할 5가지 기본목표를 밝혀 선언하고 있다. 신채호는 혁명은 파괴로부터 시작되지만 건설하려고 파괴하는 것이니, 건설할 줄 모르면 파괴할 줄 모르며 파괴할 줄 모르면 건설할 줄도 모르는 것이라고 밝혔다. 그는 五破壞로 ① 이족통치의 파괴 ② 특권계급의 파괴 ③ 경제약탈제도의 파괴 ④ 사회적 불평등의 파괴 ⑤ 노예적 문화사상의 파괴 등을 들었고, 五建設은 ① 고유적 조선의 건설 ② 자유적 조선민중의 건설 ③ 민중적 경제의 건설 ④ 민중적 사회의 건설 ⑤ 민중적 문화의 건설 등을 열거하고 있다. 그리고 각 항목별로 그 내용을 설명을 곁들이고 있다.[44]

첫째, 신채호는 이족통치의 파괴에 대하여, "'조선'이란 그 위에 '일본'이라는 이족이 專制하여 있으니 이족전제에 깔려 있는 조선은 고유적 조선이 아니므로, 고유적 조선을 발견하기 위하여 이족통치를 파괴해야 한다"고 설명하고 있다.

둘째, 특권계급의 파괴에 대하여는 "'조선민중'이란 그 위에 총독이니 무엇이니 하는 강도단의 특권계급이 압박하여 있으니, 특권계급의

---

43) 《조선혁명선언》, 한길사, 1979, 194쪽.
　　1919년 11월 의열단 창건 당시의 "七可殺"는 ① 조선총독 이하 고관 ② 일본군수뇌 ③ 대만총독 ④ 매국노 ⑤ 친일파 거두 ⑥ 敵探(일제밀정) ⑦ 반민족적 토호·劣紳 등이며, "五破壞"은 ① 조선총독부 ② 동양척식주식회사 ③ 매일신보사 ④ 각 경찰서 ⑤ 기타 왜적 중요기관 등이다(《약산과 김원봉》, 27-28쪽). 이는 또한 상해임시정부의 七可殺(상해임시정부 기관지 독립신문 1920. 2. 5.)과 상통한다.

44) 《조선혁명선언》, 190-5쪽.

압박 밑에 있는 조선민중은 자유적 조선민중이 아니므로, 자유적 조선민중을 발견하기 위하여 특권계급을 타파해야 한다"고 설명한다.

셋째, 경제약탈제도의 파괴에 대하여, "약탈제도 밑에 있는 경제는 민중 자기가 생활하기 위하여 조직한 경제가 아니요, 곧 민중을 잡아먹으려는 강도 일본의 살을 찌우기 위하여 조직한 경제이므로 민중생활의 발전을 위하여 경제약탈제도를 파괴해야 한다"고 밝혔다.

넷째, 사회적 불평균의 파괴에 관하여, "약자 위에 강자가 있고 賤者 위에 貴者 있어서 모든 불평균을 가진 사회는 서로 약탈 · 剝削 · 질투 · 仇視하는 사회가 되어 처음에는 소수의 행복을 위하여 다수의 민중을 해치다가 마지막에는 또 소수끼리 서로 해치어 민중 전체의 행복이 끝내 숫자상의 空이 되고 말 뿐이니, 민중 전체의 행복을 증진하기 위하여 사회적 불평등을 파괴해야 한다"고 주장한다.

다섯째, 노예적 문화사상의 파괴와 관련하여, "전통적 문화사상의 종교 · 윤리 · 문학 · 미술 · 풍속 · 습관 그 어느 무엇이 강자가 제조하여 강자를 옹호하던 것이 아니더냐? 강자의 오락에 이바지하던 여러 도구가 아니더냐? 일반민중을 노예화하게 하던 마취제가 아니더냐? 소수계급은 강자가 되고 다수 민중은 도리어 약자가 되어 불의의 압제를 반항치 못함은 전혀 노예적 문화사상의 속박을 받은 까닭이니, 일반 민중은 권리사상이 박약하여 자유향상의 흥미가 결핍하여 노예의 운명 속에서 맴돌 뿐이다. 그러므로 민중문화를 제창하기 위하여 노예적 문화사상을 파괴해야 한다"고 보았다.

여기서 신채호가 말하는 오파괴 오건설 각각의 용어와 구체적으로 실제 제시하는 내용은 현격한 차이를 드러내고 있다. 예컨대 '특권계급의 파괴'는 무정부주의 혁명의 용어인 데 반해서 그 내용은 '총독이니 무엇이니 하는 강도단의 특권계급'이라 하여 바로 일본을 가리키며, '약탈제도의 파괴' 역시 자본주의 제도에 대한 파괴를 가리키는 무정부주의 혁명의 용어인 데 반해서 그 내용은 역시 강도 일본을 가리키고 있다. 신채호는 《조선혁명선언》에서 "일본제국주의"라는 용어를 쓰지 않고 시종일관 "강도 일본"이라는 용어를 쓰고 있다.

오파괴 오건설 중 앞의 셋은 이렇게 민족주의 내용을 많이 담고 있으며, 마지막 둘(사회적 불평등의 파괴와 노예적 문화사상의 파괴)은 무정부주의 사상의 내용을 많이 담고 있다.

혁명의 방법에 있어 이렇게 부분적인 무정부주의의 요소가 있음에도 불구하고 신채호가 선언하는 것은 일본에 대한 민족독립혁명이었다. 《조선혁명선언》 끝에서 "현재 조선민중은 오직 민중적 폭력으로 신조선 건설의 장애인 강도 일본세력을 파괴할 뿐인 줄을 알진대, 조선민중이 한편이 되고 일본강도가 한편이 되어"라고 총괄하고 있는 데에서도 잘 나타난다. 신채호는 대립관계를 '조선민중' 대 '자본주의 특권계급'이라고 하여 무정부주의적으로 설정하지 않고, '조선민중' 대 '강도 일본'이라고 민족주의적으로 설정한다. 이는 신채호가 '조선민중에 의한 민족독립혁명'을 추구했음을 단적으로 나타내는 것이기도 하다.

신채호가 민족혁명 후에 건설하려던 '이상적 조선'에 대해서는 구체적으로 밝히지 않고 있다. 파괴대상은 아주 구체적으로 예시하고 있으면서도 '이상적 조선', '신조선'의 내용이 되는 '고유적 조선의', '자유적 조선민중의', '민중적 경제의', '민중적 사회의', '민중적 문화의' 조선이라고 하여 건설 대상을 추상적으로만 규정하고 있을 따름이다. 즉 "우리 생활에 불합리한 일체제도를 개조하여 인류로서 인류를 압박치 못하며 사회로서 사회를 박삭치 못하는" 이상적 조선의 건설이라는 원칙만 추상적으로 밝히는 데 그치고 있다.

요컨대 신채호는 《조선혁명선언》에서 일본을 구축한 후의 '건국', '국가건설', '정부수립' 등에 대해서는 일체 거론치 않고 있다. 단순히 초기 시민적 민족주의자의 신채호였더라면 혁명 후의 조국은 '자주부강한 입헌공화국과 민주적 정부'를 건설하기 위해 열정적으로 구체적 제안들을 제시했을 것으로 보인다. 《조선혁명선언》을 집필하던 당시의 신채호가 받은 무정부주의의 영향이란 바로 이 정도 수준에 머물러 있었다. 따라서 이 시기의 신채호의 사상은 "민족적 민중주의"라고 명명할 수 있을 것이다.

제3절 무정부주의적 민중주의

(1) 정치, 정부 부정

무정부주의 사상은 일반적으로 정치와 정부를 부인하고 지배와 관련된 모든 권위를 부인한다. 신채호 역시 정치를 자유·평등 사회에 사는 민중들을 속여 지배자의 지위를 차지해서 대낮에 약탈행위를 행하는 것으로, 정부를 정치에 의한 약탈의 소득을 분배하려는 "사람고기 나누어 간직하는 곳"이라고 정의한다. 《선언문》에서 신채호는 '자본주의 강도제국'이 동방의 각 식민지 무산민중을 착취하여 동방의 식민지 무산민중은 죽음보다 더 어둡고 참담한 不生存의 生存을 하고 있다고 지적한다.

> 저들은 역사적으로 발달·성장하여 수천 년이나 묵은 괴상한 동물들이다. 이 괴상한 동물들이 맨 처음에 교활하게 자유·평등의 사회에서 사는 우리 민중을 속이어 지배자의 지위를 얻어가지고, 그 약탈 행위를 조직적으로 대낮에 행하려는 소위 정치를 만들며, 약탈의 소득을 분배하려는 곧 《사람고기 나누어 간직하는 곳》인 소위 정부를 만들어 두며, 그리고 영원 무궁히 그 지위를 누리려 하며, 반항하려는 민중을 억압하는 소위 법률·형법 등 부어터진 條文을 만들며, 민중을 노예적으로 복종시키려는 소위 명분·윤리 등 문둥이 같은 도덕률을 조작하였다.[45]

신채호는 비단 정치·정부·법률·형벌·윤리·도덕뿐만 아니라 과학자·문학가도 "학설로써 지배계급의 권리를 옹호하며 시와 소설로써 지배계급의 장엄을 구가하는 지배계급의 주구"라고 보았으며, 기자·학자·문인·교수도 마찬가라고 보았다.[46] 원래 민중들이 자유롭고 평등한 사회에서 살았는데, 소수의 사람들이 민중들을 속여 지배자의 지위를 얻어가지고 민중을 조직적으로 영원히 약탈하려는 정치와 정부와 법률과 윤리를 만들고 민중의 노예적 복종을 가르치고 세뇌시켜 왔다고 보았다.

그는 우리나라 정치사에 대해서도 다음과 같이 무정부주의사상에 입각하여 해석하고 있다.

우리 조선이 고대부터 고정된 계급제가 있어 고구려의 五部, 백제의 八姓, 신라의 三骨이 모두 貴와 富를 소유한 자의 별명이다. 미천왕이 어릴 때 남의 집 하인이 되어 주인이 편안하게 잠자도록 문앞 못 속에 우는 개구리를 쫓느라고 밤을 새우며, 김유신이 큰 공로를 세웠음에도 王京의 귀족들이 한자리에 앉지 아니하려 한 모든 역사가 그 생활이 서로 현격히 다르고 차별이 엄격함을 말한다. 우리 조상들이 이것을 타파하여 사회문제를 해결하려 하여 叛逆革命의 발자취가 애매모호하게 되어 있는 역사의 기록 속에서도 자주 나타났으나 당나라의 외침이 고구려·백제 양국을 유린하여 그 싹이 꺾이었으며, 고려 일대에 더욱 양반 대 군주의 쟁투, 노예·잡류(商工계급의 총칭) 대 양반의 쟁투에 누차의 유혈이 있었으나 몽고의 외침을 당하여 그 영향이 소멸하였으며, 이 태조가 고려대의 四制遺弊를 개혁하여 빈부의 조화를 도모하였으나 귀천의 계급이 존재하므로 오래지 않아 다시 그 틈이 벌어져 소년계·검계·양반살륙계 등 비밀혁명단체가 어지러이 일어나더니 또한 임진란의 8년 兵火로 말미암아 팔도가 큰 상처를 입으매 드디어 그 종자까지 완전히 없어졌다.[47]

---

45) 신채호, "선언문," 안병직 편, 《신채호》, 한길사, 1979, 197-8쪽.

46) 신체호, "용과 용의 대격전," 안병직 편, 《신채호》, 207-26쪽.

…… "금년에는 稅納이나 많이 안 물리도록 하여 주시옵소서, 금년에는 賭租나 많이 안 달라게 하여 주옵소서, 금년에는 감옥 구경이나 않게 하여 주옵소서, 금년에는 생활난에 철도 자살이나 없게 하여 주옵소서, 금년에는 타국 타향에 비렁거지나 안되게 하여 주옵소서, 금년에는 ○○○○○○이 흥왕하게 하여 주옵소서" 하면서 손이 발이 되도록 빈다.[48]

신채호를 포함해서 재중 조선 무정부주의자들은 1928년을 전후해서 모두 민족주의 혁명과 공산주의 혁명은 모두 사이비 혁명이고 무정부주의 혁명만이 진정한 혁명이라고 생각하였다. 신채호는 무정부주의 혁명이란 세계 무산민중과 특히 조선, 중국, 대만 등의 동아시아 각 식민지 무산민중이 자본주의와 같은 강도 제국주의를 비롯해서 기성의 모든 권위와 세력을 부인하고 파괴하는 혁명이라고 보았다.

아, 잔학·음침·찬담, 부도덕한 야수적 강도·강도적 야수, 이 야수의 유린 밑에서 고통과 비참을 받아 오는 우리 민중도 참지 못하여, 견디다 못하여, 이에 저 야수를 쫓아내려고 하여 없애 버리려고 하여 재래의 정치며, 법률이며, 도덕이며, 윤리며 기타 일체 문구를 부인하자는, 군대며, 경찰이며, 황실이며, 은행이며, 회사며, 기타 모든 세력을 파괴하자는 분노의 절규 《혁명》이라는 소리가 대지 위에 일반 사람의 고막을 울리었다.

그는 민중직접혁명에 의한 무정부주의 혁명이 모든 지배세력을 零으로 만든 후에 그가 꿈꾸는 정체적 건설이 시작될 것이라고 보았다.

명일에는 드래곤의 대상의 적이 '0'으로 소멸되어 제국도 '0', 천국도 '0', 자본가도 '0', 기타 모든 지배세력이 '0'으로 될 것이다. 모든 지배세

---

47) 신채호, "낭객의 신년만필", 안병직 편, 《신채호》, 177-8쪽.
48) 신채호, "용의 용의 대격전," 안병직 편, 《신채호》, 207-8쪽.

력이 '0'으로 되는 때에는 드래곤의 정체적 건설이 우리의 눈에 보일 것이다.[49]

신채호가 무정부주의 혁명 후에 건설하려고 한 사회는 어떠한 사회인지 구체적으로 제시하고 있지는 않고 있다. 그는 무정부주의 사회가 "민중이 열망하는 자유·평등의 생존"[50]이 보장되는 사회임을 밝히고 있으나, 구체적으로 사회조직의 내용이 무엇인지 밝히지 않고 있다. 무정부주의자들이 일반적으로 주장하는 것처럼 정치와 정부와 모든 형태의 지배가 없는 민중의 자발적인 결사체의 자유연합의 사회라는 정도를 제시하는 데 그치고 있다.

(2) 식민주의 강국 민중과 식민지 민중

신채호는 무정부주의 혁명을 주장하면서도 제국주의 강국 민중과 식민지 민중을 엄격히 구분한다. 제국주의 강국 민중은 으레 애국심을 갖고 있으나 국가를 당연히 지배계급의 국가로 오인하여 지배계급의 세력을 확장·증진하는 것을 '애국'으로 잘못 믿어서 그 애국심이 僞愛國心이 되고 말며, 보통선거의 권리, 노동임금의 증가, 위애국심의 장려 등을 주면 약소국의 민중을 정복하며 식민지 민중을 압박하고 지배계급의 선봉이 된다는 것이다.[51] 식민지 민중은 그 고통의 정도가 다른 민중의 만 배나 되지만 매양 허망한 요행심을 가져서 반항해야 할 경우에도 반항을 잘 못하므로 속이기가 매우 쉬운 민중이다. 신채호에 따르면 식민지 민중은 온갖 착취를 다 당하면서도 생존안녕을 보장해 준다고 떠들면 속으며, 온갖 살인 만행을 다 당하고서도 문화정치를

---

49) 신채호, "용과 용의 대격전," 안병직 편, 《신채호》, 213쪽.
50) 신채호, "선언문," 안병직 편, 《신채호》, 199쪽.
51) 신채호, "용과 용의 대격전," 안병직 편, 《신채호》, 231쪽.

한다 하면 속고, 민족을 말살당하면서도 同種同文의 情誼를 말하면 속으며, 건국·혁명·독립·자유를 단어까지 잊어버리라고 탄압당하면서도 자치·참정권을 준다고 하면 속는다는 것이다.[52] 여기서 식민지 민중이란 일반적으로 전 세계의 식민지·반(半)식민지 민중을 가리키면서 동시에 '일제하의 조선민중'을 가리킨다.

신채호는 제국주의 강국 민중과 식민지 민중 양자는 제국주의 지배계급의 조종과 속임에 의하여 상호대립하고 상호 투쟁하는 모순관계에 놓인다고 보았으며, 일본의 무산자는 조선의 무산자보다도 더 나은 존재임을 알아야 할 뿐 아니라 조선에 이식하는 일본 무산자는 조선민중의 생활을 위협하는 식민의 선봉이므로, 일본의 무산자를 환영하는 것이 곧 식민의 선봉을 환영하는 것이 된다고 경고한다.

> 연전 상해에서 《민중》이란 週日新聞에 어떤 문사가 이러한 논문을 썼다.
>
> "조선인 중에도 유산자는 세력 있는 일본인과 같고, 일본인 중에도 무산자는 가련한 조선인과 한가지니, 우리 운동을 민족으로 나눌 것이 아니요 有無産으로 나눌 것이다"고.
>
> 유산계급의 조선인이 일본인과 같다 함은 우리도 승인하는 바이거니와, 일본인이 아무리 무산자일지라도 그래도 그 뒤에 일본제국이 있어 위험이 있을까 보호하며, 재해에 걸리면 보조하며, 자녀가 나면 교육으로 지식을 주도록 하여 조선의 유산자보다 호화로운 생활을 누릴 뿐더러 하물며 조선에 이식한 자는 조선인의 생활을 위협하는 식민의 선봉이니, 무산자의 일본인을 환영함이 곧 식민의 선봉을 환영함이 아니냐.[53]
>
> 일본 무산자를 조선인으로 본다 함이 강한 민족에게 아첨하는 못난 비열함이 아니면 종로거지가 도승지를 불쌍타 하는 지나치게 어짊이 될 뿐이다.[54]

---

52) 같은 곳.

53) 신채호, "낭객의 신년만필," 안병직 편, 《신채호》, 178-9쪽.

54) 같은 곳.

신채호는 관념적 무정부주의자가 아니었으며, 독립투쟁을 위하여 무정부주의사상을 매우 실천적으로 구체적으로 모색하였다.

(3) 이해(利害)와 주체적 사상

신채호는 무정부주의 사상을 가지면서도 주체성을 매우 중시하였다. 그는 우리나라 사회를 사상적으로 주체성이 없는 데 대해서 비판하고, 사상 면에서 '노예적 특색'을 가진 '단조(單調)로 진행되는 사회', '맹종 부화(盲從附和)하는 사회'라고 지적하였다.

> 우리 조선 사람은 매양 利害 以外에서 진리를 찾으려 하므로, 석가가 들어오면 조선의 석가가 되지 않고 석가의 조선이 되며, 공자가 들어오면 조선의 공자가 되지 않고 공자의 조선이 되며, 무슨 주의가 들어와도 조선의 주의가 되지 않고 주의의 조선이 되려 한다. 그리하여 도덕과 주의를 위하는 조선은 있고 조선을 위하는 도덕과 주의는 없다. 아! 이것이 조선의 특색이냐, 특색이라면 특색이나 노예의 특색이다. 나는 조선의 도덕과 조선의 주의를 위하여 통곡하려 한다.[55]
>
> 삼국 중엽부터 고려 말세까지 염불과 목탁이 勢가 남에 제왕이나 평민은 물론이고 男은 女에 권하며, 祖는 孫에 전하여 나무아미타불의 한 소리로 천 년의 긴 세월을 보내었으며, 이조 이래로 유교를 존상하여 오백 년 동안이나 서적은 사서삼경이나 사서오경의 되풀이요, 학술은 心·性·理·氣의 강론뿐이었나니 이같이 단조로 진행되는 사회가 어디 있느냐. 야소교를 믿어야 한다면 삼두락 밖에 못되는 토지를 톡톡 팔아 교당에 바치며 정치운동을 한다 할 때에는 수간 상점을 뜯어 엎고 덤비나니, 이같이 맹종 부화하는 사회가 어디 있느냐.

그는 이 같은 병폐가 사상·도덕·주의·종교의 평가기준을 인류의

---

55) 같은 곳, 176쪽.

이해에 두지 않고 외부의 시비에 두는 데 기인한다고 보고, 주의와 도덕의 표준으로 인류의 利害를 주장하였다. 요컨대 인류의 생존에 부합하는 것이 利·善·正이고 생존에 반대되는 것은 害·惡·邪라고 보았다. 윤리·도덕·종교·정치·풍속·습관 모든 것이 利害에 표준을 두어야 한다고 본다.[56] 사상도 마찬가지라는 것이다. 신채호는 '하느님'의 외아들인 基督조차도 민중에 의해서 이미 부활할 수 없이 慘死하였다고 한다.

> 시대와 경우가 같지 않으므로 그들(석가, 공자, 예수, 마르크스, 크로포트킨)의 감정의 충동도 같지 않아야 그 이해표준의 大小廣狹은 있을망정 이해는 이해이다. 그의 제자들도 본사의 정의를 잘 이해하여 자기의 이를 구하므로, 중국의 석가가 인도와 다르며, 일본의 공자가 중국과 다르다. 마르크스도 카우츠키의 마르크스와 레닌의 마르크스와 중국이나 일본의 마르크스와 다르다.[57]
>
> 상제의 외아들님 야소기독이 ○○○○지방의 농촌 야소교당에서 상제의 도를 강연하더니, 不意에 同지방 농민들이 "이놈! 제 아비 이름을 팔아 1천 9백 년 동안이나 협잡하여 먹었으면 무던할 것이지 오늘까지 무슨 개소리를 치고 다니느냐?"고, "1천 9백 년 동안 빨아간 우리 인민의 피를 다 어디다 두었느냐?"고, "서양에서 협잡한 것도 적지 않을 터인데 왜 또 동양까지 건너와 사기하느냐?"고, "당일 예루살렘의 십자가 못 맛을 또 좀 보겠느냐?"고, 발길로 차며 주먹으로 때리며, 末乃에 호미날로 퍽퍽 찍어 야소기독의 전신이 곤죽이 되어 인제는 아주 부활할 수 없이 참사하고 말았다.[58]

신채호는 민족과 인류의 생존에 비추어 기존의 시비가 어떠하든 개의치 말고 주체적으로 利한 것이면 그것이 무엇이든지 매우 과감하게

---

56) 신채호, "이해," 안병직 편, 《신채호》, 163쪽.
57) 신채호, "낭객의 신년만필," 안병직 편, 《신채호》, 175-6쪽.
58) 신채호, "용과 용의 대격전," 안병직 편, 《신채호》, 213쪽

이를 환영하여 받아들이고 害한 것이면 그것이 무엇이든지 주저하지 말고 배제하여 말살해야 한다고 주장한다.

> 칼을 가지고 살육을 부름이 우리에게 이하거든 이대로 하며, 눈을 감고 평화를 찾음이 우리에게 이하거든 이대로 하며, 윤리도덕으로 터를 잡아 전도를 개척함이 우리에게 이하거든 윤리도덕을 힘쓰며, 폭동 암살로 선봉을 삼아 적의 치안을 흔들어 우리에게 이하거든 폭동암살로 일하며, 佛을 좇음이 이하다 하면 좇으려니와 刀를 잡고 佛의 목을 베임이 이하다 하거든 佛의 목을 베이며, 야소의 믿음이 이하다 하면 믿으려니와 유태 사람을 따라 야소의 머리에 못을 박음이 이하다 하거든 야소의 머리에 못 박아, 이 세계 안에 무릇 우리에게 이되는 것이라 하거든 환영하여 수입하고, 해되는 것이거든 배척하여 말살할지라. 무엇에 주저하며 무엇에 두려워하리오.[59]

신채호는 서양사상가가 만든 약 중에서 자신이 살던 시대인 1925년경의 조선에 가장 알맞은 약 처방을 크로포트킨의 무정부주의 사상이라고 보았다. 조선민족의 생존의 이해와 관련하여 무정부주의 사상을 선택하고, 거기에 맹종하지 않고 당시 조선의 현실에 비추어 그 자신의 독특한 견해에 의하여 대폭 수정하고 개정한 주체성 있는 무정부주의 정치사상으로 가다듬었다. 신채호는 '무정부주의의 조선'이 아니라, '조선의 무정부주의'를 지향하였다.

신채호의 무정부주의 사상은 본질적으로 당시 제국주의 제도의 불평등을 타파하고 약소민족의 미래를 위하여 구체적으로는 일본제국주의를 타도하고 한국민족의 해방과 독립을 위하여 주장되어진 사상이었다.

---

59) 신채호, "이해," 안병직 편, 《신채호》, 164-5쪽

제4절 민족적·무정부주의적 민중주의 평가

(1) 민족적·무정부주의적 민중주의의 의의

먼저 신채호의 민족적 민중주의 사상을 잘 드러내고 있는 《조선혁명선언》이 끼친 영향을 다음 몇 가지로 분석할 수 있다.[60]

첫째, 이 선언서는 의열단을 비롯한 독립운동단체들에게 이념과 신념을 부여하고 독립운동을 크게 고취시켰다. 의열단원 뿐 아니라 모든 독립운동가들이 《조선혁명선언》을 구하여 읽고 감격하여 분발하였으며, 국내외 한국인들이 감격하여 독립운동에 떨쳐나서게 되었다.

둘째, 이 선언서는 3·1운동 이후 대두한 자치론, 내정독립론, 참정권론 등 일체의 타협주의를 분쇄하는 데 결정적인 역할을 하였으며, 1927년 민족협동전선 신간회 노선 정립에도 일정한 영향을 끼쳤다.

셋째, 이 선언서는 일제의 강도적 식민지 통치가 혁명에 의해서만 구축될 수 있으며, 독립운동이 바로 민족혁명운동임을 가르쳐주었다. 민족주의 독립운동가들이 스스로 혁명가라고 자처하고 독립운동을 혁명운동으로 인식하는 사상적 계기가 되었다.

넷째, 이 선언서는 당시 민족주의 노선으로 하여금 민족주의의 '시민적' 성격을 탈피하여 '민중'을 발견하게 하는 데 커다란 기여를 하였다. 신채호는 이 선언서에서 이전의 사회진화론적 관점들과 거기에 기초한 시민적 민족주의를 극복하면서 민중적 민족주의를 전개하였다. 신채호의 이 선언서는 조소앙과 임시정부의 삼균주의[61]와 대부분의 민족주의

---

60) 신채호에 대한 전반적인 평가서는 다음과 같은 것들이 있다.
　　대전대학교 지역협력연구원 엮음, 《단재 신채호의 현대적 조명》, 다운샘, 2003.
　　최홍규, 《신채호의 역사학과 민족운동》, 일지사, 2005.

노선들이 대부분 민중적 민족주의를 지향하도록 만드는 데 커다란 영향을 미쳤다.

다섯째, 이 선언서는 한국민족의 생존조건까지 철저히 박탈하는 강도적 일본제국주의에 대해서는 폭력 등 모든 수단을 동원한 투쟁이 정당함을 가르쳐주어 이후 민족주의 독립운동 방법의 선택에 큰 영향을 미쳤다. 이후 의열단뿐 아니라 김구 영도하의 상해임시정부까지 신채호가 합리화하고 정당화한 폭력수단을 채용하기에 이르게 된다.

이 선언서 이후 신채호는 여러 요인들 때문에 점차 무정부주의로 빠지게 되지만, 《조선혁명선언》 그 자체는 신채호의 혁명적 민족주의를 나타내는 사상이며, 민족주의 독립운동의 범주에 속하는 문헌이고, 일제강점기(1010-45)에 쓰인 독립선언문들 중에서 최정상에 서있는 문헌으로 일컬어진다.[62]

일본제국주의를 구축한 후 한국민족과 민중은 당연히 자주 부강한 독립 '국가'를 세우고 민주적인 '정부'를 수립하여 자유·평등·평화로운 사회의 건설을 희구하고 있었다. 당시 독립운동의 목표도 근대민족국가의 건설과 민족국가 단위로 국제정치사회의 당당한 일원이 되기 위한 민족주의적인 것이었다. 그런데 신채호는 어떻게 '국가'와 '정부' 없이 해방 후의 자기의 민족사회를 건설하려 했는지 의문이 있으며, 이것은 그의 무정부주의 사상의 한계가 아닐 수 없다. 신채호가 정당화하는 테러리즘은 생명경시의 反휴머니즘적 과오도 범하기 쉽다. 요컨대 신채호는 무정부적의적 투쟁방법과 민족국가 건설이라고 하는 독립운동의 목표의 틈[63]을 끝내 좁히지는 못하는 한계가 있었다.

---

61) 홍순희, 《조소앙의 삼균주의 연구》, 한길사, 1982. 참조.

62) 신용하, 《신채호의 사회사상연구》, 한길사, 1984, 266쪽

63) 신일철, 《신채호의 역사사상 연구》, 고대출판부, 1981, 207쪽

(2) 현대적 평가: 민중적 민족주의 사상의 계기

신채호의 민중개념은 일제시대를 포함한 한말 이래의 한국근대사에 대한 1970, 80년대의 연구 성과로부터 민중적 민족주의를 개념화하는 데 있어서 결정적인 단서를 제공하였다.[64]

첫째, 신채호에게 있어 민중이란 어느 특정 계급·계층을 가리키는 것이 아니라 여러 계급·계층의 연합된 운동체를 가리켰다. 민중의 한 구성부분으로서의 계급·계층은 하부구조에 규정되는 계급·계층으로서만 존재하는 것이 아니라 민족해방을 위한 운동체로서 존재한다. 정창렬은 "예컨대 식민지 지배 하에서 중농·소농은 하부구조에 기본적으로 규정되어 빈농 또는 무산자적 농민으로 끊임없이 몰락·해체당하면서도 계급으로서의 이해관계에 바탕 되어 소상품생산자로서 스스로를 확립하기 위하여 저항을 지속하지만, 그 지속과 몰락·해체의 과정에서 자기의 계급적 희망이 환상에 지나지 않음을 자각하고 그 자각의 과정에서 고도의 정치투쟁을 전개하기에 이르고 그 투쟁의 과정에서 식민지 무산계급으로서 스스로를 자기창출하게 되는데, 바로 이러한 농민계층이 민중으로서의 농민계층"이 된다고 보았다.[65] 요컨대 민중

---

64) 정창렬, "책머리에", 박현채·정창렬 편, 《한국민족주의론 Ⅲ》, 창비사, 1985.
   정윤재, "단재 신채호의 국권회복을 향한 사상과 행동: 소크라테스형 지식인의 한 예", 《동양정치사상사 제1권 2호》 (동양정치사상사학회, 2002. 9) 113-35쪽.
   안태정, "신채호의 반자본주의 혁명론", 《현장에서미래를》 제101호 (한국노동이론정책연구소, 2004. 8·9) 90-125쪽.
   이호룡, "신채호의 아나키즘", 《歷史學報 제177집》 (역사학회, 2003. 3) 67-103쪽.
   손문호, "신채호의 민족주의 정치사상 연구", 《湖西文化論叢 14》 (서원대학교호서문화연구소, 2000.2) 41-57쪽.
   우남숙, "신채호의 국가론 연구 : 이론적 구조를 중심으로", 《한국정치학회보 32,4》 (한국정치학회, 1998.12) 9-27쪽.
65) 정창렬, 같은 곳.

이란 하부구조에 의하여 수동적으로 규정당하는 계급·계층임에 그치지 않고 스스로를 새로운 저항의 주체로 정립하여 나아가는 주체적 자기창출의 존재라는 것이다.

둘째, 신채호는 민중은 특정의 역사적 조건 밑에서 형성되는 역사적인 산물, 즉 자본주의적 관계의 보편화 이후의 산물이라는 점을 잘 드러내주었다. 민중이란 인간해방운동과 민족해방운동과 결합하지 않고서는 계급해방운동은 객관적으로 허구일 수밖에 없는 식민지 종속민족이라는 역사적 조건의 산물이었다. 즉 민중은 전형적으로 식민지 종속국의 역사적 산물이라는 것이다. 일제식민지하에서 부르주아지가 민족해방의 과제에 충실하지 않았던 것은 일제하 예속자본가의 존재형태, 민족개량주의로의 후퇴 등에서 단적으로 드러났다. 따라서 일제식민지 지배하의 한국에서는 민족해방, 민주주의적 변혁의 과제는 노동자·농민·중소민족자본가·청년·학생·지식인·도시빈민 등 제계급 제계층에 떠넘겨질 수밖에 없다. 이들 제계층·계급과 식민지권력·예속자본가와의 대립이 격화되면서 제계층·계급의 연합으로서의 민중이 형성되고 무장함으로써, 한편으로는 식민지 지배세력 대 민중이라는 기본 모순이 더욱 첨예화되고, 그 첨예화에 따라 민중 내부의 모순과 갈등이 식민지 사회의 부차적 모순으로 현재화·첨예화된다. 이때 민중 내부에 모순이 있고 민중의 구성내용이 변화한다고 해서 민중의 역량이 반드시 약화되는 것은 아니다. 정창렬에 따르면, "민중의 일부로서의 계층·계급이 그 계층·계급의 이익에만 집착하는 경우에는 민중의 역량이 그만큼 약화되겠지만, 그 내부적 모순을 민족적 모순과 연계시켜 적절하게 처리하는 경우에는, 즉 계급해방 과제와 인간해방과 민족해방의 과제에 유기적 총체적으로 체계화시키는 경우에는, 오히려 기본모순을 더욱 첨예화시키면서 민중의 역량이 보다 더 강화되는 경우가 더욱 많았던 것이 역사사실이었다"라고 해석한다.[66]

---

66) 정창렬, 같은 곳.

셋째, 민중은 제계층·제계층의 역량의 연합이라는 점에서 객관적·사회적 실체이다. 나아가 민중은 기본모순 관계와 부차모순 관계의 변화에 따라 항상 변동하는 존재이다. 즉 민중이란 변혁과 反변혁의 정세변화 속에서 제계층·제계급 사이에 대립하고 연합하는 유동적인, 따라서 극히 정치적인 존재로서, 변혁과 반변혁의 정세와 관련된 정치적·운동사적인 개념이다. 다시 말해 민중은 사회적·객관적 실체이기도 하고 변혁과 반변혁이라는 정치적 정세변화 속에서의 운동개념이기도 하다. 그리고 "일제시대 민중을 민족해방과 민주주의적 변혁 과제의 담당주체라고 보는 것은, 이 과제가 일제식민지 지배시기의 기본과제로서 객관적으로 실재한다는 측면과 오늘의 한국의 과제를 민족으로서의 자기 확립 및 민주주의적 변혁으로 파악하는 우리들의 역사의식에서 과거를 재구성하였다는 측면이 결합되어 있다"고 평가한다.[67]

김진균 역시 1980년대 민중론을 정리하기에 앞서 이미 한국민족운동사에 있어서 민족운동의 주체는 민중이었다고 하면서 일제식민지 시대 민족독립혁명운동의 주체와 근거로서 민중을 설정했던 것을 "민족주의적 민중론"이라고 개념화하고 있다.[68] 신채호는 민중을 3·1운동에서 전국적으로 참가하였던 민족구성원이며 일제의 일정한 비호를 받았던 지식인이나 유산자는 제외되며 일제의 가혹한 약탈을 받는 대다수 민족구성원을 가리켰다. 김진균에 의하면 이 같은 "민족주의적 민중관(또는 민중론)"[69]은 일제식민지 시대에 걸쳐서 민족주의 사관에서 견지되었던 것이다. 예컨대 손진태의 신민족주의는 계급모순을 민족문제로 해소시켜 버리는 한계[70]는 있었지만 어쨌든 민족과 민중을 일체화시킨

---

67) 정창렬, 같은 곳.

68) 김진균, "민족주의 이론화 전략에 따른 문제", 성대사회과학연구소 편, 《한국민족주의의 이상과 현실》, 대영문화사, 1989, 120쪽

69) 김진균, "민족운동과 분단극복의 문제," 《사회과학과 민족현실》, 한길사, 1988, 260-1쪽

70) 손진태, 《한국민족사개론》, 을류문화사, 1949. 5쪽

위에서 전개되었다. 그는 현재에도 민중을 민족의 주체로 일체화시켜 보려는 "민족주의적 민중론"은 그대로 하나의 역사적 맥락을 이어오는 것이며, 기본적으로 한국이 식민지로 전락됨으로써, 사회구성체가 유기적 구성으로 존립하지 못하고 예속성을 부여하는 외부규정성에서 민중이 파악되고 있다고 본다.

이상과 같이 신채호의 민족적·무정부주의적 민중주의 정치사상은 1970, 80년대를 통하여 민중적 민족주의로 개념화되기에 이르렀으며, 나아가 당시 1970, 80년대의 여러 변혁론들의 단서를 제공하였다. 이는 말 그대로 "변혁론"이나 "민중론" 중에서도 외세와의 연관을 강조하는 민족운동 차원에서 내릴 수 있는 평가이다. 그러나 "민중"의 사상적인 그리고 사회경제적 맥락 차원에서 본다면 역으로 민족적 민중주의로 개념화가 가능하며, 그렇게 하는 것이 신채호 사상에 대한 보다 가까운 이해방법이 될 수 있다고 하겠다.

제6장 역사철학적 · 종교적 민중주의

제1절 해방 후 사회적 조건

해방 직후 민중운동은 급격히 팽창하였으며, 이런 조건 속에서 공산당을 비롯한 강력한 좌익 활동으로 인해 당시 민중운동에 있어서 좌파이념이 크게 부각되었다. 노동운동은 좌익단체인 '조선노동조합전국평의회'와 우익단체인 '대한독립촉성노동총연맹'을 중심으로 이원화되어 전개되어오다가, 좌익 '조선노동조합전국평의회'는 1948년 미군정에 의해 불법화되기에 이른다. 농민운동은 좌익 정치세력인 '건준'과 '인공'을 중심으로 전개되었으며 조선공산당의 불법화 이후 쇠퇴하였다. 지식인운동으로는 좌익계열의 '예맹'과 '문건'을 중심으로 한 문학운동이 활발히 전개되었다. 학생운동은 좌익과 우익으로 양분되어 극렬한 정치투쟁을 전개하였으며, 좌익학생들은 '국대안 반대투쟁'처럼 적극적인 투쟁을 전개하였다.

남한 단독정부를 수립한 제1공화국 시대 접어들어 민중운동은 전반적으로 침체되었으며, 노동운동만이 간헐적으로 전개되었으나, 정치적 목표보다 임금인상과 근로조건 개선에 초점을 두었다. 한국전쟁 이후 반공무드의 팽배로 민중운동 조직은 사라지거나 지하화 하였으며, 다른 대중운동 조직들도 정치적 지배세력의 외곽조직으로 바뀌는 경향을 보였다.

4 · 19혁명 직후 반공무드가 이완되자 민중운동은 각종 노동운동이 활발하게 전개되었으며 각계각층의 대중이 집단행동을 전개하여 민중운동의 폭발적 증대현상을 보였으며, 그동안 지하화 했던 진보적 요소

들이 부활하였다. 노동쟁의가 수적으로 급격히 증가하였으며, 주로 가두시위와 물리적 충돌 등의 형태로 전개되었고 기존노조의 개편작업과 신규노조결성이 활발히 전개되었다. 공무원노조와 지식인노조운동이 전개되어 교원노조, 은행노조 등이 결성되었다. 학생운동이 활발하여 정치적 또는 국민정신계몽적인 구호를 많이 내걸었으며, 민통련 등 학생운동 조직도 활동하였다.

이 시기에 활동한 함석헌의 사상은 우리나라 철학, 역사학, 신학, 종교학, 언론학, 교육학 등등 다양한 분야에 영향을 크게 미쳤을 뿐만 아니라, 반독재 민주화 운동에 미친 정치사상적 영향도 지대하다. 그는 우리나라 민중주의 정치사상에 대해서도 지대한 영향을 미쳤다. 즉 함석헌 사상은 조선시대 유가적(민본적, 실학적) 민중정치사상, 한말의 반봉건반외세·농민적 민중정치사상, 일제 때의 민족적·무정부주의적 민중정치사상 등에 이어, 그리고 해방 후 다른 휴머니즘이나 사회과학에 기반을 둔 민중정치사상 등과 더불어, 우리나라 민중정치사상을 대표하는 한 흐름이 되었다.[1] 하지만 그간 여러 분야에 걸쳐서 그에 대한 연구들이 있었지만 정치사상 측면에 있어서의 연구는 미미한 실정이다.[2] 해방 후 한국의 현실정치가 반독재 민주화의 방향으로 전개되

---

1) 문성호, "전태일사상과 휴머니즘", 제2회 비판사회학대회 발표논문집, 1999, 123쪽

2) 예컨대 《씨알의 소리》 100호(1989. 4)는 두개의 추모 특집을 싣고 있다. "특집 1 함석헌 선생의 인간과 사상"에서는 "함석헌의 고난사관"(노명식), "언론인으로서의 함석헌"(송건호), "함석헌의 종교사상"(김경재), "함석헌의 대듦, 그 삶과 얼의 생각"(송기득), "함석헌과 동양사상"(김영호), "하늘만 믿은 님(信天翁)과 퀘이커 신앙"(이윤구), "시인 함석헌 연구"(송현) 등의 각 분야 전문가들의 글을 싣고 있으며, "특집 2 함석헌 선생과 나" 부분에서는 "함석헌 선생과 나"(장기려), "위대한 스승 함석헌 선생님"(김대중), "우리 근대사의 양심, 함석헌 옹"(김영삼), "선생님은 4학년, 나는 1학년"(최태사), "우리의 가슴속에 영원히 살아계실 선생님", "나도 중이나 되었으면 ……"(법정), "류영모 선생님과 함석헌 선생님"(서영훈), "민족을 부둥켜 안고 눈물 흘리던 예언자"(김상근), "글쎄 철학자"(원경선), "아직

어왔다고 본다면 함석헌의 민중정치사상은 여기에 대해 커다란 영향을 미쳤다고 평가할 수 있다. 그것도 어떤 외래사조에만 근거한 것이 아니라, 외래사조를 받아들여 나름대로 독창적인 시각으로 소화하여 우리나라 역사와 사상을 새롭게 되돌아보고, 우리나라의 전통적인 민중사상들을 환기하고 재해석하며, 그의 독특한 정치사상을 재구축하는 방식으로서였다.

여기서는 우선 그의 생애와 사회적 조건을 살펴보고, 그 다음 크게 보아 그가 1960년대까지 주로 역사철학적인 측면에서 펼쳤던 민중정치사상 및 1970년대 이후의 씨알론 입장에서 전개한 민중정치사상으로 나누어 검토해 보기로 한다. 그리고 함석헌의 이러한 민중정치사상을 민중신학과 계급론, 현실정치 등의 측면에서 간략히게 평기해 보기로 한다.3)

함석헌은 1901년생으로 오산학교와 동경고등사범에서 수학했고 오산학교에서는 이승훈과 유영모로부터, 동경고등사범에서는 우찌무라(內村鑑三)로부터 사사를 받았다. 그는 당시 오산학교 교장이었던 유영모로부터 《채근담》,《老子》,《大學》등을 배웠고, 그의 중국 고전에 대한 해박한 이해는 이때 받은 교육에 기반하고 있었다. 함석헌은 원래 기독교도였으나 동경고등사범에서 우찌무라 간조의 무교회주의에 심취하여 종교인으로 자처하면서 내내 무교회주의자를 고수하였다. 그는 일제시대에 여러 번 옥중생활을 하였으며, 해방 후에는 신의주 반공학생

채 덜 깼어?"(다나까), "비폭력 평화주의 선생님"(한승헌), "역사의 새 지평을 열면서"(강기철), "함석헌 선생과 씨알사상을 생각함"(장기홍), "그리운 함석헌 선생님"(김승경), "나의 스승, 함석헌님"(배영기), "이제 내가 의지할 곳이 없읍니다"(문대골) 등의 글을 싣고 있다.

3) 이 장과 다음 장의 함석헌과 전태일은 상당 부분 박정희 시대와 연관되어 있으며, 이를 "재야연구"라는 이름으로 천착한 박명림의 연구는 박정희 시대 민중주의 정치사상이 전개된 동태적인 한국정치의 모습을 잘 서술하고 있다. 박명림, "재야연구: 박정희 시대의 민중운동과 민주주의, 1961-1979", 한국정치학회 연례학술회의 자료집(2005년 12월 2일), 303-61쪽

의거의 배후인물로서 공산주의자들에게 뭇매를 맞고 구금당하기도 하
였다.4) 1947년 월남하여 1950년대 초반까지는 종교 활동을 주로 하였
다.

1956년 그의 생애에서 최초로《사상계》기고자가 되어 언론활동을
시작하였다.5) 1956년은 뉴델리 회담설이 조작되어 반공이데올로기에

---

4) 오효진, "싸우는 평화주의자 함석헌",《월간조선》1986년 4월호, pp.196-223.
함석헌의 옥중생활은 다음과 같다. 첫 번째는 1923년 4월 동경에 건너가 입학
시험 준비 중 관동대진재가 일어나 한국인 대상의 대량학살 사건이 일어났을
때 하룻밤 경찰서 유치장생활을 하였으며, 두 번째는 1928년 9월 오산학교 교
사 재직 시 집에 기식하던 오산학교 졸업생이 신의주공산주의자독서회에 참
가하였다가 경찰에 검거되고 함석헌도 ML당 관련 혐의로 정주경찰서에 1주
간 유치되었고, 세 번째는 1940년 2월 김혁의 송산 농사학원을 대신 경영하던
도중 김혁이 동경에서 계우회 사건으로 체포되면서 관련자로서 평양대동경찰
서에 약 1년간 구치되었으며, 네 번째는 1942년 5월 성서조선 사건으로 서대
문형무소에서 1년간 미결수로 복역하였고, 다섯 번째는 1945년 11월 23일 신
의주학생사건 책임자로 소련군 사령부에 체포되어 50일간 구금되었으며, 여섯
번째는 1946년 12월 다시 피검되어 1개월간 옥고를 치렀고, 여섯 번째 1958년
8월《사상계》기고문 "생각하는 백성이라야 산다"가 문제되어 서대문형무소
에 20일간 구금되었으며, 일곱 번째 1976년 3월 1일 신구교 합동미사 후 3·1
민주구국선언 사건으로 입건되어 77년 3월 22일 대법원에서 윤보선 김대중 문
익환과 함께 징역 5년의 확정판결을 받았고, 마지막으로 1980년 가택연금을
당하였다. "함석헌 선생 약력," 김병희 편저,《씨알의 소리소리 함석헌》, 금문
당, 1988, 345-50쪽

5) 함석헌은 언론에 대해서 다음과 같이 말하였다. "일제시대에 친일파라는 말
은 세계에서 제일 자랑하는 일본군보다도 더 무서웠다. 그랬기 때문에 학자
가 감옥에 가는 것을 영광으로 알았고 신문사가 정간·폐간당하는 것을 자
랑으로 여겼다. 활자를 뒤집어 먹으로 박은 것이 나오면 신문이 더 팔리는
데 어찌하겠는가. 그런 기억을 하며 오늘의 동아일보사, 조선일보사를 바라
보면 단번에 불을 지르고 싶은 생각뿐이다. 정신이 다 죽은 휴지 팔아먹기
위한 신문들이 이빨에 걸 것이나 있겠는가. 그럼 그런 생각을 가지고 민중
은 제 눈으로 볼 때 무엇이 뵈나."(함석헌, "십자가에 달린 한국," 전병희
편저,《씨알의 소리소리》, 금문당, 1988, 207쪽) "정부가 강도의 소굴이 되
고, 학교, 교회, 극장, 방송국이 다. 강도의 앞잡이가 되더라도 신문만 살아
있으면 걱정이 없습니다. 사실 옛날 예수·석가·공자의 섰던 자리에 오늘
날은 신문이 서 있습니다. 오늘의 종교는 신문입니다. 신문이 민중을 개우

의하여 정치적 적을 억압하는 가운데 사사오입개헌이 강행되었다. 야당인사 집에 조작된 불온문서 투입사건이 있었으며, 이른바 김성주 불법 살해사건, 한글간소화안 파동, 정비석의 《자유부인》, 문선명의 통일교와 박태선 전도관의 물의, 대처승과 비구승파의 분규, 박인수 사건, '誤植사건'을 빌미로 한 동아일보 1개월 정간사태, "학생을 정치도구화하지 말라"는 사설로 인한 대구매일신보 테러사건 등 당시 시대사조는 냉전과 반공이데올로기 속에서[6] 이성과 양식을 잃었고, 이러한 상황에서 권력은 더욱 횡포를 더해갔다.[7] 함석헌은 《생각하는 백성이라야 산다》는 글에서 당시를 다음과 같이 진단했다.

> 우리가 일본으로부터 해방이 됐다 할 수 있으나 참 해방은 조금도 된 것이 없다. 도리어 전보다 더 참혹한 것은 전에 상전이 하나였던 대신 지금은 둘 셋이다.

고 일으키려면 얼마든지 할 수 있읍니다. …… 그런데 그들이 민중의 눈을 쥐고 입을 쥐고 손발을 쥐고 있으면서 그것을 아니합니다. 그리고 그것을 책망하면 변명하기를 자금이 길을 정부가 꼭 쥐고 있기 때문에 할 수가 없다는 것입니다."(함석헌, "씨알의 소리 창간사")

6) 함석헌은 1957년 《사상계》지에서 "윤형중 신부에게는 할 말 없다"라는 글에서 다음과 같이 말할 정도로 당시 반공이데올로기는 종교인들에게까지 깊이 침투해 있었다. "민중아, 판단하라. 내가 어리석어지리라. 내가 일본 경찰에 잡히기를 네 번 했고, 그중 두번은 거의 살아나올 것을 에기하지 못했고, 공산주의 학생에게 매를 맞아 거꾸러졌으며, 해방 후 소련 군인의 총칼을 열, 스물로 가슴에 겪었고, 공산당에게 맞아 의식을 잃기에 이르렀으며, 내 가족이 남북에 갈라져 유리하는 탓으로 가톨릭의 거룩한 신부의 손으로 공산당의 5열이란 고소를 당하였다. 내가 정말 공산당인가? 설혹 공산당이라 하더라도 그것을 천하에 광고하는 것은 종교가의 할 일일까? 종교가는 그만 두고, 품을 팔아먹는 무식장이도 인간성이 있는 한 차마 못할 것이다. 3천만 대중아, 만천하의 자유인들아, 수만의 독자들아, 천하에 이런 종교가 어디 있나? 이것이 양의 옷을 입은 이리 아닌가?"(함석헌, "윤형중 신부에게는 할 말 없다." 김병희 편저, 《씨알의 소리소리 함석헌》, 금문당, 1988, 110쪽)

7) 송건호, 《한국현대인물사론》, 한길사, 1984, 323-4쪽.

224

일본시대에는 종살이라도 부모형제가 한댁에 살 수 있고 동포가 서로 교류할 수는 있지 않았느냐? 지금은 그것도 못해 부모처자가 남북으로 헤어져 헤매는 나라가 자유는 무슨 자유, 해방은 무슨 해방인가. 남한은 북한을 소련·중공의 꼭두각시라 하고, 북한은 남한을 미국의 꼭두각시라 하니, 남이 볼 때 있는 것은 꼭두각시뿐이지 나라가 아니다. 우리는 나라 없는 백성이다. 6·25는 꼭두각시의 놀음이었다. 민중의 시대에 민중이 살았어야 할 터인데 민중이 죽었으니 남의 꼭두각시밖에 된 것 없지 않은가?[8]

나아가 함석헌은 당시 반공이 지상명제이던 시대에 용기 있게 다음과 같이 말하였다.

전쟁이 지나간 후 서로 이겼노라 했다. 함께 싸움에 서로 이겼노라니 정말은 진 것 아닌가? 어찌 승전 축하를 할까? 슬피 울어도 부족할 일인데, 어느 군인도 어느 장교도 주는 훈장 자랑으로 달고 다녔지 "형제를 죽이고 훈장이 무슨 훈장이냐?" 하고 떼어 던진 것을 보지 못했다. …… 그 간난 중에서도 교회당은 굉장하게 짓고 예배당은 꽃처럼 단장한 사람으로 차지, 어디 베옷 입고 재에 앉았다는 교회를 못 보았다. 다른 나라 원조는 당연히 받을 것으로 알아 부끄러워할 줄 모를 뿐만 아니라 그것을 잘 얻어오는 것이 공로요 솜씨로 알고 원조는 받는다면서, 사실 나라의 뿌리인 농촌은 나날히 말라들어 가는데 대도시에서는 한 집 건너 보석상, 두 집 건너 요리집, 과자집, 그리고 다방, 댄스 홀, 연극장, 미장원이다. 아무 것도 없던 사람도 벼슬만 한번 하고 장교만 되면 큰 집을 턱턱 짓고, 길거리에 넘치는 것은 오늘만을 살고 나만을 생각하는 먹자 놀자의 기분뿐이지 어느 모퉁이에도 허리띠를 졸라매고 먼 앞을 두고 계획을 세워 살자는 비장한 각오를 한 얼굴을 볼 수 없으니 이것이 전쟁 치른 백성인가? 전쟁 중에 있는 국민인가? 이것이 제 동포의 시체 깎아 먹고 살아난 사람들인가?
그리고 선거를 하면 노골적으로 내놓고 사고팔고 억지를 쓰고, 내세

---

8) 함석헌전집 14, 109-20쪽.

우는 것은 북진통일의 구호뿐이요, 내 비위에 거슬리면 빨갱이니, 통일
하는 것은 칼 밖에 모르나?9)

이렇게 당시 사회를 혹독히 비판하였기 때문에 "꼭두각시만 있을 뿐
나라 없는 백성이다"라는 구절을 문제 삼아 구속당하기도 하였다. 그는
1960년대까지는 《사상계》를 통해서, 1970년대에는 《씨알의 소리》를 통
해서 민족사회의 역사적 현실상황의 흐름에 대하여 즉 "형이상학적 상
황"에 대하여 문화적·종교적·윤리적·사상적 비판활동을 줄기차계 계
속했다.

그는 1987년 이한열 장례식과 같은 해 6월 시민항쟁을 병석에서 지
켜보았으며, 1989년 2월 4일 88세를 일기로 사망하였다.

제2절 종교사관과 민중정치사상

(1) 역사철학

함석헌의 1960년대까지 고난사관·뜻사관·민중사관을 한국역사에
적용하고 이에 바탕을 둔 민중정치사상을 전개하였다. 그는 도덕과 정
치를 합일시켜 자연과의 조화를 꾀하는 정치사상을 전개하였으며, 일
제시대와 분단 그리고 한국전쟁을 치르면서 투철한 역사인식에 입각한
독특한 민중정치사상을 구축했다.

그의 역사관은 해방 전 우리나라 근대 사학인 민족사학, 실증사학,
사회경제사학이라는 세 가지 유산 중에서 민족사학을 계승하였다. 그
런데 민족사학은 사회경제사학계로부터 "민족의 얼"이나 "조선심" 등

---

9) 같은 곳.

226

을 거론하는 관념주의자 또는 비과학적, 국수주의적, 주관적, 신비주의
적이거나 역사발전에 대한 인식이 결여되어 있고, 객관적 타당성보다
는 주관적 신념을 중시한다는 등의 비판을 받았다.[10] 어쨌든 민족사학
은 역사해석 문제와 관련하여 실증주의나 유물론 아닌 관념주의적 역
사철학에 의존한다는 비판과 독립운동 과정에서 나타난 국민주의적 내
셔널리즘의 운동으로서 "독립운동의 일환으로서 국사학" 또는 "식민사
학을 거부한 주체적 사학"이라는 평가를 받아왔다.

　이기백 역시 함석헌이 민족주의 사관에 서 있다고 보았다.[11] 그 이
유는 《성서적 입장에서 본 조선역사》가 "신의 의사에 의하여 좌우된
한국사"가 아닌 "한국 민족이 독립된 의지로 움직여 온 역사에 나타난
신의 뜻"을 추적하고 있기 때문이다. 이기백에 따르면 일제시대 민족
사학의 특징은 정신사관에 기초하고 한국사발전의 근본적 요소를 정신
적인 것, 즉 "혼", "얼", "낭가사상", "조선정신", "조선심" 등에서 찾았
다고 본다.[12]

　함석헌 사학이 민족혼과 얼을 일깨우며 그 주체성을 되찾게 하려는
민족주의 사상과 깊이 있게 관련되어 있다는 사실은 《뜻으로 본 한국
역사》로 改題하여 출판하면서 유달영이 쓴 "책끝에 붙이는 글" 속에서
도 잘 나타난다.

　　일제의 식민정책이 본격적으로 극심해져 가던 1935년경에 우리나라
　청년들은 우리나라 역사를 어렴풋이라도 알기가 매우 어려웠다 ……
　이 시절에 《성서조선》지를 발간하던 김교신 선생의 주관 아래 해마다
　전국의 誌友들이 겨울과 여름에 합숙해 가면서 밤과 낮을 이어 역사와
　성경을 공부하였다. 그 목적은 이 민족이 이 참담한 시련 속에서 아주
　망해 버리지 않게 민족정신의 뿌리를 마련해 놓기 위해서였다 …… 그

---

10) 이우성·강만길 편, 《한국의 역사인식(하)》, 서울: 창작과 비평사, 1971.
11) 이기백, 《한국사학의 방향》, 서울: 일조각, 1978, 64쪽.
12) 같은 책, 64-8쪽.

당시에 우리들은 풀무로 달구어진 쇠처럼 되어 함선생님의《성서적 입장에서 본 조선역사》,《성서적 입장에서 본 세계역사》 및《교회사》의 강의를 들었다. …… 이《성서적 입장에서 본 조선역사》는《성서조선》에 다달이 연재되어 갔었으나 때로는 전문 삭제되기도 하고 실리더라도 一言一句에 이르기까지 조선 총독부의 엄격한 검열을 통과해야 하였었다.13)

함석헌 스스로도 "국가라는 외형은 잃었더라도 정신만 살아 있으면 민족은 살아 있는 것이며 따라서 언제고 반드시 독립을 되찾을 수 있다"고 하여 정신사관에 서 있음을 분명히 하였다.

그러나 함석헌의 사상을 단순히 민족주의로만 묶기에는 그의 특유한 기독교적 보편주의와 고난을 통한 대속적 기녹교신앙을 밑바닥에 깐 민중주의 사상 및 고난사관을 설명할 길이 없다. 함석헌의 1차적인 관심사는 민족의 실체인 씨알의 공동체, 곧 민중의 생명회복에 있었기 때문이다.

함석헌의 민중주의 사상의 기초는 그의 대표작《뜻으로 본 한국역사》에서 잘 드러난다. 함석헌은 한국사에 대한 기독교적 해석을 하고 있다는 점에서 그리고 민족에 강조점이 두어지긴 하지만 민족 "정신"을 강조하는 보편성을 추구하고 있다는 점에서, 함석헌을 단순히 일제에 저항하는 민족주의 사학자로만 규정하기보다는 종교 즉 기독교에 근거한 "역사철학자" 즉 한국역사에 대한 검토와 성찰을 통하여 나름대로 독특한 역사철학을 성취해낸 사상가로서 평가할 필요가 있다.

당시 역사철학은 세계적으로 역사관념주의(historical idealisn)와 역사실증주의(historical positivism) 입장이 서로 날카롭게 대립하고 있었다. 전자는 역사에 대한 이해나 설명은 고유한 과학적 연구에서 추구되는 것과는 다르다는 것이며, 후자는 역사를 따로 떼어내어 비판하는

---

13)《뜻으로 본 한국역사》, "책끝에 붙이는 글", 1965, 454쪽.

228

것을 정당화할 만큼 기본적인 특색은 없으며, 역사과학적 지식도 학문 일반의 엄격한 객관성과 법칙성을 적용하여 事實 자체를 실증적 자세로 설명 확증해야 한다고 보았다. 함석헌의 경우 딜타이, 크로체, 콜링우드, 오우크쇼트 등 대표적 역사관념주의자들의 풍부한 유산을 물려받아 뚜렷한 정신사관에 서 있었다.[14]

19세기 생철학자 딜타이는 인간의 삶이란 체험의 과정이요, 체험은 표현되고, 표현된 것은 이해라는 해석학적 과정을 통해 다른 사람들 삶의 체험 내용이 추체험된다고 보았다. 즉 딜타이와 크로체는 정신과학은 인간이 행위하고 경험한 것은 인간체험의 감정과 정서까지를 포함해서 그들의 체험을 내부로부터 추체험하여 이해할 수 있다고 보았다. 콜링우드의 경우 과거 인간행위와 경험의 총체를 다시 추체험하여 이해하는 것이 역사학의 본질이 아니라 오직 '思想'만이 역사의 주제가 될 수 있다고 보았다.[15] 함석헌은 역사이해란 개인과 전체, 삶의 주체적 체험과 역사의 뼈대와 같은 사상의 이해가 불가분리의 관계에 있다고 보았다.

> 사실은 두 면이 있다. 인생과 역사다. …… 여기서부터 우리 살림의 두 원칙인 개인적 생활 체험과 세계적 역사 이해가 나온다. 생활 체험이라는 것은 개인이 자기의 존재를 한 개 저만으로, 값을 가지는 인격적인 것으로 알고 파 들어가고, 붙잡고, 나타내려는 데서 나오는 것이요, 역사 이해란 것을 자기를 뜻 있는 관련으로 보는 세계체계 속에 있는 것으로 보아, 돌아보고, 들여다보고, 내려다보는 데서 나오는 것이다. 하나를 나무의 씨라면 하나는 그 숲이다. 씨를 매자는 것이 숲이요, 숲을 이루잔 것이 씨다. …… 자아에 철저하지 못한 믿음 돌짝 밭에 떨어진 씨요, 역사이해 없는 믿음 가시덤불에 난 곡식이다.[16]

---

14) 이상철, "이해," 한국사회과학연구소 편, 《사회과학의 철학》, 민음사, 1980, 218-49쪽. 참조.

15) 김경재, "뜻·역사·민족", 《씨알·인간·역사》(함석헌선생팔순기념문집), 서울: 한길사, 1982, 58쪽.

함석헌의 정신사관은 바로 이 전체와 개체는 곧 하나라는 철학에 서 있었다. 함석헌은 "말씀의 전개가 역사다"고 한다. 말씀이란 로고스의 우리말 번역어이다. 로고스란 우주정신이요, 우주 마음이요 존재의 빛이며 질서며 능력이다. 로고스는 뜻이요 의지이다. 곧 로고스의 전개 곧 뜻의 전개, 의지의 관철이 역사라는 말이고 보았다. 함석헌은 E. H. 카아와 마찬가지로 역사는 살아있는 과거이며 역사는 새 세계관을 지어내는(鑄造) 풀무라고 말한다.17) 역사철학의 입장에서 볼 때 역사학의 가치는 인간이 무엇을 행했는가를 가르쳐주고 그리하여 인간이란 무엇인지를 가르쳐주려는 데 있다. 따라서 훌륭한 역사가는 자신의 모든 역사적 진술을 유효한 사료에 의거해야 할 뿐만 아니라 어떤 사료가 유효하서 진실인가를 결정헤야 한다. 함석헌은 역사에는 한줄기 뜻이 흐름 혹은 유기적 생명체로서의 흐름과 계승이 있다고 보며, 바로 역사는 이 뜻의 파악과 뜻의 풀이와 뜻의 이어감에 있다고 보았다. 이 뜻은 영원자의 뜻이면서 인간의 뜻이라는 것이다. 콜링우드는 역사적 인식은 사고를 고유한 대상으로 하며, 역사적 사고는 항상 반성적 사고라고 언급한 바 있다.18) 함석헌은 콜링우드가 '사상'의 인식과 이해라고 한 것을 그보다 더 포괄적인 '뜻'이라는 용어를 썼다. "역사적 기록은 개개의 사실을 자료로 삼아 가지고 옹근 하나인 산 것을 드러내는 것이어야 한다. 그러나 그 드러낸다는 것은 현상적인 드러냄이 아니라 뜻의 드러냄이므로 그 기록은 단순한 기록이라기보다는 차라리 풀이(解釋)라 함이 나을 것이다."19)

결국 함석헌의 정신사관, "뜻의 정신사관"은 역사의 잡다한 변화와

---

16) 함석헌, 《뜻으로 본 한국역사》, 서울: 숭의사, 1963, 21쪽.
　　함석헌전집 1 《뜻으로 본 한국역사》, 서울: 한길사, 1983, 27-8쪽.
17) 함석헌, 《뜻으로 본 한국역사》, 서울: 숭의사, 1963, 32쪽.
18) R. G. Collingwood(소광희 손동현 공역), 《역사의 인식》, 서울: 경문사, 1979, 제5부.
19) 같은 책, 33쪽.

현상을 꿰뚫어 현상 배후의 것이 아니라 현상을 통해 드러나는 불변적인 뜻, 통일성과 하나인 것, 변화하는 역사전개의 속뜻을 밝혀 보려는 데 있었다.[20]

과학자가 찾는 법칙은 기계적인, 관계적인 것이다. 그는 지적 탐색에 의하여 알 수 있는 것이지만 우리가 역사의 뒤에서 찾는 불변자는 그런 기계적 불변자가 아니고, 인격적 불변자다. 관계적인 자가 아니라 독자적인 자다. 고정적 불변자가 아니라 성장적 불변자요, 반복적 불변자가 아니라, 창조적 불변자다. 흔히 '역사적 법칙'이라고 말하지만 우리가 찾는 것은 법칙이 아니요 생명이다. 역사에는 자연과학에서 말하는 그런 법칙은 없다. …… 그러므로 법칙이 아니요 뜻이다. 역사는 하나의 뜻을 완성하기 위하여 자라는 하나인 것이다. 이 하나인 것이 있어서 늘 끊임없이 생명의 流轉相을 보게 되는 것이다. 개인의 일생을 이루는 모든 행동의 뒤에 인격의 주체를 인정하지 않을 수 없는 것같이 세계사의 뒤에도 하나의 주체가 선다.[21]

(2) 고난사관 · 뜻사관 · 민중사관

함석헌의 사관의 바탕은 기독교, 즉 성경이다. 《성서적 입장에서 본 조선역사》를 해방 후인 1950년 다시 출간할 때에도 "성서적 입장"을 책제목으로 고수하는 이유를 다음과 같이 밝히고 있다.

'성서적 입장에서 본'이라는 제목의 귀절이 일반 사람에게는 걸림이 될 듯하다. 빼면 어떤가 하는 의견이 잠깐 나왔으나 그것은 사슴에게서 뿔을 자르는 것 같아 그대로 두기로 하였다. 이 글이 이 글된 까닭은 성경에 있다. 쓴 사람의 생각으로는 성경적 입장에서도 역사를 쓸

---

20) 같은 책, 37쪽.
21) 함석헌, 《역사와 민족》, 서울: 제일출판사, 1973, 17쪽.

수 있는 것이 아니라, 성격의 자리에서만 역사를 쓸 수 있다. 똑바른 말로는 역사철학은 성경 밖에는 없기 때문이다. 서양에도 없고 동양에도 없다. 역사는 시간을 인격으로 보는 이 성경의 자리에서만 쓸 수 있다.[22]

함석헌의 종교적 사관은 성서적 신관 곧 창조주 하나님 신앙에 기초하고 있다.[23] 그는 역사란 뜻의 실현과 펼침과 드러냄의 역사요, 만물 안에서, 만물을 통하여, 만물과 함께 그 뜻을 펼쳐 내고 창조해 가는 창조주의 섭리의 역사라고 보았다. 그는 또 역사 과정을 꿰뚫는 뜻의 구체적 본질은 도덕적 성숙과 자유의식의 점진적 확산·심화과정으로 본다. 함석헌의 종교사관 속에는 칸트적인 이성의 권위와 그 한계를 아는 이성주의자, 생명의 본질을 도덕적 인격의 성숙과 자람으로 파악하는 진화론자의 모습이 들어 있다. "한국의 역사는 고난의 역사"라는 선언에서 극명하게 나타나는 그의 고난사관은 한국의 지리와 민족과 역사의 변천이 우리 민족의 고난을 말해 준다고 본다. 삼전도의 부끄러움을 씻으려고 임경업이 회천대의 큰 뜻을 품었건만 이미 골수까지 썩어 문드러진 조정대신은 그를 역적으로 몰아 죽였다. 함석헌의 고난사관은 임경업의 죽음에 대한 해석에서 수난의 종, 영원한 믿음의 사람의 신앙고백을 찾아낸다. 함석헌은 병자호란이 지나간 2년 후 임경업이 의주부윤으로 있을 때 임금에게 올린 《陳灣上便宜及軍務疏》 마지막 조를 다음과 같이 번역하고 있다.

---

22) 《뜻으로 본 한국역사》(함석헌전집 1), 12쪽.

23) 김영호는 함석헌의 고난사관이 석가의 수행의 출발점인 삶을 둘러싼 "일체가 괴롭다"(一切皆苦)는 원리의 확대적용으로 볼 수 있으며, 함석헌의 전체적인 사상내용을 불교의 기본 교리(四聖諦, 緣起, 無我)에 비추어보면 꽤나 비슷한 점이 많고, 적어도 어긋나는 것이 없음을 알 수 있다고 보았다. 김영호, "함석헌과 동양사상", 씨알의 소리, 통권 100호 기념호, 86쪽.

　六은 왈, 敬天災니, 옛 사람이 말이 있어 이르기를 임금의 잠깐 하는 한 생각의 아름다운 것이 빛난 구름 단 이슬 같고, 잠깐 하는 한 생각의 모진 것이 사나운 바람 닥치는 우뢰 같다 하니, 그 말이 참 옳습니다. 하늘이 미워하는 것은 곧 사랑하는 것입니다. 대개 재앙이 있을 때에 공경하면 재앙이 재앙이 되지 않는 것이요, 공경하는 마음이 없으면 위태롭고 망하는 일이 올 것입니다. 오늘 天災地變物怪가 자주자주 일어나는 것은 참으로 임금님의 복입니다. 바라건대 상감께서는 재앙을 만나시고 더욱 덕을 것을 닦으시어 재앙을 변하여 상서로운 것이 되게 하시며 화를 면하여 복이 되게 하시기를 바랍니다.[24]

이에 대해서 함석헌은 "사실 이제까지의 모든 환난은 이 수난의 민족의 입에서 이 한 말을 듣기 위한 것 아니었던가? …… 이제 눌린 자의 입에서 이 화해의 뉘우침과 절대 신뢰, 절대 긍정의 말이 나왔고, 역사 위에 뚜렷이 남게 됐다. 이것이 어찌 임경업 한 사람의 말일까? 무너진 터에서 올라오는 한 새싹이다"라고 평가하였다.[25] 함석헌은 우리 민족의 평면적 인생관과 기복주의적·숙명론적 생의 철학을 뒤집어 놓기 위하여, 굳센 의지의 자각과 고결한 혼을 가다듬어 우리 민족성의 본바탕을 드러내기 위하여, 생명의 한 단계 더 높은 진화를 가져올 새 종교를 찾아내기 위하여, 낡은 종교와 이데올로기의 모든 미신과 이기적 당파성을 정화하기 위하여 보다 엄숙한 고난이 필요하고 그 고난을 받아 감당해야 한다고 말한다.[26]

---

24) 함석헌전집 1, 231-2쪽.

25) 같은 책, 233쪽.

26) 같은 책, 317쪽.

(3) 고난사관의 한국사 적용

1) 뜻사관

함석헌 역사철학의 실체는 고난사관이다. 여기서는《뜻으로 본 한국 역사》의 1983년도 한길사판을 중심으로 그의 고난사관의 윤곽을 분석하고, 이를 한국민중사의 자리매김이라는 차원에서 평가해보도록 한다.

함석헌은 역사란 끝 혹은 목적을 가지고 있는 동시에 그 끝을 지향하고 있다고 본다. 그는 성경사관 외의 모든 사관은 역사를 진전 아닌 되풀이 과정으로 본다고 주장한다. 그래서 현재의 인류도 장래에는 그 엉뚱한 것, 즉 뜻이 있는 것으로 변할 것이라고 보았다. 이런 맥락에서 참된 사관은 종교적인 것이라고 한다. 즉 참역사는 역사를 뛰어넘는 자리에서만 볼 수 있다고 하면서, 종교란 우주와 인생 속에 있으면서도 우주와 인생을 뛰어 넘는 것이므로 참역사는 종교적인 자리에 서야 했다. 즉 함석헌의 인식론적 근거는 무교회주의라는 입장에 두었다. 즉 성경은 각자에게 자기 방식대로 직접 하느님 대하는 법을 가르쳐준다는 것이다.

함석헌은 역사의 삼요소로 지리, 민족, 하느님의 뜻 세 가지를 들면서 이를 각각 무대, 배우, 각본에 비유하고 있다. 그는 한국의 경우 지리는 수난의 집으로 마련되었고, 민족에 대해서는 옛 한국인의 기상은 대민족다웠으나 현재는 국민적 이상을 상실한 상태라고 보았다. 뜻이라는 요소의 경우 "한국역사는 고난의 역사"라 하여 그의 핵심 테마였다. 그는 한국사에 있어 가장 불행한 사건으로서 뜻(각본)의 변경이 삼국시대 때 정신과 종교라는 "심각성"의 부족 때문에 일어났다고 보았다. 그에 의하면 하느님은 이를 보여주려고 우리 민족에게 고난을 내렸다. 그는 이제 이러한 고난사관에 입각하여 이후의 한국사를 해석하게 된다.

2) 한국사 적용

맨 처음 단군 조선은 우리 역사의 당당한 출발이었으나 고구려의 패망 이후 앞서 언급한 각본의 변경이라는 대전환이 일어나 비극이 시작되었다. 그에 의하면 신라의 삼국통일은 자기와 만주를 "잃었다"는 의의를 가질 뿐이며, 단지 중국을 모방할 따름이고, 고려가 실패한 원인은 민족적 이상을 자각하지 못하고 잃어버린 자기를 찾지 않은 데에 있었다.

그에 의하면 고려시대는 민족주체의식이 상승, 하강하는 세시기로 구분될 수 있는데 그중에서 마지막 세 번째 상승기는 공민왕의 북벌경영 및 우왕 14년 최영의 북벌계획이었다. 함석헌은 이때 한민족을 시험하는 섭리(뜻)는 최영과 이성계라는 두 상반되는 정신과 사상을 내렸다고 해석한다. 즉 최영이 이상주의, 자주독립적인 진취성, 의리 등을 대변하고, 봄의 개화, 아벨, 유하혜, 흥부 등으로 상징되는 반면, 이성계는 현실주의, 시대예속적 보수성, 권리 등을 대변하고, 봄바람, 카인, 도척, 놀부 등으로 상징된다. 결국 고려시대 마지막 하강기는 이성계의 위화도 회군과 최영에 대한 그의 승리로부터 비롯된다. 따라서 함석헌은 최영의 패배가 "단군과 동명왕이 패하고, 사대존주의 정치철학이 확고해지며, 만주를 완전히 상실하고, 집, 양심, 자기를 잊은 날"로 기록되었다고 보았다.

그러므로 조선시대는 "수난의 시대"인 동시에 국민적 이상이 상실되었기 때문에 "중축이 부러진 역사"일 수밖에 없었다. 함석헌의 이런 해석은 단종의 비극에 대한 해석에서 잘 나타난다. 역사상의 기록에 따르면 수양대군은 명군이고, 단종을 죽인 정인지와 신숙주, 그리고 김종서 죽임을 환영한 최 항 등의 집현전 학사들은 명신이라고 되어 있는데, 이는 "선왕(세종)지도"인 유교 도덕과 대외 명분론에 근거한다.

함석헌에 따르면 사육신은 셰익스피어와 괴테는 못 읽더라도 한국

사람이라면 꼭 알아두어야 할 것으로서, 이들은 세조 및 우리 모두가 지은 죄 값을 대신 치르고 이 민족에게도 의가 있음을 증명했다고 하여 높이 평가한다. 그는 이런 살인의 역사의 원인은 정신이상에 있다고 해석하였다. 즉 의인을 모르는 양심은 미치지 않을 수 없으며, 그러한 정신이상의 고질화가 곧 당쟁이고 그에 대한 업보는 임진왜란과 병자호란 등으로 나타났다는 것이다. 그런데 뜻사관에서 보면 당쟁의 원인은 근본적으로는 "민족의 살림이 작아지기 시작한 삼국시대의 만주 상실에까지 거슬러 올라가게 된다."

끝으로 해방 후 민중의식이 자유의식으로까지 고양되지 못한 이유는 첫째 가난, 둘째 외국의 간섭, 셋째 정치인의 과오, 넷째 국민정신의 취약, 다섯째 구민저 판단잘못 등에 있다고 보았다. 그리고 4·19의 5·16 같은 학생과 군인의 대립을 극복하기 위해서는 덕성의 회복이 필요하다고 주장하였다.

3) 고난사관

함석헌은 민중계급의 발달이 없어 근대화에 실패하고 식민지로 전락하며 분단이 초래된 근본원인은 민중이 할 말을 못한 데 있다고 하면서, 한국의 역사를 무언극에 비유하고, 민중문학이 없는 민족, 민권의 발달이 전혀 없는 나라, 무표정의 국민, 죽지 않기 위해 말을 하지 않아온 역사, 陰性의 역사, 여론 없는 역사, 공론 없는 사회를 개탄하였다.

우리나라 역사는 벙어리 역사다. 무언극이다. 이 민중은 입이 없다. 표정이 없다. 사람인 이상 입이 없으리오만 있고도 말을 아니하고 자라온 민중이다. 사람인 다음에야 속이 없으리오만 그 속을 나타내지 않고 살아온 사람들이다. 할 말이 없어서일까? 아니 있다면 세계 어느 나라의 민중보다도 할 말이 많을 것이다. 입으로는 할 수 없는 말을 가슴에 사무치게 가진 사람들이다. 그러면서도 발표할 생각을 하지 않앉다. 5천년 역사라면서 민중의 문자가 생긴 것은 겨우 5백 년 전이요, 순수한 민중문학이 없는 민족, 민권의 발달은 전혀 보지 못한 나라, 그리하여 남들이 민족혁명을 하고 민족적인 자본주의 사회를 만들어내는 데에 있어서도 제일 뒤떨어져서 못하고 感動歌 정도를 땅속에서 우는 버러지 같이 조금하다가 말고는 그저 식민지로 내려왔다. …… 시시비비의 판단이야 없지 않지만 있는 소감을 발표했다가는 언제 판국이 바뀌어 어떻게 죽을지 모른다는 것을 오랜 역사의 경험에 비추어 알기 때문에 구차한 목숨 하나를 보전하기 위하여 그들은 벙어리가 되기로 했다. 그러나 민중이 무표정이면 무표정일수록 구경하는 격이 되면 될수록 특권자들의 싸움은 점점 더 노골적이 되고 압박은 더욱 거리낌 없이 하게 된다. 그러면 비겁한 민중은 더욱 더 무표정한 구경꾼이 됐다. 이리하여 원인이 결과를 낳고 결과가 원인이 되어 세계에서 다시 볼 수 없는 무언극의 역사는 이루어졌다. 참혹하지 않은가? 비통하지 않은가? 무언극이라니 생의 가장 적은 벗댐이다. 생명은 가만 못 있는 것, 말을 해야 할 터인데, 하면 죽을 것이므로 하지도 아니하지도 못하는 것이 무언극이다. 꿈틀거림이다. 《죽기전 한번 움직거림》이다. 이런 음성의 역사가 어디 있나? 독자여, 그대와 나는 다 이런 陰性의 역사에서 같이 나온 존재이다.[27]

그는 이어서 그러한 관점에서 여론 없는 한국역사가 어떻게 전개되었는지 다음과 같이 해석한다.

이 음성의 벗댐이 풍수설로도 되고 정감록으로도 되고 《간다 노자》, 《아리랑》으로 되고 "나라는 우리나라냐 너희 나라지. 싸움을 하거나 말거나 우리와 관계가 없다. 나라는 너 될대로 되라 해라. 우리는 우리의 이 구차한 모가지 하나를 안구는 것과 새끼를 치는 것을 단 하나의 일로 삼겠다" 하는 태도로 되버리다가 그래도 생명의 명령을 마지막까지 어길 수 없어서, 그래도 사람이어서 터져나온 것이 홍경래요, 최제우요, 전

---

27) 함석헌, "할 말 있다," 《사상계》, 1957년 3월호, 전대열 편저, 《싸우는 평화주의자》 동광출판사, 1982. 189-203쪽.

봉준이었다. 제주도나 6 · 25 때 주었다 빼앗기가 심했던 지방에 가 본 사람은 이 사정을 잘 알 것이다. 그런 지방 사람들은 도무지 무엇을 물어도 대꾸를 하지 않는다. 국군 · 공산군을 너무 여러 번 겪었기 때문에 살기 위해서는 시비고 선악이고 다 모르고 무표정이 제일이라 생각하기 때문이다. 수복지구의 정치가 어려운 이유가 여기 있다.[28]

함석헌의 고난사관의 논지는 다음과 같이 요약될 수 있다. 즉 인류 역사는 고난의 역사이며 "고난은 생명의 한 원리(간디)"이며, 우리 민족의 사명은 세계사에서 나타나는 온갖 불의에 대한 값을 대신 치르는 것이다.

그리고 함석헌은 고난사관과 역사적 자유개념을 서로 관련지어 그의 독특한 자유론을 개진하고 있다. "그저 고난의 역사가 스스로 나타났을 뿐이다. 제가 제 까닭이다(自由). 그러므로 고(苦)는 생명의 근본원리이다. 고를 통해 자유에 이른다."

그런데 원래의 역사적 자유개념이 이를테면 자연환경, 유전, 조건반사, 사회적 압력, 법적제한, 무의식적 자극 등과 같은 객관적 제약을 초월하고자 하는 인간의 자각적인 해방운동을 뜻하는 것이라고 볼 때, 이상과 같은 함석헌의 고난사관에서 귀결되는 자유개념은 일종의 숙명주의적 측면을 드러낸 것이 되며 이는 함석헌 고난사관의 한계로 해석될 수 있다.

4) 민중사관

힘삭헌에게 있어 민중사관은 고난사관 · 뜻사관과 같은 연장선상에 놓여 있다.

씨알(민중)은 역사의 밑바닥에서 이름도 빛도 없이 역사를 실질적으

---

28) 함석헌, 같은 곳.

로 담당하고 창조하는 주체이다. 씨알은 "앞선 영원(과거 역사)의 총결산이요, 뒤에 올 영원(미래 역사)의 맨 꼭지다." 씨알은 새시대를 낳는 산모요 씨알이 역사 속에서 당하는 모든 고통은 새시대 새공동체를 낳는 진통이다.[29] 역사의 변혁 참혁명은 위로부터 일어날 수 없고 역사의 바닥에서 씨알에 의해서만 일어날 수 있다.[30] 지금까지 당한 인류의 모든 고난은 씨알의 시대를 열기 위한 몸부림이었으며, 씨알사상은 씨알의 시대가 다가온다는 투철한 역사의식을 깔고 있다. 씨알의 시대를 가로막는 것은 지배자들과 영웅들이다. 이들이 씨알을 짓밟고 으스대면서 역사를 피로 물들이지만 말없이 일한 씨알들이 역사를 푸른 생명의 동산으로 이끌어 간다는 것이다.[31]

함석헌에 의하면 씨알은 "세상 죄를 지고 가는 어린 양"이며 고난 받음으로 주인 됨을 배우는 존재요, 자신이 죽음으로 남을 살리는 존재이다.[32] 씨알의 이러한 삶은 선택하기 전에 역사적으로 주어진 것이며, 지배자들에 의해 강요된 삶이다. 그러나 씨알은 마지못해 피동적으로 살아온 것이 아니라 창조적으로 슬기 있게 그들의 삶을 살아 왔다.

함석헌에 의하면 역사의 밑바닥에서 세상의 온갖 짐을 짊어진 씨알은 세상의 죄를 지고 십자가에 달린 그리스도와 같다. 제3세계의 모든 씨알이 "덮어 누르는 불의의 고난에서이기고 나와서 제 노릇을 하면 인류는 구원을 얻는다."[33] 인류의 역사적 운명은 씨알에게 달려 있다고 보았다.

---

29) 함석헌전집 4, "씨알의 설움," 76쪽.

30) 함석헌전집 12, "씨알혁명의 꿈," 113쪽.

31) 함석헌전집 8, "이름도 없는 사람들," 135-6쪽, "아이레노포이오이," 81쪽.

32) 함석헌전집 8, "이름도 없는 사람들," 136쪽.

33) 함석헌전집 1, 《뜻으로 본 한국역사》, 330쪽.

5) 민족의 도덕성 회복: 동학과 기독교

그렇다면 그 대안으로 무엇이 있을까? 동학이라는 민중종교를 꼽을 수 있다. 그러나 함석헌은 이에 대해 부정적이다.[34] 하지만 동학은 함석헌이 누누이 말하던 바로 그 "민족적 자기회복 운동"에 있어서 하나의 생생하고 전형적인 사례로 평가될 수 있다고 볼 때, 이에 대한 그의 부정적인 생각은 이해하기 힘든 면이 있다. 반면 함석헌이 학수고대하는 민족적 이상의 바탕이 되는 동시에 새로운 정신적 각성인 것의 실체는 결국 기독교적 의미의 "내면적 자유에 근거한 믿음"인 것으로 나타난다. 결국 함석헌은 끝까지 기독교의 역사철학을 고수하고 있다.

함석헌이 말하는 "뜻"은 하느님의 섭리, 아가페, 역사적 필연 등을 그 의미내용으로 하고 있다. 그런데 이는 부분적으로 우리나라 전래의 샤머니즘적인 숙명론에 접근하는 일면을 내포하고 있다. 함석헌의 뜻사관이 샤머니즘과 다른 점은 역사에 있어서 도덕성과 양심을 재평가한 데에 있다. 이 경우 고난사관은 도덕사관과 동의어이다. 그런데 도덕은 함석헌이 말하고 있듯이 힘이나 권력과는 상반되는 것이며, 그것은 양심, 자기, 민중이 소유하고 있는 것이기도 하다. 그러므로 고난사관은 민중사관의 한 형태라고 볼 수 있다. 민중의 끝없는 고난에 대한 보상은 함석헌의 경우 영원 후의 극락이라는 "믿음"에 두고 있는 것으로 보인다. 서양에서 천년왕국설로 나타난 바 있는 이 같은 역사에 대한 믿음이 역사를 움직이는 커다란 동력이었다는 점은 분명한 사실이다. 기독교로부터 자신의 뜻사관을 개념화하는 함석헌은 결국 기독교 교리를 도덕의 담보물로 해석하였다.

이상과 같이 함석헌의 뜻사관이 기독교에 근거하고 있다고 해석할 수 있는 근거는 "하느님은 인간을 완성하기 위하여 인간에게 도덕, 자유의지, 양심을 넣어 주었다", "인간은 우주에서 도덕적 책임자이고 따

---

34) 함석헌, 《뜻으로 본 한국역사》

라서 역사란 도덕적 의미 활동이다"는 등의 언급들에서도 잘 입증되고 있다.

고난사관과 뜻사관에 입각하여 한국사를 정리하면서 함석헌이 줄곧 강조한 만주의 중요성에 대해서이다. 그는 심지어 이조 당쟁의 원인이 바로 삼국시대 만주의 상실에 있다고까지 보았다.[35] 경제적으로 왜소 해졌으므로 한정된 땅을 놓고 많은 양반들이 다툴 수밖에 없었다는 것 이다. 함석헌의 이 같은 해석은 고난사관이나 뜻사관과는 대립적이거 나 직접적으로 연관이 없는 해석이 되고 만다.

그런데 함석헌에게 있어서 상호대립적인 것으로 비쳐지는 뜻사관과 경제사관을 연결시켜 주는 매개개념은 "민족(또는 민족적 이상)"인 것 으로 이해할 수 있다. 함석헌에게 있어 민족적 이상이라는 개념은 "잃 어버린 자기회복", "하느님과의 진정한 관계회복", "내면적 자기회복", "도덕성과 양심의 회복", "덕이나 믿음" 등으로 표현되고 있다. 그러나 《뜻으로 본 한국역사》라는 저작의 전체적 맥락에서 보았을 때 민족적 이상이 뜻하는 바는 북벌이나 북진과 같은 만주의 회복인 것으로 나타 나고 있는 게 사실이다. 함석헌에게 있어서 만주는 요컨대 민족적 이 상의 실체로서 회복되어야 하는 그 어떤 것이었다.

함석헌의 이상과 같은 인식방법에 대해서는 다음과 같은 분석이 가 능하다. 즉 이때 강조점이 만주와 같은 실지의 회복이라는 점에 치중 하여 해석할 경우, 그러한 인식체계는 한국사에 대한 검토에 근거한 것이면서도, 동시에 실지회복 주장에 대한 단순한 논리의 확장을 통해 서 도달할 수 있는 하나의 제국주의논리로 귀착될 가능성도 있다. 그 러나 덕과 도덕의 회복이라는 측면에 치중하여 이를 해석하는 경우, 우리나라 고유의 사상과 접맥된 기독교사상의 한국적 토착화를 기약할 수 있는 계기를 마련한 것으로 평가할 수 있게 된다. 함석헌이 여전히 기독교사관을 고수하고 있다는 점에 비추어 보았을 때 후자가 보다 더

---

35) 함석헌, 《뜻으로 본 한국역사》

올바른 평가가 될 것이다.

결과적으로 함석헌의 기독교 사관에 입각한 한국사 해석은 역사·도덕·정치를 결합시키면서 한국민중과 한국민중의 도덕성 및 한국사에 대한 성찰에 바탕을 둔 역사철학 등에 대한 그의 애정 어린 관심으로부터 나온 것이라고 평가할 수 있다.

(4) 역사철학과 고난사관의 의의

함석헌 사상의 기조는 김동길 교수와의 대담에서 밝히고 있는 것처럼,[36] 기독교사상, 나라사랑, 과학 등 이 셋으로 이루어져 있다. 여기서 과학은 오늘날 주류를 형성하고 있는 실증주의사관에서 이미 보편적이 되었으며, 나라사랑이라는 축 역시 일제시대 당시 민족주의 사관에서 엿볼 수 있는 것처럼 함석헌에게만 새로운 것이 아니었다.

결국 기독교 사상에서 출발한 고난사관과 뜻사관 만이 함석헌사상의 독창성의 극치이며, 이를 다른 두 기조들과 효과적으로 접맥시킨데 그 창조적 사상의 가치가 있다고 볼 수 있다. 함석헌도 처음에는 기독교만이 참종교이며 참의미의 역사철학은 성서에만 있다고 보았다. 그리고 한국의 고난은 예수의 고난과 마찬가지로 영광스러운 것이라고 생각했다. 그러나 1965년 출판된《뜻으로 본 한국역사》네 번째 판에서 함석헌은 이제 모든 종교는 결국 하나이며 역사철학은 성경에만 있는 것은 아니라고 보고, "믿는 사람만이 의롭다 하여 천국에 가서는 캄캄한 지옥에서 영원한 고통을 받는 보다 많은 중생들을 굽어보면서 즐거워하는 그런 종교"를 포기한다. 이때 와서 함석헌은 기독교가 실패했다고 보게 되었다.[37]

---

36) 함석헌전집 1,《뜻으로 본 한국역사 후반부》, 381-407쪽.
37) 함석헌, "네 번째 판에 부치는 말,"《뜻으로 본 한국역사》, 한길사, 1983,

242

(5) 뜻사관과 역사철학적 민중사상

함석헌의 뜻사관에서 가장 핵심적인 문제는 다음과 같이 지적해볼 수 있다.

역사에는 과연 뜻이라는 것이 존재하는가? 예컨대 베르쟈에프, 칼 바르트, 니이버, 틸리히, 토인비 등의 역사철학자들에게서 볼 수 있는 것처럼, 역사를 초월하는 신앙을 통해서만 역사의 의미 즉 뜻을 발견할 수 있다는 기독교적 역사해석이 현대 세계를 풍미하고 있으나, 그러한 해석은 반역사적이고 역사를 신학에 종속시키는 것은 아닐까? 기독교적 역사해석에 대한 뢰비트의 다음과 같은 지적은 기독교 사관에 대신할 대안적 역사해석이 이제 무엇이어야 하는가에 대해서 시사하는 바가 크다.

> 역사 문제는 그것 자체의 전망 안에서는 대답되어질 수 없다. 역사 과정 그 자체는 포괄적이고 궁극적인 의미에 대해서 최소한의 자명성조차 가지고 있지 않다. 역사 그 자체는 아무런 결과도 가지고 있지 않다. 역사 문제는 과거나 지금이나 내재적 해결을 기할 수 없다. 역사적인 세계종교인 기독교조차 완전한 실패작이다.[38]

그러나 뢰비트조차도 "포괄적이고 궁극적인 의미"[39]를 역사인식의 전제로 삼고 있다는 점에서 함석헌의 뜻사관과 크게 다른 것은 아니다. 미래의 비전과 관련하여 기독교적 역사해석이 수동적이거나 숙명론적인 태도에 빠지지 않기 위해서는 역사를 변증법적으로 인식할 필요가 있다. 말하자면 함석헌이 말하는 "민족정기의 확립" 문제보다 선행하거나 적어도 그와 동시적으로 민중에 대한 사회경제사적 토대를

______

15-22쪽.

[38] 칼 뢰빗트(이석우 역), 《역사의 의미》, 예조각, 1977, 5.쪽

[39] 칼 뢰빗트(이석우 역), 《역사의 의미》, 같은 곳.

해명하는 작업이 요구된다.

그런데 함석헌의 뜻사관은 그러한 작업이 절실함을 역설적으로 드러내고 있다. 그것은 함석헌의 뜻사관이 우리나라 역사에 바탕을 둔 민중사관으로 평가될 수 있는 역사철학에 근거하기 때문이다. 즉 함석헌의 뜻사관은 이미 민중이 도덕적 우월성을 차지하는 것이 옳다고 믿는 차원을 넘어서, 민중이 왜 사회경제적으로 열악한 물질조건에 처할 수밖에 없으며 그 정치경체학적인 극복방안은 무엇인가에 대한 이론적 해명으로 나아가야 한다는 깨달음이 내재되어 있다.

함석헌의 뜻사관은 무엇보다도 "민중과 자유"는 도덕적으로 우월한 가치로서 지켜져야 한다고 역설한 데에 그 의의가 있다. 도덕이나 양심이나 지이를 강조히는 것만으로 이해되이시는 안 된다.

함석헌의 뜻사관에 입각한 민중사상은 '지금 여기'에서 갖는 의미가 크다. 종교적 차원 또는 도덕화된 사회의 필요성 때문이다. 그러나 이 경우 전제되어야 할 것은 민족과 민중의 구별점이 있다면 그것은 무엇이며, 도덕적 정당성이 일제시대 억압에 짓눌려 있던 "민중"의 특권이었음을 넘어설 수 있는 논리가 있다면 그것은 과연 무엇인가 하는 점이다. 함석헌 뜻사관의 현재적 의의는 한국민중에 대한 역사적·도덕적 옹호에 있으며, 이는 바꿔 말해 "인간의 사회적 성화,"[40] 즉 격동의 한국 근현대사에 있어서 동학이 역사적·사상적으로 가졌던 의의에 비견된다.

---

40) 김지하, "인간의 사회적 성화," 《남녘땅 뱃노래》, 두레 1985, 107-50쪽.

제3절 씨알론: 종교적 민중주의 정치사상

(1) 씨알 개념

함석헌의 씨알사상은 일제시대와 해방 후 함석헌 사상의 연결고리가 된다. 씨알이라는 말은 고난 받는 한국민중에 대한 상징적 은유적 비유이면서 한국 민중과 유사한 속성을 가지고 있다는 것이다. 그는 민족의 역사와 사회 밑바닥에서 온갖 설움과 한을 당하면서 민족의 삶을 지탱해 온 민중을 씨알이라고 불렀다.

씨알이라는 말 속에는 그의 민중주의 사상이 함축되어 있다.[41] 하나의 씨알 속에는 수십억 년의 생명의 역사가 압축되어 있으며, 이 씨알을 통해 생명의 역사가 무한히 전개된다는 것이다. 예를 들어 꽃씨 하나에 수십억 년 동안 피고 졌던 꽃나무들의 생명의 역사가 담겨있고 이 꽃씨 하나를 통해 앞으로 수천수만의 꽃나무들이 피고 질 수 있다. 따라서 씨알은 영원무궁한 우주의 생명의 응축이다. 씨알처럼 민중은 영원한 역사적 생명의 담지자이다. 민중의 한 많은 가슴 속에 오천 년 민족사의 설움과 염원이 쌓여 있으며 앞으로도 민중의 삶을 통해 한민족의 삶이 무한히 전개될 것이다. 씨알은 자신 안에 생명의 힘과 가능성을 지닌 존재로서 스스로 싹을 틔우고 스스로 자라고 스스로 꽃과 열매를 맺는 자발적 생명의 표본이다. 물리적 힘과 법의 명령에 의해 씨알의 생명활동을

---

41) 김녹촌은 씨알사상을 "씨論"과 "알說"로 나누어 언어학적 해석을 시도하고 있다. 그는 "씨"는 종자 의미뿐 아니라 氏를 가리키기도 하는(民은 氏에 "ㄱ"이 위에 덧붙여진 글자라고 함) "전체"를 뜻하며, "알"은 "개체"를 뜻한다고 해석하면서, 전체와 개체의 유기적 관계(산 관계)를 전제하고서만 씨알사상이 성립할 수 있다는 차원에서 씨알이라는 언어 자체가 이를 표현하고 있다고 보았다. 김녹촌, "씨알사상의 이해," 전병희, 《싸우는 평화주의자 함석헌》, 동광출판사, 1982, 285-90쪽.

강요할 수 없다. 총칼의 힘으로는 꽃을 피울 수 없다.

이와 마찬가지로 민중은 역사적·사회적 삶의 무한한 힘과 지혜를 지닌 자발적이고 주체적인 존재다. "씨알의 소리는 순수하게 씨알 자신의 힘으로 하는 자기 교육의 기구"이다.[42] 1957년 3월호 《사상계》에 실린 "할 말이 있다"에서 함석헌은 민중을 풀에 비유하였으며, 자신의 자화상이면서 그가 생각하는 씨알의 참모습을 제시하였다.

그러나 나는 아무 것도 못되는 사람이다. 그저 풀이다. 민중이다. 민은 민초라니, 풀 같은 것이다. 나는 풀이다. 들에 가도 있는 풀, 산에 가도 있는 풀, 동양에도 있는 풀, 서양에도 있는 풀, 옛날도 그 풀, 지금도 그 풀, 이담에도 영원히 그 풀일 풀, 어디서나 언제나 다름없는 한 빛깔인 푸른 풀, 나는 사람 중의 풀이지, 아름드리 나무도, 나는 새도, 달리는 짐승도, 버러지도, 고기도 아니다. 내가 썩어 그 나무가 있고 내가 먹혀 그 노래, 그 깃, 그 날램이 있건만 언제 그렇다는 소리 한 마디도 하지 않더라. 그래도 또 먹히고 또 썩는 나지 마다하지 않는다. 나는 흙을 먹고 살아 남의 밥이 될지언정 누구를 내 밥을 하지 않는다. 모든 생명의 밑에 깔렸건만 또 아무리 잘나고 아름답고 날고 긴다 하던 놈도 내 거름으로 돌아오지 않는 놈도 없더라. 태평양 저쪽 대평원 풀나라에는 정말 피플, 풀 사람이 나와 '풀잎' 노래를 읊었건만 이 풀밭에서는 언제 노래가 올라올까?

밟아도 밟아도 사는 풀, 비어도 비어도 또 돋아나는 풀, 너는 무한의 노래 아니냐? …… 풀, 네 이름을 누가 다 알 수 있느냐! 네 수를 누가 헬 수 있느냐? 빽빽이 서도 다투는 법이 없고, 드물게 서도 홀로 차지하는 법이 없고, 나무는 조금만 자라도 그 밑에 누가 살 수 없고 버러지 새끼도 나기만 하면 서로 떼미는데, 너는 그런 법이 없지. 함께 나서 함께 자라 함께 썩어 함께 부활하는 풀, 너는 평화의 왕관, 하느님 뭇 아들의 돗자리, 겸손한 자 땅을 차지한다니 너 두고 한 말 아니냐? 너를 참말 아신 분은 너를 솔로몬보다 더 영광스럽다 하고 하느님

---

42) "우리가 내세우는 것" 《씨알의 소리》, 1976년 1, 2월 합병호.

이 너를 기르신다 했건만 그 너를 아는 자가 없구나. 그러나 누런 금도, 붉은 구슬도, 가지각색의 만물도 다 없어져도 아래서 연푸른 평화의 너와 위에서 검푸른 거룩의 하늘은 저 하늘나라에 가서도 없어지지 않을 것이다.

나는 아무 것도 아닌 사람이다. 풀이다. 풀 사람이다. 민중이다.[43]

씨알은 흙에 떨어지지만 즉 가장 낮은 자리에서만 생명활동을 할 수 있다. 그리고 씨알의 모습 자체가 둥근 모양을 하고 있기 때문에 언제 어디서나 한 점만 있으면 설 수 있다. 누구와 자리다툼을 할 필요가 없다. 씨알이 흙에 떨어져 대지의 주인이 되듯이 민중은 스스로 바닥에 섬으로써 역사와 사회의 주인이 된다는 것이다.

씨알은 자신의 죽음을 통해서 풍성한 생명을 꽃피운다. 씨알이 죽지 않으면 하나의 씨알로 머물 수밖에 없다. 죽음으로써 풍성한 삶을 사는 씨알은 죽음을 통해 새로운 위대한 삶이 약속된다는 삶의 원칙과 '나'를 희생함으로써 이웃의 삶이 풍성해진다는 사회적 삶의 도리를 보여준다. 민중의 희생과 고난을 통해서 한민족의 삶은 정화되고 풍성해진다. 민중은 오천년 민족사 속에서 "죽어서 사는 도리"를 체득하였다는 것이다.[44] 하나의 씨알 속에 전체생명이 담겨 있으며 전체생명의 뿌리에서 하나하나의 씨알이 생겨난다. 인간의 삶도 그러하다. 하나의 인간 속에 우주가 내재해 있다.[45]

함석헌의 이 씨알사상은 '나'에게 중점을 두고 있다. 그가 민족을 말하건 역사를 말하건 세계평화를 말하건 간에 논의의 출발점과 중심점은 '나'이다. 그에 따르면 정치 사회적 현실문제의 뿌리도 '나'에게 있다. '나'의 문제는 역사적·사회적 주체성 문제와 직결된다고 보았다. 삶의 원리를 "스스로 함"(자유·자발성)으로 보는 함석헌 사상의 밑바

---

43) 함석헌, "할 말 있다." 《사상계》, 1957년 3월호.
44) 함석헌전집 8, 385쪽.
45) 함석헌전집 14, 334-8쪽.

닥에는 '나'의 주체성을 확립하는 과제가 놓여 있었다. 모든 사회혁명과 시대사명의 성취는 모든 인간의 '나'에게서 시작되고 그러한 '나'에게 달려 있다. '나'를 중시하는 함석헌은 사회적 조직·제도·집단을 중요하게 여기지 않으며 모든 문제를 '나'와 직결시켰다.

안병무는 함석헌의 《씨알》은 존재론적·우주론적 차원에서 본 것이고, 역사적·사회적 차원에서 보면 《민중》이라고 평가한 바 있다. 서남동은 이 같은 안병무의 평가를 받아들이면서도 존재론적·우주론적 전개만으로는 부족하고 사회경제사적 인간이해 즉 민중에로 나아가게 되었다고 밝혔다.[46] 함석헌의 경우는 거꾸로 인간이란 사회경제사적 차원에서 다 이해되는 것은 아니라고 보았다. 서남동은 씨알과 민중이 상호보완적이라는 점을 인정하면서도 인간이 인간으로서의 씨알(맨사람)이 되어야 한다는 것은 어느 시대에나 통용되는 것이지만 특수한 상황에서는 그 표현을 달리해야 한다고 보았다. 그는 함석헌의 씨알사상이 바르맨 선언이라면, 민중은 3.1독립선언, 4·19선언, 1976년 3.1구국선언과 같은 것이라고 비유하였다.[47]

씨알은 생각하는 존재, 생각해야 할 존재이다.[48] 생각하는 것은 인간의 고유한 특징이며 씨알의 씨알다운 행위이다. 씨알이 씨알 되기 위해서는 생각해야 한다는 것이다. 생각은 거짓된 '나'로부터 '참된 나'로의 회개이며 '나'를 파고들어 '나'의 '주체'를 세우는 일이다. 생각은 씨알 속에 내재한 무한한 힘을 깨닫는 일이며 그런 위대한 힘을 지닌 자아를 해방시키는 일이다.[49] 개인적으로만이 아니라 역사적 실천의 주체가 되기 위해서도 생각해야 한다. 역사의 주체가 되려면 과거 현재 미래를 잇는 역사의 의미를 알아야 하며 역사의 의미를 알려면 "현실(의 사건)을 알

---

46) 서남동, 《민중신학의 탐구》, 서울: 한길사, 1983, 182쪽.

47) 서남동, 같은 책, 183쪽.

48) 함석헌전집 8, 56쪽 이하.

49) 함석헌전집 8, 241쪽.

아야(생각해야)" 한다. 그러므로 씨알은 생각하면 살고 생각하지 않으면 죽는다는 것이다.[50] 생각에는 두 종류가 있는데 '하는 생각'과 '나는 생각'이 그것이다. 생각을 하는 것은 '나는 생각'을 받기 위한 것이라고 한다.[51] 함석헌에게 있어서 생각이란 결코 논리적 사유도 아니고 사변적 유희도 아니다. 생각은 하나님의 말씀, 시대의 소리, 씨알의 소리를 알리는 우주의 안테나에 주파수를 맞추는 일이다. 그러므로 생각은 씨알의 소리를 붙잡는 것, 시대의 부름에 나의 마음과 몸을 굴복시키는 것이며 나·하늘·역사를 하나로 꿰뚫는 것이다.[52]

함석헌이 말하는 생각은 이성적 차원에 머물지 않고 정신의 차원으로 솟아오르는 행위인 동시에 역사적 실천과 직결된다. 씨알사상의 초점인 이 생각하는 씨알에 대해 함석헌은 1950년대와 1960년대 줄기차게 강조한 바 있다.

(2) 반국가주의와 자연조화론

1970년대 함석헌의 씨알사상에서 가장 중요한 개념 중의 하나가 "전체"이다. "전체"는 하나님과 씨알을 매개하는 개념이며, 우주에서는 하나님이 전체이고 역사에서는 씨알이 전체이다. 함석헌에게는 "전체만이 참이요 선한 것"이며,[53] 과거에는 개인이 생각과 행동의 주체였지만 오늘날은 전체가 생각과 행동의 주체였다.[54] 씨알은 개체인 동시에 전체, 즉 씨알이 깨기 전에는 개체에 불과하지만 깨면 전체이다.[55] 씨알

---

50) 함석헌전집 8, 56, 126쪽.

51) 함석헌전집 8, 57쪽.

52) 함석헌전집 8, 174쪽.

53) 함석헌전집 8, "사랑의 빛," 379쪽.

54) 함석헌전집 3, "대중과 종교," 251쪽.

55) 함석헌전집 4, "내가 맞은 8·15," 251쪽.

이 개체로 머물면 무력하지만 전체의식을 가지면 역사변혁의 주체가 된다.

개체로서의 씨알과 전체를 직결시킴으로써 당파주의와 집단주의를 철저히 배격한다. 함석헌에 의하면 실제로는 당파주의나 집단주의이면서 전체를 표방하고 씨알에게 폭력을 휘두르는 것이 국가주의이다.[56] 反國家主義는 함석헌의 오랜 신념이다.

> 나라란 뭐냐? 이상을 말한다면 나라는 전체지만, 실지에 있어서 정말 전체를 대표한 나라는 하나도 없다. 나라는 우상이다. 대표자는 자기가 곧 그이로라고 주장하는데 우상된 까닭이 있다. 이때까지 모든 나라가 자기가 곧 전체라고 주장하며 모든 국민의 복종을 강요했다. 참 전체는 그런 것 아니다.[57]

> 날 사람이 참 자기를 깨닫고 자유하는 지경에 이르려 할 때에 반드시 하지 않으면 아니되는 것이 자기 부정이었던 것 같이, 국가가 참 국가됨에 이르려 하면 스스로 자기를 부정하지 않으면 안 된다.[58]

> 씨알이 무엇임을 모르는 정치는 정치가 아닌 패권이다. 근본이 잘못되어 있으니 매사가 억지로밖에는 될 수 없을 것이다. 그러므로 인권 유린과 독재를 일삼다가는 쓰러지고 만다. 우리는 이러한 몰락을 해방 40년사에서 몇 차례 경험을 했는데도 또다시 되풀이되고 있으니 이 역사는 민중의 승리와 고난사 뿐이다.[59]

> 정치는 본래 싸움이다. 다스리고 다스림을 받는 관계다. 다스림이란 말부터 틀린 말이다. 정치라면 민중이 제일이지 남의 다스림을 받을 리가 없다. 그러나 이론으로는 현실의 정부는 언제나 정직한 대표자가 아니고 사사양심을 가지는 자들이다. 그러므로 민중은 늘 제 권리를 빼앗기고 있다. 그러므로 예로부터 오늘까지 역사는 민권투쟁의 역사가 아닌가. 정부마다 정부가 곧 나라라고 설명을 붙여 민중을 속이려

---

56) 함석헌전집 12, "80년대 민족통일의 꿈을 그려본다." 43쪽.

57) 함석헌, "우리들의 씨알," 김병희 편저, 같은 책, 177쪽.

58) 함석헌, "우리들의 씨알," 김병헌 편저, 같은 책, 177-8쪽.

59) 함석헌, "우리는 위대한 민족이다." 김병희 편저, 같은 책, 238쪽.

250

하지만 정부와 나라는 다르다. 나라에는 무조건 충성을 해야 하지만 정부에 대하여 민중은 늘 감시하고 싸워야 한다. 오늘 내 손으로 뽑아서 세운 정부라 해도 내일부터는 그것과 싸워야 한다. 나라에는 싸우는 신하가 있어야 한다. 정부가 민둥을 다스리는 것이 아니라 민중이 정부를 다스려야 한다.[60]

함석헌은 시종일관 대국주의적 국가관(경제력과 군사력에 의존한 국가관)을 타파하고 국가관 자체를 혁신하는 데 집중하였다. 국가관의 혁신은 씨알의 자주적 역량을 실현하는 일과 통한다. 그에게 있어 반국가주의는 씨알사상의 소극적 표현이다. 즉 씨알의 주체성을 살리는 것과 국가주의에 반대하는 것은 같은 것이다. 인류역사 자체가 국가와 씨알의 싸움이다. 이 싸움은 갈수록 씨알이 승리하는 싸움이라고 보았다.[61] 또한 국가지상주의에 대한 퇴조는 독단이나 직감으로서가 아니라 "정밀하고 자세한 과학적인 증명"에 의하여 입증되며, 정통주의적인 종파주의의 지양과 더불어 배타적인 국가주의도 없어질 것이라고 보았다.[62] 세계의 씨알들이 하나의 공동체를 향하여 나가는 앞길을 국가주의가 정면으로 가로막고 있었다. 함석헌에 의하면 부과 권력이 집중된 국가주의 문명의 특징은 사치와 권력투쟁(전쟁)이라고 말하였다. 문명은 편리를 추구한다. 함석헌에 의하면 힘들고 괴로운 일은 남에게 떠맡기고 나는 쾌락을 즐기자는 것이 국가주의 문명의 기본원리이고 이 원리를 관철시키기 위해서는 힘에 의지할 수밖에 없으며, 국가주의 문명의 기본원리는 비도덕적이고 반공동체적이라고 보았다.[63]

과학기술이 발달함에 따라 대량생산과 대량소비가 가능해졌다. 특히 자본주의사회에서는 끝없는 확대재생산을 통해 자연을 파괴할 뿐만 아

---

60) 함석헌, "민중이 정부를 다스려야 한다," 김병희 편저, 같은 책, 239쪽.

61) 함석헌전집 12, "80년대 민족통일의 꿈을 그려본다," 43쪽.

62) 함석헌 외 16인, 《한국혁명의 방향》, 중앙공론사, 단기 4294, 8-17쪽.

63) 함석헌전집 8, 447-8, 458-9쪽.

니라 인간의 이기적 욕망을 더욱 강화시킨다. 자연을 파괴와 수탈의 대상으로 삼음으로써 인간의 삶은 자연과 단절되고 자연의 조화를 잃게 되었다고 보았다. 자연의 삶은 조화를 이루며 더불어 사는 삶이다. 자연을 떠난 문명, 사치와 전쟁에 빠진 문명은 "병"이다.[64] 이러한 국가주의 문명은 인간의 자연적인 본성을 파괴하였다. 전에는 힘들기는 했지만 자연과 하나 되어 근심걱정을 모르고 살았으나 편리하고 안락해진 문명생활은 근심과 걱정으로 가득 차고 서로 불신하고 적대하는 관계 속에 있다. 이것은 "남을 잡아먹고라도 나만 행복하게 살자"는 이기적 인생관, 영원 무한한 정신세계를 부정하는 현실주의적 인생관, 창조주를 부정하는 인본주의적 인생관, 사랑보다는 힘을 숭상하는 인생관에 근거한 삶이다. 이것은 자기 파괴적인 삶, 인류뿐 아니라 지구 전체를 파멸로 몰아가는 삶이다.[65] 그에 따르면 국가주의 문명의 삶은 자연을 떠난 삶, 인간 자신의 본성을 손상하는 삶, 인간관계를 파괴하는 삶, 꿈을 잃은 천박한 삶이다. 더 나아가 주체성을 상실한 타율적 삶이다. 이전에는 인간은 누구나 자기 삶의 주인이었으며, 인간은 일(노동)과 그 생산물의 주인으로서 삶의 보람과 기쁨을 누릴 수 있었다.

그러나 국가주의 문명에서 인간의 노동은 노예노동이든 공장노동이든 간에 타인 즉 노예주나 자본가의 이기적 목적을 위한 수단으로 전락하고 말았다. 노동자는 노동과 노동생산물의 주인이 아니라 수탈의 대상이 되었다. 인간은 주체적 삶의 기쁨과 자유를 잃고 빈곤과 결핍의 삶을 살게 되었다. 자연을 무시하고 파괴한 문명이 사치와 전쟁에 빠지고 삶의 주체성을 잃은 것은 결국 대자연으로부터 복수를 당하였다고 보았다.

함석헌은 국가주의 문명의 병을 치유하기 위해서 자연에서 배울 것을 역설한다. 자연은 더불어 사는 전체적 삶의 조화이다. 이러한 자연

---

64) 함석헌전집 8, 458쪽.
65) 함석헌전집 8, 458-9쪽.

252

의 삶을 배우려면 자연에 대해 겸손해야 하며 자연의 삶의 원리(自由)를 믿어야 한다.[66] 인간의 삶의 뿌리인 자연에 대한 겸손은 들사람다운 검소한 생활로 이어지며 검소한 생활은 사치와 전쟁, 빈곤과 소외라는 문명의 땅을 치유하고 인간의 삶의 뿌리로 인도한다.[67] 함석헌에 따르면 동양의 종교사상은 대체로 자연과의 조화에 바탕을 둔 것이므로 동양사상을 통해서 자연을 배울 수 있다.

함석헌의 씨알사상은 자연에 바탕을 두고 있다. 씨알이란 말 자체가 자연을 상징한다. 그는 씨알은 자연이라는 말도 했다.[68] 풀과 나무의 씨알들이 땅에 떨어져 죽음으로써 풍성한 생명을 꽃피우듯이 인간 씨알들도 자연적 삶의 조화에 순응하고 고난을 통해 삶의 공동체적 평화를 배움으로써 문명의 병을 극복하고 인류역사의 새로운 장을 열 수 있다고 보았다.

(3) 씨알과 한국정치

함석헌은 씨알을 민족과 동일시하였다.[69] 씨알이 민족의 다수를 점하고 있으며 민족의 삶을 지탱하고 이끌어 온 민족의 실체이자 주체였다. 민족의 고유성을 지켜 온 것도 지배계층이 아니라 씨알이었다.[70] 함석헌에 의하면 한국민족을 포함한 제3세계 민족들의 고난은 제국주의국가들의 억압과 침탈에서 비롯된 것이며, 오직 피해자인 고난 받는 민족만이 사랑과 용서를 통해서 그리고 주체적 역량을 강화함으로써 이 문제를 풀 수 있다. 한민족은 세계열강들의 쓰레기장과 하수구처럼

---

66) 함석헌전집 8, 358쪽 이하.
67) 함석헌전집 17, 344-5쪽.
68) 함석헌전집 14, 371-6쪽.
69) 함석헌전집 17, 342쪽.
70) 함석헌전집 14, 372쪽.

되었다고 보는 함석헌은 한민족이 깊은 고난 속에서 민족적 정의와 평화를 익힘으로써 세계평화의 길을 열 수 있다고 보았다. 세계열강들의 갈등과 모순이 가장 첨예하게 표출된 민족분단, 제국주의적 지배의 사슬이 가장 강고하게 묶여진 민족분단을 한국민족이 주체적으로 극복함으로써 세계평화의 실마리를 풀어 갈 수 있다고 한다. 함석헌에 의하면 민족통일의 주체는 씨알이다.[71] 예나 지금이나 지배특권층은 사대주의적 반민족세력이고 씨알은 민족의 주체와 실체이며, 민족분단으로 인해 씨알은 고통을 당하고 있고 민족통일을 열망하는 세력이다.

그러나 고립 분산된 씨알은 무력하므로 서로 손잡고 일어설 때 민족분단을 극복하는 위한 힘을 발휘할 수 있다. 남과 북의 씨알들이 한마음으로 일어설 때 이데올로기체계의 벽을 무너뜨릴 수 있다고 보았다. 함석헌에 의하면 민족통일은 "씨알이 씨알자체를 위해서 제 힘으로 스스로 통일하는 것"이라고 말했다.[72] 민족통일은 씨알통일이며, 씨알은 민족통일의 주체일 뿐 아니라 목적이기도 하다. 함석헌에게 있어 모든 씨알의 자유롭고 창조적인 삶을 보장하지 않는 단순한 정권통일은 민족통일이 아니었다.[73] 씨알의 통일과 창조적 삶은 단순히 정치·경제·군사의 문제만은 아니다. 그것은 인간중심의 깊은 차원과 관련되어 있다. 함석헌에 의하면 민족분단은 약육강식의 원리를 따르는 폭력주의적·물질주의적 국가주의문명의 산물이고 민족분단에서 씨알의 분열이 이루어졌기 때문에, 자유주의든 공산주의든 힘(군대)과 물질(경제)에만 의존하는 국가관이 혁신되지 않으면 민족분단의 매듭을 풀 수 없고 씨알의 통일이 이루어질 수 없다고 보았다. 즉 통일은 새로운 정신 새로운 원리에 의해서만 성취될 수 있었다. 민족통일의 대사업은 "거룩하고 높은 우주적 정신으로 뚫린 씨알 아니고는 성취할 수 없고

---

71) 함석헌전집 12, 36쪽.
72) 함석헌전집 12, 40쪽.
73) 함석헌전집 12, 39-40쪽.

…… 그러한 위대한 정신의 역사적 실현이 만일 없다면, 통일은 ……
아무런 의미가 없다."[74]

함석헌은 다른 나라는 19세기에 들어와 근대식 민족국가를 완성했는
데 우리는 식민지로 전락하고 오늘날 이 모양 이 꼴로 된 것은 씨알(민
중)이 힘 있게 자라지 못했기 때문이라고 보았다. 이렇게 씨알이 제대로
힘 있게 자라지 못한 원인은 "남들의 경우에는 정치가 아무리 본래 백
성 부려먹는, 씨알 짜먹는 일이라 하더라도 그 '오리'인 서민계급을 길러
가며 생산방법을 가르쳐 주며, 그 금알을 짜먹을 만한 어짊과 인정은 있
었는데, 우리나라 시대 시대의 정치업자 놈들은 예나 이제나 한결같이
그저 짜먹으려만 들었다"는 데 있다고 보았다.[75] 그는 한국민중은 속힘
이 다 빠져 있고 잠을 아직 깨고 있지 않은 존재로 파악하고, 이러한 민
중의 상태에 대해 우리나라 정치지배자 탓으로 보았다.

1950년대 이후 함석헌은 한국정치의 비리와 모순을 신랄하고 용기
있게 비판하고 씨알의 각성을 촉구하였다. 특히 그는 1958년에 쓴 "생
각하는 백성이라야 산다"에서 과연 1945년 해방이 참해방인가, 당시
정권이 정말 나라를 대표하는 정권인가, 우리가 과연 새 역사를 낳을
새 종교를 가지고 있는가 하고 커다란 의문을 표시하였다. 이 글에서
함석헌은 우리나라의 역사적 과제를 통일정신, 독립정신, 신앙정신의
셋이라고 주장하면서, 1950년 한국전쟁이 일어난 원인에 대해서 뜻사
관에 입각하여 먼 역사로부터 거슬러 올라가며 생각이 깊지 못하고 위
대한 종교가 없는데 그 원인이 있다고 주장하였다.

그러므로 6·25의 남북 싸움의 속 원인은 스탈린, 김일성, 루즈벨트
에 있지 않고 이성계에 있다. 이북을 쌍놈의 땅으로 금을 긋던 날 38
선이 시작됐다. 아니다. 여기서도 더 올라간다. 고려 중엽에 김부식이

---

74) 함석헌전집 12, 40쪽.
75) 같은 책, 111쪽.

가 묘청의 혁명운동을 꺾어 버리던 날, 평양 이북을 적국처럼 보기 시작하던 날 벌써 일은 글러졌다. 그것도 아니다. 김춘추, 김유신이 당나라에 불티나듯 드나들던 날, 진흥왕이 기껏 간 것이 삼각산이어서 거기 비석을 세우던 날 기운은 벌써 빠졌다. 아니야, 온조가 한가람의 딴전을 벌이던 날 벌써 문제가 틀어졌다. 우리나라의 정신이 없다면 모르지만 있다면 그 등이 아무래도 고구려적인 성격이 아닌가? 그러나 고구려가 망하고 신라가 통일이랍시고 나라의 떨어지다 남은 한 귀를 들고 서면서부터 잔약질인 것 같은 신라적 백제적인 것이 줄거리 노릇을 하게 될 때 한번 꺾였다. 고려 시대만 해도 그 남은 기상이 있었는데, 묘청의 운동이 실패로 돌아갈 때 그 두 번째 꺾인 것이다. 이조가 스스로 명나라의 속국으로 만족할 때 세 번째 꺾였다. 등심뼈가 꺾이고 끄트머리 신경만 남았을 때 있을 것은 저림과 비꼬임과 쥐 일어남 밖에 없지 않은가?[76]

5·16 직후 그는 제일 먼저 나서서 반대발언을 하였다. 그는 "꿈틀거리는 백성이라야 산다"에서 민의 시대에 군정은 안 된다고 외쳤으며, "3천만 앞에 울음으로 부르짖는다"에서는 군사혁명 주체들의 나라를 바로잡자는 목적은 좋았으나 군사쿠데타라는 그 수단이 틀렸다고 비판하면서 남은 일은 그들이 5·16혁명 공약을 준수하고 군으로 되돌아가는 길 이외에는 없다고 하였다. 이후 한일회담을 반대하고, 유신시대에는 유신체제의 철폐를 주장하였다.

함석헌은 군사독재가 계속되면 앞으로 군사혁명이 반복될 것이며 그러면 결국 민중이 노하는 날이 오고, "주리고 눌린 민중이 격분하여 터지는 날이 오면 인간의 이성이 힘을 잃고 사회는 피와 불과 연기 속에 빠져 버리고 말 것"이라면서, "제발 그렇게 되기 전에 군인이 물러가고 기성 정치인이 정신을 차려 이 나라를 건지라"고 권고하였다.[77]

---

76) 함석헌, "생각하는 백성이라야 산다(사상계, 1958년 8월호)," 함석헌전집 14, 113-4쪽
77) 같은 책, 137-8쪽

함석헌이 정부를 비판하고 민중의 각성을 촉구한 것은 진정한 의미의 민족국가와 민주주의 체제수립이라는 목표에서였다.

(4) 비폭력 투쟁

함석헌은 제도의 혁명, 사상의 혁명, 혼의 혁명을 주장하였는데, 지하운동도 비밀결사도 프랑스혁명이나 러시아혁명 같은 폭력혁명도 필요 없고 일상생활에서의 정신운동을 통한 절대혁명이 필요하다고 강조하였다. 그것은 씨알사상이 기본적으로 평화주의에 서기 때문이다.

함석헌이 쿠데타로 등장한 5·16 군사정부 반대, 민주화, 유신반대 등을 위해 제시한 방법들은 비폭력적이고 평화적인 저항운동이었다. 인도의 간디가 식민정부에 대해 벌였던 운동과 비슷하였다. 함석헌은 민중이 각성하여 꿈틀거리고 지식인이 행동하고 언론인이 뭉치고 대학교수가 결속하고 예술인이 하나가 되고 대학생이 하나로 되어 일어설 때, 정치적 비리와 모순은 자취를 감출 것이라고 보았다. 그리고 함석헌은 "같이 살기" 운동도 주창하였다. 예수가 했던 것처럼 우리 모두 "눈 먼 자의 눈이 돼 주고 벙어리의 입이 돼 주고 병신의 팔다리가 돼 주며, 넝마주이에게 친구가 되고, 갈보에게 애인이 되며, 죄수에게는 그 죄짐을 나눠지는 사람이 되고, 대적에게는 복을 빌어 주어 일체의 사회적 도덕적인 계급주의와 차별주의를 깨뜨려" 없애고 같이 살아야 한다고 역설하였다.[78] 그는 이러한 같이 살기 운동은 1964년 정월 서울 남가좌동의 어떤 불쌍한 아버지가 생활고에 쪼들리다 못해 비관하고 제 손으로 세 어린 자녀를 빵에 독약을 넣어 먹여서 독살하고 자기도 목매 죽은 사건을 접하고 큰 충격을 받고 윤곽을 잡은 것이라고 밝혔다.[79] 그리고 같이 살기 운동이 농민들의 자치협동의 정신에 입각하

---

78) 같은 책, 9쪽

여 자율적으로 하는 것이라면, 새마을운동은 관주도로 농촌의 분열을 초래하는 타율적인 것이라고 보았다.[80]

씨알은 전체에 살고 전체에 죽는 존재이다. 전체의 자리에 서는 것은 나와 다른 모든 사람이 하나님을 인정하는 것이므로 궁극적으로 대적 자체가 있을 수 없다. 적대자와 싸우더라도 사랑의 정신으로 싸워야 한다. 폭력을 쓰는 것은 나와 적대자가 하나님을 부정하는 것이 된다고 보았다.[81] 함석헌의 비폭력 평화주의는 "사랑의 전체주의"에 근거를 두고 있었다. 그의 평화주의는 생명과 역사에 대한 통찰에 바탕을 두었다. 생명의 근본원리는 '스스로 함'에 있기 때문에 폭력적 강제는 원리적으로 거부하였다.

함석헌에 의히면 삶 지체가 씨움이다. 사람은 지구중력괴 끊임없이 싸우고 있으며, 몸 안의 수백억의 세포들은 체온 섭씨 37도를 유지하기 위해 쉬임 없이 싸운다.[82] 싸움으로써만 삶은 평화와 활력을 얻는다. 정치적·사회적 삶에 있어서도 인간은 싸움으로써만 공동체적 삶을 유지할 수 있다. 밀고 당기는 싸움을 통해서만 사회적 관계와 질서를 유지하고 보다 나은 공동체적 삶을 실현할 수 있으며, 사회적 싸움을 그치면 그 사회는 부패하고 경직되어 쇠퇴와 몰락의 길에 빠진다.

그럼 씨알은 어떻게 사회적 싸움을 싸우는가? 씨알은 하나님(전체·영원)과 잇닿은 존재이므로 자신 안에 불멸의 힘을 지니고 있다. 이 불멸의 힘을 깨닫게 하고 동원하는 데는 사랑과 믿음의 정신으로 할 수밖에 없다.[83] 씨알의 삶의 원리가 "스스로 함"(주체적 자발성)에 있다는 원리를 철저하게 관철시킨 것이 곧 비폭력 투쟁이었다. 이 투쟁

---

79) 함석헌, "같이 살기 운동을 일으키자,"《생각하는 백성이라야 산다》, 23-5쪽
80) 함석헌, 같은 곳, 25-7쪽
81) 함석헌전집 4, "인간을 묻는다," 340-1쪽
82) 함석헌전집 8, 90쪽
83) 함석헌전집 14, 382-6쪽

에서는 내 속에 불멸의 힘이 있으므로 밖의 힘(폭력)에 의지하지 않고, 내 속의 힘을 가지고 싸운다. 그리고 싸움의 상대가 물리적 폭력에 의해 강요되지 않고 자발적으로 과오를 승인함으로써 참된 화해의 공동체가 수립된다. 비폭력 투쟁은 나와 상대를 삶의 근본원리(스스로 함)에 맡기는 싸움이다. 함석헌이 말하는 비폭력 투쟁은 모든 인간에게(상대에게도) 양심(하나님의 빛)이 있음을 전제한 싸움이었다. 상대가 내게 비인간적인 행동을 하는데 싸우지 않는다면 상대를 인간으로 대하지 않는 것이다.[84] 상대를 인간으로 대접하려면 싸워야 한다. 그리고 상대 속에 하나님의 빛이 있음을 믿는다면 폭력으로 싸울 수 없다는 것이다. 비폭력 투쟁은 사람(나와 상대) 속의 하나님의 빛이 있음을 믿는 믿음에 근거한다.[85] 사랑으로 싸우는 비폭력 투쟁은 참된 원수사랑이고 사람과 하나님에 대한 깊은 신뢰에서 비롯된 것으로서 함석헌의 비폭력 투쟁론은 사랑과 평화의 삶에 대한 깊은 확신과 열망의 표현이었다. 씨알의 비폭력 투쟁은 권력자들과의 투쟁이므로 고난을 감수할 수밖에 없다.[86] 비폭력 투쟁은 부와 권력에 대한 두려움이 극복될 때 가능하다. 함석헌에 의하면 부와 권력에 대한 숭배는 미신이다.[87] 부와 권력에 대한 숭배는 주체적 삶의 원리(자유)와 상반된 것이다. 부와 권력은 주체적인 삶과 그 삶의 중심인 하나님 안에 존재하지 않으므로 참된 의미에서는 존재하지 않는다.[88] 사회적으로 객관적으로 존재하는 부와 권력이 씨알의 주관적 주체성(하나님 신앙)의 빛에서 보면 존재하지 않는다.

비폭력 투쟁은 씨알의 주관적 신념에 근거한 것만은 아니다. 그에

---

84) 함석헌전집 8, 14쪽
85) 함석헌전집 8, 132쪽
86) 함석헌전집 8, 14쪽
87) 함석헌전집 8, 91쪽
88) 같은 곳.

따르면 인류의 진화과정도 평화주의를 입증한다. 거대한 물리력을 지닌 파충류가 몰락하고 힘없는 인류가 만물의 영장이 된 것은 힘에 의존하지 않고 말과 이성을 통해 서로 손을 잡았기 때문이다. 인류역사도 마찬가지이다. 씨알의 역사적 삶은 비폭력 투쟁을 실천한 삶이었다. 즉 씨알을 억누르고 수탈한 지배자들이 전쟁을 일으켜서 죽이고 파괴했다면 씨알들은 농사짓고 건설함으로써 평화를 실현했다.[89] 폭력을 휘둘렀던 지배자들과 소위 영웅들은 점차 사라져가고 힘없이 고난당하는 씨알들이 오늘까지 역사를 지켜왔고 갈수록 역사의 주인으로 부상하였다. 지배자가 죽이고 파괴했다면 씨알은 생산하고 건설하였다.[90] '정말 이기는 것', '정말 위대한 것'은 강한 것이 아니라 부드럽고 약한 것이며, 수천 년 역사 속에서 축적된 씨알의 지혜와 역량은 강제로 동원될 수 없으며, 신뢰와 사랑을 통해서만 접근될 수 있고 동원될 수 있다.[91] 오천 년 역사 속에서 평화적인 삶을 몸으로 익힌 씨알은 비폭력 투쟁을 통해 민족과 인류의 평화 공동체를 실현을 저력을 지녔다.

함석헌의 비폭력 평화주의는 그가 살았던 역사적 조건에 비추어 본다면 소극적 투쟁방법이 아니라 오히려 보다 더 적극적인 투쟁방법이었다. 그가 민주화와 평화를 위해 다음과 같이 징병반대운동을 제창한 것은 시사하는 바가 크다.

5·16에 대해서도 정당한 평가 하나 못했다. 한일회담 때는 처음엔 상당히 강한 투쟁을 했으나 오래가지 못했고 치열했던 월남전쟁에 대해서는 사실상 찬성을 한 셈이니 이제 와서 무슨 소감이 있는가? 이때껏 남의 나라 침략 속에 살면서 평화운동 하나 일으킨 것이 없지, 젊은이들이 그렇게 고민하는데 징병에 대한 양심적 행동 하나 지도해 준 것이 없지, 그리고 오직 하나 생긴 것이 있다면 교회 재벌이다.[92]

---

89) 함석헌전집 8, 136쪽.
90) 함석헌전집 8, "이름도 없는 사람들," 135-6쪽.
91) 함석헌전집 14, "씨알의 소리, 씨알의 사상," 367쪽.

제4절 평 가

(1) 민중신학의 평가

씨알은 쌓이고 쌓인 한과 설움, 역사적 고난을 역사 창조의 동력으로 승화시키는 역동적인 개념이다. 씨알은 "사회적인 지배·피지배의 관계 속에서 그 관계를 넘어서는 존재"이다. 이러한 씨알사상과 민중신학은 몇 가지 측면에서 공통점을 가지고 있다. 우선 민중적 삶의 주체적 역량과 지혜에 대한 깊은 신뢰를 바탕으로 하고 있으며, 민중을 사회과학적으로 규정하거나 사회제도적 틀 속에 가두지 않음으로써 민중의 주체성과 자발성을 살리고자 한다는 점이다. 민중은 해방(구원)받을 대상이 아니라 스스로 해방을 이루어 나가며 민중에 속하지 않은 사람까지도 해방시킨다고 본다. 민중의 해방보다 고난 받는 현실을 강조하는 측면도 유사하다. 민중에 대한 철저한 긍정과 정치권력에 대한 철저한 부정을 견지하는 측면도 공통된다.

그러나 씨알사상이 존재론적(또는 신앙적) 차원을 강조하는 경향이 있는 반면, 민중신학은 정치적 상황, 민중고난의 현장에 집중하는 경향이 있다.[93] 즉 씨알사상이 하나님의 존재를 강조하면서도 '스스로 하는 정신'으로서 인간을 중심에 놓고 인간의 주체성을 강조함으로써 "고조선의 홍익인간 사상으로부터 동학적 人乃天사상에 이르는 한국적 휴머니즘을 계승"[94]한 반면, 민중신학 특히 서남동과 안병무의 민중신학은 고난 받는 민중의 절박한 상황에 주목하여 고난 받는 민중상황에 현존

---

92) 함석헌, "정치·역사의 씨알," 김병희 편저, 《씨알의 소리소리 함석헌》, 금문당, 1988, 193쪽.

93) 좌담회 "씨알의 의미와 민중운동," 《씨알의 소리》 1978년 9월호 참조.

94) 박재순, 《민중신학과 씨알사상》, 천지, 1990, 280쪽.

하는 하나님을 증언하려 한다. 그러나 씨알사상이 현장적인 구체성을
민중신학으로부터 보충 받으며 거꾸로 민중신학은 존재론적 확신을 씨
알사상으로부터 보충 받을 수 있다는 점에서, 이 둘은 상호 보완관계
에 있다.

(2) 현실정치의 평가

함석헌은 1950년대 중반부터 죽을 때까지 힘없이 고난당하는 민중
편에 서서 지배권력과 부유한 계층을 상대로 철저히 싸우면서도 어느
한 정치적 당파에 속해 있지는 않았다. 그것은 함석헌의 사상적 토대
가 형성된 일제 때는 국내에서 조직적인 집단적인 저항이 불가능했으
며, 오산학교 시절 공산주의를 신봉한 학생들이 조직적·집단적으로
학교를 뒤엎고 교수들을 구타하는 것을 직접 경험했으며, 일찍부터 심
취했던 무교회주의가 제도·조직·집단의 성격을 무시하면서 개인을
전체와 직결시키는 신앙이었으며, 장준하·문익환 등과의 돈독한 동지
애적 인간관계 때문인 것으로 보인다.[95]

함석헌의 민중사상은 《사상계》 독자들에게 커다란 영향을 미쳤다.
그의 사상은 말 그대로 일반 민중들보다는 《사상계》 독자인 청년학생
을 비롯한 지식인들에게 큰 호소력을 지녔다.[96] 1950년대와 1960년대

---

95) 박재순, 같은 책, 265쪽. 그리고 함석헌 사상과 현실정치의 관계를 논한 연
구는 다음과 같다.
　　이동수, "함석헌과 정치평론", 《한국정치학회보 제35집 4호》 (2001 겨울)
　　　87-105쪽 참조.
　　이문영, "통치 패러다임을 위한 원효, 율곡, 함석헌의 기여", 《민족사상연
　　　구》 제12호 (경기대학교, 2004), 133-59쪽.
　　박소정, "함석헌의 씨알사상과 진정성의 윤리", 《씨알의소리》 통권184호
　　　(함석헌기념사업회, 2005. 5·6), 63-83쪽.
96) 역으로 함석헌이 《사상계》의 사장이던 장준하로부터 어떤 영향을 받았는
　　지 규명될 필요가 있다. 그런 점에서 장준하의 통일과 민주화에 대한 현실

그의 연설회에는 수천수만의 청중들이 모였다. 대부분 노동자 농민들이 아닌 중산층에 속하는 사람들이었다. 그는 무교회주의자였으므로 교회 조직을 통한 영향력은 거의 없었다. 그리고 함석헌의 역사철학적·종교적 민중사상은 산업화에 따른 우리나라 자본주의 사회의 모순에 대한 사회과학적 분석을 결여하고 있다. 하지만 4·19혁명에 영향을 미치는 등 당시 청년학생들과 도시 중산층을 중심으로 한 민중을 각성시킨 민중사상으로서 큰 의의가 있었다.

이정복은 함석헌의 민중사상이 1950년대와 1960년대에 주로 《사상계》지에 발표되었으며 이를 통해서 여론 형성에 영향을 미쳤을 뿐, 거기에 기반을 둔 운동이 실제로 일어나지는 않았다고 평가했다.[97] 이정복은 함석헌의 민중사상은 그저 글과 연설을 통해 간디가 인도에서 일으킨 것과 비슷한 민중운동을 일으키고자 하였으나, 성공하지는 못했다고 평가했다. 함석헌의 민중론은 민중들의 생활고 때문에 자유당정권에 대한 불만이 높았던 1950년대 말에 그들의 정치적 불만을 풀어주는 역할을 하는 데 그쳤다고 평가하였다.

그러나 그와 같은 해석은 4·19혁명의 사상적 기반 중 일부를 함석헌의 사상에서 찾는 논자들[98]과는 상반되는 것일 뿐만 아니라, 정치사상을 단순히 당장의 정치운동과 어떻게 연결되는가 하는 차원에서만 협소하게 이해하고 있음을 보여주는 것이다. 이정복 교수가 함석헌 민

정치에 있어서의 입장과 장준하가 《사상계》 및 《씨알의 소리》에 기고한 글을 통해서 같이 언론활동 및 민주화의 길을 걸었던 동시대인으로서의 두 사람의 관계에 대한 연구가 필요하다. 장준하의 정치사상에 대해서는 장준하 선생 10주기 추모문집 간행위원회, 《장준하문집: 민족주의자의 길》, 사상계, 1985(간행위원: 김재준, 함석헌, 김성식, 홍남순, 문익환, 안병무, 계훈제, 문동환, 백기완)를 참조할 수 있다.

97) 《한국민중론연구》, 이정복 송복 길승흠 김재홍, 한국정신문화연구원, 1990, 24쪽.

98) 박재순, 같은 책.
오경환, 《전태일사상연구》, 한소리, 1990.

중사상의 핵심적인 글로 본 "생각하는 백성이라야 산다"라는 글 자체가 1958년 《사상계》에 실렸으며, 《사상계》가 4·19혁명에 직접적 영향을 끼쳤다는 것은,[99] 이미 여러 학자들이 설득력 있게 제시하고 있는 바이기도 하다. 함석헌은 바로 이 《사상계》지에 1955년부터 4·19혁명에 이르는 5년 동안 민중정신에 입각해서 민족의 자유혼을 일깨우는 글들을 발표하였다. 따라서 4·19혁명과 함석헌은 《사상계》를 매개로 하여 강력한 영향을 주고받은 간접적인 관계를 맺었던 것으로 평가해야 한다.

다만, 이정복은 민중운동이 정점에 이르렀던 1980년대적인 관점에서 '민중운동은 곧 1980년대 민중운동'이라는 관점에서 서 있으며, 1980년대에 제기되었던 민중론에 대해서만 일치적인 관심을 두었다는 입장을 취한다.[100]

함석헌은 여러 차례 옥고를 치르면서도 정치에 대한 철저한 불신, 무교회주의 및 철저한 비폭력 평화운동에 입각하여 현실정치에 관여하거나 조직적인 운동에 관여하지 않은 한계를 가지고 있다. 함석헌은 여러 차례 조직적 저항운동에 나선 바 있기는 하지만, 스스로 주도한 조직적 운동은 아니었다.[101]

---

99) 함석헌전집 17, 114-5쪽.

100) 4·19혁명 역시 1987년 시민운동과 6·29선언 못지않게 민중적인 시각에서 평가될 수 있으며, 그 같은 해석이 다수 제출되고 있다. 김진균 등 참조.

101) 조직관련 측면으로 다음 4가지를 들 수 있다. ① 함석헌은 평양고보 3년 때 3·1운동에 참가하였으며, 동경고등사범학교 재학 중(1924-1928) 우찌무라 간조의 성서연구집회에 입회하여 조선인학생으로 구성된 6인동지회(김교신, 송두용, 정상훈, 류석동, 양인성, 함석헌)가 같이 집회에 참석하고, 1928년 4월 귀국하여 오산학교 교사로 있으면서 6인동지회 중심으로 동인지 《성서조선》을 시작하였다. ② 1945년 해방 직후 8월 용암포 자치위원장과 용암군 자치위원장으로 선출되고, 9월에는 평안북도 자치위원회 문교부장에 취임하였다. ③ 1970년 장준하 선생과 함께 원주, 천안, 광주, 대구에서 삼선개헌반대투쟁위원회를 구성하고, 민주수회국민협의회를 김재준, 천관우 등과 함께 구성하여 75년까지 활동하였다. ④ 1975년 민주

(3) 계급론의 평가

함석헌은 1950년대 후반과 1960년대 초에는 백성, 민중, 씨알이라는 말은 혼용하였으나, 1970년대 초부터는 《씨알》이라는 말만을 썼다. 이 말은 유영모가 지은 말로서 종교적 내면적 의미를 담은 말이었다.[102] 맨사람을 뜻한다. 함석헌이 백성, 민중, 인민이라는 말보다 씨알이라는 말을 선호한 이유는 민중, 인민이라는 말들이 민, 즉 씨알을 속이려는 의도를 가지고 만들어진 말이라고 보았기 때문이다. 그런 말들은 모두 정치가나 거기에 붙어먹는 학자들의 장난이고 함석헌은 그런 장난질에 의해 만들어진 단어가 싫었다.[103] 즉 "민이란 그저 사람인데 봉건시대에는 신민이라 하여 속였고 민족주의 시대에는 국민이라 하면서 속였

회복국민회의에 참여하여 대표위원을 맡았다.

강연활동의 몇 사례를 보면 ① 1948년 월남 후 YMCA 강당에서 매주 일요 종교집회를 가졌으며, ② 1951년 1월에는 김해 금석호 장로 집에서 매주 집회를 가졌고, ③ 외국여행 중 1963년 6월 23일 민정이양 소식을 듣고 급거 귀국하여 오산고, 시민회관, 대광고 등지에서 강연하였으며, 1967년 장준하 씨 옥중출마에 대해 전적인 협력하는 과정에서 선거전과 찬조연설 등을 하였다. ④ 1971년 7월부터는 젠센기념관에서 노자 강의를 시작하였고, ⑤ 1973년 11월 25일에는 카톨릭여학생관에서 성서강좌를 개설하였으며, ⑥ 1980년 5월 26일 광주시민항쟁을 현지답사차 광주에 내려 갔으며, 연금 후부터는 노자장자강의를 계속하였다. ⑦ 1987년 6월 14일 부산시민을 위한 정기모임 30주년 강연하였다. 김병희, "함석헌 선생 약력," 같은 곳.

102) 유영모가 대학 강의를 하면서 大學之道 在明明德 在親民 在止於至善이라는 귀절을 "한배움 길은 밝은 속알 밝힘에 있으며 씨알 어뷤에 있으며 된 데 머묾에 있나니라"라고 풀이하였다고 한다.
《씨알의 소리》, 1970년 4월호.
《함석헌전집》, 14, 한길사, 1985, 323쪽 재수록.

103) 함석헌에게 있어 민중에 대한 신뢰는 정치에 대한 불신과 통한다. 함석헌은 다음과 같이 말한다. "정치는 힘에 살지만 민중은 믿음에 삽니다. 믿음은 모든 상처를 씻어 낫게 합니다. 정치는 재생하는 법이 없지만 씨알은 부활합니다."
박재순, 같은 책, 216쪽.

고, 공산주의는 인민이라면서, 민주주의는 민중이라면서 속인다"는 것이다.[104] 따라서 '민' 앞에 아무런 접두사도 붙일 수 없는 씨알이라는 말을 쓴다는 것이다. 씨알이란 그와 같은 정치적 사회경제적 제도에 의해서도 오염되지 않은 원초적인 의미의 민임을 고수하고자 했던 것이다. 즉 함석헌의 민중은 어떠한 계급으로 구성되는 것이 아니라, 순수한 민으로 구성되는 계급 이전의 민중개념이었다.

그러나 함석헌이 처음부터 前계급적인 민중론을 주장한 것은 아니었다. 1958년 8월호《사상계》에 쓴 "생각하는 백성이라야 산다"에서는 민중 중에서도 중산층의 중요성을 강조한다. 그는 "민족국가 경제에 있어서 자본주의 국가는 씨알 중에서도 중산층의 나라"라고 하면서, "중산층이 살이있는 만큼 씨알의 발달이 되이 있는 니리는 미치 맨 밑의 곧은 뿌리가 잘 자란 나무 같아 어떤 역사적 변동이라도 거기에 맞추고 그 기회를 타고 이겨 살아 나갈 수 있지만 그렇지 못한 나라는 망하는 수밖에 없다"고 주장하였다.[105]

함석헌은 이처럼 중산층의 중요성을 지적한 바 있지만 노동자계급에 대해서는 거의 언급하고 있지 않다. 요컨대 함석헌의 민중사상은 중산층을 중심으로 하는 민중론이었다. 함석헌은 노동자계급에 대해서는 거의 언급하지 않았으며, 중산층 중심의 민중사상을 전개하였다. 그 이유는 그가 1945년 11월 23일 신의주 학생 사건의 배후 인물로 지목되어 소련 사령부에 체포되고 50일간 구금되었다가, 다시 1946년 12월 14일 다시 피검되어 1개월간 옥고를 치렀으며, 철저한 기독교 신자일 뿐만 아니라 일제 때 동경고등사범 문과를 마칠 만큼 여유 있는 가정 형편 속에서 자랐기 때문으로 보는 경우도 있다.[106]

함석헌의 민중사상은 고난사관과 마찬가지로 종교적 기초를 가지고

---

104) 함석헌전집 14《생각하는 백성이라야 산다》, 한길사, 1985, 199쪽.
105) 같은 책, 111쪽.
106) 오경환, 같은 책, 454-5쪽.

있다.[107] 말하자면 그는 민중을 어떠한 계급에 속하는 실체로 파악하지 않고 계급이기 이전의 원초적인 의미에서 하나님 앞에 모두 평등한 민중으로 파악했으며, 그 목표를 민족국가, 민주주의 체제의 확립에 두었고, 그 목표를 달성하기 위한 방법으로 기독교의 참정신에 입각한 비폭력적 평등주의를 내세웠다.

> 한마디로 해서 이것(같이 살기 운동)은 "가이사의 것은 가이사에게 돌려주고 하나님의 것은 하나님께 바치자"는 말이다. …… 언제나 세상은 억압적 정치 때문에 타락하고 멸망에 빠진다. 그들에게 달라는 대로 다 주고 누르는 대로 눌리면서라도 씨알은 그 마땅히 지켜야 하는 사랑과 참은 지키자는 말이다. 그 처음은 육체적 정신적 불행에 빠진 이웃을 보고 돌봐 줌에서 시작해서 그 나중은 네 것 내 것의 구별이 없고, 높고 낮음의 차별이 없으며, 우리와 원수의 갈라섬이 없는 한 삶에 이르기를 목표로 하는 일이다.[108]

함석헌은 씨알과 민중은 차이보다 공통점이 더 많기 때문에 양자를 분리·대립시키는 것은 바람직하지 않다고 보았다. 《씨알의 소리》를 내기 《전까지 그는 주로 민중이라는 용어를 썼다. 결국 씨알이라는

---

107) 함석헌에게 있어 종교란 보편 종교를 말하는데 이때 종교란 두 가지 의미를 갖는다. 첫째 특수한 종파에 얽매이지 않고 모든 도덕적인 종교들에 두루 통하는 종교라는 의미이다. 둘째 인간의 존재, 나아가 우주의 생명 자체가 종교적 의미라는 의미에서이다. "물질 정신 할 것 없이 생명의 바닥을 흐르는 어떤 힘, 어떤 뜻이 있다. 그것을 사람에게 있어서는 믿음이라 한다. …… 믿음이야말로 인테그레이트(통전)하는 힘이다." 《우리 역사와 민족의 생활신념》(전집 1, 375쪽). 함석헌에게 있어 믿음이 삶의 바탕을 이루고 있으므로 인간이 종교를 마음대로 선택할 수 있거나 종교가 인간 정신의 산물이라고 할 수 없다. 그에게 있어 종교란 누가 만들어 낸 것도 아니고 새로 생겨난 것도 아니며 소멸하는 것도 아니다. 처음부터 종교는 "존재하는" 것이다. 《뜻으로 본 한국역사》, 전집 1, 19쪽.

108) 함석헌, "같이 살기 운동을 일으키자"(《씨알의 소리》, 1972년 4월호), 함석헌전집 14, 《생각하는 백성이라야 산다》, 한길사, 1985, 9쪽.

용어는 민중이라는 용어를 대신한 말이라는 사실에 주목할 필요가 있다. 함석헌은 개체와 전체를 직결시킴으로써 의식적으로 집단과 조직의 의미를 낮게 평가하였다. 또 그가 씨알을 사회적 계급관계를 떠난 비당파적 개념으로 보았다는 점에서 1970, 80년대 민중개념과 구분된다. 조직화된 집단적 세력으로서의 민중은 지배계층과 대립되는 당파적 개념일 가능성이 크기 때문이다.

제5절 맺는 말

함석헌은 자신의 신조를 씨알교육, 국가관의 혁신, 정신주의 셋이라고 스스로 밝힌 바 있다. "종교는 국가보다 크고 진리는 민족보다 위대하다"는 그의 정신주의는 기본적으로 기독교에 뿌리를 두고 있지만,[109] 노장과의 대화, 공맹의 재검토, 인도경전 연구, 간디의 가르침 등이 함께 어우러져 그의 정신주의에 녹아들었다. 그는 "하나님"이라는 용어와 더불어 모든 종교는 하나라는 그의 독특한 사상에 따라 "뜻", "절대자", "말씀", "브라만", "부처님", "도", "전체", "생명", "정신", "진리", "사랑", "인" 등을 같이 썼다.

그에게 있어서 삶과 행동과 사상은 하나로 나타난다. 예컨대 고난의 철학은 그의 역사관이면서 행동으로 점철된 그의 삶의 이력서이기도

---

109) 함석헌의 정신주의는 《성서조선》 시대에까지 거슬러 올라간다. 발행인이던 김교신은 자신의 목적이 조선의 독립보다는 진리의 옹호와 기독교 복음에 의한 인간의 구원이라고 고집하였다. 김윤식은 이를 "성서조선 그룹의 정신주의가 그 예언적 측면이 함석헌의 한국사 연구와 그 뜻의 일깨움으로 전개되었다면 그 실천적 측면은 김교신으로 대표되는 속죄양 의식으로 드러난다"고 평하였다. 김윤식·김현,《한국문학사》, 민음사, 1973, 172-8쪽.

하였다. 그의 말과 글은 평론도 수필도 방법론도 정책제시도 아닌 푸념 섞인 탄식, 절규, 한 맺힌 자의 울음이나 몸부림, "독을 삼킨 자가 토해 내는 큰소리"라고 할 수 있었으며, 그의 사상 역시 "학문적 이론이라기보다는 시에 가깝다."[110] 함석헌 사상의 전개방식이 무한한 비유와 상징과 시적 비약 등으로 이루어져 있음은 물론,[111] 사상 자체가 하나의 고백적 시의 성격을 갖기 때문이다. 그의 씨알사상은 단순히 정치학적 개념으로 파악하기는 힘들다.[112] 그것은 씨알사상이 철저한 과학적 사고 과정을 거치고 종교적으로 직관하며 시적으로 표현되어 있기 때문이다. 씨알사상 속에는 과학과 종교가 하나가 되고 정치와 종교가 하나로 녹아들어 있다.

그렇지만 그가 한국정치 및 한국정치사상에 미친 영향은 지대하다. 그는 평생을 들사람(野人)으로 살았는데, 들사람의 바탕은 대듦(抵抗)에 있었다. 그는 이 저항운동을 조직도 집단도 교단도 아닌 오로지 씨알만의 뒷받침을 받아가며 전개해 나갔다.[113] 벼슬에도 권력에도 아무런 관심이 없었다. 그는 이렇게 시대를 투철하게 살면서 종교적이고 역사철학적이

---

110) 부길만, "격렬한 찬탄과 비난의 인물," 전대열 편저, 《싸우는 평화주의자 함석헌》, 동광출판사, 1982, pp.109-125.

111) 시인 신경림은 함석헌의 글이 감동을 주는 이유를 그의 치열한 역사의식과 올바른 현실인식 못지않게 그의 철저한 구어체 사용을 들고 있다. 신경림, "시인 함석헌," 전대열 편저, 《싸우는 평화주의자 함석헌》, 동광출판사, 1982, 41-53쪽.

112) 씨알사상에 대한 제3자의 해설로서는 김경재의 "씨알사상 一考" 및 김녹촌의 "씨알사상의 이해" 등을 참고할 수 있다. 모두 전대열 편저, 《싸우는 평화주의자 함석헌》, 동광출판사, 1982.에 실려 있다.

113) 김성수는 함석헌의 정치적 관여에 영향을 미친 배경은 서구의 퀘이커리즘, 민중신학자 안병무, 《사상계》의 안병무 등 3요소가 있다고 보았다. Sung-Soo Kim, *An Examination of the Life and Legacy of A Korean Quaker, Ham Sokhon(1901-1989): Voice of the People and Pioneer of Religious Pluralism in Twentieth Century Korea*, PhD dissertation, Centre for Korean Studies School of East Asian Studies, University of Sheffield, June 1998.

며 한국의 독특한 민중정치사상을 구축할 수 있었다. 다른 재야사상가들도 있지만 우리나라의 반독재 민주화 운동의 상당 부분은 서양정치사상만이 아니라 바로 그 함석헌의 민중정치사상이라고 하는 우리 고유의 든든한 사상적 토대 위에서 전개되어 왔던 측면을 간과할 수 없다.

제7장 휴머니즘적 민중주의

제1절 전태일사상의 위상

전태일사상을 한국정치사상의 맥락에 어떻게 자리매김할 것인가? 이승만, 박정희, 전두환, 노태우, 김영삼, 김대중, 노무현 등 집권층이 내세운 국가목표로서의 현실주의 및 자유민주주의 정치이념을 제외한다면, 현대 한국정치사상은 구체적으로 조소앙, 김구, 안재홍, 해방 이전의 박은식, 신채호 등의 민족주의, 사회주의, 공산주의와 무정부주의 정치사상 및 민중사상을 새롭게 재창조한 함석헌, 문익환, 서남동, 김지하 등의 민중주의 사상 등으로 표출되어 왔다. 이 장은 이러한 맥락에다가 전태일의 민중주의 사상을 자리 매김하고자 한다.

우리나라 민중주의 정치사상은 갑오농민전쟁을 계기로 본격적으로 등장한 이후, 일제시대 민족주의와 사회주의에 입각한 독립운동, 해방 8년사 시대의 민족통일국가 수립운동, 1960, 70년대 산업화 시대의 민중운동 등에서 사상적 근거였다.[1] 사상가 중심으로 보면 허균·정약용, 최제우·최시형·전봉준, 김구와 신채호, 박헌영·조봉암, 함석헌·

---

[1] 한국의 민중주의 정치사상의 출발점을 어디서부터 잡을 것이냐에 대해서는 여러 논의가 있다. 원효의 화정사상과 통불교, 서경덕의 기철학 등으로부터 잡는가 하면(이이화), 정약용을 중세적 유가주의 정치사상의 최후의 원형으로 보고, 그 후 민란과 동학사상 등으로부터 그 유래를 찾는 경우(김태영), 해방 후에 국한시킨 탓이기는 하나 함석헌의 민중론에서 그 출발점을 찾는 경우(이정복), 한국근대사에 있어서 신채호의 《조선혁명선언》을 민중론이 체계적으로 표출된 최초의 사례로 보는 경우(정창렬) 등 다양하나, 필자는 이조 후기 한말 봉건제의 모순이 극대화되고 외세의 영향이 시작되면서 거기에 대한 대응을 보이기 시작한 동학사상을 그 출발점으로 보고자 한다.

한완상, 전태일, 서남동·김지하·박노해, 그 외 여러 변혁론자 등으로 이어져왔다. 민중주의 정치세력이라는 관점에서 보면 한말의 동학농민세력과 농촌지식인, 식민지시대 민중, 해방공간의 지식인과 민중, 1970, 80년대 지식인·농민·노동자·도시빈민 세력 등으로 변천되어왔다. 한국의 민중주의 정치사상은 이론적으로 뿐만 아니라 현실적으로도 여러 단계의 검증과정을 거쳐야 한다는 한계를 가지고 있으며, 제도적 정치세력으로는 제대로 표현되고 있지 못한 실정이다. 뿐만 아니라 최근에는 비정규직 노동자, 환경, 여성, 소수자, 인권 측면 등이 새로운 민중주의 정치사상의 발원지가 되고 있으며, 미국, 일본, 중국 등 대외 관계 및 미군철수나 미군기지 등도 한국민중주의 정치사상의 테마로 등정하고 있다.

어쨌든 전통적 한국정치사상은 유가주의 사상을 중심으로 체계화되었기 때문에, 근대 이전의 민중주의 정치사상은 허균의 호민론이나 정약용의 민권사상에서 보는 것처럼 유학사상을 기반으로 모색될 수밖에 없었다.[2] 동학농민혁명은 집강소 운영에서 드러나듯이 종교형태로 체계화된 동학의 민중주의 정치사상이 현실화된 사례였다. 한말 이후 일제시대를 거치는 동안 한국의 정치사상은 개화사상과 민족주의, 루소나 밀의 자유민주주의 사상,[3] 러시아혁명을 전후로 한 사회주의 사상 등을 부국강병과 민족해방의 정치사상으로 받아들였다. 한말의 의병전쟁이나 일제침략의 노골화로 인한 농민·노동자의 소작·노동쟁의 등에는 민중주의 정치사상이 그 바탕에 깔려 있었다.

그런데 민족주의 내지 공산주의 운동사 맥락에서만 일제시대 독립운

---

2) 전봉준의 동학혁명이나 한말 계몽운동과 일제시대 독립운동에 대하여 정약용의 민중주체의 실학정치사상이 어떠한 영향을 미쳤는가에 관해서는 김영호, "다산학연구서설"《세계의 문학》참조.

3) 1920년대 한국의 지식인들이 루소의 정치사상을 어떻게 받아들이고 이해하며 해석하였는가에 관해서는 문성호, "루소 정치철학의 제해석,"《수선논집》제13집(성대대학원, 1988), 265-282쪽 참조.

동을 다루려는 것은 일정한 한계가 있다. 왜냐하면 농민·노동자 등 일제시대 식민지 민중의 생존권 요구라는 민중주의 차원이 간과되기 때문이다. 근대국가주의나 프롤레타리아독재론에 입각한 공산주의운동 관점만으로는 한국 민중의 정서나 사상, 수탈당함과 그에 대한 저항 등을 포괄적으로 설명해 내기 힘들다. 일제시대 민중주의 정치사상은 오히려 3·1운동에서의 공화주의와 신채호 대 이광수의 친일사상과 일본제국주의 논리라는 정치사상의 대립구조를 분석함으로써, 그리고 1920년대 후반 이후의 민족주의운동과 공산주의운동에 있어서의 주요 문건들을 민중주의 정치사상의 시각에서 새롭게 조명함으로써 좀 더 구체적으로 드러낼 수 있다.

한국전쟁 이후 한국의 정치사상은 냉전체제 아래에서 자유민주주의로 굳어졌다. 해방공간에서 좌익이나 진보적 민주주의 등의 논리는 억압·제거되었으며 이때 미국의 의도와 이승만 정권의 수립 그리고 한국전쟁의 여파 등이 결정적이었다. 특히 한국전쟁이 반공산주의, 안보제일주의, 경제발전주의 등과 같은 지배이데올로기 형성에 미친 영향은 지대했다. 그것은 민중의 정치세력화나 조직화를 거의 불가능하게 만들었으며, 1950년대 말 평화통일론마저 조봉암 진보당 당수의 처형으로 귀결되었다. 4·19혁명을 통해 잠시 혁신이념과 통일운동이 고개를 들였으나 5·16쿠데타로 인해 좌절되고 만다. 당시 평화통일론 개진이나 5·16쿠데타 비판에 대한 민중주의적 대응논리는 함석헌의 역사적·종교적 민중주의 사상에서 잘 드러난다.

이후 산업화 과정에서 정치경제적으로 소외된 민중계층이 부각되었다. 이들은 산업화 초기에는 동원의 대상으로, 후기에는 지식인·학생 계층과 더불어 체제에 대한 저항의 주체세력으로 성장하였다. 민중을 동원의 대상으로 삼을 때나 스스로 체제에 대한 저항의 주체로 나설 때나 언제나 민중주의가 그 근거였다. 가난을 극복하고 잘 살아보자는 경제발전계획이나 정치권력의 정치경제적 억압에 대해 저항하는 반체

274

제운동 모두 그 바탕은 민중주의가 있었다.4) 1980년대에는 민중주의 정치사상이 현실정치 구도에서 민중민주주의 운동론으로 변용되어 나타났다. 이 책에서는 사상적 기반과 맥락 및 역사적 조건 등을 고려하여 한국민중주의 정치사상을 첫째 유교적 민중주의 또는 민본적·실학적 민중주의(허균과 정약용), 둘째 반봉건반외세·농민적 민중주의(전봉준), 셋째 민족적·무정부주의적 민중주의(신채호), 넷째 역사철학적·종교적 민중주의(함석헌), 다섯째 휴머니즘적 민중주의 또는 인간적 민중주의(전태일), 여섯째 사회과학적·계급적 민중주의(1980년대 변혁론) 등의 6개로 유형화하여 파악하고 있다.

이 장은 전태일사상을 한국민중주의 정치사상 맥락에 자리 매김하는 관점에 서며, 전태일사상은 그의 성장과 노동체험 과정에서 어떻게 구성되어졌으며, 나름대로 한국노동운동과 민중운동에 어떻게 영향을 미쳤는지 검토하고자 한다. 전태일사상은 어느 정도 자체적인 완결성을 가지고 있다. 전태일 분신 및 전태일사상은 어떠한 사회과학이론 못지않게 큰 영향력을 우리나라 민중운동에 끼쳤으며, 그 방식은 일차적으로 전태일 자신의 분신을 통해서였고, 그 영향력의 깊이는 "전태일사상"을 통해서 가늠해볼 수 있다. 즉 전태일 분신사건의 영향력은 실제로는 전태일사상의 영향력이었다. 전태일의 수기는 급속한 산업화 과정에서 한 노동자가 인간성을 파괴당하며 이에 대해 어떻게 자신의 민중사상을 형성해갔는가를 보여주었다.

물론 전태일이 쓴 수기를 바탕으로 전태일 평전을 쓰거나5) 전태일

---

4) 1970년대 반체제 세력을 自願性과 構造性 개념을 바탕으로 분석하고, 70년대에는 체제 세력과 반체제 세력이 동시적으로 강화되었다고 논증한 논문으로는 백운선, "체제 세력·반체제 세력과 한국정치,"《한국정치학회보》제22집 제2호, 1988.이 있다.

5) 전태일평전의 저자인 조영래는 고등학교와 대학시절 거의 모든 학생시위의 중심에 있었으며, 1971년 10월 "서울시내 대학생 3만 내지 5만 명을 동원해 격렬한 시위를 벌이고, 화염병 1백 개로 진압경찰을 공격하고, 박정희 대통령을 하야시킨 뒤 김대중 씨를 혁명위원회 위원장으로 추대할 것"을 공모

의 수기 등을 보고 1970, 80년대 변혁운동과 사회과학적·계급적 민중주의 사상을 일군 계층은 함석헌, 문익환 등 재야인사와 조영래, 장기표 등 청년·학생층이다. 한편 전태일사상은 생전에 공개되어 검증받지 못한 채 사후에 유고문집 형태로 정리되었다는 점에서 엄밀히 말해 전태일 자신이 전개한 민중사상이라고 규정하기는 어렵다는 문제점도 없진 않다.

그러나 전태일이 남긴 기록들은 그가 노동자의 소외현상에 대해 휴머니즘 입장에서 나름대로 체계적으로 인식하며 극복하고 고민 사색한 모습을 보여주고 있다.[6] 인간의 참상을 보고 분신에 이르기까지 그가 사색해온 과정에서 전태일은 자기희생을 통한 자선행위, 진정, 조직적 활동 등 노동자가 치한 모순해결을 위한 온갖 노력을 다해 왔으며 미침내 분신에 이르게 된다. 전태일 사후 민중주의자들이 그의 사상을 널리 유포하는 데 크게 기여했다. 하지만 "전태일사상"의 원자료로서 그가 남겨 놓은 일기, 수기, 소설초고, 진정서, 편지 등에 대해서는 깊

했다는 내란음모사건 죄명으로 복역하고 1973년 4월 1일 만기 출소하였다. 출소한 지 꼭 1년 만에 민청학련사건 주모자로 분류되어 수배생활에 들어가 1980년 서울의 봄 시기까지 6년 동안 수배생활에 들어갔다. 수배생활 첫해인 1974년 전태일평전 집필에 착수하였으며 "전태일 어머니 이소선 씨가 매일 찾아와 구술했고 조영래는 이를 열심히 받아 적어" 완성하였으며, 일본으로 원고를 보내 먼저 출판했고, 국내에서는 무기명 필사본으로 돌려 읽히다가, 1983년에 비로소 《전태일기념사업회 지음》으로 국내에서 출간되었다. 1990년 조영래가 폐암으로 죽기 직전 비로소 조영래가 저자인 것이 밝혀졌으며, 그의 사후 그의 이름으로 출판되었다. 1976년 "김지하 양심선언"도 조영래의 작품이었다는 사실도 그의 사후 김지하 씨가 입을 열어 밝혀지기도 했다.
한겨레신문사, 《발굴 한국현대사인물》 3, 1992, 272쪽.

6) 함석헌은 1971년 11월 13일 경동교회에서 1주기 추모회를 갖고 "전태일을 살려라!"는 연제로 이문영과 함께 강연회를 열었으며, 1973년 11월 13일 3주기 때에는 젠센기념관에서 "민족의 씨를 키우는 사람"라는 제목으로 설교하였고, 1975년 5주기 때에는 향린교회에서 10월 15일 문익환 목사와 함께 추모예배를 열었다. 이후에도 기일이 되면 각종 학생단체나 노동단체가 집회를 열고 전태일정신의 계승을 다짐하거나 노동자대회가 열리곤 하였다.

이 있는 분석이 이뤄지지 못한 감이 없지 않다. 이 장에서 전태일사상은 "휴머니즘적 민중주의"으로 개념화하고 있다. 지금까지 전태일사상에 대해서는 조영래의 《전태일평전》과 오경환의 《전태일사상연구》가 거의 전부이다.[7] 그런데 둘 다 전태일사상을 휴머니즘의 관점에서 서술하고 있다. 다만 급진적 민중주의나 노동자계급의 당파성을 중시하는 측에서 전태일사상을 계급적 관점에서 이해하고 선전선동에 주로 활용하여 왔다. 물론 이 경우에도 그 호소력의 원천은 휴머니즘적 민중사상에 기반을 두고 있다고 볼 수 있다.

이 장은 전태일사상을 휴머니즘 민중주의로 규정하여, 밑바닥 인생 경험에 대한 깊은 성찰에 기초하여 자기희생을 통해 전체사회 및 세계의 모순을 시정하기 위한 몸부림의 과정에서 남겨 놓은 수기와 소설초안 등의 기록들을 검토하고자 한다. 1970년대 이후 민중주의 사상의 발흥은 1971년 광주대단지 사건, 이후 산업화의 진전, 1980년 광주민중항쟁 및 1970년 전태일 분신 등을 계기로 하였다. 이 장의 전태일사상 연구 방법은 기본적으로 텍스트 분석을 위주로 하였다. 예컨대 허균의 경우 호민론, 신분 차별 철폐를 소설화한 홍길동전 등을,[8] 정약용의 경

---

7) 1990년 출판되었으나 재야인사들끼리만 돌려 읽히다가 1995년 10월 비로소 각도서관과 일반 서점에 배포되었다. 전태일 분신 당시 씌어진 기록으로는 다음과 같은 것들이 있다.

김종렬, "全泰壹 그 죽음 이후 : 歷史 속에서의 죽음", 《基督敎思想. 16,4》(한국기독교서회, 1972.4), 87-94쪽.

박태순, "全泰壹事件 끝나지 않았다 : 庶民이하의 골목을 踏査한 젊은 作家의 記錄", 《다리 2,7》(월간다리사, 1971.7)

전태일, "人間 최소한의 要求입니다", 新東亞. 77(1971.1), 104-15쪽.

8) 문학작품을 통해 당시의 정치사상을 드러내고 전체 한국정치사상사에 자리매김할 수 있는 방법의 의의와 한계에 대해서는 이광수와 최인훈의 경우를 검토한 김홍우, "문학작품에서 본 한국현대정치사상의 특색," 서울대사회과학연구소, 《사회과학과 정책연구》 제4권 제3호, 서울대출판부, 1982 및 최근 태백산맥 등을 정치학적 관점에서 분석한 논문, 민족문학과 민중문학과 관련된 각종 논쟁들을 들 수 있다. 비정규직인 대학시간강사 및 영화로 제작된 전태일 등에 대해서는 다음을 참조할 수 있다.

우 원목·탕론·전론 및 당시 사회적 조건을 밝혀주는 史實들을, 신채호의 경우 각종 선언문, 기고문 등을, 함석헌의 경우 민중사상을 파악할 수 있는 전제조건으로서 《성서적 입장에서 본 조선역사》 및 씨알론·비폭력론을 파악하기 위한 관련 저작들을 검토했던 것과 같은 맥락이다. 이 장은 개인을 전체에 직결시키는 전태일 특유한 휴머니즘과 생존권 확보를 위해 몸부림치는 인간상·사회상 및 그에 대한 성찰 등을 정리·평가하는 방법을 택하였다. 이 과정은 전태일이 민중주의 사상에 도달하게 된 사회적 현실 및 사회적 현실에 접하는 계기들 및 사상에 영향을 미친 인간관계와 가족관계 등도 포함된다.

제2절 노동운동과 전태일사상

(1) 196,70년대의 노동운동과 민중운동

전태일사상은 어떠한 시대적인 조건에서 형성되었는가? 전태일사상은 일차적으로 그가 분신한 1970년까지 10여년의 한국노동운동 역사를 배경으로 한다. 우선 1960년대와 전태일 분신 후 최초의 민주노조였던 청계피복노조에 이르기까지 한국노동운동의 전개과정을 볼 필요가 있다. 1960, 70년대 한국은 급속한 자본주의 발전에 몰두했으며 노동자·농민의 소외는 극심했다. 5·16 쿠데타로 집권한 제3공화국은 정통성 확보를 위해 정부주도의 경제발전정책을 폈다. 전태일은 평화시장 섬

김병하, "전태일과 어느 시간강사의 죽음", 《특수교육저널 제4권 2호》 (두뇌한국21 특수교육연구단, 2003. 6) 159-65쪽.
김석태, "세계에서 가장 자막이긴 영화를 만든 이야기: 영화 '아름다운청년 전태일' 제작노트", 《민족예술 10》(한국민족예술총연합, 1995.12) 40-5쪽.

278

유노동자로서 조직노동자가 아닌 주변노동자였다. 그러나 일제시대 정신대로 끌려갔다가 탈출한 어머니와 해방전후 노동운동 등 민중운동을 지켜보면서 성실하게 생활해왔던 아버지 사이에서 태어난 그는 신문팔이와 구두닦이 등 사회 밑바닥 생활을 거치면서 하층인간의 참상을 어떻게 극복할 것인가를 두고 끊임없이 고민 해왔다. 바로 이러한 시대적·인간적 조건 속에서 전태일사상은 형성되었다.

그러면 전태일이 살았던 1960년대의 시대적 조건, 그중에서도 노동운동의 조건은 어떠했는가? 1960년 4·19혁명은 노동운동과 학생운동 등 민중운동의 폭발을 가져왔다. 그러나 1961년 5·16 쿠데타로 인해 반공주의의 이름으로 민중운동은 억압되고 침체되었다. 그러다가 제3공화국 출범 직후부터 학생운동을 선두로 민중운동 및 지식인운동이 다시 전개되기 시작하였다. 학생운동은 초기에는 한일조약체결반대를 주장하며 전개되었으며, 점차 부정선거 반대, 월남파병 반대, 삼선개헌 반대, 유신반대 등 반정부적 주장을 하여 격렬하게 진행되었다.

노동운동은 고도경제성장의 덕택으로 심각하게 전개되지는 않았으나, 경제성장으로 인한 임금노동자 수의 격증은 점차 노동운동의 격화소지를 형성하였다.9) 5·16 쿠데타 직후 박정희 정권은 정당·사회단체는 물론 노동조합도 그 활동을 정지시켰다. 노동조합 간부들도 검거하였다. 그러나 국제자유노련(ICFTU)이나 전일본노동조합회의 등 외국노동단체는 물론, 미일 우방국가도 압력을 가해 노골적인 노동운동 탄압은 할 수 없었다. 박정권은 외형상 민주적 노동운동을 보장하는 것처럼 하면서 실질적으로는 정부가 노동운동을 조정할 수 있는 정책을 폈다. 1961년 8월 3일《근로자의 단체활동에 대한 임시조치법》을 공포하여 노동운동의 합법성을 인정하였다. 그러나 박정희 정권은 자신들이 신임할 수 있는 노동계인사들로《한국노동단체재건조직위원

---

9) "민중운동의 사적 고찰," 현대사회연구소,《'민중론'의 분석과 대책에 관한 연구》, 1985, 591-649쪽.

회》를 만들어, 조직통제의 용이성을 겨냥하여 이전의 기업별노조를 산별노조로 하향식으로 조직을 개편하였다. 이어 1961년 8월 《한국노동조합총연맹》을 결성하고 과거 대한노총과 한국노련이 사용하던 전국노동단체사무실을 점유하였다.

이에 대하여 이승만 정권 때부터 민주적 노동운동을 지향하고, 4·19 직후 한국노련을 결성했던 일부는 별도로 《한국노동단체재조직연락위원회》를 만들어 조직활동을 하였다. 정부의 집회불허, 각종 압력 가운데서도 법정투쟁도 벌이며 독자적 조직활동을 통해 1963년 2월 《한국노동조합총연합회》를 결성하기도 하였으나 1963년 4월 노동조합법 개정으로 불법화되었다.[10] 이후 제3공화국 정부는 한국노총과 산하 16개 산별노조를 통하여 노동운동을 조정하는 방식을 택하였다. 이승만 정권 때 대한노총이 정부 여당의 기간단체로서 부정선거에까지 간여한 사실을 거울삼아 1963년 노동조합법 개정에서는 노동조합의 정치활동을 금지시켰다. 그럼에도 불구하고 한국노총은 정부와 협조관계를 유지하였다.

당시 강력한 공업화 정책의 추진으로 엄청난 이농현상이 있었으며, 이로 인해 임금노동자 수는 1970년 전체 경제활동인구 1,082만 3천 명의 34.4%인 372만 5천여 명을 차지하는 등[11] 급격하게 팽창하였다. 정부가 노동자들에 대한 복지, 생활개선에 관해서는 등한히 하였기 때문에 생존권 확보, 생활개선을 위한 노동자들의 요구는 다양한 형태로 제기될 수밖에 없었다. 당시 한국노총 간부들 즉 노조조직 상층부가 정부여당과 협조관계를 유지했다고 해서 모든 조합원들이 한결같이 노총노선에 순종한 것은 아니었다. 1960년대 말 이후 각 단위노조들은

---

10) 한국노총 결성 전후 사정에 관하여는 한국노총, 《한국노동조합운동사》, 1979, 제Ⅲ편 제2장 참조.

11) 서관모, "한국사회 계급구성의 사회통계적 연구", 《산업사회연구》(제1집), 한울, 1985. 178-9쪽.

민주적 성장을 하였다. 어용노조가 유명무실하게 형식적으로만 존재한 노조, 조합원의 참여의식이 너무 낮은 경우 등이 있었으나, 노동조합법상 노조간부나 대의원은 조합원들의 직접·비밀투표에 의하여 선출토록 규정하고 있어서 선거가 거듭될수록 노조간부들은 조합원 이익과 주장을 고려하고 체질개선을 이루지 않을 수 없었다. 몇몇 산별 노조까지도 민주화의 경향을 띠었다.[12] 노총은 노동운동 탄압이 비교적 느슨했던 1970년대 중반까지는 간헐적이나마 기층노동자 요구를 수렴하여 자본에 대한 투쟁을 주도했다. 예컨대 1960년대의 미왕쟁의, 철도노조 생활급확보투쟁, 면방쟁의, 그리고 70년대의 미풍노조 결성투쟁과 국제방직노조 결성투쟁 등을 꼽을 수 있다.

그러나 단위노조 수준에서 민주화가 진행되었다고는 하나 박정희 정부하에서의 노조운동은 한계가 있었다. 노동쟁의권이 아예 금지되던 1961-63 기간은 말할 것도 없고 1963년 4월 노동조합법이 개정된 이후에도 쟁의행위의 복잡성 때문에 커다란 제약을 받았다. 하지만 노동자들이 저임금과 열악한 노동환경, 장시간 노동을 강요당할 때 노조조직을 통해서 자기들의 의사를 집약하고 단체교섭과 단체행동을 수단으로 사용하여 관철할 수 없을 때, 언제까지나 자기들의 아픔을 인내로 극복할 수 있는 것은 아니었다. 사람의 인내와 자제에는 한계가 있었다. 합법적 절차나 대화로 해결이 안 될 때, 법적절차 그 자체가 문제되지 않는다. 집단농성, 시위, 집단적 직장이탈, 작업거부, 자살항의, 불법파업 등이 꼬리를 물고 일어날 수밖에 없었다.[13] 전태일이 일하던 평화

---

12) 박정권은 민주적 노동운동을 막기 위해서 70년대에 들어서서 《외국인투자기업의 노동조합 및 노동쟁의 조정에 관한 임시특례법》, 《국가보위에 관한 특별조치법》, 노동 3법의 개악, 대통령긴급조치 등 법적으로 노동운동의 활성화를 강력하게 억제했다. 이로 인해 한국노총과 산하 16개산별 노조는 조사 업무나 교육 업무의 테두리에 머무르고 말았다.

13) 일제식민지 시대의 역사적 체험에 비추어 보면 노동자 대중이 합법적으로 자기들의 사회적 지위를 개선할 수 없을 경우 비합법 지하조직에 의존하고, 자본주의 체제하에서 노동조합주의가 문제 해결에 도움이 안 된다고

시장은 노조조차 없는 노동자권익의 사각지대로서 주변노동자의 처지에 놓여있었다. 노동운동에 발을 들여놓고 노동자의 인간다운 생활을 위해서 일한다면 그만큼 치열할 수밖에 없는 조건이었다.

전태일 분신 이후 유신시대 초기에는 강한 억압조치로 인해 민중운동이 극히 제한되었으나, 점차 학생운동과 노동운동을 중심으로 격화어가면서 학생운동, 노동운동, 지식인운동, 종교단체의 인권운동, 농민운동, 도시빈민운동 등이 상호연대를 형성하기 시작했으며, 학생운동·노동운동·지식인운동에서 진보적 요소들이 등장하기 시작하였다. 학생운동 주동자에 대한 계속되는 제적조치로 인해 전업적 학생운동가 집단이 등장하였으며, 지하써클의 조직을 통해 이론적 기반을 마련하였다. 지식인운동은 종교인, 재야정치인고 함께 반체제운동을 주도했으며, 1970년대 말부터는 해방신학, 종속이론, 네오마르크시즘, 사회주의리얼리즘 문학론의 마르크스주의 이론 등을 도입하였다. 도시빈민운동은 도시재개발사업에 반대하여 철거민 중심으로 격렬하게 전개하였다. 농민운동은 주로 농민들의 권익신장을 도모하기 위한 저항운동으로 나타났으며, 가톨릭농민회, 기독교농민회 등이 농민운동을 측면 지원했다. 당시 새마을운동은 이 같은 농민운동을 적극 예방하는 역할을 담당하였다.[14] 한국노총은 1971년 12월 6일 박정희 대통령의 비상사태 선포를 환영하였으며, 1972년 10월

판단할 때는 사회주의를 지향하는 적색 노조운동에 가담하곤 하였다. 그러나 1976, 70년대 노동자들은 합법적 방법으로 문제를 해결할 수 없을 때, 비합법적 방법(농성·시위·불법 파업·자살 항의 등)에 의존하였으나, 사회주의 지향의 적색 노조로 발전하지는 않았다. 해방 후 40여년에 이르는 분단 체제하의 반공주의 및 북한 체제에 대한 부정적 평가에 기인한다. 결과적으로 비합법 투쟁을 전개한 경우에도 항상 민주적 노동조합운동을 회복하기 위한 것이었으며, 헌법에 보장된 노동기본권 수호를 위한 투쟁으로 일관하였다.
박현채·정창렬 편, 《한국민족주의론 Ⅲ》, 김낙중, "분단시대 노동운동의 역사적 성격", 372-3쪽.

14) "민중운동의 사적 고찰," 현대사회연구소, 《'민중론'의 분석과 대책에 관한 연구》, 1985, 591-649쪽.

282

유신 때는 적극협조하고, 제5공화국 때는 4 · 13 호헌 지지 성명을 내는 등 노동자대중의 처지를 외면하였다.15) 이로 인해 이 시기 노동운동은 한국노총과 16개산별 노조보다는 자기들 처지를 이해하는 종교단체나 지식인들을 찾아가 자기처지를 호소하고 협조를 요청하는 경향이 나타났다. 카톨릭노동청년회, 기독교도시산업선교회, 고려대노동문제연구소, 크리스챤아카데미, 야학운동 등이 그것이다.16)

사실 1970년대 민주적 노조운동의 선구는 1970년 11월 27일 결성된 청계피복노조였다. 그 외에도 1972년 민주화된 동일방직노조, 원풍모방노조, 1973년 결성된 콘트롤데이타노조, 1974년 결성된 반도상사노조, 1975년 결성된 YH 노조 등이 있다.17) 1970년대 민주노조의 시발점이 된 청계피복노조는 전태일의 희생 위에 "내 아들의 뜻이 이루어질 때까지 장례를 치를 수 없다"면서 시체인수를 거부한 어머니 이소선과 평화시장 내 삼동친목회 회원들이 주축이 되어 결성하였다. 11월 14일 당시 이승택 노동청장은 학생, 종교인, 지식인이 평화시장 노동자의 처우개선을 외면한 정부정책을 규탄하고 연일 신문, 방송의 초점이 되자 끈질기게 버티는 어머니의 8개항의 요구조건18)을 무조건 수락한다고 고인의

---

15) 한국노총, 사업보고, 1973, 11쪽.

16) 이에 대해서는 한국기독교교회협의회, 《1970년대 노동현장과 증언》, 풀빛, 1984. 8장과 한국기독교산업개발원, 《한국노동운동의 이념》, 정암사, 1988. "재야 민주노동운동의 전개과정과 현황"(정대용)을 참조할 것.

17) 70년대 민주노조들의 투쟁, 조직, 교육 및 지식인과의 관계에 관한 개괄은 한국기독교산업개발원, 《한국노동운동의 이념》, 정암사, 1988, 174-8쪽. 김인동, 《70년대 민주노조운동의 전개와 평가》(《한국노동운동론 Ⅰ》, 미래사, 1985) 참조.

18) 그 내용은 생전의 전태일이 1970년 10월 6일 실태 조사 결과를 바탕을 노동청장에게 진정하고, 10월 7일 진정 내용이 경향신문에 특보가 난 다음날인 10월 8일 삼동친목회 회장 전태일, 서기 이민섭, 회원 신진철, 최종인, 김영문, 조병섭, 장진환, 주현민 및 별도 서명자 90명의 이름으로 평화시장 주식회사(사장: 이동표)에게 건의한 것과 유사하다. 그 내용은 다음 7개항에 다락방 철폐, 환풍기 설치, 조명 시설 개선, 여성 생리휴가 보장, 노동

빈소에 통보하자, 11월 18일 장례를 치르게 되었으며, 이어 드디어 11월 20일에는 노조결성준비위원회가 열렸다. 청계피복노조를 기점으로 한 1970년대 노동운동은 다음과 같이 6가지로 유형화할 수 있다.[19]

1) 1971년 광주(성남)대단지 사건을 중심으로 한 도시빈민운동(=노동운동의 지역적 변형)
2) 전태일사건과 청계피복노조를 중심으로 한 영세 기업에 있어서의 노동운동
3) 파월 한진노동자의 KAL빌딩 사건을 중심으로 한 대중의 직접적 실력 투쟁
4) 기성 노조가 주도하는 법률적 절차나 파업과 같은 합법적 방법에 따라 임금 인상 등과 같은 근로조건의 유지·개선 운동
5) 1970-79년 10년 동안 2,500여 개에 이르는 신규 노조 결성 투쟁
6) 도시산업선교회, 카톨릭 노동 청년회(J.O.C: .지오세), 크리스챤아카데미, 고대노동문제연구소 등의 도움으로 원풍모방, 동일방직 등에서 일어난 노동 조직 내부의 민주화투쟁

1970년대의 한국노동운동사에서 전태일의 분신은 이후 노동운동을 활성화시키는 한 계기가 되었다. 노동운동은 조직노동자만이 아니라 전 노동자계급, 일할 의사가 있으나 일자리를 얻을 수 없는 비자발적 실업자까지를 포함하는 연대투쟁이 바람직하였다. 그러나 1970년대 바

조합 결성의 지원 등을 합쳐 8개항으로 조정하였다고 한다. ① 작업 시간: 오전 8시-오후 7시(여름), 오전 9시-오후 8시(겨울) ②일요일 휴무(부득이한 경우 사전 양해 구하고 수당 요구할 수 있도록 함) ③ 작업 시간 어기는 기업주는 삼동친목회 명의로 고발 조치 ④ 1년에 두 번 건강 진단 ⑤ 시다월봉 현 3천 원 기준 100% 인상 ⑥ 제3주 휴일 10시 정기총회 ⑦ 필요시 임시총회. 전태일 사망 후 어머니가 내건 8개항 요구조건은 다음과 같다. ① 주일 휴가(유급 휴가)제 실시 ② 법으로 임금 인상(월급공) ③ 8시간 근로제 실시(오버타임 수당제) ④ 정규 임금 인상 ⑤ 정기적인 건강 진단 실시 ⑥ 여성 생리휴가 ⑦ 이중 다락방 철폐 ⑧ 노조 결성 지원.

19) 장명국, "해방 후 한국노동운동의 발자취,"《한국노동운동론》, 미래사, 1985.

로 이들 영세 및 중소기업에서 노동운동이 발생한 것은 기성노동조직이 포괄해 내지 못한 가운데 생존을 위한 자기발생적인 움직임으로서 표면화된 것이다. 전태일 분신을 계기로 청계피복노조활동이 본격화되었다. 이는 2만 7천여 영세업체의 노동자가 극도로 열악한 노동조건을 개선하기 위한 움직임으로서 근로기준법 규정에 따른 노동조건확보를 위한 장기적 투쟁을 전개하게 된다. 이는 당시 우리나라가 수출입국형의 경제성장이 귀결한 여러 겹의 수탈체제하에서, 최종 피전가자인 영세 기업에서 자생적인 노동운동의 가능성을 보여준 것이다.

그러나 이러한 유형의 노동운동은 노동자의 고립분산성, 업주와 정부의 탄압, 운동의 자연발생성 등으로 인하여 극한적인 의사표시를 동반하여 많은 희생을 수반하였다. 전태일 분신은 학생·지식인과 종교계의 노동운동에 대한 관심을 고조시켰으며, 이를 계기로 노동운동에 있어서 노학연계나 산업선교 활동과의 결합이 확산되기 시작하였다.[20] 예컨대 학생들은 광주대단지실태조사보고서에서 "이제 민중은 과거의 체념과 좌절을 딛고 새로운 민중의 역사를 창조하기 시작하였다. 민중은 지금까지 강요된 반인간적 사회질서에 항거하고 인간적 질서를 요구하기에 이르렀다. 광주대단지의 민요는 민중에게 자각과 신념을 주었으며 그것은 방방곡곡에 씨를 뿌려 도처에서 오적의 횡포, 매판대기업의 횡포, 조세의 황포에 항거하기 시작하였다"고 썼다. 학생운동도 "민중의 역사창조에 기여할 지식인" 운동으로 규정하였다.

(2) 전태일 분신

전태일 분신은 그의 성장 과정의 불우함에서 비롯된 우발적인 사건

---

20) 후일 수배 중 전태일평전 쓴 조영래, 장기표 등 당시 대학생들은 전태일의 죽음을 보고, 전태일을 비롯한 노동자들이 대학생들과 전혀 이질적인 사회적 존재가 아니라 독재정권의 마찬가지 피해자라는 점을 깨닫게 된다.

으로만 볼 수도 있다. 이는 그가 어려서부터 가출과 구두닦이, 초등학교 중퇴를 거듭하고 청계천 평화시장에서 견습공과 미싱사를 거쳤다는 개인사적 배경으로 미루어 볼 때 상당한 설득력이 있다. 그리고 부분적으로 이 점은 그가 남겨 놓은 일기를 중심으로 한 내면의식세계의 흐름과 변화를 추적해 보았을 때 일면 타당성이 있는 것도 사실이다. 그러나 이 사건은 우발적인 것이 아니라 근대화와 경제발전에 골몰하던 1960, 70년대 한국사회가 빚어낸 밑바닥 인생에게 자기 확보를 위한 극단적인 자기표현으로서 구조적인 원인으로부터 비롯되었다고 볼 필요가 있다. 전태일사상은 장시간 노동에 낮은 임금, 열악한 작업환경 등에 짓밟힌 인권에 대한, 경제성장의 진정한 주인인 노동자가 박정희 징권의 경제개발정책에 대해 죽음으로 항기한 사회고발이며, 민중현실을 올바로 보지 못했던 사회운동에게 경종을 울린 생명을 건 외침이었다.21) 전태일 분신사건은 실질적으로 1970년대 민족민주운동을 '민중' 이념으로 무장시킨 계기가 되었으며, 이를 계기로 노동자, 도시빈민 등 민중의 생존권을 외면한 박정권의 개발정책에 맞서 싸워 나갔다.22)

---

21) 구로역사연구소,《바로 보는 우리 역사》, 서울; 거름, 1990, 190쪽.

22) 1970년대의 자살항의 및 노사관계로 인한 살인 사건은 1970년 전태일의 분신을 필두로 같은 해 11월 25일 조선호텔 노동조합을 결성하다 해고된 이상찬의 분신자살 미수, 1971년 1월 아시아 자동차 노조간부의 감전 자살 위협, 1971년 3월 전국섬유노조 한성섬유분회 조합원 김진수가 조합 탈퇴를 강요당하다 살해당한 사건, 1973년 영등포 조일철 강사 노동자가 노조활동을 요구하면서 음독자살 기도, 1974년 대구 대동신철공사 노동자 정세달이 노동조건 개선을 요구한 유서를 남기고 자살한 사건, 1978년 농심라면 노동자 임석철이 저임금 항의 난투극 중 찔려 죽은 사건, 1979년 8월 YH 여공들의 신민당사 농성 중 발생한 여공 김경숙의 항의 투신자살 등이 있다.
또 1971년 8월 10일 광주대단지 주민 3만여 명은 정부 당국의 강제 이주와 야만적 철거에 맞서 일어섰으며, 9월 5일 해외 취업 근로자들이 대한항공 건물을 점거하고 밀린 임금을 지불하라고 '폭동'을 일으켰으며, 1974년 울선 현대조선 기능공 2천 5백여 명이 노동조건 개선을 요구하여 '폭동'을 일으켰다.

전태일은 약관 22세의 젊은 나이로 분신 사망했으니 만큼 성숙한 사상이 형성되기에는 너무 단기간만을 살았다. 그리고 서구식의 명확한 이론구조를 갖고 있지도 못했다. 더욱이 단기간의 좌절당한 노동운동 경험 외에는 집단적·조직적 체험의 뒷받침도 거의 없었다. 그럼 어떤 과정을 거쳐 분신에까지 이르게 되었는가? 그의 생애와 생각을 보면 그의 노동자로서의 치열한 의식세계를 가늠할 수 있다.

전태일은 1948년 대구에서 아버지 전상수와 어머니 이소선의 장남으로 태어났다. 1954년 여섯 살 때 전 가족이 서울로 상경하여 1956년 남대문초등공민학교 2학년에 편입했다가 1961년 남대문국민학교에 편입했으나 곧 중퇴했다. 1961년 가출, 1963년 대구청옥고등공민학교에 입학하나 곧 중퇴하고 그해 겨울 동생 동삼 전태삼과 함께 다시 가출, 1964년 어머니 단신 식모살이하러 단신 상경하고, 이어 전태일은 동생 전순덕을 업고 어머니를 찾아 나선다. 1965년 평화시장 내 삼일사에 시다(견습공)로 취직,[23] 1966년 10월 한미사 재단보조, 1967년 2월에는 재단사가 되었다. 1968년 말부터 재단사 모임을 만들기 위한 준비를 시작하였다. 1969년 6월 부친이 사망하였으며, 평화시장 내 재단사 모임인 '바보회'를 조직하였다. 바보회는 8-9월경 노동실태 설문지 500매를 인쇄하여 돌린 결과를 가지고 근로감독관, 노동청에 찾아가서 진정하였다. 9월부터 3개월간 공사판 막노동자로 일하였다. 1970년 4월부터 5개월간 삼각산 임마뉴엘 수도원 공사장에서 잡역부로 막노동했으며, 9월에는 하산하여 왕성사 재단사가 되었다. 9월 16일 바보회를 삼동친목회로 개칭하고 회장으로 선출되었다. 10월 6일 평화시장 피복제품상

박현채 정창렬 편, 《한국민족주의론 Ⅲ》, 서울: 창작과 비평사, 1985, 308쪽.

23) 이 시절 전태일은 30리 떨어진 도봉산 중턱의 집까지 버스 대신 걸어 다니면서 30원의 버스비를 아껴 점심시간만 되면 1개 1원하는 풀빵을 30개 사들고 평화시장 옥상으로 올라가 굶고 있는 여공들에게 나눠주고 자신은 바라보기만 하였다. 《전태일사상연구》, 309-12쪽.

종업원 근로개선 진정서를 10월 6일 노동청장 앞으로 제출하였으며, 10월 7일 경향신문에 평화시장 관련 기사특보가 났고, 10월 24일 근로조건 개선시위를 기도했으나 실패로 끝났다. 11월 13일 근로기준법 화형식을 거행하면서 분신을 결행하였고 성모병원에서 산화했다.

시기적으로 보면 전태일사상의 골격은 1969년 가을부터 1970년 봄에 이르는 시기에 형성되었다.《친구 원섭에게 쓴 편지》[24)는 이를 가장 잘 보여준다. 전태일은 이 글을 쓴 1969년 9월 30일경 깊은 좌절에 부딪쳐 어느 공사판에 들어가 막노동을 하고 있었다. 전태일은 평화시장 여공들의 참상을 목격하고 이 딱한 사정[25)을 해결할 방도를 찾아 괴로워하던 중, 재단사가 되어 어린 시다들의 일을 하나라도 더 밀어 주려에쓰디기 1967년 2월 이느 날, "시다들을 버릇없게 만든디"는 이유로 해고당한다. 그 후 전태일은 "재단사가 되어 노동자의 억울한 처지를 고쳐 보겠다"던 당초 생각을 버린다.

이후 전태일은 새로운 실천방법[26)을 찾는 과정에서 노동운동을 하

---

24) 전태일의《친구 원섭에게 쓴 편지》는 두 가지 종류가 있는데 출처는 모두 전태일의 일기에 두고 있다.
   《어느 청년노동자의 삶과 죽음》, 돌베개, 1983, 148-58쪽.
   《내 죽음을 헛되이 말라》(전태일전집: 일기·수기·편지 모음), 돌베개, 1988, 123쪽.

25) 전태일은 분주히 일하다가 재봉틀 위에 검붉은 피를 흥건히 토한 미싱사 처녀를 급히 병원에 데리고 갔으나 폐결핵 3기로서 대책이 없다고 하는데다가 주인이 한 푼도 주지 않고 그날로 이 여공을 해고시켜 버리는 것을 목격한 바 있다. 또 어린 시다가 "재단사예, 난 이제 아무래도 바보가 되나 보예. 사흘 밤이나 주사 맞고 일했더니 이젠 눈이 침침해서 아무리 볼려고 애써도 보이지 않고 마음대로 펴지지도 않아예"라고 하면서 일은 하지 않고 자꾸만 머뭇거리다가 전태일이 쳐다보니 서럽게 울음을 터뜨린 적도 있었다. 오경환,《전태일사상연구》, 한소리, 1990, 321쪽.

26) 전태일이 평화시장의 근로조건의 문제를 해결하기 위하여 동원한 방법에는 네 가지가 있었다. 첫째, 재단사가 되어 그 지위를 이용하여 어린 여공을 돌본다는 온정주의적 방법, 둘째, 노동실태를 조사하여 기업주와 노동당국에게 진정하여 그 시정을 호소함으로써 근로기준법이 준수되도록 하

기로 결심하기에 이른다. 그는 아버지 전상수에게 여공들의 참상을 이야기하고 그들을 지옥의 참상으로부터 벗어나게 할 수 있는 방법이 없을까 하고 의논하였다. 젊은 날 노동운동을 보아왔던 그의 아버지는 노동운동에 대하여 설명하고 아들이 혹시 노동운동을 하려는 것은 아닌가 하고 염려하면서도 엄연히 노동법이 존재한다는 사실까지 가르쳐는 주었다. 그리고 "노동운동은 위험부담이 따르므로 희생을 각오한다 하더라도 지금도 있어야 하는 것이야"라고 덧붙이는 것도 잊지 않았다. 전태일은 다시 취직하는 한편, 근로기준법을 열심히 공부하면서 1968년 말경부터 재단사 모임을 조직하기 시작하였다.

마침내 1969년 6월 말 정식으로 '바보회'를 결성하고 그 첫 사업으로 평화시장 노동실태조사 작업에 들어갔다. 그러나 이 작업은 사장들의 방해로 제대로 다 성사되지 못하였으며, 그나마 된 실태조사를 집계하여 시청 근로감독관과 노동청에 진정도 해보았으나 묵살당하였다. 게다가 그 자신은 '위험분자'로 낙인찍혀 해고당하고 아무도 취직을 시켜주지 않았다. 바보회 회원들도 해고당할까 봐 모임에 소극적이게 되었고 거의 해체 상태에 이르렀다.

(3) 각계 반응

노동운동의 한 형태로서의 전태일 분신사건이 가지는 정치사상적 의

겠다는 陳情主義的 방법, 셋째, 곧바로 근로기준법을 준수하는 시범업체를 설립하는 방법, 넷째, 노동자를 억압하고 노동조건개선에 반대하는 모든 세력을 투쟁대상으로 하여 필사적으로 항의 투쟁하는 적극투쟁주의 등이 그것이다. 《어느 청년 노동자의 삶과 죽음》, p.176. 전태일은 우송했으나 반송된 《1970년 3월 23일자 편지》를 통해 신문 사회면에 난 어느 실명자에게 자신의 한쪽 눈을 기증하고, 이러한 사실이 신문에 기사화되면 이를 본 독지가가 사람됨을 믿고 모범업체 설립자본금 3천만 원을 투자하리라고 보아 이를 실행에 옮기려 한 적도 있었다. 같은 책, 180-1쪽.

의는 전태일 자신의 내면세계에서 발효된 전태일사상의 추적과 요약 및 그것이 한국정치사상사에서 어떠한 위상을 갖는가에 대한 검토를 필요로 한다. 우선 전태일 분신에 대하여 국민들은 어떻게 인식했는가를 살펴볼 필요가 있다. 왜냐하면 '전태일 분신'이 아니라 '전태일사상'이라고 했을 때 그것은 이미 하나의 표피적인 일시적인 현상의 표출이 아니라, 국민들의 내면의식 속에 굳게 자리 잡고 있는 어떤 보편 의식에 따라 평가·수용되는 것을 뜻하기 때문이다.

당시 노총은 이 사건의 근본 원인이 "실업자가 많은 것을 기화로 저임금으로 보다 많은 이윤을 올리려는 사업주들의 핵심적인 착취근성과 그것을 당연한 것처럼 용인해 온 사회적 여건"에 있다고 보았으며,[27] 그 해결책으로 기업인의 준법정신 함양, 인도정신에 입각한 노동관리, 경영인·노동자·소비자의 공동이익에 입각한 기업운영, 근로기준법의 강화, 조직력을 통한 권익쟁취 등을 제시하였다.[28] 당시 언론은 근로조건 및 환경의 개선이 시급하다고 비판하였다.[29] 학생들은 열악한 근로조건의 개선에 대해 한국노총과 16개 산별노조는 무엇을 하였는지 고발하면서 "나에게는 왜 대학생 친구가 하나 없는가! 이럴 때 대학생 친구가 있으면 얼마나 힘이 될까" 한탄하며 근로기준법을 공부했던 전태일 선생을 애도하였다. 이웃의 아픔을 항상 자신의 아픔으로 느끼며 산화한 선생의 열렬한 불꽃에 대해 종교인·지식인·정치인들을 책망하였다.[30] 신동아 1971년 1월호는 《인간 최소한의 요구입니다》라는 제하로 전태일의 일기와 수기를 게재하면서 다음과 같은 수기 정리자의

---

27) 참고로 1970년 당시의 실업률은 4.2%였다. 1960년 7.7%, 1980년 5.8%에 비하면 오히려 낮다.
   서관모, "한국사회 계급구성의 사회통계적 연구", 《산업사회연구》(제1집), 한울, 1985. 178-9쪽.
28) 노총보 1970. 11. 15.
29) 경향신문, 1970. 11. 16. 사설.
30) 이재오, 《해방 후 한국학생운동사》, 형성사, 1984, pp.309-310.

290

글을 덧붙임으로써 전태일의 내면세계에 한 발 더 다가가고 있다.

　　"우리는 결코 기계가 아니다"하고 외치면서 '빌딩 속의 다락방'－서울 청계천 일대의 작업장 종업원들의 외면당한 현실과 처우 개선을 사회에 고발, 분신자살로써 투쟁에 앞장섰던 평화시장 재단사 전태일(서울 성북구 쌍문동 208의 215)씨의 '노상인간선언'은 결코 무모한 불장난일 수 없었다.[31)]

　　사회의 일각에서는 그의 죽음을 놓고 "한 순간의 즉흥적이니 만용, 또는 20대 영웅심리의 만용"으로 풀이해보는 축도 없진 않았다. 그러나 불꽃같은 그의 절규가 하루아침에 불시에 빚어진 것이 아니었음을 묵묵히 뒷받침해 주는 유일한 한 권의 증언－청색 비닐 카버의 3백여 페이지에 달하는 그의 뼈저린 회고적 수기 형식의 일기는 자신의 학력(대구 청옥고등공민학교 중학부 중퇴)으로는 상상하기 어려운 사상과 사고의 소유자로서 삶의 끈덕진 연민과 희망이 다부지게 점철돼 있어 보는 이의 가슴을 뭉클하게 해주고 있다. 대부분 초록색 잉크로 쓰인 그의 일기 첫 페이지에는 '절망은 없다', '내일에 산다'는 서툰 글씨와 절규들이 여기저기 흩어져 있다.[32)]

---

31) 전태일 분신사건 한 달 후인 1970년 12월 10일 김지하의 시집 《황토》의 후기는 당시 시대상황과 민중문학인의 창작태도를 잘 드러내고 있다. 김지하는 자신의 시가 사랑의 언어로서 악몽의 시, 降神의 시, 행동의 시가 되길 원해 왔다고 밝히면서 다음과 같이 쓰고 있다. "우리들의 의식은 가위눌려 있다. 반은 잠들고 반은 깨인 채, 외치려 하나 외쳐지지 않고, 결정적으로 깨어나고자 몸부림치나 결정적으로 깨어 나지질 않는다. 죽도록 몸부림치지만 그것은 작은 몸짓에 지나지 않고, 필사적으로 아우성치지만 그것은 작은 신음으로 밖에는 발음되지 않는다. 그 작은 신음, 그 작은 몸짓, 제동당한 격동의 필사적인 자기표현으로서의 어떤 짧은 부르짖음, 나는 나의 시가 그러한 것이 되길 원해 왔다, 악몽의 시로. ……"
김지하, "시집 《황토》 후기,"《타는 목마름으로》, 창작과 비평사, 1982, 166-167쪽.

32) 《신동아》 1971년 1월호, 전태일, "인간 최소한의 요구입니다." 당시 신동아 1971년 1월호 전태일의 수기에는 대통령에게 보내는 진정서, 원섭에게 보내는 편지, 부산 서면 시절, 또 다시 서울로, 청옥고등공민학교 입학, 대구에서 또다시 서울로, 두 형제의 서울 생활, 어머니의 식모살이 가출, 평화

(4) 민중신학의 반응

197, 80년대 한국민중 신학은 남미 해방신학의 영향도 있었지만, 전태일 분신사건 등 한국 민중의 고통 받는 현실에 주목하고 신학적 자세를 새로이 가다듬은 데에서 출발하였다. 그중에서도 오재식은 자기반성 및 민중신학 사상의 입장에서 전태일 분신사건을 정리함으로써 전태일사상의 내면구조에 가장 가깝게 접근했다. 그는 전태일 분신을 "어떤 예수의 죽음"이라고 표현하였다. 전태일의 죽음이 자살이라고 하여 교리에 위배된다고 매도하는 보수교단의 율법주의에 대하여 비판적인 입장에 서는 오재식은 전태일을 새롭게 부활하고 있는 "지금 여기"의 예수리고 받아들였다. 그는 다음과 같이 썼다.

> 너는 가야바의 법정 빌라도 앞에서 네 죽음을 유예할 수 있었다. 너는 바리새인들의 심판을 짐작했으면서도 인간을 위한 열망을 포기하지 않았었다. 너는 얼마나 괴로운 길인 것을 알면서도 그것을 택했었다. 너는 도피하려고 여러 번 망설이다가도 결국은 그러지 않기로 결심한 것이 아니냐. 그 길을 가기로 작정한 그 때, 네 죽음은 시작되었다. 누구 손에 죽었느냐가 문제가 아니다. 어떻게가 중요한 것도 아니다. 로마제국의 병졸이거나 교권주의자들의 앞잡이거나 어차피 네 뜻의 하수인들이 아닌가. 세계의 제국 로마 총독에게는 식민지의 백성이야 쓰레기지. 위대한 종교인들이야 너 같은 악마의 제자를 처치하는 것은 신의 섭리고, 이 무시무시한 법정 앞에서 네 무기는 오직 하나, 자유, 이 길을 택할 수 있는 자유로 있었다. 네 목숨을 끊을 수 있는 자유로 있었다. 정신착란에서가 아니고, 순간적인 흥분에서가 아니고, 삶을 비관해서도 아니고, 사랑의 상처 때문도 아니고, 너는 오랫동안 네 마지막을 내다보았었다. 너는 그리로 가기로 결정한 것이다.

시장 작업현장 등의 제목의 글들을 수록하고 있다.
전태일기념관건립위원회 편, 《어느 청년노동자의 삶과 죽음》, 돌베게, 1983, 251-66쪽에 재수록.

너는 죽을 때 "목이 마르다"라고 했다. 이미 죽는 마당에 물을 찾아서 무슨 소용인가. 무식한 병졸들은 식초를 타서 주었다지만 "내가 목이 마르다"라고 수천 년을 들려오는 소리, 인류의 폐부를 뚫고 지나는 음성, "내가 배가 고프다." 이것은 네 무덤이 아니라 샤만을 통해서 들려오는 무리의 합창이 아니겠는가. 그 절박한 시간에 마지막 힘을 깡그리 모아, 들려주는 말 "목이 마르다. 배가 고프다." 네 목청을 끌어안은 여인의 젖은 말라 있었다. 거칠은 손끝은 떨고 있었다. 저녁 놀 광우리에 길여 오던 떡덩이, 허구헌 날 큰 맘 먹고 못해 먹인 햅쌀밥, 30리 걸음걸음 아껴 모은 풀빵들, 밥상에 앉으면 그 음성이, 찻잔을 들고도 그 음성이, 진열장의 진미가, 뒤안길 요정의 상다리가 다 목을 놓아 부르짖지 않는가. "내가 배가 고프다." (중략)

네 죽음이 왜 모든 것의 마지막인 것을 몰랐던가. 네 죽음 뒤에 새로운 세상이 오리라는 생각은 황당했다. "내 하나가 죽으면 달라지겠지." 너는 네 죽음이 끝이라고 생각지 않았다. 새로운 시작을 본 것이다. 시작을 한 것이다. 시작으로 산 것이다. 벽 위의 시계를 보았기 때문에, 그 세계가 오리라는 것을 믿었기 때문에 벽을 뚫을 수 있었다. 이 시작을 죽음이 막지 못한 것이다. 죽음은 생명의 탈바꿈이 아닌가.

네가 죽은 후, 예수여!

엉뚱한 사람들이 수군거리고, 생면부지가 헌화를 하는구나. 네 이름이 입에서 입으로, 가슴에서 가슴으로 발에서 발로 번져 갔다. 네가 네 몸을 달구던 그 자리를 가 보고, 네 음성을 들으려 하고 너를 만지려 했다. 만져서 그리고 다짐하려 했다. 살아 있는 것처럼 그렇게 육박해 오는 죽음이었기에 가슴 속으로 꿰뚫는 진폭이 있었다. 네 초상화가 복사되고 네 생애가 돋보이고, 드디어는 네가 스승으로 되어 가고 있었다. 죽음의 벽이 당분간은 누리를 덮었었지만 그 밑으로, 고동소리, 희망이 그 밑으로 흐르고 있었다.[33]

이 글은 "고 전태일 씨 영전에" 바치는 형태로 되어 있으며, 전태일

---

33) 오재식, "어떤 예수의 죽음", 《어느 청년노동자의 삶과 죽음》(전태일기념
   관건립위원회 편, 돌베게), 1983, .244-8쪽.

의 삶과 죽음과 부활이 갖는 사상적 의의를 잘 드러냈다. 오재식이 "스승 전태일"이라고 표현한 것을 후일 오경환은 《전태일사상연구》에서 "성자 전태일"이라고 부른다. 둘 다 전태일이 율법적 교리에 위반된다는 차원을 초월하여 자기희생을 통해 인간사회의 구원을 시도했다고 보았다.

제3절 전태일사상의 전개

(1) "나의 전체의 일부" 사상

전태일은 1969년 9월 경 깊은 낙담과 고민에 빠져 들어간다. 그러나 전태일은 여기에 머무르지 않고 난관을 어떻게 뚫고 나갈 것인가, 새롭게 어떻게 실천해야 할 것인가 하는 문제를 부둥켜안고 몸부림쳤다. 《친구 원섭에게 쓴 편지》는 바로 그러한 몸부림치며 좌절을 극복해 나가기 위한 과정에서 전태일사상을 성숙시켜 나간 모습을 잘 보여준다. 여기서 그는 "얼마나 위로해야 할 나의 전체의 일부냐"라는 전형적인 휴머니즘 사상을 편지글 형태로 전개하였다. 친구 원섭은 대구고등공민학교 시절 전태일의 친구이다. 《친구 원섭에게 쓴 편지》의 골자는 다음과 같다.

전태일은 이 글 서두에서 속이 답답하고 무엇인가 누구에게 말하지 않고는 못 견딜 심정이기에 쓴다고 하면서 편지글 형식으로 자기 생각을 펴나갔다. "어쩌면 좀 잔인한 것 같지만 내가 지나 온 길을 자네를 동반하고 또 다시 지나지 않으면, 고갈한 내 심정을 조금이라도 적실 수 없을 같네"라고 적고 있다. 전태일은 1969년 9월 15일경 공사판 품팔이를 가는 날 새벽같이 일어나서 집을 나서며 내내 공사장 품팔이하러 가게 된 자초지종 등 어머니와 무슨 말인가 주고받고 싶었지만, 버스에 탈 때까지도 끝내 서로 말 한마디 주고받지 못한 것을 자학이라는 지극히 못난 행동이었음을 깨달았다고 탄식하고 있다. 그 같은 깨달음은 공사장으로 가기 위한 장사광주리를 이고 만원 버스에 타려는 어떤 부인을 목격하면서였다. 그 부인은 "정직하고, 충실하며 거짓이 없는 생존 경쟁의 한 인간"이라는 것이다.

> 이런 어질고, 꾸밈없이 현실 그대로를 알몸둥이로 하나라도 놓칠세라 있는 힘을 다해 약한 자기와 불쌍한 자기의 분신을 위해 강한 이상을 동원하여 팔과 허리 사이를 오리발의 물갈퀴처럼 벌리고, 가시투성이고 얼음처럼 찬, 바위처럼 무거운 냉혈한 현실을 그대로 받아들이는 어떤 어머니, 왜 내가 저런 현실적인 인간을, 사람을, 내가 정신적으로나마 학대해야 된단 말이냐? 나는 오늘 아침 분명히, 어머니를 정신적으로 학대한 걸세. 그리고 나 자신을 학대한 걸세.[34]

전태일은 어머니가 아들이 공사장에 삽질하러 간다는 것을 알고 약한 아들이, 그런 일을 한번도 해본 일이 없는 "자기의 소중한 전체의 일부," 신체적으로 약하고 자존심이 강한 아들이 뜨거운 태양 아래 비지땀을 흘리면서 무사히 넘길지 정신적으로 얼마나 많이 상처를 당할 것인가를 생각하신다는 사실을 깨달은 것이다. 그는 어머니의 그런 심정을 자식이 이해하지 못하고 모든 "부조리한 현실"을 어머니의 책임인 양 무언으로 학대했다고 자책하였다. 전태일은 "현실이 나를 보고 외면하고 냉소한다고, 나도 현실과 같은 패가 되어 나를 조롱하는구나. 조롱과 냉소가 지긋지긋하고 너무나도 답답했어 ……, 잠시나마 본래의 나를 밀어 놓고, 감정의 나는 입을 비죽거렸던 것일세"라고 썼다.[35]

---

34) 《내 죽음을 헛되이 말라》, 118쪽.

35) 《어느 청년노동자의 삶과 죽음》 저자는 전태일사상에 있어서 버스 정류장에서 장사광주리를 들고 만원 버스를 타려는 한 부인이 차장과 실갱이를

　막상 삽질을 시작하면서 집에서 생각하던 두려움이나 수치심은 조금도 없었다고 한다. 그러나 처음 공사장에서 만나는 인부들끼리 누구 하나 묻거나 아는 체하지 않고 나라는 존재를 인식하는 사람도 없었다면서 원래 노동판이란 다 그런 것인가 싶다고 하였다. 그리고 나서 전태일은 우스운 일을 소개한다면서 그 자신의 핵심적인 이야기를 꺼내어 펼쳐 보이고 있다. 《친구 원섭에게 쓴 편지》는 전태일이 고통 받고 있는 민중에 대한 뜨거운 연대감과 애정을 절절한 필치로 표현하고, 그들을 학대하는 질곡의 현실을 불타는 분노로 비판하고 고발하고 있다.[36]

　벌이는 모습을 보면서 "민중관의 저 감동적인 대전환"을 겪는다고 적고 있다. 전태일은 어머니와 장사 아줌마에 대하여 세상이 소리를 합하여 경멸히고 조롱히고 냉소할 때에 "현실괴 한폐"기 되어 어치구니없게도 민중에게 침을 뱉고 하였다고 자책한다. 그는 "현실이 나를 보고 냉소한다고 나도 현실과 같은 패가 되어 나를 조롱하는구나" 하고 뼈아프게 뉘우치면서 고통 받는 민중의 모습에 고개를 숙이고 그것을 온몸으로 끌어안고 자학의 늪으로부터 빠져나왔다고 쓰고 있다.
《어느 청년노동자의 삶과 죽음》, 157-8쪽.

36) 수기 등을 통해서 전해지는 전태일사상은 1980년대 초 "노동자 시인"으로 알려져 있는 박노해의 시집 《노동의 새벽》에서도 시대적 상황만을 달리해서 되풀이되었으며, 2005년에도 비정규직 문제로 드러나고 있다. 노동현실의 구체적 체험을 바탕으로 노동자들의 인간다운 삶을 향한 주체적인 일어섬을 잘 그려낸 것으로 평가받았다. 그중에서도 "손무덤" 제하의 시는 이념이나 이데올로기가 아닌, 일방적인 민중의 패배를 변혁의 디딤돌로 삼으려는 한국의 전통적인 민중문학의 기본구조를 잘 드러낸 것이다. 전문은 다음과 같다.
"올 어린이날만은 / 안사람과 아들놈 손목 잡고 / 어린이 대공원에라도 가야겠다며 / 은하수를 빨며 웃던 정형의 / 손목이 날아갔다 // 작업복을 입었다고 / 사장님 그라나다 승용차도 / 공장장님 로얄살롱도 / 부장님 스텔라도 태워 주지 않아 / 한참 피를 흘린 후에 / 타이탄 짐칸에 앉아 병원을 갔다 // 기계 사이에 끼어 아직 팔딱거리는 손을 / 기름먹은 장갑 속에서 꺼내어 / 30년 한많은 노동자의 손을 보며 말을 잊는다 / 비닐봉지에 싼 손을 품에 넣고 / 봉천동 산동네 정형 집을 찾아 / 서글한 눈매의 그의 아내와 초롱한 아들놈을 보며 / 차만 손만은 꺼내 주질 못하였다 // 훤한 대낮에 산동네 구멍가게 주저앉아 쇠주병을 비우고 / 정형이 부탁한 산재관계 책을 찾아 / 종로의 크다는 책방을 둘러봐도 / 엠병할, 산

296

나와 마주 보고 삽질을 하던 그 배가 사장배 이상으로 앞으로 처지고 키는 1.7m나 될 사람이, 어디서 얻어 쓴 건지 기름에 쩔은 운전수 모자를 쓰고, 바지는 군복 바지에 흰 고무신을 신었네. 런닝샤쓰는 구멍이 벌집처럼 뚫린 것을 입고 오른 손엔 목장갑을 끼었는데, 손가락은 다섯 개가 다 나오고 손바닥 부분만 장갑 구실을 하는 것일세.

얼굴은 일을 할 때나, 쉴 때나 꼭 마도로스가 지평선을 바라보는 그런 표정일세. 그저 무의미하게, 사물을 판단하지 않고 사는 사람 같았네. 삽질을 하나 점심을 먹으나 시종 무표정일세. 만약에 그 기름에 쩔은 운전수 모자를 벗겨 버린다면, 그 사람은 그 자리에서 쓰러져 바보가 되지 않으면 죽어 버릴 것 같네. 그만큼 그 모자는 그 사람을, 그 돌부처 같은, 어떻게 표현할 수 없는 그런 얼굴을 하고 있는 그 사람 전체를, 육체의 맨 꼭대기인 머리 위에 서서 감독하면서 그를 속세의 사람과 같이 만들어 버리고 있었네. 지금 현재 삽질을 하고 있으니 말일세.

사실 그 사람이 삽질을 하고 있는 것이 아닐세.

그 때에 쩔은 모자가 하고 있는 걸세.

데미 같은 책들 중에 / 노동자가 읽을 책은 두 눈 까뒤집어도 없고 // 화창한 봄날 오후의 종로거리엔 / 세련된 남녀들이 화사한 봄빛으로 흘러가고 / 영화에서 본 미국상가처럼 / 외국상표 찍힌 왼갖 좋은 것들이 휘황하여 작업화를 신은 내가 / 마치 탈출한 죄수처럼 쫄드만 // 고층 사우나 빌딩 앞엔 자가용이 즐비하고 / 고급 요정 살롱 앞에도 승용차가 가득하고 / 거대한 백화점이 넘쳐흐르고 / 프로야구장엔 함성이 일고 / 노동자들이 칼처럼 곤두세워 좆빠지라 일할 시간에 / 느긋하게 즐기는 년놈들이 왜 이리 많은지 / ─원하는 것은 무엇이든 얻을 수 있고 / 바라는 것은 무엇이든 이룰 수 있고─ / 선진조국의 종로거리를 / 나는 ET가 되어 / 얼나간 미친 놈처럼 헤매이다 / 일당 4,800원짜리 노동자로 돌아와 / 연장노동 도장을 찍는다 // 내 품속의 정형 손은 / 싸늘히 식어 푸르뎅뎅하고 / 우리는 손을 소주에 씻어 들고 / 양지바른 공장 담벼락 밑에 묻는다 / 노동자의 피땀 위에서 / 번영의 조국을 향락하는 누런 착취의 손들을 / 일 안하고 놀고먹는 하얀 손들을 / 묻는다 / 프레스로 싹둑싹둑 짓짤라 / 원한의 눈물로 묻는다 / 일하는 손들이 / 기쁨의 손짓으로 살아날 때까지 / 묻고 또 묻는다”
박노해, 《노동의 새벽》, 풀빛, 1984. 83-6쪽.

얼마나 위로해야 할 나의 전체의 일부냐!

얼마나 불쌍한 현실의 패자냐!

얼마나 몸서리치는 사회의 한 색깔이냐!

그렇다! 저주받아야 할 불합리한 현실이 쓰다 버린 쪽박이다! 쪽박을 쓰기 시작했으면 끝까지 부서지지 않게 잘 쓰든지, 아니면 아예 쓰지를 말든지, 이것도 아니고 저것도 아니고 그저 무자비하게 사회는 자기 하나를 위해 이 어질고 착한, 반항하지 못하는, 마도로스 모자를 쓴 한 인간을, 아니 저희들의 전체의 일부를 메마른 길바닥 위에다 아무렇게나 내던져 버렸다.

이 가엾은 인간은, 처음 얼마간은 뜨거운 길바닥에서 정신을 못 차린 채로 얼마를 지내고, 또 정신을 차리고 얼마간의 시간을 보내고, 또 의지와 자존심으로 얼마를 보내고, 마침내 금이 간 쪽박은 뜨거운 열기에 물기가 증발되어 말라 비틀어져서 두 쪽이 난다.

그 중 한쪽은 자진해서 쓰레기통에 기어들어가 눈을 감고 죽어 버렸다. 또 한쪽, 떨어져 나간 한쪽은 어떻게든지 다시 물기를 빨아들여 비틀어졌던 육체를 다시 펴고, 어떡해든 그 전체 속에 다시 뭉쳐 보기를 희망하는 것일 거야.

그런데 내 앞에 선 이 반쪽은, 희망하는 것이 아니라 떨어져 나간 반쪽을 생각하고 있는 것 같애. 지난 날 그 많은 양의 물을 삼키던 그 반쪽을 말일세.

나도 예외는 아닐세.

그렇지만 나는, 그 속에 뭉치지를 않고,

그 뭉친 덩어리를 전부 분해해 버리겠네.

오늘 나는 여기서 내일 하루를 구하고, 내일 하루는 그 분해하는 방법을 연구할 것일세. 방법이란 여러 가지가 있겠지만, 특히 나는 그 덩어리가 자진해서 풀어지도록, 그들의 호흡기관 입구에서 향을 피울 걸세. 한번 냄새를 맡고부터는 영원히 뭉칠 생각을 아니하는 그런 아름다운 색깔의 향을 말일세.

그렇게 되면 사회는,

덩어리가 존재할 수 없기 때문에,

또한 부스러기란 말이 존재하지 않을 걸세.

298

<blockquote>
어떤가? 서로가 다 용해되어 있는 상태. 인간은 아직도 이 그릇 밖을 자진해서 걸어나가지는 않을 걸세.[37]
</blockquote>

이어서 전태일은 배가 고프기 시작하고, 코끼리에 비스킷 정도에 불과한 간식을 먹고, 끝나서 집에 빨리 가서 열무김치에 밥 먹을 공상을 하고, 손바닥이 부르터서 피가 나오고, 허리는 아파서 펴질 못하고, 오후 8시 10분, 집에 와 녹초가 되어 정신없이 식사하고 잠에 곯아떨어진 이야기를 쓰고 있다. 마지막으로 전태일은 원섭에게 재단사로서 일하던 때 이야기를 "부한 환경에서 거부당한 사람들"인 14세 되는 시다들과 미싱사들이 애처롭게 하루 14시간씩 장시간 일하는 참상을 쓰고 있다. 이때 전태일은 평화시장에서의 외로운 투쟁이 도저히 뚫고나갈 수 없다고 느껴지는 현실의 벽 앞에 부딪쳤던 깊은 좌절의 시기에 놓여있었다. 끓어오르는 울분만이 가슴속을 고통스럽게 맴돌 때 자꾸만 떠오르는 평화시장의 괴로운 기억들을 지우기 위해, "묵묵히 묵묵히 감정도 의지도 분노도 사랑도 없는 산송장처럼 노동하고 싶었다."[38] 그러나 전태일은 공사장 막노동판에서도 인간을 학대하고 짓밟아 불구화시키는, 그리하여 "현실이 쓰다 버린 쪽박"으로 만들어 버리는 잔혹하고 비정한 현실의 냉혈한 얼굴을 보았다. 인간을 억누르는 현실의 힘은 전태일이 가는 곳마다 뻗어 있었다. 이렇게 현실로부터 버림받아 소외당한 인간들의 고통에 대한 괴로운 연민이 끓어올랐다.

그는 막노동판의 인부를 "얼마나 위로해야 할 나의 전체의 일부"라고 표현하였다. 이 사회가 "쪽박"으로 깨버린 그(인부)는 다시 "전체 속에 다시 뭉쳐 보기를 희망"한다고 보았다. 전태일은 자신도 그와 같은 쪽박이라고 인식하면서 자신은 "전체"에 뭉치지를 않고 그 뭉친 덩어리를 "분해"하겠다고 다짐하고 있다. 전태일은 사회의 모순해결 방

<hr>

37) 《어느 청년노동자의 삶과 죽음》, 151-3쪽.
38) 《어느 청년노동자의 삶과 죽음》, 141쪽.

법으로 분해 또는 용해를 생각하였다. 그것은 덩어리가 존재하지 않으면 부스러기도 즉 쪽박도 존재하지 않을 것이라고 보았기 때문이다. 전태일은 "서로가 다 용해되어 있는 상태"를 이룩하고자 했다. 물론 인간은 아직도 자진해서 "그릇 밖"으로 걸어 나가지는 않을 것이라고 보았다. 그럼 전태일이 여기서 밝히고 있는 사회의 모순해결 방법으로서 "분해방법"은 무엇을 뜻하는가? 전태일은 그것을 "그들(덩어리: 사회)의 호흡기관 입구에서 아름다운 색깔의 향을 피우겠다"라고 하면서 이를 상징적으로 표현하고 있다. 이때 이미 전태일은 분신방법을 생각했는지도 모른다.

(2) 인간다운 삶과 '전체'의 민중사상

1969년 12월을 전후하여 전태일은 자신의 과거를 소설형식으로 회상한 수기를 썼으며, 여러 가지 문학형식의 작품구상 방법에 관하여 책을 읽으며 메모를 해가면서 자신을 모델로 한 극작구상을 하였다. 당시 전태일이 쓴 글은 그의 사유의 전체 흐름에 비추어보았을 때 휴머니즘적 민중주의의 연장선상에 있는 사상이었다고 평가할 수 있다.

> …… 현시점에서 내가, 인간 태일이가 취해야 할 가장 올바른 방향은 어떤 길이냐?
> …… 인정(認定)되어야 한다. 그럼으로써 존재한다. (극작 구상 메모에도 "인간적인 인정의 투쟁", "인정을 얻기 위한 간구"라는 구절이 있음)
> …… 인생은 연극이다. 그런 고로, 될 수 있는 대로 슬픈 연기를 하지 말고, 자기 양심에 가책을 받지 않는, 대중을 위한 연극을 하자.[39]

---

39) 같은 책, 낙서.

동아일보 모년 모월 모일.

법학도, 법 자체의 모순을 시정 못하자 기준법이 시정되기를 기도, 자살.

서울특별시 관수동 25의 4호에 세들어 자취를 하던 법대생 김준오 군, 오늘 아침 새벽 2시 50분 쯤, 방에서 신음하던 것을 주인집에서 발견, 곧 성모병원에 급송하였으나 워낙 다량복용으로 아침 4시 50분 숨졌다. ······(중략)

보도통제로 기사화하지 못한 것이 유감이다. 이중환 성모병원 원장의 말씀은 원래 심장병의 증세가 있었던 것으로 보인다는 말씀이다.[40]

그는 '불합리한 현실'의 뿌리는 평화시장의 기업주에게만 있는 것이 아니라 보다 깊은 데에 있음을 깨달았다.

생산주의 경쟁으로 피해를 당하는 것은 생산공과 소비자들이다. 이유 - 첫째로: 어떤 수를 쓰든지 가격을 인하할 목적으로 상품을 아주 형식적으로 생산한다. 예를 들면, 원가의 지출을 줄이기 위해 외향(外向)에서 보이지 않는 부분은 보이는 부분보다 떨어지는 비율이 1:5, 그러니까 겉 기지는 5개월을 입어도 속우라는 1개월 밖에 입을 수 없다는 결론이다.[41]

기업주들의 비위만 폭로하면 근로감독관이나 노동청이나 사회의 다른 기구들이나 세력이 이를 시정하여 줄 것으로 믿었던 것은 착각임을 깨달았다. 정작 싸워야 할 대상은 "인간을 비인간화시키는 사회현실"의 전체적인 불합리한 힘이었다. 전태일이 자서전적인 글이나 각종 형태의 글을 쓰려고 했던 것은 전체 사회현실의 잘못에 대하여 싸우는 한 방편으로서였다.

······ 올해와 같은 내년을 남기지 않기 위하여 나는 결단코 투쟁하련

---

40) 전태일, 소설초안(1969년 11월 1일 경).
41) 전태일, 자본의 초상.

다. 역사는 증명한다.[42)

전태일은 노동절행사 때마다 "이 나라 경제성장은 묵묵히 땀 흘려 일하는 산업전사들의 헌신의 덕분"이라면서 노동운동을 탄압하고, 경제발전을 위해서는 노동자들의 복지후생은 뒤로 미뤄져야 한다고 공언하는 데 대하여 심한 혐오감을 느꼈다. 그는 노동자만이 아니라 이 땅의 고통받는 모든 민중이 비인간적인 약육강식의 질서 아래 짓밟히는 것을 보고, "노동자들을 자기의 더욱 살찌기 위한 밑거름"으로 사용하는 기업주의 모습이 "이 사회의 모든 것을 보여주는 축도"라고 보았다.

　　…… 업주들은 한 끼 점심값에 2백원을 쓰면서 어린 직공들은 하루 세끼 밥값이 50원, 이건 인간으로서는 행할 수 없는 행위입니다. …… 나이가 어리고 배운 것은 없지만 그들도 사람, 즉 인간입니다. 태어날 때부터 생각할 줄 알고, 좋은 것을 보면 좋아할 줄 알고, 즐거운 것을 보면 웃을 줄 아는, 하나님이 만드신 만물의 영장, 즉 인간입니다.
　　다 같은 인간인데 어찌하여 빈한 자는 부한 자의 노예가 되어야 합니까? 왜 빈한 자는 하나님께서 택하신 안식일을 지킬 권리가 없습니까?
　　종교는 만인이 다 평등합니다.
　　법률도 만인이 다 평등합니다.
　　왜 가장 청순하고 때묻지 않은 어린 소녀들이 때묻고 부한 자의 거름이 되어야 합니까? 사회의 현실입니까? 빈부의 법칙입니까?
　　인간의 생명은 고귀한 것입니다. 부한 자의 생명처럼 약자의 생명도 고귀합니다. 천지만물 살아 움직이는 생명은 다 고귀합니다. 죽기 싫어하는 것은 생물체의 본능입니다.
　　선생님, 여기 본능을 모르는 인간이 있습니다. 그저 빨리 고통을 느끼지 않고 죽기를 기다리는 생명체가 있습니다. 그리고 죽어가고 있습니다. 그것도 미생물이 아닌, 짐승이 아닌, 인간이 있습니다. 인간, 부한 환경에서 거부당하고 - 사회라는 기구는 그들 연소자를 사회의 거름

---

42) 1969년 12월 31일의 일기.

으로 쓰고 있습니다. 부한 자의 더 비대해지기 위한 거름으로.

선생님, 그들도 인간인 고로 **빵**과 시간, 자유를 갈망합니다.[43]

그에게 전체적인 사회현실은 "인간의 둘레를 얽매고 있는 타의적인 구속"이었다. 이 속에서 인간은 '물질적 가치'로 전락하고, 인간의 행위 하나하나는 '타인을 해치는 무책임한 행위', '인간 본질을 해치는 비평화적, 비인간적 행위'로 행해지고 있으며, 인간과 인간과의 관계가 기본적으로 적대관계에 놓여지는 것을 보았다. 요컨대 오늘의 세계는 "한 인간이 인간으로서의 모든 것을 박탈당하고 박탈하고 있는 무시무시한 세대"였다.

내가 보는 세상은, 내가 보는 나의 직장, 나의 행위는 분명 인간 본질을 해치는 하나의 비평화적 비인간적 행위이다. 하나의 인간이 하나의 인간을 비인간적인 고나계로 상대함을 말한다. 아무리 피고용인이지만 고용인과 같은 가치적으로 동등한 인간임에 차이가 없기 때문이다.

인간을 물질화하는 세대, 인간의 개성과 참인간적 본능의 충족을 무시당하고 희망의 가지를 잘린 채, 존재하기 위한 댓가로 물질적 가치로 전락한 인간상을 증오한다.

어떠한 인간적 문제이든 외면할 수 없는 것이 인간이 가져야 할 인간적 문제이다. 한 인간이 인간으로서의 모든 것을 박탈당하고 박탈하고 있는 이 무시무시한 세대에서, 나는 절대로 어떠한 불의와도 타협하지 않을 것이다.

인간을 필요로 하는 모든 인간들이여, 그대들은 무엇부터 생각하는가? 인간의 가치를? 희망과 윤리를? 아니면 그대 금전대의 부리를?[44]

그러나 인간은 서로 떨어질 수 없는 "전체의 일부"이며, 사회적인

---

43) 1970년 초 전태일이 쓴 소설작품 초고("왜 노예가 되어야 하나?") 중에서.
44) 전태일, 내가 보는 세상은.
《어느 청년노동자의 삶과 죽음》, 165쪽.

지위나 신분에 관계없이 모든 인간은 "생각할 줄 알며, 좋은 것을 보면 좋아할 줄 알고, 즐거운 것을 보면 웃을 줄 아는, 하나님이 만드신 만물의 영장"이며, 다같이 "고귀한 생명체"로서의 본능과 희망을 갖춘, "가치적으로는 동등한 인간"이고, "서로 서로를 필요로 하는" 존재들이었다. 전태일은 모든 인간이 서로의 동등한 인간적 권리를 존중하고 서로의 인간적 요구에 관심을 기울여야 한다고 생각하였다.

> 아름다운 것을 보았느냐구요?
> 네, 보았습니다. 아름다운 것의 극치를 보았습니다. 도스토예프스키(주: 모파상의 착오)의 《비게덩이》 중에서, 프러시아 군대의 병사가 자기들의 점령지역 안에서 혼자 사는 노파의 빨래를 빨아준다는 그 아수 형봉할 수 없는 감정의 아름다움을 음미했습니다. …… 저보다 아름다운 것을 보신 일이 있으면 저에게도 나누어 주십시오. …… 심한 생존경쟁의 싸움터에서 휴식을 간구하는 미약한 저에게 동심의 감화로 눈물을 일으켜 주십시오. ……45)

그는 모든 인간이 서로 적대하고 강자가 약자를 부조리하게 학대하는 이 현실에서 '인간 최소한의 요구'마저도 짓밟는 불의한 현실, 개선되어야 할 현실에 대하여 나약해지는 자신을 추스르면서 '타협하지 않고 싸우겠다'고 다짐하였다.

> …… 그들은 모든 생활형식에서 인간적인 요소를 말살당하고 오직 고삐에 매인 금수처럼 주린 창자를 채우기 위해 끌려다니고 있습니다. …… 기업주들은 아무리 많은 폭리를 취하고도 조그마한 양심의 가책도 느끼지 않습니다. 합법적이 아닌 방식으로 생산공들의 피와 땀을 갈취합니다. 그런데 왜 현 사회는 그것을 알면서도 묵인하는지, 저의 좁은 소견은 알지를 못합니다. ……46)

---

45) 전태일, 아름다운 것.
　　같은 곳, 169쪽.

…… 저는 …… 의류계통이 재단사로서 5년의 경력을 가지고 있습니다. 직장은 평화시장으로서 종업원은 2만여 명이 됩니다. …… 한 공장에 평균 30명은 됩니다. 근로기준법에 해당이 되는 기업체임을 잘 압니다. 그러나 저희들은 근로기준법의 혜택을 조금도 못 받으며 더구나 2만 명을 넘는 종업원의 90% 이상이 평균 연령 18세의 여성입니다. 기준법이 없다고 하더라도 인간으로서 어떻게 여자에게 하루 15시간의 작업을 강요합니까? …… 전부가 영세민의 자녀들로서 굶주림과 어려운 현실을 이기려고 하루 70원 내지 100원의 급료를 받으며 1일 15시간의 작업을 합니다. …… 사회는 이 착하고 깨끗한 동심에게 너무나 모질고 메마른 면만을 보입니다. 저는 여기에서 각하께 간구하지 않을 수 없습니다. 저 착하디착하고 깨끗한 동심을 좀 더 상하기 전에 보호하십시오. 근로기준법에서는 동심들의 보호를 성문화하였지만 왜 지키지 못합니까? 이 동심들이 자라면 사회는 과연 어떻게 되겠습니까? …… 저는 피끓는 청년으로서, 이런 현실에 종사하는 재단사로서, 도저히 이 참혹한 현실을 받아들이지 못합니다. 저의 좁은 생각 끝에, 이런 사실을 고치기 위하여 보호기관인 노동청과 시청 내에 있는 근로감독관실을 찾아가 구두로서 감독을 요구했습니다. 노동청에서 실태조사도 왔습니다만 아무런 대책이 없습니다. …… 저희들의 요구는 …… 절대로 무리한 요구가 아님을 맹세합니다. 인간으로서의 최소한의 요구입니다.[47]

'그저 주어진 현실'에 순종하는 것은 "아무리 화려한 생활의 연속일지라도 감방 안에 갇힌 죄수가 감방 벽의 돌담에 화려한 그림을 그려 놓고 자기도취에 취한 꼴"이며 환각이라고 보았다.

…… 김군, 자네도 나도 인간임에는 틀림없는 것일까? 역시 삼단논법에 의해 태일이도 죽는 날이 한발 두발 다가오고 있는 것일세 ……

---

46) 전태일, 근로감독관에게.
　　같은 곳, 167쪽.
47) 전태일, 대통령에게.

아무리 화려한 생활의 연속이라도 감방 안에 갇힌 죄수가 감방 벽의 차가운 돌담에 화려한 그림을 그려놓고 자기도취에 취한 꼴이라고 할 수 있겠지. …… 앞으로 가는 길이 어디며, 가야 할 곳도 목적도 모르며, 그저 주어진 운명에 순종하는 것만이 가장 현명한 방법인가? …… 젊은 피의 소유자인 인간 내가, 나 역시 화려하지도 못한 벽에 억지로 도취되어야 된다 말인가? 아닐세![48]

(3) 휴머니즘적 민중주의 자리매김 문제

전태일사상을 휴머니즘적 민중주의 정치사상으로 자리매김 함에 있어서 발생하는 몇 가지 문제를 검토해 보도록 한다.

첫째, 전태일사상의 실체가 무엇인가 하는 점이다. 전태일 세상사를 이 흔히 말하는 대로 그를 노동자 계급운동의 선구적 사상으로 규정하는 것은 큰 무리가 따르는 것으로 보인다. 즉 전태일사상은 자본가계급과 노동자계급 간 계급투쟁 사상으로서보다는,[49] 오히려 개개인과 전체사회의 구조적 모순을 해결하기 위해 자기희생적으로 투신코자 하는 휴머니즘으로 파악하는 것이 사실에 더 가깝다. 전태일의 이러한 휴머니즘적 민중주의는 공개적이고 논쟁적인 논문이나 평론형태가 아닌, 개인적이고 고백적이며 수상, 일기, 소설, 편지 등의 문학적 형식을 통해서 전개되었다.

레비(Albert William Levi)는 문학을 정치와 휴머니즘의 결합으로 보고, 그 삼자의 관계를 풍부한 사례연구를 통해 분석하면서,[50] "문학

---

48) 전태일, 아닐세!

49) 《노동해방문학》 잡지에서 그러한 관점이 잘 드러난다.

50) 레비는 *Humanism and Politics*에서 문학과 정치, 휴머니즘 삼자의 관계를 연구하기 위하여, 에라스무스, 몽테뉴, 셰익스피어, 괴테, 토마스 만, 쉴러, 랑케, 트라이취케, 부르크하르트, 뷔히너, 브레히트, 호쿠트(Hochhuth), 마키아벨리, 클라우제비츠, 허만칸, 피카소, 파스테르나그, 까뮈 사르트르, 메를로 뽕띠, 루카치 등의 작품을 "서구지성사의 권력과 가치의 관계는 무엇

이란 결국 휴머니즘과 문학의 조합(combination) 이외의 아무 것도 아니며, 결국 문학이란 휴머니즘 그 자체를 정치로 만들며 정치 그 자체를 휴머니즘으로 만들게 하는 가장 직접적인 연결고리에 다름 아니다”라는 《마의 산》이라는 작품 속에서 토마스 만이 작중인물의 입을 빌어서 한 말을 재인용하고 있다.51) 레비는 실버(Isidore Silver)의 “휴머니즘은 르네상스의 양심”이라는 말을 매우 적확한 표현이라고 말하면서, 서구의 역사에 비추어볼 때 휴머니즘이란 “가치에 대한 추구”라고 정의될 수 있다고 보았으며, 적어도 서구의 휴머니즘의 역사는 도덕적 예언자적 요소, 즉 “도덕적 질서로의 부름(recall to moral order)”을 그 핵심으로 한다고 주장하였다. 그는 실버의 말을 뒤집어 휴머니즘이란 역사적 특정시기의 특정지역에 국한된 르네상스에만 속해 있는 것이 아니라 그 자체 모든 시대의 “양심”이라고 규정하였다.

이와 관련하여 한국의 文·史·哲에 나타난 휴머니즘 전통이 곧바로 전태일에게 계승된 것은 아니지만, 1960년대 한국 고유의 사조나 한국에 보급되어 풍미한 외래사조들에 대해 전태일은 익히 알고 있었으며, 나아가서는 기본적으로 자신의 “어린 시절과 평화시장의 동심의 세계”에 대한 치열한 경험에 입각한 도덕적 목표와 실천을 추구하였다는 점에서, 전태일은 나름대로 독특한 자신의 휴머니즘 사상을 일궈냈던 것으로 평가할 수 있다.

둘째, 전태일사상 연구에 있어서 가장 어려운 점의 하나는 텍스트 문제이다. 마르크스의 ‘공산당선언’이나 신채호의 ‘조선혁명선언’처럼 때로 유인물이 정치사상의 획을 긋는 텍스트가 되는 것처럼, 문학작품, 史實, 재판기록, 정부나 단체의 주요 문건 등이 한국정치사상 연구대상

인가” 하는 시각에서 비교 연구하였다.

51) Albert William Levi, *Hunanism and Politics(Studies in the Relationship of Power and Value in the Western Tradition)*, Indiana University Press, 1969, 1-20쪽.

으로서 훌륭한 텍스트가 되기도 한다. 예컨대 정여립의 공화주의 정치사상이나 대동사회에 관한 사상에 관한 연구와 관련해서도 자료의 유실이 극심하다든가 극도와 왜곡되어 전해지고 있긴 하지만 최근 구전자료, '조선왕조실록'과 '연려실기술' 자료 등 이에 관한 다양한 자료수집과 연구가 조금씩 진척되고 있다.[52]

전태일의 경우 그가 대학노트 5권 분량으로 남긴 일기, 수기, 진정서, 소설초안, 모범업체 설립계획서 등도 그러한 텍스트로서 충분한 가치가 있다.[53] 전태일전집을 통해서 3편의 소설을 쓰기 위한 소설초안을 남기고 있으며, 그가 어린 날의 회상으로 쓴 수기 역시 문학성을 띠고 있고, 실제로 자신의 자서전을 쓰고자 했으며, 소설작법과 희곡작법을 공부한 흔적이 기록에 남아 있고, 도스토예프스키와 모빠상의 작품 등을 읽은 것으로 되어 있는 점 등등으로 미루어 보았을 때, 문학에 대한 열망이 가득했던 청년으로 분석된다. 전태일이 실제로 문학작품을 생산했다면 그것은 그가 남겨 놓은 기록들의 내용으로 미루어 보았을 때, 자신의 어린 날과 평화시장에서의 체험 등을 바탕으로 한 휴

---

52) 김재영, "정여립 포악무도한 반역자였는가", 《조선의 인물 뒤집어 읽기》, 삼인, 1998, 95-120쪽.
    최락도, 《정여립 사상 연구》, 명지대대학원 석사학위논문, 1998.

53) 전태일이 남긴 기록은 전태일이 분신한 지 18년이 지난 뒤인 1988년 전태일기념사업회가 모두 《전태일전집: 내 죽음을 헛되이 말라》(돌베개, 1988)로 모아서 펴낸 바 있다. 부분적으로 유실된 것도 있으나 일단 이 전태일전집에 수록된 내용은 어린시절 회상수기 1("나는 왜 언제나 이렇게 배가 고파야 하나"), 어린시절 회상수기 2("부한 환경에서 거부당한 생활"), 일기("현실에 충실하라"), 친구 원섭에게 쓴 편지("얼마나 위로해야 할 나의 전체의 일부냐"), 일기 속의 단상들 1("걷는 에너지가 모자라 애태우고 있다"), 일기 속의 단상들("내일이 오늘보다 낫도록 노력하는 그것이 인생이다"), 대통령과 근로감독관에게("인간으로서 최소한의 요구입니다"), 소설초안 1("가시밭길"), 소설초안 2("어쩔 수 없는 막다른 길에서"), 소설초안 3("기성세대의 경제관념에 반대하는 청년의 몸부림"), 모범업체 설립계획서("진심으로 하고 싶은 일"), 평화시장 근로조건 실태조사 설문지, 평화시장 피복제품상 종업원 근로조건 개선 진정서 등이다.

머니즘적인 작품이었을 것으로 추정된다.

셋째, 정치철학 또는 정치사상 개념의 내포와 외연과 관련된 문제이다. 스트라우스와 뵈겔린은 고전적 의미에서 정치철학이란 옳음, 좋음, 공동선, 초월성 등을 "직접적·포괄적으로" 다룬다고 보았다.[54] 전태일 사상은 개개인과 전체의 좋음과 인간이 모두 인간의 존엄성을 갖는 사회라는 공동선 등을 간구하고 자기희생적으로 그것을 이루어내려 했다는 점에서 자기 사상과 실천을 자기 방식으로 투철하게 전개해 나갔던 것으로 평가할 수 있다. 이때 "정치철학 하기"(philosophizing)의 필수적 요건으로이라고 아리스토텔레스도 전제조건으로 말한 바 있는 "여가"가 없었다는 점이 전태일의 한계로 지적할 수는 있다. 즉 전태일이 시다, 미싱사, 재단사로서, 막노동자로서, 그리고 실직자로서 휴머니즘 민중주의 사상을 전개하는 데 필요한 여가를 누릴 수 있었는가 하는 데 대해서 부정적이다. 그러나 전태일은 주어진 자신의 삶에 있어서 최대의 고민들이었던 부분과 관련된 문제들에 대해서는 체계화에 필요한 여가 없이도 자기조건에 맞는 형식으로 표현해낼 수 있었으며, 실제로 체계적인 "저작"형태는 아니었지만 최소한의 기록이나마 남겨놓은 것으로 보아야 한다.

넷째, 민중주의 사상전개의 시점과 실천의 관계 문제이다. 신채호의 경우 그가 민족적·무정부주의적 민중주의 사상을 체계화할 때, 자신이 의열단과 무정부주의자 조직과 단체를 통하여 직접 실천하는 기회를 가졌다. 신채호의 사상은 그 후 1970, 80년대 민중적 민족주의 사상으로 재발굴·재평가될 때까지 사상과 실천의 연계가 미흡했던 것이 사실이다. 우리나라에서 무정부주의의 사상적 입지자체가 현실적으로 너무 좁았기 때문으로 볼 수 있기는 하다. 함석헌의 경우 당시 사상의 전개와 실천은 직접적으로 연결되어 있었다. 그러나 함석헌의 경우 조

---

54) 문성호, "플라톤 정치철학에서의 중간자적 인간관 – 뵈겔린의 해석을 중심으로 –", 성대대학원 석사학위논문, 1984.

직과의 연계는 미흡했다. 함석헌의 사상은 당대에 청년·학생·지식인에게 커다란 영향을 미쳤다. 정약용의 경우, 민중주의 사상가로서 그의 당대적 실천은 문학이나 저작활동 외에는 전무하였으며 오히려 정조대왕 생전에는 재조 정치인으로서 민중사상과는 정반대 위치에서 실천활동을 하였다. 즉 정약용은 당시의 농민반란과의 연결은 적어도 기록상으로는 전혀 없었으며, 오히려 적대적인 태도였던 것으로 나타나고 있다. 일제시대 국사연구단체나 1970, 80년대 다산연구회 등의 활동을 통하여 각 분야에 걸친 정약용의 민중주체 사상이 재평가되고 있는 정도이다. 허균의 경우 직접 반역활동에 연루되었으며, 그는 서경덕의 기철학을 계승하여 후세에 전해준 것으로 알려지고 있다. 여기서 거론된 이들은 한결같이 모두 시나 소설을 직접 쓰기도 했다. 그리고 정약용만이 재조 경험을 가진 재야 사상가였으며, 나머지는 여러 가지 이유로 제도정치권에 발을 들여놓지 않은 채, 처음부터 재야 사상가로 활동하였다.

하지만 전태일의 경우 다른 사상가들과는 달리 생전에 누구에게도 자신의 사상을 내보일 기회를 가지지 못했다. 체계적이지도 못했다. 그럼에도 불구하고 전태일은 분신 직후부터 당시 한국의 민중사상계와 민중운동의 실천에 커다란 영향을 끼쳤다. 또 전태일은 다른 사상가들과는 달리 자신의 사상을 체계화하는 과정에서 스스로 문학을 공부하는 것, 평화시장과 막노동의 경험, 가족관계 외에는, 누구의 영향을 받았으며, 접촉한 매체나 사상이 무엇인지 분명치 않다. 따라서 전태일사상은 당시 한국의 지성사, 조영래, 문익환, 함석헌, 서남동 등의 사상과 함께, 그리고 민중운동의 전개와 연결하여 연구해야 할 필요성이 크다.

제4절 평 가

(1) 범신번제(梵身燔祭) 해석

오경환은 전태일이 사회모순 극복의 최후방법으로 줄곧 분신방법을 생각하고 있었던 것으로 해석한다.[55] 그는 예수의 가르침이 '네 이웃을 네 몸과 같이 사랑하라'면서 고통 받는 이웃과 한 몸이 되어 함께 살아가라는 공존의 논리였다면, 전태일은 그것만으로는 오늘의 위기를 구할 수 없다고 파악하고, 최악의 고통으로 몸부림치는 이웃의 고통 속으로 뛰어들어 그 고통을 덜어주기 위해, 마지막 단 하나의 방법, 자신의 몸뚱이를 불길 속에 던졌으며, 그 고뇌과정이 《친구 원섭에게 쓴 편지》에 잘 나타난다고 보았다.[56]

그는 예수의 핵심적인 가르침이 '나'만 있고 '너'는 거부되는 비정하며 사악한 인간사회를 향하여 '너'와 '나'는 공존해야 하는 것에 있다면, '너'만을 위해 '나'는 생명까지 던져 희생되어야 한다는 정신이 전테일의 핵심사상이라고 해석하였다.[57] 그는 전태일의 분신을 "梵身燔祭,[58]

---

55) 오경환, 《전태일사상연구》, 375-88쪽.

56) 《친구 원섭에게 쓴 편지》가 전태일사상의 가장 중요한 글이라는 점에 대해서는 《전태일평전》의 저자인 조영래도 같은 평가를 내리고 있다. 전태일기념관건립위원회, 《어느 청년노동자의 삶과 죽음》, 돌베개, 1983, 145-8쪽.

57) 《전태일사상연구》, 371쪽.

58) 여기서 梵이란 우주정신을 말한다. 梵我一如라는 인도 우파니샤드 사상은 우주의 근본원리인 브라만(梵)과 개체의 중심인 아트만(我)이 별개가 아니라 동일하다는 사상을 말한다. 구약성서의 야훼 신봉자들은 천재지변이나 어려운 상황에 처했을 때 인간들의 잘못으로 야훼를 진노케 한 결과라고 인식하고 속죄의식을 행했다. 방법은 자신들의 생명줄이나 다름없는 흠 없이 깨끗한 숫양이나 숫염소를 불에 태우고 야훼로 하여금 구수한 냄새를 맡게 하고 즐거운 마음으로 진노를 풀게 하여 재앙을 면한다고 믿으면서 번제의식을 행했다. 이때 제물을 불에 태우는 것은 그대로 놔두어 부패

우주의 정신(攝理) 앞에 자신의 알몸뚱이를 산제사 드림"으로 해석하고, 전태일은 그렇게 함으로써 "절대의 우주정신과 하나가 되고, 우주의 정신은 지상에서 지순한 불꽃으로 정화되어 우주를 꿰뚫는 거대한 불기둥으로 장엄하게 타오를 것이며, 그 찬란한 불빛으로 어두움의 온갖 범죄를 정화하고 밝은 내일의 희망을 영원히 인류에게 유산으로 남겨 줄 수 있다는 신념"을 가지고 있었다고 보았다.[59]

1975년 전태일평전을 쓴[60] 저자인 조영래는 전태일의 분신을 사람들이 《인간선언》이라고 부른다고 말하면서 그렇게 말하는 이유를 '인간으로《서의 최소한의 요구'[61]가 있다는 점을 밝히기 위해서라고 쓰

하여 악취가 진동하는 것을 막기 위해서이며, 제물을 완전무결하게 불에 태움으로써 연기와 향기로써 온전하게 야훼의 몫이 될 수 있다고 보았다. 전태일은 떨어져 나온 자아가 우주정신과 하나로 통일되기 위하여 분신하였다는 것이다. 누구나 자살하였다고 하여 범신번제 의식이 될 수 없다. 첫째 제물은 더럽힘이 없이 순수하고 신성해야 하며, 둘째 목적이 뚜렷하고 그 목적을 위해 최선의 노력을 다하다가 자신의 능력으로는 완전한 한계에 부딪쳤다고 확신이 섰을 때 마지막 단 한 가지 최후의 결단이 있어야 한다. 자살의 목적이 자신이나 자신이 속한 집단이나 국가에 국한된 것일 경우 인간 전체와는 상관없고 우주정신에 대해서도 할 말이 없다는 것이다. 셋째 우주의 정신 앞에 드리는 범신번제의 경우 제물이 완전무결해야 한다. 독약, 무기, 투신, 익사는 제물이 손상되거나 더럽혀지게 되며, 불에 태워질 때 "아름다운 색깔의 향"이 된다는 것이다.
《전태일사상연구》, 420-40쪽.

59) 《전태일사상연구》, 167쪽.

60) 전태일평전 저자는 "그로부터 5년 남짓한 세월이 흐른 지금, 과연 전태일은 어디에 있는 것일까? 이 시각에 전태일의 몰골은 어디서 우리를 향하여 소리치고 있는 것인가? 아니면 죽어 버렸는가? 참으로 전태일은 죽었는가? 전태일의 죽음을 뚫은 불꽃은 환상이었던가? 전태일 투쟁은 패배하고 끝났는가?"라고 묻고 있다.
《어느 청년노동자의 삶과 죽음》, 26쪽.

61) 전태일이 대통령에게 쓴 편지(보내지는 않음)에서 근로기준법에 의거 15시간 이상인 작업 시간의 10-12시간으로의 단축과 일요일 휴무, 건강 진단과 현재 50-70원인 수당의 50% 인상 등을 요구하면서 "인간으로서의 최소한의 요구입니다"라고 쓰고 있다. 《내 죽음을 헛되이 말라》, 136-8쪽.

고 있다. 조영래는 마치 전태일사상의 변론서를 쓰는 입장에 서있다. 전태일은 가난과 질병과 무교육의 굴레 속에 있는 사람, 저임금에 혹사당하는 노동자, 먼지 구덩이 속에서 햇빛 한 번 못보고 하루 16시간을 노동하는 여공들의 생명은 부자의 생명과 마찬가지이고 고귀한 것이라고 선언하고, "그저 빨리 고통을 느끼지 않고 죽기를 기다리는, 그리고 죽어가고 있는 생명체들"이 있으며, "모든 상황에서 인간적인 요소를 말살당하고 오직 고삐에 매인 금수처럼 주린 창자를 채우기 위하여 끌려다니고 있다"고 고발하였다. 또 전태일은 "인간을 물질화 하는 세대 …… 한 인간이 인간으로서의 모든 것을 박탈당하고 박탈하고 있는 이 무시무시한 세대에서, 나는 절대로 어떠한 불의와도 타협하지 않을 것이며, 동시에 어떠한 불의도 묵과하지 않고 주목하고 시정하려고 노력할 것"이라고 맹세하기도 하였다.[62]

밑바닥 인간에 의해 세워진 전태일사상에 대한 지금까지의 분석은 마치 전태일사상이 성서적 인간해방의 논리에 기반하고 있는 것처럼 보이게 만들 가능성이 있다. 그렇다면 과연 전태일사상은 기독교사상이 한국민중에게 스며든 결과로서 나타난 것인가?[63] 하지만 반드시 그런 것만도 아니었다. 전태일사상은 일제시대 이래 아시아에서는 가열한 공산주의 운동경험을 가졌으며, 두드러지게는 동학농민혁명 이래로 한국민중을 각성시켜 온 한국민중주의 정치사상의 전통에 보다 더 밀접하게 접맥되어 있는 것이라고 평가되기 때문이다. 즉 전태일이 받은

---

62) 《어느 청년노동자의 삶과 죽음》, 19-20쪽.

63) 전태일이 기독교장로교 계열의 제일교회(서울 오장동 소재)에 잠시 다닌 바 있으나 전태일사상이 기독교정신에서만 나왔다고 볼 수 없다. 오늘의 기독교사상은 전적으로 예수의 정신이라고 볼 수는 없겠으나 어떠한 이유에 있어서도 자살은 죄악시하고 범죄시한다. 기독교의 역사는 기독교도들은 이교도는 물론이고 같은 종교를 신봉하고 있는 이민족을 살해하면서 그것이 하나님과 예수의 이름으로 정당화하고 권장되며 찬양 받아 왔다는 것을 잘 보여주기 때문이다.
오경환, 《전태일사상연구》, 한소리, 1990, 354쪽.

영향의 일부는 아버지 전상수 씨의 노동운동 경험을 들 수 있다. 그와 동시에 우리나라의 전통적인 삶의 한 요소로 면면히 이어져 내려온 더불어 삶의 한국적 논리로서의 전태일사상은 건강한 대동사상과 연결되어 있는 것이기도 하다.[64]

(2) 휴머니즘적 민중주의

전태일의 수기는 플라톤의 《국가》, 마키아벨리의 《군주론》, 홉스의 《리바이어던》, 김구의 《백범일지》 등과 주제와 방법 측면에 있어서 전혀 차원을 달리한다. 전태일은 학력도 변변치 못하였으며, 흔히 사상 전개에 필요하다고 생각되는 체계적인 교육을 받지도 못하였고, 자기의 사상적 입장을 공개적으로 드러낼 기회도 가지지 못하였다. 더욱이 현실정치에 직접 관여할 기회는 더더욱 없었다. 그러나 전태일은 앞에서 살펴본 대로 그리고 남겨놓은 기록들을 통해 알 수 있는 것처럼 전태일은 일정한 독서경험이 있으며, 논리적으로 그리고 치밀하며 짜임새 있게 사유전개를 할 수 있었고, 치열한 휴머니즘을 보여주고 있음을 알 수 있다. 전태일사상은 일기나 수기형식으로나마 1960, 70년대 한국 사회에서 민중으로서 자신에게 철저한 사상을 전개하였다는 점에 주목해야 한다.

전태일사상은 1970년 분신한 5년 후인 1975년 조영래가 "전태일평전"을 썼으며 이는 필사본의 형태로나마 그리고 제한된 독자층에게나마 읽히게 됨으로써 비로소 세상에 처음으로 체계적으로 정리되어 알려지는 기회를 갖게 된다. 사실 전태일사상은 곧 전태일 어머니 이소선의 사상이기도 하며 당시 시대의 사상이기도 하였다. 그리고 이것은 조영래의 사상이기도 하였다. 일반적으로 정치사상은 스트라우스나 뵈

---

64) 지배층에게는 향약의 형식으로, 피지배층에게는 두레, 계, 활빈당의 형식으로 나타났다.

314

겔린 등의 정치철학론을 떠나서라도, 현실세계로부터 한 발짝 떨어져 철학자·시인·과학자의 관점에 서는 플라톤이나 홉스와 같은 정치사상, 혹은 어떤 시대의 모순을 현실정치의 차원에서는 이러저러한 방식으로 조화롭게 해결해야 한다며 제시한 분석적이며 종합적인 삼균주의 사상 등과 같은 차원으로만 이해되는 경향이 있다.

그러나 밑바닥 인생을 살면서 초등학교 중퇴라는 학력밖에 없지만 전태일은 노동자로서 그리고 인간다운 삶을 살고자 하는 한 인간으로서, 치열한 사색의 과정을 통하여 사회모순을 인식하고 극복하고자 했으며, 자기희생적 베풂, 진정서 제출과 조직운동 등 나름대로 방법을 여러 가지 방안들을 모색하였고, 일기·수기·소설초안·편지·결단과정 등을 대학노트 5권 분량의 기록으로 남겨놓았다. 이는 본격적으로 '민중사상가'로서 명명할 수 있을 만큼 풍부한 글을 남긴 것은 아니며, '민중사상가'로서 자리매김이 제대로 이루어진 것도 아니지만, 적어도 휴머니즘으로서의 '전태일사상'의 논리구조를 체계화할 수 있는 가능성은 충분하다고 평가할 수 있다. 조영래가 정리한 바에 따르면 전태일 사상의 특징 중 1970, 80년대 노동운동 등 한국민중운동의 활성화에 커다란 영향을 미친 측면을 중심으로 전태일사상의 성격은 다음 몇 가지로 정리할 수 있다.[65]

첫째, 전태일사상은 밑바닥 인간의 사상이다. 모든 것을 빼앗기고 모든 것으로부터 거부당하고 밀려난 소외된 인간의 아픔을, 정교한 개념과 논리를 구사하여 유려한 문제로 서술하지는 못하였지만, 그것을 정확하고 생생하며 절실하게 표현하고 있다. 전태일은 "소외"라는 용어는 몰랐지만 《친구 원섭에게 쓴 편지》에서 공사판 인부가 "사실 그 사람이 삽질을 하고 있는 것이 아닐세. 그 때에 쩔은 모자하고 있는 걸세"라고 말할 수 있었다. 뿐만 아니라 "나의 전체의 일부" 또는 "나의 또다른 나"라는 개념에서 볼 수 있는 것처럼 체험적 공동체 사상을 보

---

[65] 《어느 청년노동자의 삶과 죽음》, 156-60쪽.

여주고 있다. 전태일은 밑바닥 체험 속에서, 시대의 모순에 떠밀려 존재의 극한상황에 선 인간의 모습을 통하여 전체 인간 조건을 적나라하게 바라볼 수 있었다.

나는 언제부터인지 모르지만 감정에는 약한 편입니다. 조금만 불쌍한 사람을 보아도 마음이 언짢아 그날 기분은 우울한 편입니다. 내 자신이 너무 그러한 환경들을 속속들이 알고 있기 때문인 것 같습니다.[66]

둘째, 전태일사상은 각성된 인간의 사상이다. 전태일은 버스정류장에서 장사광주리를 이고 만원 버스를 타려고 차장과 실갱이를 벌이는 한 부인, 이웃, 곧 어머니, 자기 자신의 모습에 대한 "자기비하로부터 自尊으로, 비굴로부터 긍지로, 공포와 위축으로부터 분노와 용기로, 의존과 자학으로부터 자주와 해방으로, 체념과 침묵으로부터 비판과 투쟁으로 전환하여 가는, 비인간으로부터 인간으로 거듭나는 민중의 사상"[67]으로 전환시켜가고 있음을 보여준다.

셋째, 전태일사상은 기존현실에 대한 철저한 거부와 부정의 사상이다. 전태일은 인간적인 모든 것을 박탈당하고 "반쪽"만 남은 공사판의 한 처절하게 소외된 인간의 모습을 보고, 이를 만들어 내는 몸서리치는 기존의 사회현실을 "얼마나 몸서리치는 사회의 한 색깔이냐!"라고 분명하게 말하고, 이 저주받을 인간쓰레기를 만들어내는 사회현실을 보면서, 전태일은 "저주받아야 할 불합리한 현실"이라고 분명히 못 박는다. 전태일은 평화시장 여공이 폐결핵 3기임이 밝혀지자마자 업주가 한 푼도 주지 않고 그 자리에서 해고해 버리는 것을 보고 경험한 바 있었다. 공사판에서 써먹다가 쓸모가 없어지면 아주 간단하게, "그저 무자비하게," 한 인간을 "메마른 길바닥 위에 아무렇게나 내던져 버리

---

66) 전태일전집, 《내 죽음을 헛되이 말라》, 돌베개, 1988.
67) 《어느 청년노동자의 삶과 죽음》, 157쪽.

는” 현실의 잔인한 얼굴을 눈앞에 대하게 되었을 때, 전태일의 비탄은 절정에 달했으며, 곧 “가시투성이고, 얼음처럼 찬, 바위처럼 무거운, 냉혈한 현실”에 대한 증오로 불타올랐다. 그래서 전태일은 현실의 “덩어리” 속에 뭉쳐지지 않겠다고 단호하게 선언한다. 그에게 있어서, 그 방법은 한 인간이 다른 한 인간의 참된 희망과 관심과 가치를 존중하지 아니하고, 그를 단순히 자기 탐욕을 채우기 위한 도구로서 이용하기 위하여 야합하고 있는 기존 사회의 “덩어리를 전부 분해”해 버리는 것이라고 보았다.

넷째, 전태일사상은 근본적인 개혁의 사상, 행동의 사상이다. 전태일은 “모두가 용해되어 있는 상태”로 만들기 위해서는 서로가 서로의 “전체의 일부”이므로 연대행동을 필요로 한다고 보았다. 그는 어떠한 한 인간에게라도 적대적인 현실은 곧 모든 인간에게 적대적인 현실이라고 보았으며, 한 이웃의 신음 소리는 곧 그 자신의 가슴을 메어지게 하는 아픔으로 느꼈다. 전태일은 한 인간이라도 ‘부스러기’로 밀려나는 일이 없는, 한 인간도 남김없이 그 인간적인 관심을 존중받는 사회질서, “모두가 용해되어 있는 상태”를 달성할 때까지 행동을 멈출 수 없다고 생각했다.

그리고 전태일이 “내가 앞장설 테니 뒤따라오게!”, “너는 괴롭겠지만 보지 않을 수 없을 걸세”라고 쓰고 있듯이, 모두가 행동하지 않고는 배길 수 없도록 하는 연대행동의 방법을 제시하고자 했다. 사실 휴머니즘적 민중주의 사상을 낳게 한 계기는 전태일이지만 이를 체계화시키고 발전시킨 것은 조영래, 문익환 등 전태일의 휴머니즘적 민중사상을 계승한 민중사상가들이었다.

(3) 전태일사상 연구의 한계

전태일사상 연구에 있어서 몇 가지 문제점은 다음과 같다.

첫째, 전태일사상의 성격에 대해서다. 전태일이 근로조건의 개선을 위한 방법으로 상정한 것은 진정·호소의 방법, '모범기업체 설립계획' 및 분신 등이었다. 진정, 호소, 죽음 등이 아닌, 그렇다고 해서 타협도 아닌 해결방법은 없었던 것일까? 대학생 친구가 있기를 소망했는데 그것은 한자투성이인 근로기준법을 해설해 줄 사람으로서였다. 조직화의 방법에 대한 모색은 없었는가? 전태일은 청계천에서 30리 길을 버스를 타지 않고 걸어서 다니고 버스비를 아껴 어린 여공들에게 풀빵을 사주기도 하였다. 시다를 먼저 보내고 혼자 남아 일처리를 하다가 해고당하기도 하였다. 그리고 바보회와 삼동친목회를 만들어 조직적으로 정부에 대하여 진정과 호소를 해보기도 하였다. 모두 벽에 부딪쳐 성과가 없었다. 하지만 전태일사상의 바탕에는 인간주의가 깔려 있었다. 그것이 인간혁명을 꾀했던 것으로 보이만 당시에는 정치이념이나 운동조직과 연결되지는 않았으며, 사후에야 비로소 민중운동가들이 전태일정신을 계승하고자 했으며, 청계피복노동조합은 그의 시체 위에서 건설될 수 있었다.

둘째는 신념과 결단의 차원에 대해서이다. 1970년 4월 이래로 4개월간 삼각산 임마뉴엘 수도원 신축 공사장에서 잡역부로 지낸 전태일은 1970년 8월 9일 다음과 같은 결단을 내리기에 이른다.

> 이 결단을 두고 얼마나 오랜 시간을 망설이고 괴로와 했던가? 지금 이 시간 완전에 가까운 결단을 내렸다.
> 나는 돌아가야 한다.
> 꼭 돌아가야 한다.
> 불쌍한 내 형제 곁으로, 내 마음의 고향으로, 내 이상의 전부인 평화시장의 어린 동심 곁으로. 생을 두고 맹세한 내가, 그 많은 시간과 공상 속에서, 내가 돌보지 않으면 아니될 나약한 생명체들.
> 나를 버리고, 나를 죽이고 가마. 조금만 참고 견디어라. 너희들의 곁

318

을 떠나지 않기 위하여 나약한 나를 다 바치마. 너희들은 내 마음의
고향이로다. (중략)

　오늘은 토요일, 8월 둘째 토요일. 내 마음에 결단을 내린 이날, 무고
한 생명체들이 시들고 있는 이 때의 한 방울의 이슬이 되기 위하여 발
버둥치오니, 하느님, 긍휼과 자비를 베풀어 주시옵소서.68)

전태일의 이 글은 그가 한 인간의 모든 것을 아낌없이 거는 단호한
투쟁으로 나아가게 된 과정을 잘 보여준다. 이로부터 3개월 뒤 분신의
실행으로 죽음에까지 이른 것은 기독교 정신만으로 설명하기 힘든, 생
명을 바쳐 시정코자 했던 그의 오랜 투쟁과 고뇌가 있었다. 다른 한편
전태일의 분신은 다른 나라나 역사상 다른 시대에 있었던 자결과는 그
동기가 다르다. 전태일은 인간사회의 모순을 해결하기 위하여 분신하
였다. 우선 을사보호조약이 체결된 1905년 민영환의 자결이나 2차 세
계대전 말기 원자폭탄투하로 일본이 무조건 항복을 선언했을 때 일본
본토에서만 600명 이상이 자결했다는 것은 "치욕이나 울분" 또는 "국
가와 집단"에 대한 충성심에서 기인한 것이었다.69) 1970년 6월 25일
일본 자위대본부에서 미지마 유끼오(三島由紀夫)가 일본의 재무장과
군국주의 일본의 부활을 외치고 할복 자결하였다. 1천년 이상 무인들
이 국가를 지배해온 일본의 무인전통에서는 자신들의 행위가 국가나
윗사람에게 누가 되면 주저 없이 할복 자결하는 용단을 최대의 미덕으
로 추앙하고 있다. 순교의 경우 신라시대 이차돈, 조선시대 말 수만 명
에 달하는 천주교 신자들, 로마황제 네로의 기독교박해의 사례들이 있
다. 베트남의 티치 쾅 투크라는 52세의 불교승려의 경우 사이공의 중

---

68) 《내 죽음을 헛되이 말라》, 171-2쪽.

69) 전쟁 중 극한상황 속에서 보복 응징으로 이루어지는 자살 행위는 2차대전
　　말 가미가제 특공대의 자살과 아랍 민족이 미군기지에 화약을 싣고 가서
　　충돌, 자폭하는 경우가 대표적이다. 둘 다 일본의 영광과 알라의 천국으로
　　의 직행이라는 이름 아래 일본군과 아랍 민족의 강요와 세뇌에 의한 것이
　　다. 오경환, 《전태일사상연구》, 한소리, 1990.

심가에서 고딘디엠 정권의 불교탄압정책에 항거하여 분신 "순교"하였다.[70] 베트남에서는 이후 50여명에 이르는 승려들의 분신순교 행렬이 이어졌다. 이때 한국, 중국, 일본 등의 북방불교와 월남 등의 남방불교가 고통 받는 중생과 불의의 제도에 대해 보인 태도는 대승불교와 소승불교라는 명칭의 유래와는 상반된 것이었다.[71]

셋째, 죽음과 운동의 문제이다. 1970년 초여름 전태일은 '현실(기성세대의 경제관념)에 반항하는 청년의 몸부림'이라는 제목 아래 소설을 구상하고 있었다.[72] 이 소설은 아주 단순한 구조이면서도 인간됨의 본질을 잘 드러내고 있다. 요컨대 인간성을 파괴하는 전체 사회현실의 벽 앞에서 구속감을 느끼는 인간에게 있어서 죽음이란 과연 본능적인 것인가 아니면 죽음이란 말이 단지 어떤 형이상학적인 단어인가 하는 의문을 불러일으키고 있다. 전태일이 분신 후 병원에서 죽기 전 최후로 남긴 말은 "배가 고프다 ……"라는 말이었다. 결국 전태일은 현실

---

70) 카톨릭 신자인 고딘디엠은 독재에 항거하는 불교 신자들을 탄압하였다. 불교 승려들이 정부정책을 비판했다 하여 비밀경찰 특수부대를 동원하여 승려들을 무자비하게 구타하여 사원 안을 피로 물들게 하기도 하였다. 계속되는 승려들과 신도들의 반정부 시위는 석가탄신일을 맞이하여 불교 旗를 5층 석탑에 게양하지 못하도록 한 정부의 강압 조치에 대하여 항거하였다. 1963년 5월 11일 5백여 명의 남녀 승려들이 종교적 평등을 위한 5개 조항의 요구조건을 내걸고 시위에 나섰으며, 이때 티치 쾅 투크라는 승려가 경을 외면서 분신순교하였다. 오경환, 《전태일사상연구》, 한소리, 1990.

71) 허구의 아미타불을 창조한 북방(중국, 조선, 일본)의 불교 집단은 피안(이승의 번뇌를 해탈하여 열반의 세계에 도달하는 일 또는 그 경지 바라밀다)으로 건너갈 때 큼직한 배(大乘)를 장만하여 고통 받는 중생들을 함께 태우고 건너간다 하여 자신들을 대승불교라 부르고, 석가의 이념을 계승한 남방 불교 집단은 작은 배를 타고 욕심사납게 혼자만 건너가려고 한다고 해서 소승 불교라 불렀다. 그러나 모순에 직면했을 때 보여준 이들의 태도들은 역전되어 나타났다. 오경환, 《전태일사상연구》

72) 《내죽음을 헛되이 말라》, 149-54쪽.
《어느 청년노동자의 삶과 죽음》, 217-19쪽.
전태일은 "가시밭길.", "어쩔 수 없는 막다른 길에서"라는 두 편의 소설초안을 남기고 있다.

의 질곡이 가장 가열한 사회에서는 죽음이야말로 그 질곡을 뚫는 가장 유력한 방법이라고 판단했으며, 결과적으로 한국노동운동을 일깨운 선구자 역할을 하였다. 이와 관련하여 1986년 봄 김세진과 이재호라는 두 서울대학교 "학생"의 분신을 어떻게 평가할 것인가 하는 문제와 1987년 6월 시민항쟁에서 기층민중은 주축이 되지 못했다(물론 곧이어 7, 8, 9월 노동자 대투쟁이 전개되었다)는 점은 전태일사상을 어떻게 평가하고 해석해야 할 것인지에 대해서 시사하는 바가 적지 않다. 전태일사상은 노동자 계층만의 사상으로서보다는 휴머니즘적 민중사상으로 평가하는 것이 그 폭을 넓힐 수 있음을 잘 보여주는 사례들이다.

제5절 맺는 말: 민중주의 정치사상 접근법

이 장은 전체적으로 민중주의 정치사상 접근법 속에서 전태일사상을 살펴보고자 했다. 사실 이 접근법은 한국정치를 올바르게 이해하는 데 있어서 다른 어떠한 관점 못지않게 적실성이 크다.[73] 한국정치 연구에 있어서 국가론적 관점, 정치경제학적 관점, 비교정치학적 관점, 국제정치학적 관점, 통일론의 관점, 신자유주의 관점 등과 같은 다양한 접근법이나 시각들이 존재하고 나름대로 상당한 연구 성과들을 낳고 있다. 그러나 이들만으로는 한국정치의 전반적인 이해에 도달하는 데는 충분치 않다. 우리나라 '역사 속에서 정치사상이 계승·변화되어온 모습들을 더불어 파악함으로써만이 한국정치를 보다 더 총체적으로 이해하고 분석할 수 있다. 이 경우에도 그동안 지배이데올로기라고 불리는 자유민주주의, 반공주의, 발전주의, 군부(관료)권위주의 등과 같은 지배적인

---

73) 한국 고유사상 부재론에 대한 비판에 대해서는 윤사순, 노재봉, 심재룡의 글 참조.

정치사상 역시 민중주의라고 하는 대항적 정치사상을 불러일으켰거나 그 반대였던 경우였음을 주목해야 한다. 하지만 그동안 지배적 정치사상에 대한 연구는 어느 정도 이루어져 왔던 반면, 민중주의 정치사상에 대한 연구는 아직 체계적으로 이루어지지 못하고 있다고 봐야 한다.[74] 앞으로 민중주의 정치사상은 기존의 민족주의 정치사상 못지않게 주목할 필요가 있다. 전태일사상도 지배적 정치사상과 어떻게 상호작용하며 형성되었는지에 대해 보다 더 활발한 연구가 필요하다.

우리나라의 지배적 정치사상이 시기별로 분단국가 이데올로기로서 반공주의, 군부독재로 대표되는 권위주의, 성장 위주의 기술관료적 발전주의, 신자유주의 세계질서에 능동적 대응 등의 형태로 전개되어 왔디면,[75] 그에 대응하는 세력의 대안이념은 일제시대에는 민족독립운동으로 대표되었으며, 해방 직후에는 통일국가 수립운동을 대변했던 이념인 민족주의로, 1960년대에는 4·19혁명과 반독재 투쟁을 일컫는 시민적 자유와 권리를 추구하는 절차적 민주주의로, 1970, 80년대 부의 정당한 배분과 복지를 추구하는 민중주의(또는 경제적 민주주의) 등으로 표출되어 왔다.[76] 역사적으로 반공주의 대 민족주의, 권위주의 대 민주주의, 발전주의 대 민중주의 등의 순서대로 전개되어 온 것에 비추어 본다고 보면, 1970년 전태일의 분신과 전태일사상은 발전주의에

---

74) 해방 이후 한국정치의 전개는 자유민주주의, 반공산주의, 발전주의, 군부(관료)권위주의 등과 같은 지배적 정치사상과, 그에 대한 대항적(저항적) 정치사상인 민중주의 정치사상의 발전과 대립으로 정리할 수 있다. 해방 직후의 여러 정치세력 중에서도 좌익이나 통일국가 수립운동, 김구나 50년대 말의 조봉암의 정치사상, 4·19혁명과 노동·통일운동, 6, 70년대 산업화와 민중의 세력화, 유신시대 반체제운동의 저항과 그 논리, 1980년 광주민중항쟁, 1987년 6월 시민항쟁, 최근의 다양한 민중운동 등과 같은 정치사 혹은 정치상황의 전개나 전망 등은 민족주의나 민주주의 정치사상 또는 민족운동이나 민주화 운동 관점 등과 더불어 민중주의 정치사상의 관점에서도 새롭게 조명될 필요가 있다.
75) 최장집, 《한국현대정치의 구조와 변화》, 까치, 1989, 171-8쪽.
76) 한국산업사회연구회 편, 《한국사회와 지배이데올로기》, 211-25쪽.

322

대응한 민중주의의 극적인 표출로 파악할 수 있다.

한편 현대 한국의 민중주의 정치사상은 한국정치사상사의 전통과 관련시켰을 때 보다 더 전체론적인 시각에서 올바른 이해가 이루어질 수 있다. 한국의 민중주의가 그 형성배경이나 논리구조 그리고 담당계층이라는 측면과 관련하여, 제1, 2차 세계대전 전후의 남미나 19세기의 러시아와 미국에서의 민중주의, 파리꼬뮨 등과의 비교 관점도 중요하겠지만,[77] 보다 더 중요한 것은 한국정치사상사의 맥락 안에서 민중주의 정치사상이 어떤 위치를 차지하며, 유가주의 같은 전통적 한국정치사상과는 어떠한 관계에 있는가를 살펴봐야 한다는 점이다. 미군철수나 미군기지 철폐운동, 함석헌이나 전태일의 민중주의 역시, 서구화·도시화·산업화 등과 맺고 있는 긍정적이거나 부정적인 밀접한 관계 못지않게 한국정치사상사의 전통 속에서 싹트고 자라난 것들로 이해할 필요가 있다.

그리고 한국의 민중주의 정치사상은 정치학 분야 외의 여러 분야들의 연구 성과나 시각들을 종합하여 살펴볼 때에만 그 전모를 보다 더 용이하며 올바르게 규명할 수 있다.[78] 기존의 한국정치사상 연구에 대한 재검토와 더불어, 민중신학, 민중종교, 민중사회학, 산업화 과정에서 소외된 계층으로서 민중에 대한 사회학적 연구, 혁신정당·혁신주의와

---

77) 이정복, 노재봉의 논의《한국민중론》(한국정신문화연구원),《사상과 실천》. 광주민중항쟁을 파리꼬뮨과 연결지어 해명을 시도한 연구도 있다.

78) 외국의 민중주의 사례에 비추어볼 때 민중주의란 결국에는 다른 사상체 흡수되고 소멸하는 경향이라고 보면서 우리나라 민중주의에 대해서도 같은 진단을 내리고 있는 글로는 노재봉, 현대사회연구소 참조. 그러나 필자는 한국의 민중주의는 역사적으로 외래 사상을 흡수하여 민중주의 사상을 더욱 풍부히 해왔다는 테제를 견지한다. 서학과 접촉한 허균과 정약용의 민주체 정치사상, 진화론과 무정부주의를 받아들여 한국현실과 맞게 자신의 사상으로 승화시킨 신채호의 민중주의, 기독교 사관을 민중사관과 씨알론으로 승화시킨 함석헌의 사상 등이 모두 그러하다. 전태일의 경우 그가 흡수한 사상이 어떤 것인지 명확하지는 않으나, 철저하게 휴머니즘을 자기 내화한 사상을 소유했다고 해석한다.

의 관계, 민중사관, 민중문학, 민중경제론, 한국근현대정치사와의 관계 등을 연구 검토함으로써 민중주의 정치사상에 대해서도 보다 더 정교한 개념과 유형화가 가능하다. 이것은 한국 '사상'의 측면에서 볼 때 정치사상의 논리구조 자체가 여타 분야의 사상과 연관되어 있기 때문이기도 하거니와, 그것이 민중주의 정치사상을 심화시켜 주었기 때문이기도 하다. 정약용의 민중주체 정치사상이나 전봉준의 반봉건반외세·농민적 민중주의 사상, 신채호의 민족적·무정부주의적 민중주의 사상, 함석헌의 역사적·종교적 민중주의 사상, 전태일의 휴머니즘적 민중주의 사상 등 역사상의 민중주의 정치사상들은 당대 민중의 비참한 상황이나 사회의 부패상에 대한 현실고발을 사상적 수준으로까지 승화시키고 있다. 1980년대의 민중민주주의 운동론이나 노동자·농민·도시빈민이라는 이익집단 접근법에 따른 파악, 계급적 접근법, 자주·민주·통일 이념에 따른 변혁사상, 신식민지 파시즘론, 미군철수론, 페미니즘, 반세계화론 등도 한국민중사상의 현실적 논리로 변용되어 나온 사례들로 볼 수 있다.

제8장 결론: 민중주의 정치사상 비교론

제1절 민중주의와 여러 정치이념

한국정치를 '민중주의 정치사상'의 관점에서 이해하고자 할 때, 정치사상으로서 민중주의의 내용체계가 어떻게 설정될 수 있는가 하는 점이 규명될 필요가 있다. 그리고 조선시대의 주자학적 정치사상, 실학파의 정치사상, 개화파의 정치사상, 일제시대의 민족주의 정치사상 등과 마찬가지로, 해방 후 한국정치를 민중주의 정치사상 관점에서 파악하고자 할 때에도 역시 이 개념의 일반적인 의미가 명확히 규명될 필요가 있다. 겉으로 보기에 우리나라 민중주의 개념은 서구의 일반적인 정치사상 개념과는 큰 차이가 있으며, 우리나라 고유의 사상체계라고 이해할 수 있다. 역사나 문화 혹은 계승된 전통사상 등이 서구와 다르다는 이유로 민중주의 정치사상을 한국의 독특한 정치사상으로 보는 것도 나름대로 설득력이 없진 않다. 물론 정치사상이란 개념 자체에 대해서는 정치이론이나 정치철학 개념과 비교해 봄으로써, 그리고 주로는 전통적인 서양정치사상을 어떻게 이해할 수 있는가를 검토함으로써 보다 더 명확히 할 수 있으며, 이로부터 한국민중주의 '정치사상'의 개념도 보다 더 명확히 하고 유형화할 수 있다.

그런데 민중주의를 정치사상으로 규정하기 위해서는 정치사상 개념 일반에 대한 개략적인 파악이 선행되어야 한다. 서구정치사상사에서 혹은 현대의 정치이론가들 사이에서 정치사상은 어떻게 이해되고 있으며, 그것과 비교해 볼 때 민중주의 정치사상은 어떠한 의미 내용을 가지고 있는가가 밝혀질 필요가 있다. 즉 민중주의 정치사상에 대한 개념화는 "민중주의"라는 것과 "정치사상"이라는 것이 어떠한 내용과 체계를 갖춘 것인가 하는 점을 밝힘으로써 민중주의 정치사상의 의미를 명확히 할 수 있다. 앞에 우리나라 민중주의 정치사상의 여러 유형을 살펴보았지만, 민중주의 개념은 민중주의가 민주주의, 민본주의, 사회주의, 민족주의, 자본주의, 공산주의, 자본주의 산업화나 근대화 등과 어떠한 의미연관을 가지며 어떻게 비교할 수 있는가를 살펴봄으로써 우회적으로 민중주의 개념을 보다 더 명확히 할 수 있다고 여겨진다.

(1) 민중주의와 민주주의

민주주의는 그 고전적 정의가 인민에 의한 지배이다. 이때 '인민'을 한국사회에 있어서 민중이라고 이해할 수 있다면, 민중주의는 곧 민주주의이다. 민중주의는 다수 민중이야말로 정치권력의 담지자라고 본다.[1] 소수 의견을 존중한다는 것은 민주주의의 본질에 의거한 것이지만 다수 민중이 아닌 독점자본과 기득권층이라는 소수에 의한 횡포는 극복의 대상이라고 본다.

물론 민주주의를 역사적인 차원에서 이해해야 함은 당연하다. 민주주의란 고대그리스에 있어서는 가난한 자들에 의한 지배, 공산주의에 있어서는 프롤레타리아에 의한 지배, 로크에 있어서는 피지배 계급에 의한 지배를 뜻하였다. 자유나 평등을 기본이념으로 하는 민주주의란 현실적으로는 사회경제적으로 불평등한 개인들의 게임으로 치닫게 될 경우 민중주의와는 괴리를 빚게 된다.

민주주의 이론 가운데는 지배형태 측면에서 어떤 사회계층이 그 사회를 지배하느냐 하는 측면과 관련지우는 민주주의론, 지배주체 아닌 권력

---

1) 1920년대 《개벽》지는 민주주의를 민중의 자유와 관련지어 해석하고 있다. "데모크라시라는 것은 민중자유의 사상이다. 민중자유사상은 개인적 자유사상과 대립하여 민중적 평등 행복의 裏에서 평등의 자유를 요구하는 것"이라고 정의하였다. "대변지후", 《개벽》, 1923, 40호, 7쪽.

행사 방식을 문제시하는 절차적 민주주의론, 민주주의를 반공주의, 휴머니즘, 자유, 문명화 등과 동일시하면서 정치적 의미를 무시하는 민주주의론, 민주주의란 본질적으로 일정한 사회집단의 이익에 봉사하는 것이라고 보면서 민주주의를 계급이익이나 특정한 생산양식 등에 관련 지우는 계급적 민주주의론 등이 있다. 민중 계층을 권력의 주체로 보는 민중주의는 위의 여러 민주주의론 가운데 계급적 민주주의론에 가깝다.

결국 민중주의는 근대서구의 자유민주주의와는 상이한 한국의 독특한 상황에서 유래한 것이다. 한국에 있어 민주주의는 반독재나 반권위주의 운동론으로서의 절차적 민주주의 단계를 거쳐, 부의 공정한 배분이나 생산수단에 대한 일정한 통제권까지도 요구하게 되는 경제적 혹은 실질적 민주주의 단계에까지 와있다.

한국은 시민혁명을 거치지 않았지만 동학농민혁명, 항일운동, 4·19 혁명, 유신체제 반대운동, 광주민중항쟁, 1987년 6월 시민항쟁 등의 한국근현대사를 배경으로 형성 전개되어온 한국민중주의는 그와 같은 민주주의의 전개와도 궤를 같이 하고 있다.[2]

(2) 민중주의와 민본주의

민중주의는 한국정치사상 전통의 중심인 유교사상 속에서 연면히 전해 내려오는 민본주의와도 상통한다. 일반적으로 민본주의는 공자와 맹자에 의해 체계화된 유교정치사상이라고 볼 수 있다. 『說文解字』에서 '民'은 풀의 싹이 무성하게 자라는 모양을 뜻한다고 설명한다. 즉 가장 저변에서 풀처럼 사는 인생이 곧 민이라는 것이다. 그리고 '민본'이라는 말은 '백성은 나라의 근본이다'(民爲邦本)이라는 말에서 나왔

---

2) 한국정치사상을 아예 민주주의론의 맥락에서 접근한 조휘각의 접근도 있다. 조휘각, 《한국정치사상》, 인간사랑, 2004.

328

다.3) 따라서 민본주의는 백성을 귀중히 여기고 백성을 근본으로 삼고 백성을 위해서 정치를 해야 한다고 내세우는 정치이념이다.

그러나 민본주의는 백성을 소위 천자와 같은 임금이라는 주권자 혹은 최고통치자의 통치대상으로 여길 따름이지, 통치의 주체나 주권자로 보지는 않는다는 한계점을 가지고 있다. 하지만 이런 명백한 한계에도 불구하고 민본주의는 현대 민주주의로 발전할 수 있는 이념이다. 예컨대 명말청초(明末淸初)의 황종희(黃宗羲 1610-95), 청말의 담사동(譚嗣同 1866-98), 조선 후기의 정다산 등의 정치사상은 민본주의가 민주주의로 발전할 수 있음을 보여주는 구체적인 사례들이다. 따라서 민중주의는 그와 같은 민본주의에 들어 있는 민주주의적 요소를 계승한 측면이 있다. 즉 백성의 정당한 권리와 지위를 확보해 주고 통치권력의 한계를 명확히 했던 민본주의는 민중을 통치의 주체로 보는 민중주의와도 연결되는 사상이다.

한국의 경우 조선시대에 이르기까지 유교국가주의는 통치이념으로서 자리 잡고 있었다. 유교국가주의에 대한 손문호의 설명에 따르면 통치의 실질적 주체는 임금 아닌 관료라야 하며 통치의 궁극적 목적은 민중의 복지에 두고 있다.4) 유교국가의 정치사상은 군주주의, 관료주의,

---

3) 《尙書》, "五子之歌," 民爲邦本 本國邦寧. 《상서》의 내용이 공자보다 앞선 점으로 보아 민본주의 전통이 공자 이전부터 오랜 기간에 걸쳐 형성된 것임을 보여준다.

4) 손문호, "유교국가주의와 그 대두과정," 김영국 외, 《한국정치사상》, 박영사, 1991, 1-33쪽.
   박종성, "조선조 정치변동의 거시적 이해: 권력과 민중의 정치적 길항관계를 중심으로", 《社會科學硏究 10》(서원대학교사회과학연구소, 1997.2) 1-39쪽.
   이철승, "유가의 민본 사상에 나타난 민주적 요소 : 황종희의 정치사상을 중심으로", 《東洋哲學》. 제20집(2003. 12), 73-94쪽.
   김용헌, "정약용의 민본의식과 민권의식", 《退溪學 제12집》(안동대학교퇴계학연구소, 2001. 1) 75-97쪽.
   정윤재, "정약용의 자작적(自作的) 인간관과 왕정개혁론 : 조선후기 정치권

민본주의의 삼자가 조화를 이룬 것으로서, 제도적으로는 율령제, 관료제, 군현제, 군제(정치제도), 신분제, 전제, 세제, 구휼제(사회경제적 제도) 등을 통해서 그러한 이념을 구현하고자 했다.

(3) 민중주의와 사회주의

사회주의란 생산수단의 사적 소유를 반대하고 산업을 공공의 통제 아래 두며 개인의 이윤을 위해서가 아니라 공공사회의 필요에 따라 운영하고, 사적 이익보다는 사회봉사를 위한 자극을 통해서 보다 나은 분배와 부의 생산을 목적으로 하는 이론과 실천운동이다. 그런데 자본주의의 특정한 발전단계에서는 민중이 거기에 대해서 부분적으로는 사회주의적인 지향성을 갖는 변화를 요구하게 되고 따라서 이러한 저항에 대해서 일정한 대응을 할 필요성이 있으며, 그 결과 국가독점자본주의나 수정자본주의 형태로 자본주의가 상황에 적응하게 된다. 이때 저항의 주체는 마르크스나 구소련에서는 프롤레타리아로, 모택동이나 중국에서는 무산자 계급으로, 북한이나 해방 직후 한국에서는 인민으로, 1920년대 및 1970, 80년 한국에서는 민중으로 개념화하는 것으로 나타났다. 이는 자본주의를 수용하기 이전의 사회성격의 상이함을 반영하는 것이다.

하지만 한국사회에서 등장하였던 대부분의 민중주의는 사적 소유의 폐지나, 개인의 이윤이 아닌 사회적 필요에 의한 산업 운영이라는 사회주의적 프로그램을 명시적으로 내세우고 있지는 않다. 하지만 일제시대와 해방 직후의 공산주의운동이나 1980년대의 사노맹 등에서 나타나는 급진적 노동운동에서는 사회주의적 지향성이 부분적으로 나타나

력의 공공성문제와 관련하여", 《한국정치학회보 33,4》 (한국정치학회, 1999.12) 83-104쪽.

기도 하였다. 그리고 1980년대의 급진주의를 포함해서 그러한 과거의 한국사회운동들이 사회주의를 지향하고 있었지만 이는 민족해방과 계급해방이라는 민중주의 정치사상의 맥락 안에서였다고 볼 수 있다.

하지만 민주노동당이 분투하고 있다고는 하나, 이상과 같이 민중주의나 민중주의 맥락의 사회주의가 한국사에서 실제로 현실 정치이념으로 정착되었던 적은 없다. 하지만 일제시대에는 항일운동이나 반제반봉건운동에서 민중주의와 결합하였으며, 해방 직후 독립국가 수립을 모색하는 가운데 이 민중주의 체제를 진지하게 고려한 정파가 있었고, 196, 70년대의 종속적 자본주의 발전과 더불어 반독재운동이나 반체제 이념, 저항이나 변혁운동의 논리로서 수용하기도 하였다. 그러나 민중주의를 반공주의나 발전주의 혹은 안정이나 안보이데올로기 등과 같은 지배이데올로기에 대한 대항이데올로기 수준으로만 규정해 가지고서는 한국의 역사성과 특수성을 드러내 주는 민중주의 정치사상을 온전하게 설명할 수 없다.

봉건사회 해체기의 동학농민혁명기나 일본제국주의의 수탈 대상이었던 민중이 거기에 저항한 식민지 시대, 그리고 종속적 자본주의가 발전한 1960, 70년대 이후 현대 등을 모두 사회주의 이념으로 포괄하기에는 시대마다 사회경제적인 차별성이 너무 크다. 그러나 각 시대 모두 한국사의 주체로서 그리고 민중 본위(민본적) 혹은 민중적인 정치사상 지향성은 연면히 이어져왔다. 우리나라 정치사상을 이해하는데 민중주의 개념이 매우 유용하다는 점이 입증되는 대목이다.

(4) 민중주의와 민족주의

일반적으로 민중의 범위와 민족이 과연 일치하는 것인지 아니면 어느 측면에서 어느 정도로 차별성을 가지는 것인가에 따라 민중주의 정

치사상과 민족주의 정치사상의 개념상의 차이가 나타나게 된다.[5] 민족
주의 운동의 주체가 역사적으로 귀족이나 양반(衛正斥邪 운동)으로부
터 부르주아나 중인(中人: 독립협회, 開化운동, 3·1운동 등)을 거쳐 노
동자와 농민(의병, 노동쟁의, 소작쟁의 등의 민중적 민족주의) 등으로
변화되어 왔으며, 이는 특히 제3세계 민족주의의 현대적 표출 형식이
민중주의라는 점을 잘 보여준다.

정치사상사의 관점에서 볼 때 민족주의의 이념형은 정치적 민족주의
와 낭만적 민족주의로 대별된다.[6] 정치적 민족주의는 루소의 정치사상
을 이은 것으로서 합리주의적, 정치적, 영토적, 인민주의, 역학적, 보편
성, 개체적, staatsnation, 개방적, 미래지향적 등과 같은 특성을 갖고
있는 반면, 낭만적 민족주의는 헤르더이 정치사상을 이은 것으로서 합
리주의 이전(以前), 정치 이전(以前), 역사적, 민족공동체, 유기적, 민족
정신, 집체적, stationstaat, 폐쇄적, 과거 집착형 등과 같은 특성을 갖는
다. 한국의 저항민족주의는 그중에서도 낭만적 민족주의에 속한다.

그러나 우리나라 저항민족주의는 몇 가지 문제점을 안고 있다.[7] 첫

---

5) 이와 관련하여 장을병은 다음과 같이 쓰고 있다. "민중을 국가의 도구로 간
   주하는 사고 속에서는 혹 국가주의는 자라날는지 모르지만 올바른 민족주
   의는 성장할 수 없다. 실상 국가주의는 민족주의라는 미명으로 위장하고 있
   지만, 민족주의의 실체인 민중을 억압하는 지배이데올로기로 내닫는다. 따
   라서 민족주의의 올바른 추구는 국가주의의 허상에서 벗어나 민중주의로
   나아갈 때 비로소 가능해지리라고 본다. 민중주의란, 표현 그대로 민중을
   주체 내지 으뜸으로 섬기는 정치이념이라고 할 수 있는데, 달리 표현하면
   민주주의의 실현을 지향하는 정치이념이기도 하다. 이제는 낡은 국가주의의
   허상에 얽매인 민족주의가 아니라 새로운 민중주의에 바탕을 둔 올바른 민
   족주의를 추구해야 할 단계에 이르렀다. 바로 민중주의에 바탕을 둔 민족주
   의는 민주주의의 실현을 통해 민중이 주체가 되고 민중의 노력을 통해 구
   현되는 참된 민족주의를 뜻한다고 하겠다." 장을병, 《인물로 본 한국민족주
   의》, 범우사, 1988, 40-1쪽.
6) 노재봉, "현대한국의 정치사상에 있어서 방법의 문제," 《서울대 국제문제연
   구소논문집》 제8호, 1984. 《사상과 실천》(녹두, 1985), 277-80쪽.
7) 이용희 외, 《한국의 민족주의》, 서울: 춘추문고, p.13.

째, 민족이 형성된 고려 이후 외세의 침략이 있을 때마다 있었던 '민족적 저항'을, 흔히는 하부구조로서 사회경제력을 주로 담당하는 사회층의 권리 주장으로서의 '민족주의적 저항'과 혼동함으로써, 복고주의, 민족의 무계층화, 영웅사관 등에 빠지는 경우가 많았다.

둘째, '1민족 1국가 단일민족주의'는 이승만의 북진통일론처럼 분단 상태를 통일시키기 위해서라는 이름 아래 비평화주의로 흐를 우려가 컸다. 다른 한편 한말의 박은식, 신채호 등의 부국강병주의 사상은 사회적 다원주의를 수용한 것으로서, 약자에게는 저항주의 이상의 의미를 갖기 어려웠으며, 역으로 강자의 제국주의는 그대로 시인할 수밖에 없는 한계가 있었다.

셋째, 근대화에 대한 태도에 따른 문제점이다.[8] 이는 근대성이 우리의 전통에도 있었다는 식의 절충주의에 따른 문제로서, 예컨대 한국의 조광조에게도[9] 서양의 내각책임제 사상이 있었다는 식이다. 이는 사상을 단편화하고 그 역사적 구조성과 사상의 존재구속성을 무시한 것이 되고 만다.

이상의 한국민족주의 사상에서 나타나는 문제점들은 민족주의가 민중적 바탕 없이 전개되어 왔기 때문에 발생하는 것이기도 하였다.

스탈린의 정의에 따라 민족을 "언어와 문화, 경제생활, 협동 등의 공통성을 지니고 역사적으로 형성된 집단"이라고 규정할 수 있다고 한다면,[10] 언어와 문화의 동질성이나 협동의 전통을 공유한 한국 민중의

---

8) 노재봉, "현대한국의 정치사상에 있어서 방법의 문제," 《서울대국제문제연구소논문집》 제1호, 1976. 《사상과 실천》(사상과 녹두, 1985), 283-4쪽에서 재인용.

9) 조광조의 정치사상을 유교적 국가개혁주의로 보는 것에 관해서는 손문호, "유교적 개혁주의," 김영국 외, 《한국정치사상》, 박영사, 34-55쪽 참조.

10) 소련에 있어서 민족개념의 변화 과정을 포함하여 북한 등의 민족개념에 관해서는 최상룡, "정치적 이데올로기로서의 한국민족주의," 《통일을 위한 민족화합 이데올로기에 관한 연구》, 한국정신문화연구원, 1984, 46-7쪽에 잘 정리되어 있다.

경우 최근의 자본주의 발전 경험들은 이런 민족개념 중에서도 자본주의 "경제생활"을 경험하고 있다는 측면을 크게 강조하게 만들고 있다. 그리고 민족주의가 "민족주의 일반"으로서가 아니라 각국에 따라 그리고 각 시대에 따라 여러 형태로 나타나는 것이라면, 민중주의는 자본주의 경제제도 및 민중배제적 정치제도(독재나 권위주의 등)를 취하는 나라에서 나타난다고 할 수 있다. 민족주의가 근대적 민족국가의 형성과 밀접한 것이라면, 민중주의 역시 그와 밀접할 뿐만 아니라 근대적 민족국가 형성의 주도권을 둘러싸고 부르주아나 권위주의와도 부분적인 경쟁관계에 있었다고 볼 수 있다.

한국민족주의 정치사상은 퇴계나 율곡 등의 주자학적 이데올로기[11]를 계승한 이항로의 최익현 등의 위정척사 사상, 독립협회 등의 개화사상이나 계몽운동, 신채호 등의 사상, 일제시대 사회주의나 공산주의 운동에서의 민족해방사상, 조소앙의 삼균주의 사상, 김구의 통일국가 수립 사상, 이승만의 일민주의 사상, 박정희의 한국적 민주주의 사상 등으로 전개되어 왔다. 반면 민중주의 정치사상은 허균의 호민론, 정약용의 인민주권론, 신채호의 민중직접혁명론, 함석헌의 씨올사상, 전태일의 인간해방과 민중해방 사상 등으로 전개되어 왔다.

그런데 한국 근현대사에 있어서는 민중주의와 민족주의가 상호대립이나 경쟁 관계로 나타나기보다는 서로 결합되어 나타나는 경우가 많았다. 예컨대 의병운동에서는 농민과 양반의 결합, 6·10만세운동이나 노동농민운동에서 노동자·농민과 지식인의 결합, 광주민중항쟁 이후 민중운동에 있어서 반미라는 민족주의 문제와 노동·농민·학생·통일운동의 결합 등이 있었으며, 이는 역으로 한국민족주의가 저항민족주의나 민중적 민족주의로 나타나게 하는 요인으로 작용하였다.

이상에서 개항 이래의 반제반봉건 과제나 일제시대의 민족해방운동, 해방 이후의 반미문제 등으로 표출된 한국민족주의는 민중주의가 민족

___

11) 손문호, "유교국가주의와 그 대두과정," 김영국 외, 《한국정치사상》, 1-33쪽.

운동의 기본적인 담당세력이나 정치사상이 되는 단계를 거쳐 왔음을
볼 수 있다.

(5) 민중주의와 산업화

민중주의란 일반적으로 근대화가 야기하는 문제와 그 결과들에 대한
반응 형식으로 해석하기도 하고,[12] 산업화 과정이나 그 과정에서 국가
권력이 산업화를 강력하게 뒷받침하는 정치체제 때문에 생성된 소외계
층을 대상으로 하며, 소외계층의 소외 상태 또는 '수탈' 상태로부터 이
들을 구제하자는 것을 그 내용으로 하고 있다고 보는 경우도 있다.[13]
1960, 70년대 한국의 경우 국가자본주의 방식에 의한 산업화는 박정희
등 통치권자의 개발의욕, 우수한 테크노크라트 운용, 정부주도의 희소
자원 배분, 산업화통치체제[14] 등에 의존하였다. 산업화통치체제는 발전
지향적·변혁지향적·성과지향적 이념을 가지고 있었지만, 효율성을
강조하고 민주성을 무시하는 동원체제, 도농간·계층간·지역간 갈등,
한국 특유의 분단 상황, 군부의 정치 개입, 장기집권 등이 이를 악화시
킬 때 정치탄압이나 어용노조를 앞세우는 갈등처리 방식 등으로 인해
구조적 모순을 노정해 왔다. 이러한 산업화 과정에서 나타나는 구조적
모순에 대응하여 민중민주주의민족혁명론과 같은 "계급적 민중주의",
주변자본주의적 모순을 강조하는[15] "종속적 민중주의" 등을 발생시켰

---

12) 노재봉, "민중주의 논고,"《서울대 국제문제연구소논문집》제8호, 1984.
　　《사상과 실천》(녹두, 1985), 17쪽.

13) 길승흠, "한국의 경제성장과 민중개념의 변천,"《한국민중론연구》(한국정
　　신문화연구원, 1990), 83-122쪽.

14) 진덕규, "한국현대정치구조연구서설,"《한국사회변동연구(Ⅱ)》(한국기독교
　　사회문제연구원 편), 민중사, 1985, 68쪽.

15) 김진균, "한국사회의 계급구조," 한국기독교사회문제연구원 편,《한국사회
　　변동연구(Ⅰ)》, 민중사, 1984, 147쪽.

으며, 지식인의 의식화 역할을 강조하는 "정치적 민중주의" 등의 다양한 민중주의가 제시되었다.

이 책에서 제시한 한국민중주의 정치사상 유형과 관련하여 허균과 정약용의 유교적 민중주의의 기반은 민본주의를 그 사상적 기반으로 하고 있었으며, 한국민중주의 정치사상의 원형으로서의 반외세반봉건·농민적 민중주의는 자본주의적 근대화에 대응하기 위하여 동학사상에 기반을 두고 민족주의적인 요소를 바탕으로 하고 있다. 신채호의 민족적·무정부주의적 민중주의는 민족주의 및 사회주의를 기반으로 하며, 함석헌의 역사철학적·종교적 민중주의는 민주주의를 이루기 위한 것으로 파악할 수 있다. 전태일의 휴머니즘적 민중주의는 자본주의적 산업화의 역기능을 극복하려 했으며, 사회주의와의 연관은 그리 크진 않았다. 1970, 80년대의 사회과학적·계급적 민중주의에서는 민주주의, 민족주의, 사회주의 등 다양한 정치이념을 그 기반으로 하고 있는 것으로 파악할 수 있다.

그러나 이러한 관계들은 민중주의가 유불선, 기독교 등의 종교, 휴머니즘, 역사철학, 사회과학, 문학 등 보편적인 가치와 어떻게 관련을 맺고 영향을 주고받았는가에 대한 이해 측면에 대해서는 그리 도움이 되지 않으며, 이는 궁극적으로는 앞의 제2장에서 살펴본 정치사상을 어떻게 이해할 것인가 하는 문제와 관련되어 있다.

제2절 의의와 한계

이 책은 한국정치 및 한국정치사상사를 설명하고 구성하는 데 있어서 민중주의 정치사상이라는 개념이 설명력이 매우 큰 개념이라고 보고, 정치사상의 수준에서 한국의 민중주의를 정리·분석·평가하고자 하였다.

물론 현대적인 시각으로 과거 한국정치사상을 규정하려는 것은 위험스럽고 그 본질에 다가가기 어려울 수도 있다. 이 책은 다만 다른 한국정치사상이나 사상가들에게 있어서 민중의 요소가 정치사상의 구조 속에 어떻게 연관되어 작용하고 있는지를 살펴보고 오늘의 민중사상의 유·불·선과 기독교 및 서양의 외래사상의 영향만이 아닌 전통적인 한국정치사상사의 맥락에 닿아 있음을 살펴보고자 하였다. 이 책은 근현대라는 기간을 대상으로 하였으며, 고대 민족국가 형성기나 삼국시대, 통일신라와 발해시대, 고려시대 등의 정치사상과 같은 보다 더 역사적인 한국정치사상에 대해서는 민중사상과의 연관을 검토하지 못하였다.

한국정치사상을 민중주의 정치사상의 전개라는 관점에서 유교적 민중주의, 반봉건반외세·농민적 민중주의, 민족적·무정부주의적 민중주의, 역사적·종교적 민중주의, 휴머니즘적 민중주의, 사회과학적·계급적 민중주의 등 6개로 유형화될 수 있다고 보았으며, 이 책에서는 마지막을 제외한 5가지 민중사상을 서술 대상으로 삼았다. 근현대 한국민중주의 정치사상은 최제우·최시형·전봉준, 김구와 신채호, 박헌영과 조봉암, 함석헌, 전태일, 서남동, 문익환 등으로 이어져 내려왔다고 볼 수 있다. 김일성의 주체사상이 한국민중주의 정치사상에서 어떻게 자리 매김될 수 있는가에 대해서는 별도의 논의가 필요하다.

이 경우 허균과 정약용의 유교적 민중주의를 포함시킨 것은 조선시대 중엽 및 봉건질서 해체기의 민중사상은 문화유산이나 문학작품을 통해서 밖에는 접근할 수 없을 정도로 체계적인 기록을 남기지 못한 반면에, 허균과 정약용은 그들 자신이 본격적으로 민중사상을 전개한 것은 아니지만 당시의 민중생활상에 대하여 철저하게 인식하고 있었으며, 그들의 정치사상 전개에 있어서 민중사상을 일부 수용하고 있다는 이유에서였다. 그렇게 함으로써 간접적으로나마 봉건질서 해체기의 민중사상의 윤곽을 파악할 수 있다고 보았다.

정치철학 관점에서 말하는 "좋음", "옳음", "초월성 경험", "공동선"

등과 같은 정치의 "본질"과 관련하여 볼 때 한국민중주의 정치사상의 "본질" 차원은 정약용의 유교적 인간론, 전봉준의 농민전쟁 창의문, 신채호의 민족사관, 함석헌의 역사철학, 전태일의 "인간선언" 등으로 표현된 것으로 정리할 수 있다. 물론 정치사상 관점에서 부족하나마 각각의 역사적·사회적 조건과 생애의 경험과 인간관계 등에 대한 분석을 통하여 해당 민중주의 사상의 윤곽은 연구고자 했다.

민중주의 정치세력이라는 관점에서 본다면 조선시대 후기 실학파 등 농촌지식인과 민란에서의 민중지도자, 한말의 동학농민전쟁, 식민지 시대의 민중, 해방공간에서의 지식인과 민중, 1970, 80년대 지식인·농민·노동자·도시빈민의 연합세력으로서의 민중 등으로 변천되어 왔다. 한국의 민중주의 정치사상 연구는 이론적으로 뿐만 아니라 현실적으로도 아직은 여러 단계의 검증과정을 거쳐야 한다는 한계를 가지고 있으며, 현재 제도적 정치세력으로까지는 온전히 표현되고 있지는 못한 실정으로서 대체로 보아 아직도 운동 수준에 머물러 있다는 제약을 가지고 있다.

이 책에서 사용한 민중, 민중주의, 민중주의 정치사상 개념들은 계급론적 시각에서 사용한 것은 아니며, 실제 한국민중정치사상에 대한 검토과정에 있어서 현대의 계급론적 의미로 파악하려는 민중개념과는 곧바로 연결되는 것도 아니다. 오히려 민중개념은 치자와 피치자의 조화와 공동체의 유대관계 속에서 이해하는 것이 보다 더 정확할 것이다. 정약용의 민권개념의 유래를 설명하는 논리전개가 그러하며, 전봉준의 폐정개혁안과 정치체제 구상에서 펼쳐 보이는 농민정치사상이 그러하고, 신채호의 상호부조사상과 결합된 민중사상, 함석헌의 씨알의 전체론적인 개념화 및 전태일의 자본가와 노동자가 조화를 이루지 못하는 데 대하여 이를 극복하기 위한 인간선언 등이 또한 이점을 잘 보여준다.

전통적 민중사상의 관점에서 한국정치사상을 가능한 한 전체적으로 재조명하고자 한 것이 이 책의 의의라고 할 수 있다. 그러나 한국민중주의 정치사상 연구방법론의 체계화가 미흡하며, 역사적 시기구분이나 외래사상의 영향 및 개개 사상가의 위상과 같은 유형화의 기준설정 또한 일부 혼란이 있는 점은 이 책의 한계에 속한다. 동학사상 그 자체 및 1970, 80년대 사회과학적·계급적 민중주의 정치사상을 다루지 못한 것은 역시 이 책의 커다란 한계이다. 또한 근현대 한국정치사상을 모두 민중주의 정치사상 관점에서 파악하려다가 민중사상 만능론에 빠질 우려가 있었던 것도 사실이다. 허균, 정약용, 함석헌의 사상 등은 민중주의 맥락이 아닌 보다 큰 시각에서 다뤄져야 한다는 아쉬움이 있었다. 또 민중사상을 민중운동론의 여러 가지 양상들과 유기적으로 연관시켜 분석해야 하는데 이에 미진한 부분이 있었다. 인물 중심으로 민중사상을 분석하려 했기 때문인 것으로 본다.

민중주의 정치사상 유형화 방법이 명백하지 않은 문제도 있다. 주된 영향을 받은 다른 사상이 무엇이었는가를 기준으로 하여 유형화할 것인가, 아니면 역사적 조건의 차이를 주목할 것인가, 경력과 생애의 경험들을 중시할 것인가 하는 점들에 있어서도 통일성이 부족하였다. 좀 더 치밀한 텍스트 분석을 통해서 해당 사상이 외래사상·고유의 사상으로부터 주고받은 영향에 대한 보다 더 치밀한 검토가 부족한 점도 있었다.

앞으로 한국민중주의 정치사상 연구방법론의 정교화를 기해야 하는 과제가 남아 있다. 연구범위도 특정시기의 민중사상에 집중하되, 시대적으로는 삼국유사를 중심으로 한 삼국시대 정치사상으로부터 불교가 국교였던 고려시대와 조선시대 초기의 정치사상, 그리고 1960, 70년대의 민중사상에 이르기까지 범위의 조정이 필요하다. 연구 분야별로는 "정치적" 사상에만 매이지 말고 정치사상을 문학, 역사, 철학, 종교, 기술, 제도 등에 관한 사상으로부터 흡수할 것은 흡수하면서 서로 주고받는 영향들을 고려함으로써 정치사상 연구의 폭을 좀 더 넓힐 필요도 있다. 그것이 한국정치사상 연구의 폭과 깊이를 확대할 것으로 생각하기 때문이다.

참고문헌

1. 국내

강만길, "조선민족혁명당 성립의 배경,"《한국사연구 61, 62호》, 1988.

강재언, "동학의 사상적 성격"《근대한국사상사연구》, 미래사, 1983.

강재언,《근대한국사상사연구》, 미래사, 1983.

강재언, "봉건체제 해체기의 갑오농민전쟁,"《한국근대사연구》, 한울, 1982.

강희남,《민중주의》, 서울 : 푸른돌, 2001.

《개벽》영인본.

경제기획원,《경제백서》, 1986.

고광형, "인간론을 중심으로 본 다산 정약용의 정치사상," 외국어대.

高橋亨, "朝鮮儒學大觀,"《조선사강좌》, 朝鮮總督府刊.

고석규, "19세기 농민항쟁의 전개와 변혁주체의 성장," 한국역사연구회, 《1894년 농민전쟁연구 1 -농민전쟁의 사회경제적 배경-》, 역사비평사, 1991.

고석규, "집강소기 농민군의 활동," 한국역사연구회,《1984년 농민전쟁연구 4 -농민전쟁의 전개과정-》, 역사비평사, 1995.

공안문제연구소, "《한국사회의 이해》감정서", 1994. 7. 11.

국사편찬위원회 편,《임술록》, 1958.

길승흠, "한국의 경제성장과 민중개념의 변천,"《한국민중론연구》(한국정신문화연구원, 1990)

김경재, "뜻·역사·민족",《씨알·인간·역사》(함석헌선생팔순기념문집), 서울: 한길사, 1982.

김병하, "전태일과 어느 시간강사의 죽음", 《특수교육저널 제4권 2호》
(두뇌한국21 특수교육연구단, 2003. 6) 159-65쪽.

김병희 편저, 《씨알의 소리소리 함석헌》, 금문당, 1988.

김상홍, "茶山學이 草衣禪師에게 끼친 影響", 《漢文敎育硏究 제19호》
(한국한문교육학회, 2002. 12) 489-520쪽.

김석태, "세계에서 가장 자막이 긴 영화를 만든 이야기: 영화 '아름다
운 청년 전태일' 제작노트", 《민족예술 10》(한국민족예술총연
합, 1995.12) 40-5쪽.

김선경, "갑오농민전쟁과 민중의식의 성장", 《사회와역사》 통권64집
(한국사회사학회, 2003. 11) 200-27쪽.

김성규, 《초성집》

김영국외, 《한국정치사상》, 박영사, 1991.

김영두, "한국정치사상사," 《한국문화사대계 Ⅱ ―정치경제사(上)―》
(고려대 민족문화연구소, 1978.)

김영선, "유가주의 정치사상에 대한 현대적 해석," 《전주우석대논문
집》, 제11집.

김영호, "실학의 근대적 전회," 전남대호남문제연구소, 《실학논총》, 1975.

김영호, "다산학연구서설," 《세계의 문학》 제40호, 민음사, 1986년 여름호.

김용덕, "조선시대 군주제도론," 《창작과 비평》(1976 여름)

김용헌, "정약용의 민본의식과 민권의식", 《退溪學 제12집》 (안동대학
교퇴계학연구소, 2001. 1) 75-97쪽.

김윤식·김현, 《한국문학사》, 민음사, 1973.

김재홍, 《영상일기》

김종렬, "全泰壹 그 죽음 이후 : 歷史 속에서의 죽음", 《基督敎思想.
16,4》(한국기독교서회, 1972.4), 87-94쪽.

김종술, "정치철학과 정치과학의 해체와 재구축,"《한국정치학회보》제
24집 특집호, 1990.

김지하·윤구병, "대담, 시인 김지하의 사상세계," 철학문화연구소,《철
학과 현실》(1990년 봄).

김지하, "인간의 사회적 성화,"《남녘땅 뱃노래》, 두레 1985.

김진균, "한국사회의 계급구조," 한국기독교사회문제연구원 편,《한국
사회변동연구(Ⅰ)》, 민중사, 1984.

김진균, "민족주의 이론화 전략에 따른 문제", 성대사회과학연구소 편,
《한국민족주의의 이상과 현실》, 대영문화사, 1989.

김진균, "민족운동과 분단극복의 문제,"《사회과학과 민족현실》, 한길
사, 1988.

김태영, "다산의 국가개혁론 서설," 강만길·정창렬 외 9명,《이우성
교수 정년기념 논문선: 다산의 정치경제 사상》, 창작과 비평
사, 1990.

김한식,《한국정치의 변혁사상》, 백산서당, 2006.

김한식, "정치사상 면에서 본 실학과 성리학 간의 상관성 연구,"《한국
정치학회보》(14집), 1980.

김한식, "정치학과 정치사상의 과제,"《한국정치학회보》1990, pp.67-96.

김한식, "다산의 민권사상," 한우근 외,《정다산 연구의 현황》, 민음사,
1985.

김혜승, "동학정치사상과 甲午東學農民運動 :한국민족주의의 民衆化",
《정치사상연구. 11집 1호》(한국정치사상학회, 2005 봄),
61-77쪽.

김홍우, "철학과 정치,"《철학과 현실》, 1990년 봄호.

김홍우, "문학작품에서 본 한국현대정치사상의 특색," 서울대사회과학연
구소,《사회과학과 정책연구》제4권제3호, 서울대출판부, 1982.

노재봉, "현대한국의 정치사상에 있어서 방법의 문제,"《서울대 국제문제연구소논문집》제8호, 1984. 및《사상과 실천》(녹두, 1985).

노재봉, "민중주의 논고,"《서울대 국제문제연구소논문집》제8호, 1984.

노재봉,《사상과 실천》, 녹두, 1985.

"대담: 민중이데올로기와 민중운동,"《신동아》85년 7월호.

《동경조일신문》1895년 5월 6일자,《사회와 사상》1988년 9월호 전문 게재.

류근일,《권위주의체제하의 민주화운동연구:1960-70년대 제도외적 반대세력의 형성과정》, 나남출판, 1997.

문성호, "아르헨티나의 정치와 정당," 윤근식 편,《현대정당정치론》, 대왕사, 1990.

문성호, "계층분석에 입각한 한국정치의 이론화 작업들," 성대대학원,《수선논집》15집, 1990.

문성호, "전태일사상과 휴머니즘",《제2회 비판사회학대회 논문집》, 1999.

문성호, "전봉준의 민중정치사상과 체제구상",《정치·정보 연구》제2권 제3호 통권5호 (한국정치정보학회, 1999. 12), 237-60쪽.

문학교육연구회 편,《우리들의 문학교실》, 까치, 1988.

"민중운동의 사적 고찰," 현대사회연구소,《'민중론'의 분석과 대책에 관한 연구》, 1985.

"민중주의의 사상적 특징에 관한 고찰," 현대사회연구소,《'민중론'의 분석과 대책에 관한 연구》, 1985.

박명림, "재야연구: 박정희 시대의 민중운동과 민주주의, 1961-1979",《2005년 한국정치학회 연례학술회의 자료집》(2005년 12월 2일), 303-61쪽.

박석무 역주,《다산산문선》, 창작과 비평서, 1985.

박소정, "함석헌의 씨알사상과 진정성의 윤리",《씨알의소리》통권184
    호 (함석헌기념사업회, 2005. 5 · 6), 63-83쪽.

박종성, "조선조 정치변동의 거시적 이해: 권력과 민중의 정치적 길항
    관계를 중심으로",《社會科學硏究 10》(서원대학교사회과학연
    구소, 1997.2) 1-39쪽.

박종홍, "한국사상연구의 구상,"《한국학보》제1, 2권 합본, 1959.

박재순,《민중신학과 씨알사상》, 천지, 1990.

박지원,《양반전》

박찬승, "동학농민혁명의 사회 · 경제적 지향," 박현채 · 정창렬 편,《한
    국민족주의론 Ⅲ》, 창작과 비평사, 1985.

박태순, "全泰壹事件 끝나지 않았다 : 庶民이하의 골복을 踏查한 섦은
    作家의 記錄",《다리 2,7》(월간다리사, 1971.7)

박태원,《약산과 의열단》, 백양당, 1947.

박현채 · 조희연 편,《한국사회구성체논쟁》(Ⅰ-Ⅳ), 죽산, 1989-1992.

박현채 · 정창렬 편,《한국민족주의론 Ⅲ》, 창비사, 1985.

배병삼, "茶山의 정치적 이상 :湯武論과 伯夷叔齊觀을 중심으로",《東
    洋古典硏究 제17집》(동양고전학회, 2002. 12) 47-89쪽.

배영순, "茶山學의 현재적 의의: 民本思想을 중심으로",《淡水 제31
    집》(淡水會, 2002. 10) 24-35쪽.

백낙청, "민중은 누구인가,"《뿌리 깊은 나무》, 1979년 4월호.

백운선, "체제 세력 · 반체제 세력과 한국정치,"《한국정치학회보》22집
    2호, 1988.

백승철, "개항 이후(1876-1893) 농민항쟁의 전개와 지향," 한국역사연
    구회,《1894년 농민전쟁연구 -18, 19세기의 농민항쟁-》, 역
    사비평사, 1991.

백승현, "현대정치학에 있어서 철학적 정치학의 위상," 한국정치학회보

344

　　　　제24집 특별호 1990.

《尙書》

서남동, "민중(씨알)은 누구인가," 《민중》

서남동, 《민중신학의 탐구》, 한길사, 1983.

성대경, "다산의 기술관리 육성책," 《다산의 정치경제 사상》, 창작과
　　　비평사, 1990.

소광희 손동현 공역, 《역사의 인식》(R. G. Collingwood), 서울: 경문사,
　　　1979.

손문호, "유교국가주의와 그 대두과정," 김영국 외, 《한국정치사상》, 박
　　　영사, 1991.

손문호, "유교적 개혁주의," 김영국 외, 《한국정치사상》, 박영사.

손문호, "許筠의 정치사상 연구", 《社會科學硏究 제15집 (서원대학교사
　　　회과학연구소, 2002. 2) 35-50쪽.

손문호, "신채호의 민족주의 정치사상 연구", 《湖西文化論叢 14》(서원
　　　대학교호서문화연구소, 2000.2) 41-57쪽.

손문호, "丁若鏞의 정치사상 연구 : 『經世遺表』를 중심으로", 《社會
　　　科學硏究 14》(서원대학교사회과학연구소, 2001.2) 167-95쪽.

손진태, 《한국민족사개론》, 을류문화사, 1949.

손혁재, "민중의식 성정과정 연구: 한말 정치의식을 중심으로", 성균관
　　　대 대학원, 1984.

송건호, 《한국현대인물사론》, 한길사, 1984.

송　복, "민중론에 대한 사회학적 분석," 《한국민중론연구》, 한국정신
　　　문화연구원, 1990.

송영배, 《중국사회사상사》 한길사, 1986.

송재소, 《다산시연구》, 창작과 비평사, 1988.

《시천교역사》 上 · 下

신용하, "한국근대민족운동의 전개과정,"《한국민족운동의 이념과 역사》, 한길사, 1986.

신용하,《신채호의 사회사상 연구》, 한길사, 1984.

신일철,《신채호의 역사사상 연구》, 고대출판부, 1981.

신일철, "신채호의 무정부주의사상"(《한국사상》 제15집(1977).

신채호, "조선혁명선언"

신채호, "조선상총론"

신채호, "낭객의 신년만필"

신채호, "선언문"

신채호, "용과 용의 대격전"

신채호, "이해"

심재룡, "한국의 사상적 뿌리,"《국민윤리》, 한국방송통신대학.

안경식, "동학의 민중교육사상과 운동에 관한 연구", 한국정신문화연구원, 1984.

안병영, "역사의 주체로서의 민중,"《민중》

안병욱, "19세기 민중의식의 성장," 한국역사연구회,《1894년 농민전쟁 연구 3 －농민전쟁의 정치・사상적 배경－》, 역사비평사, 1993.

안병주, "유교민본사상의 현대의의," 안동대학 발표논문.

안병직・송건호・한완상, "민중의 개념과 그 실체－좌담," 유재천,《민중》, 문학과 지성사, 1984.

안병직, "신채호의 민족주의",《창작과 비평》, 1973년 가을호.

안태정, "신채호의 반자본주의 혁명론",《현장에서미래를》제101호 (한국노동이론정책연구소, 2004. 8・9) 90-125쪽.

양재혁, "동양철학의 방향과 모색," 성대동양철학과《모난돌》 창간호, 1985.

오경환,《전태일사상연구》, 한소리, 1990.

오경환 편, 《100인의 민족정신》, 1-3권, 드림북스, 1999.

오지영, 《동학사》, 영창서관, 1940.

오효진, "싸우는 평화주의자 함석헌", 《월간조선》 1986년 4월호.

왈리키, "러시아 근대사회사상의 계보," 이인호·최선 편역, 《인텔리겐 찌야와 혁명》, 홍성사, 1981.

우남숙, "신채호의 국가론 연구 : 이론적 구조를 중심으로", 《한국정치 학회보 32,4》 (한국정치학회, 1998.12) 9-27쪽.

우　윤, "1892~93년 동학농민운동의 전개양상과 성격", 《忠北學 제5 집》 (충북개발연구원 부설 충북학연구소, 2003. 12) 15-28쪽.

우　윤, 《전봉준과 갑오농민전쟁》, 창작과 비평사, 1993.

우　윤, "동학사상의 정치사회적 성격," 한국역사연구회, 《1894년 농민 전쟁연구 3 －농민전쟁의 정치·사상적 배경－》, 역사비평사, 1993.

우　윤, "19세기 민중운동과 민중사상," 《역사비평》 1988년 봄호, 역사 문제연구소.

유권종, "茶山 人間觀의 재조명", 《철학 제72집》 (한국철학회, 2002. 가 을) 5-29쪽.

유재천 편, 《민중》, 문학과 지성사, 1984.

유초하, 《한국사상사의 인식》, 한길사, 1994.

윤근식, "한국에 있어서의 급진주의," 《한국정치연구》(1987년 창간호), 서울대한국정치연구소, 1987.

윤근식, "《개벽》 지에 나타난 한국정치사상," 《제3세계의 이데올로기 와 정치》, 중앙출판, 1981.

윤사순, "한국사상사에 있어서의 사관문제," 《창작과 비평》(1977여름).

윤사순, 《동양사상과 한국사상》, 을유문화사, 1984.

이계희 편, 《러시아 근대사회사상》, 풀무, 1980.

이기백, 《한국사학의 방향》, 일조각, 1978.

이돈화, 《천도교창건사》 제2편, 천도교중앙종리원, 1933.

이동수, "함석헌과 정치평론", 《한국정치학회보 제35집 4호》 (2001 겨울) 87-105쪽.

이문영, "통치 패러다임을 위한 원효, 율곡, 함석헌의 기여", 《민족사상연구》 제12호 (경기대학교, 2004), 133-59쪽.

이병수, 《금성정의록》(겸산유고 권 19).

이상철, "이해," 한국사회과학연구소 편, 《사회과학의 철학》, 민음사, 1980.

이석우 역, 《역사의 의미》(칼 뢰빗트), 예조각, 1977.

이용희 외, 《한국의 민족주의》, 서울: 춘추문고.

이우성, "麗代百姓考,"《역사학보》 14, 1961.

이우성, "조선왕조의 훈민정책과 정음의 기능,"《진단학보》 42, 1976.

이우성, "실학연구서설," 역사학회 편, 《실학연구입문》, 일조각, 1973.

이우성, "서," 이우성 교수 정년기념논문선, 《다산의 정치경제사상》, 창작과 비평사, 1990.

이우성·강만길 편, 《한국의 역사인식(하)》, 서울: 창작과 비평사, 1971.

이원희, 《원정》(原情: 폐정개혁안).

이윤상, "대한제국기 농민운동의 성격," 한국역사연구회, 《1894년 농민전쟁연구 -18, 19세기의 농민항쟁-》, 역사비평사, 1991.

이이화, "19세기 전기의 민란연구,"《한국학보》 35집.

이이화, 《한국근대인물의 해명》, 학민사, 1983.

이이화, 《한국근대인물의 해명》, 학민사, 1983.

이이화, 《허균의 생각(그 개혁과 저항의 이론)》, 서울: 뿌리 깊은 나무.

이인호, "Vekhi 논쟁," 이인호·최선 편역, 《인텔리겐찌야와 혁명》, 홍성사, 1981.

이정복, "미국 민주주의의 혁신과 보수," 《옥천차기벽박사화갑기념논총》, 한길사, 1984.

이재오, 《해방 후 한국학생운동사》, 형성사, 1984.

이진경, "마르크스주의와 코뮌주의: 코뮌주의자는 어떻게 사유하는가?", 《문학수첩. 제3권 제2호 통권 10호》 (문학수첩, 2005 여름), 460-77쪽.

이철승, "유가의 민본 사상에 나타난 민주적 요소 : 황종희의 정치사상을 중심으로", 《東洋哲學》. 제20집(2003. 12), 73-94쪽.

이태진, "귀족 양반 사회의 민중생활," 이가원·이우성·정창렬·윤사순·임형택 편, 《한국학연구입문》, 지식산업사.

이호룡, "신채호의 아나키즘", 《歷史學報 제177집》 (역사학회, 2003. 3) 67-103쪽.

이희근, "1894년 동학지도자들의 시국인식과 정국구상 : 全琫準을 중심으로", 《한국근현대사연구 8》 (한울, 1998.6) 69-97쪽.

《일성록》 고종 편 Ⅰ, 고종원년 2월 29일조, 서울대고전간행회, 1972.

임계유, 《중국철학사 Ⅰ》, 청년사, 1989.

임중빈, "단재 신채호 연보," 안병직 편, 《신채호》

임형진, "동학의 정치사상과 개벽", 《동학연구 통권 제17호》 (한국동학학회, 2004. 9), 45-74쪽.

임헌영 편, 《근대문예비평사의 쟁점》 참조.

임형택, "홍길동전의 신고찰," 《한국문학사의시각》, 창작과비평사, 1984.

임형택, "다산의 '민'주체 정치사상의 이론적·현실적 근거," 이우성교수 정년기념논문선, 《다산의 정치경제사상》,창작과비평사, 1990.

임형택, "여항문학과 서민문학," 《한국학연구입문》, 지식산업사, 1981.

임효선, 《삶의 정치사상》, 한길사, 1984.

장대년,《중국철학사방법론》, 이론과 실천, 1988.

장을병,《인물로 본 한국민족주의》, 범우사, 1988.

장상환·정진상 외,《한국사회의 이해》지리출판사, 1994.

장준하선생 10주기 추모문집 간행위원회,《장준하문집: 민족주의자의
    길》, 사상계, 1985(간행위원: 김재준, 함석헌, 김성식, 홍남순,
    문익환, 안병무, 계훈제, 문동환, 백기완).

전대열 편저,《싸우는 평화주의자》동광출판사, 1982.

전봉준, 충청도관찰사에게 보낸 격문.

전봉준, "고시 경군여영병이교시민"

전서암, "민중의 개념," 유재천 편,《민중》, 문학과 지성사, 1984.

전태일, "人間 최소한의 要求입니다", 新東亞. 77(1971.1), 104-15쪽.

정경은, "전봉준에 대한 몇 개의 기억 혹은 신화", 태릉어문연구 제11
    집 (서울여자대학교국어국문학과, 2003. 8) 243-256쪽.

정석종, "민중의 성장," 한국사연구회편,《한국사연구입문》, 지식산업사,
    1987.

정석모,《갑오약력》

정약용,《孟子要意》,《原牧》,《湯論》,《俗儒論》,《전론 1-5》,《監司論》.
    《鄕吏論》

정약용, 경세유표.

정약용, 목민심서.

정약용,《증보여유당전서 1》, 경인문화사.

정약용, "여유당기," 박석무역주,《다산산문선》, 창작과 비평서, 1985.

정약용, 이익성 역,《국역경세유표 Ⅲ》, 민족문화추진회, 1977.

정약용, 다산연구회역주,《역주목민심서》시리즈, 창작과비평사, 1984.

정윤재, "단재 신채호의 국권회복을 향한 사상과 행동: 소크라테스형
    지식인의 한 예",《동양정치사상사 제1권 2호》(동양정치사상

350

사학회, 2002. 9) 113-35쪽.

정윤재, "정약용의 자작적(自作的) 인간관과 왕정개혁론 : 조선후기
정치권력의 공공성문제와 관련하여",《한국정치학회보 33,4》
(한국정치학회, 1999.12) 83-104쪽.

정진영, "19세기 향촌사회 지배구조와 대립관계," 한국역사연구회,
《1894년 농민전쟁연구 1 －농민전쟁의 사회경제적 배경－》,
역사비평사, 1991.

정창렬, "책머리에", 박현채·정창렬편,《한국민족주의론Ⅲ》, 창비사,
1985.

정창렬, "백성의식, 평민의식, 민중의식,"《현상과 인식》통권 19호
(1981년 겨울호).

정창렬, "고부민란의 연구 上"《한국사연구》48, 1985.

조 광, "19세기 민란의 사회적 배경,"《19세기 한국전통사회의 변모와
민중의식》, 고대 민족문화연구소, 1982.

조동일,《한국 가면극의 미학》, 일신사 춘추문고, 1975.

조동일, "판소리의 전반적성격,"《판소리의 이해》, 창작과비평사, 1978.

조동일 "민중·민중의식 민중예술,"《한국민중론》, 한국신학연구소, 1984.

조동일,《동학 성립과 이야기》, 홍성사, 1981.

《조선왕조실록》제20권 604면(국사편찬위원회판).

조휘각,《한국정치사상》, 인간사랑, 2004.

조희연, "민중사회학의 역사적 심화론,"《신동아》(1987년 4월호). "특별
기획: 민중사회학논쟁"

주수경, "민중신학에 대한 정치사상상의 조명", 국방대학원, 1989.

주정립, "포퓰리즘의 개념적 규정을 위한 시도", 대한정치학회보. 제13
집 제1호 (2005. 6), 245-68쪽.

주진오, "개화파의 성립과정과 정치·사상적 동향," 한국역사연구회,

《1984년 농민전쟁연구 3 -농민전쟁의 정치·사상적 배경-》, 역사비평사.

중앙선거관리위원회,《대한민국정당사》1968년 증보판 pp.452-467.

중앙선거관리위원회,《정당의 당헌연혁집》(소멸정당 편) 제11장과 제13장.

《朝鮮經國典》

진덕규, "한국현대정치구조연구서설,"《한국사회변동연구(Ⅱ)》(한국기독교사회문제연구원 편), 민중사, 1985.

차기벽, "한국민족주의의 정치사상,"《한국민족주의의 이념과 실태》, 까치, 1978.

총무처 정부기록보존소, 동학관련판결문집(영인본), 1994.

최윤오, "18, 9세기 계급구성의 변동과 농민의식의 성장," 한국역사연구회,《1894년 농민전쟁연구 1 -농민전쟁의 사회경제적 배경-》, 역사비평사, 1991.

최상룡, "정치적 이데올로기로서의 한국민족주의,"《통일을 위한 민족화합 이데올로기에 관한 연구》, 한국정신문화연구원, 1984.

최익한,《실학파와 정다산》, 청년사, 1989.

최장집,《한국현대정치의 구조와 변화》, 까치, 1989.

최장집, "과대성장국가의 형성과 정치균열의 구조,"《한국사회연구》제3집, 한길사, 1984.

최제우,《동경대전·용담유사》, 정민사, 1985.

크로포트킨(이을규 역),《현대과학과 아나키즘》, 1973.

풍우란,《중국철학사》(정인재역), 형설출판사.

鶴園裕, "평안도 농민전쟁에 있어서 참가층,"《조선사총》2, 청석문고, 1979.

하원호, "조선후기 變亂과 민중의식의 성장",《史學硏究.》제75호 (한국사학회, 2004. 9), 175-203쪽.

한국산업사회연구회 편,《한국사회와 지배이데올로기》

한국역사연구회,《1894년 농민전쟁연구 1 - 농민전쟁의 사회경제적 배경 - 》, 역사비평사, 1991.

한국역사연구회,《1894년 농민전쟁연구 2 - 18·19세기의 농민항쟁 - 》, 역사비평사, 1992.

한국역사연구회,《1894년 농민전쟁연구 3 - 농민전쟁의 정치·사상적 배경 - 》, 역사비평사, 1993.

한국역사연구회,《1894년 농민전쟁연구 4 - 농민전쟁의 전개과정 - 》, 역사비평사, 1995.

한배호, "민족주의와 근대화,"《한국의 정치》, 박영사, 1984.

한영우, "정도전의 정치 개혁사상", 창작과 비평 1972년 겨울호.

한영우,《정도전사상의 연구》(한국문화연구소, 1972).

한영우, "정약용의 여유당전서", 역사학회 편,《실학연구입문》, 일조각, 1973.

한상진, "사회과학방법론에 도전한다,"《정경문화》, 1984년 11월호.

한상익, "다산의 牧民論: 民本을 넘어 民主로",《역사와사회 통권 제28집》(국제문화학회, 2002. 7) 125-52쪽.

한완상,《민중사회학》, 종로서적, 1984.

한우근, "근대 유교 정치의 성격"(《문리대 교양강좌 3집》, 서울대.

한상범, "민중론의 전개방향,"《민중》

한신대학 제3세계문화연구소 제10회 심포지엄(정용욱, 김창호, 박재순, 이종오, 조희연),《한국민중론과 주체사상과의 대화》, 풀빛, 1989.

《함석헌전집》1-20, 한길사.

함석헌,《역사와 민족》, 서울: 제일출판사, 1973.

함석헌, 《뜻으로 본 한국역사》, 서울: 숭의사, 1963.

허균, 《學論》, 《兵論》, 《政論》, 《호민론》

현대사회연구소, 《'민중론'의 분석과 대책에 관한 연구》, 1985.

홍선희, 《조소앙의 삼균주의 연구》, 한길사, 1982.

황 현, 《오하기문》

후외려, 《중국철학사》 上, 일월서각, 1988.

2. 국외

Ernesto Laclau, *Politics and Ideology in Marxist Theory*, NLB, (London, 1977).

Sung-Soo Kim, *An Examination of the Life and Legacy of A Korean Quaker, Ham Sokhon(1901-1989) : Voice of the People and Pioneer of Religious Pluralism in Twentieth Century Korea*, PhD dissertation, Centre for Korean Studies School of East Asian Studies, University of Sheffield, June 1998. 이 논문은 《함석헌 평전》(삼인, 2001)으로 번역 소개되었다.

David Apter, *The Politics of Modernization*, London: 1969.

Worsley, "The Concept of Populism," in G. Ionescu and E. Gellner, *Populism*, London, 1970.

T. Di Tella, "Populism and Reform in Latin America," in C. Velliz, *Obstacles tl change in LatinAmerica*, London, 1971.

Goeran Therborn, *The Ideology of Power and the Power of Ideology*,

354

London: Verso, 1980.

Robert A. Harber, "The End of Ideology as Ideology," in Frank Linderfeld(ed.), *Reader in Political Sociology*, (N. Y.: Funk and Wagnalls, 1968).

James L. Sundquist, *Dynamics of the Party System*, Washington, D.C.: The Brookings Institution, 1983, pp.106-169.

Jose Luis Romero, *A History of Argentine Politcal Thought*, Stanford University Press, 1963.

Peter Laslett, *Philosophy, Politics and Society*, Oxford Basil Blackwell, 1975.

Leo Strauss, *What Is Political Philosophy and Other Studies?*(Illinois: The Free Press of Glencoe, 1959)

Eric Voegelin, *Order and History* I.

Eric Voegelin, *New Science of Politics*.

George Kateb, *Political Theory: It's Nature and Uses*, New York: St. Martin Press, 1968.

Hermann Lubbe, *Politische Philosophie in Deutschland*, 권혁면 역, 《독일의 정치철학》, 정음사, 1985.

· 저자 ·

문성호 **·약 력·**

文成晧
성균관대 법정대학 정치외교학과 졸업
성균관대 대학원 정치학박사
성균관대, 동국대, 경기대, 인하대 강사
전국대학강사노조 사무처장
국회 경찰정책보좌관
한국경찰발전연구학회(전 시민을 위한 경찰발전연구회) 초대회장
런던정치경제대학 연구교수(경찰학전공)
사법개혁국민연대 상임대표

(현) 한국자치경찰연구소 소장
ilpyungdad@hanmail.net   cafe.daum.net/policereform

·주요논저·

「루소 정치철학의 재해석」
「플라톤 정치철학에 있어서의 중간자적 인간관」
「전태일사상과 휴머니즘」
「민주주의와 자치경찰」
「영국의 마약 합법화 로드맵」
「경찰활동에 대한 시민참여와 민주적 통제」
「경찰부패와 경찰옴부즈만」
『경찰정치학』(역서)
『경찰도 파업할 수 있다 : 영국의 경찰노동운동사가 주는 교훈』(역서)
『경찰대학 무엇이 문제인가? : 경찰교육에 대한 비교론적 접근』
『경찰개혁론』(공저)
『남북한의 비교연구』(공역)
『현대정당정치론』(공저)
외 다수

민중주의 정치사상

허균, 정약용, 전봉준, 신채호, 함석헌, 전태일

• 초판 인쇄	2006년 5월 30일
• 초판 발행	2006년 5월 30일
• 지 은 이	문성호
• 펴 낸 이	채종준
• 펴 낸 곳	한국학술정보㈜
	경기도 파주시 교하읍 문발리 526-2
	파주출판문화정보산업단지
	전화 031) 908-3181(대표) · 팩스 031) 908-3189
	홈페이지 http://www.kstudy.com
	e-mail(e-Book사업부) ebook@kstudy.com
• 등 록	제일산-115호(2000. 6. 19)
• 가 격	33,000원

ISBN 89-534-5156-6 93340 (Paper Book)
　　　　 89-534-5157-4 98340 (e-Book)